SCHÄFFER
POESCHEL

Yvette Bellavite-Hövermann/Burkhardt Liebich/
Jochen Wolf (Hrsg.)

Unternehmenssteuerung

Ökonomie, Controlling, Rechnungslegung und Recht

Festschrift für Professor Dr. Hans G. Bartels
zum 65. Geburtstag

2006
Schäffer-Poeschel Verlag Stuttgart

Bibliografische Information Der Deutschen Bibliothek
Die Deutsche Bibliothek verzeichnet diese Publikation in der Deutschen Nationalbibliografie;
detaillierte bibliografische Daten sind im Internet über <http://dnb.ddb.de> abrufbar.

Gedruckt auf chlorfrei gebleichtem, säurefreiem und alterungsbeständigem Papier

ISBN-13: 978-3-7910-2549-0
ISBN-10: 3-7910-2549-X
Dieses Werk einschließlich aller seiner Teile ist urheberrechtlich geschützt. Jede Verwertung
außerhalb der engen Grenzen des Urheberrechtsgesetzes ist ohne Zustimmung des Verlages unzulässig und strafbar. Das gilt insbesondere für Vervielfältigungen, Übersetzungen,
Mikroverfilmungen und die Einspeicherung
und Verarbeitung in elektronischen Systemen.

© 2006 Schäffer-Poeschel Verlag für Wirtschaft · Steuern · Recht GmbH
www.schaeffer-poeschel.de
info@schaeffer-poeschel.de
Einbandgestaltung: Willy Löffelhardt
Druck und Bindung: Kösel, Krugzell · www.koeselbuch.de
Printed in Germany
Juli/2006

Schäffer-Poeschel Verlag Stuttgart
Ein Tochterunternehmen der Verlagsgruppe Handelsblatt

Professor Dr. Hans G. Bartels

Vorwort

Im Jahr 2006 feiert Hans G. Bartels seinen 65. Geburtstag und seine Emeritierung aus dem Universitätsleben. Aus diesem Anlass widmen ehemalige Schüler, langjährige Wegbegleiter und Kollegen ihm, dem akademischen Lehrer und Wissenschaftler, aber natürlich auch dem Jubilar als Menschen, diese Festschrift.

Hans G. Bartels wurde am 15. August 1941 in Bremen geboren. Er ist in der Hansestadt aufgewachsen, legte dort sein Abitur ab und studierte dann in Göttingen Betriebswirtschaftslehre. 1969 wurde er dort zum Dr. rer. pol. promoviert mit einer Arbeit über „Zwei-Ziel-Programmierung". Vier Jahre später, 1973, legte er in Heidelberg bei Professor Dr. Adolf Angermann seine Habilitationsschrift vor, eine Arbeit zum Thema „A-priori-Informationen zur linearen Programmierung", in der er sich mit Ecken und Hyperflächen auf Polyedern beschäftigte.

In Heidelberg begann auch seine akademische Laufbahn. Bereits 1975 folgte er einem Ruf zum ordentlichen Professor an die Universität Göttingen und wechselte ein Jahr später an den Fachbereich Wirtschaftswissenschaften der Johann Wolfgang Goethe-Universität in Frankfurt am Main. Dort hat er seither den Lehrstuhl für Betriebswirtschaftslehre, insbesondere Operations Research, inne. In den Jahren 1983 und 1984 war er Dekan des Fachbereichs. 1989 gründete er die Hochschullehrergruppe „Universitas", die großen Einfluss auf die Weiterentwicklung der Frankfurter Universität nahm und von 1994 bis 2000 mit Professor Dr. Werner Meißner auch deren Präsidenten stellte.

Parallel zur Lehr- und Forschungstätigkeit engagierte sich Hans G. Bartels in der Praxis: Ab 1973 ist er Prüfer für Betriebswirtschaftslehre im Prüfungsausschuss für Wirtschaftsprüfer in Stuttgart, desgleichen seit 1988 in Wiesbaden und seit 2004 in Frankfurt am Main. Überdies ist Hans G. Bartels ein in Unternehmen gern gesehener und geschätzter Berater.

Zu den charakteristischsten Zügen von Hans G. Bartels zählen die Mannigfaltigkeit und die Bandbreite seiner Interessen. Das spiegelt sich nicht zuletzt in den Beiträgen dieser Festschrift wider. Der Jubilar hat von Anfang an in einer ganz ungewöhnlichen Weise Theorie und Praxis miteinander verbunden, ohne den Blick auf die Betriebswirtschaftslehre einzugrenzen. Für ihn ist es außerordentlich wichtig, Nachbarwissenschaften und multidisziplinäre Aufgaben in das Arbeitsprogramm der Betriebswirtschaft zu integrieren – und im Ergebnis werden dann beispielsweise klassische betriebswirtschaftliche Kernkompetenzfelder von Mathematik und Rechtswissenschaft aus gleichzeitig angestrahlt. Dank seiner Vorliebe für formale, vorzugsweise mathematische, Systeme haben sich im Laufe der Jahre „Entscheidungsmodelle im Rahmen von Operations Research und Unternehmensforschung" als Forschungsschwerpunkt herauskristallisiert. Darüber hinaus war Hans G. Bartels immer auch mit Begeisterung Hochschullehrer: Er hat mitreißende Vorlesungen gehalten und die Zuhörer stets in seinen Bann gezogen. Indiz für seine emotionale Einbindung konnte in aller Regel sein „Bekleidungszustand" sein: Zunächst startete er mit Anzug, Weste und Krawatte. Im

Laufe der Veranstaltung wurden dann das Jacket ausgezogen, die Ärmel aufgekrempelt, die Weste geöffnet und die Krawatte abgelegt. So konnten auch zu spät kommende Vorlesungsteilnehmer feststellen, was sie schon verpasst hatten...

Danke ...

Der 65. Geburtstag ist nicht nur den Herausgebern ein willkommener Anlass, Hans G. Bartels mit einer Festschrift zu ehren und auf diese Weise „Danke!" zu sagen. Dieses Bedürfnis haben auch alle Autoren des nun vorliegenden Bandes verspürt. Ursprünglich war nur eine kleine Festgabe seiner Schüler geplant, aber bald äußerten Freunde und Kollegen den Wunsch, mitzuwirken. So kamen weit mehr Beiträge als zunächst gehofft zusammen, letztendlich musste sogar der Umfang der einzelnen Aufsätze begrenzt werden, damit das Werk druckbar blieb. Kann sich deutlicher zeigen, wie tief alle an der Festschrift Beteiligten Hans G. Bartels – dem vielseitig interessierten Wissenschaftler ebenso wie dem gradlinigen, verlässlichen Menschen, der er ist – verbunden sind?

Deswegen möchten wir uns zunächst und vor allem bei allen Autoren bedanken. Sie haben trotz enger Zeitpläne ihre Beiträge in bewundernswerter Weise erstellt und dem zu Ehrenden gewidmet. Doch an einem solchen Buch wirken viele mit. Die beiden langjährigen Sekretärinnen des Jubilars, Frau Heide Wyszomirski (die ihn von 1978 bis 1999 unterstützte) und ihre Nachfolgerin, Frau Suzette Kuhlmann, standen uns mit vielen Hinweisen und ihrem umfassenden „Insiderwissen" zur Seite. Einen unverzichtbaren Beitrag auf dem Weg zur Veröffentlichung leistete Frau Julia Hövermann, LL.M., Avocat, Doktorandin am Institut für Wirtschaftsrecht (Paris II), mit der aufmerksamen Durchsicht des gesamten Manuskripts, sorgfältigem Korrekturlesen und der Vereinheitlichung aller Textbeiträge. Nicht zuletzt ermöglichte es der Schäffer-Poeschel Verlag, die Festschrift in würdigem Rahmen zu veröffentlichen und somit der Öffentlichkeit zugänglich zu machen. Die Festschrift wäre freilich auch nicht ohne die großzügige Förderung durch die Wirtschaftsprüfungsgesellschaften KPMG Deutsche Treuhand Gesellschaft und PriceWaterhouseCoopers (PwC) realisiert worden, die die Drucklegung finanziell unterstützt haben.

Allen, die zu dieser Festschrift beigetragen haben, sei an dieser Stelle ganz herzlich gedankt.

Verfasser wie Herausgeber hoffen, dass sie mit ihren Beiträgen und diesem Buch Hans G. Bartels zu seinem 65. Geburtstag und zu seiner Emeritierung eine besondere Freude bereiten!

Leipzig/Maintal/Stuttgart, im Juli 2006

Yvette Bellavite-Hövermann
Burkhardt Liebich
Jochen Wolf

Inhaltsverzeichnis

Vorwort der Herausgeber VII

Inhaltsverzeichnis IX

Verzeichnis der Autoren XII

Ausgewähltes Schriftenverzeichnis von Hans G. Bartels......................................XV

A. Unternehmenssteuerung und Risikocontrolling 1

Thomas Grauer
Integrierte Gesamtbanksteuerung 3

Burkhardt Liebich
Risikomanagement in mittelständischen Unternehmen..21

Peter Wesner
Risikoäquivalenzprinzip, (ex ante) Bewertung und (ex post)
Performancemessung...37

Jochen Wolf
Controlling-Tipps für die Praxis 51

B. Rechnungslegung und Steuern 71

Hans-Joachim Böcking
Verschärfte Anforderungen an die Lageberichterstattung
– Ein Beitrag zu einer wertorientierten Unternehmensberichterstattung
im Rahmen des geänderten deutschen Corporate Governance Systems –............73

Winfried Mellwig
Vorauszahlung von Nutzungsentgelten: Einfallstor für die Entwicklung von
„Steuersparmodellen"? 89

Adolf Moxter
Neue Leitprinzipien im Bilanzsteuerrecht? 105

Christel Stix
Bilanzanalyse nach internationalen Rechnungslegungsstandards
(IAS/IFRS) – Vergleich zweier Unternehmen aus der Praxis – 113

C. Unternehmensfinanzierung 137

Henry Schäfer
Triple Bottom Line Investing – Informations- und Anlageprozesse einer
Finanzinnovation im Kontext von Corporate Social Responsibility 139

Josef Trischler
Zur Entwicklung der Unternehmensfinanzierung im Maschinen- und
Anlagenbau 157

D. Betriebswirtschaftslehre und Marketing 171

Klaus P. Kaas
Betriebswirtschaftslehre und Marketing 173

Matthias Schmieder
Marketing von Anlagegütern mit Hilfe von Referenzen 191

E. Ökonomie und Recht 209

Yvette Bellavite-Hövermann
Ökonomische Erwägungen im Kreditwesengesetz – Banken zwischen
unternehmerischer Freiheit und volkswirtschaftlicher Sonderrolle 211

Stefan Dischinger
Ökonomische Analyse der erstmaligen Verzinsung von Steuernachforderung
und -erstattungen nach § 233a AO 237

F. Operations Research 253

Helmut Laux / Matthias M. Schabel
Portefeuillebildung bei exogenen Überschüssen und deren Bewertung 255

Heinrich J. Rommelfanger
Fuzzy-Logik-basierte Mehrzielentscheidungen 279

Silvia Annette Schiemann
Lösungsansätze für das Traveling Salesman Problem 303

Robert Winter
Maximaler Durchsatz in Kapazitätsnetzen bei Möglichkeit alternativer
Fertigungsfolgen – Ein Lösungsansatz mittels eines auf Polynome
erweiterten Simplex-Verfahrens 319

G. Hochschulentwicklung und -politik 343

Werner Meißner
Die Zukunft privater Hochschulen 345

Monika Rudolf
Finanzierung der staatlichen Hochschulen in Hessen 351

Verzeichnis der Autoren

Bellavite-Hövermann, Yvette
  Dr. rer. pol., Generalbevollmächtigte, Sachsen LB, Leipzig

Böcking, Hans-Joachim,
  Dr. rer. pol., Professor an der Johann Wolfgang Goethe-Universität, Professur für Betriebswirtschaftslehre, insb. Wirtschaftsprüfung und Corporate Governance, Frankfurt am Main

Dischinger, Stefan
  Dr. rer. pol., Selbständiger Unternehmensberater, Frankfurt am Main

Grauer, Thomas
  Dr. rer. pol., Senior Referent Controlling, DZ Bank AG, Frankfurt am Main

Kaas, Klaus Peter
  Dr. rer. pol., Professor an der Johann Wolfgang Goethe-Universität, Professur für Betriebswirtschaftslehre, insb. Marketing I, Frankfurt am Main

Laux, Helmut
  Dr. rer. pol. Dr. h. c., em. Professor für Betriebswirtschaftslehre an der Johann Wolfgang Goethe-Universität, Frankfurt am Main

Liebich, Burkhardt
  Dr. rer. pol., Selbständiger Unternehmensberater, Maintal

Meißner, Werner
  Dr. rer. pol., em. Professor für Volkswirtschaftslehre und ehemaliger Präsident der Johann Wolfgang Goethe-Universität, Frankfurt am Main, Präsident der accadis School of international Business, Bad Homburg v. d. H.

Mellwig, Winfried
  Dr. rer. pol., Professor an der Johann Wolfgang Goethe-Universität, Professur für Betriebswirtschaftslehre, insb. Betriebswirtschaftliche Steuerlehre, Frankfurt am Main

Verzeichnis der Autoren

Moxter, Adolf
 Dr. rer. pol. Dr. h. c. mult., em. Professor für Betriebswirtschaftslehre an der Johann Wolfgang Goethe-Universität, Frankfurt am Main

Rommelfanger, Heinrich
 Dr. rer. nat., Professor an der Johann Wolfgang Goethe-Universität, Professur für Wirtschaftsmathematik, Frankfurt am Main

Rudolf, Monika
 Dipl.-Kauffrau, Selbständige Unternehmensberaterin, Bad Homburg v. d. H.

Schabel, Matthias
 Dr. rer. pol., Manager, KPMG Deutsche Treuhand-Gesellschaft Aktiengesellschaft Wirtschaftprüfungsgesellschaft, Frankfurt am Main

Schäfer, Henry
 Dr. rer. pol., Professor an der Universität Stuttgart, Lehrstuhl für Allgemeine Betriebswirtschaftslehre und Finanzwirtschaft, Stuttgart

Schiemann, Silvia Annette
 Dr. rer. pol., Business Consultant, Implementation Services, SimCorp GmbH, Bad-Homburg v. d. H.

Schmieder, Matthias
 Dr. rer. pol., Professor an der Fachhochschule Köln, Fakultät für Fahrzeugsysteme und Produktion, Lehrstuhl für Unternehmensführung, Köln

Stix, Christel
 Dr. rer. pol., Professorin an der Universität Lüneburg, Professur für Betriebswirtschaftslehre, insb. Rechnungs-, Prüfungs- und Steuerwesen, Lüneburg

Trischler, Josef
 Dr. rer. pol., Mitglied der Hauptgeschäftsführung, Verband Deutscher Maschinen- und Anlagenbau e.V. (VDMA), Frankfurt am Main

Wesner, Peter
　　Dr. rer. pol., Wirtschaftsprüfer, Steuerberater, Mitglied des Vorstands, KPMG Deutsche Treuhand-Gesellschaft Aktiengesellschaft Wirtschaftsprüfungsgesellschaft, Honorarprofessor an der Johann Wolfgang Goethe-Universität, Frankfurt am Main

Winter, Robert
　　Dr. rer. pol., Professor an der Universität St. Gallen, Direktor des Instituts für Wirtschaftsinformatik und des Executive MBA in Business Engineering, St. Gallen

Wolf, Jochen
　　Dr. rer. pol., Geschäftsführer, BWK GmbH Unternehmensbeteiligungsgesellschaft, Stuttgart

Ausgewähltes Schriftenverzeichnis von Hans G. Bartels

A. Monographien

- Zwei-Ziel-Programmierung, Heidelberg 1970.
- Haushaltssynopsen der wissenschaftlichen Hochschulen der BRD für das Haushaltsjahr 1970, Weinheim 1970.
- Haushaltskonsolidierung und Finanzierungsrechnung, Redundanz zwischen Gruppierungs- und Funktionsplan, Weinheim 1972.
- 2. und 3.: Autorenkollektiv mit A. Angermann
- Lexikon der Unternehmensführung, Ludwigshafen 1973,
- Autorenkollektiv mit K. Altfelder, I. Metze, V. Horn
- A priori Informationen zur Linearen Programmierung – über Ecken und Hyperflächen auf Polyedern – , Meisenheim 1973.
- Übungen zur quantitativen Betriebswirtschaftslehre, München 1984.
- Praxisorientierte Betriebswirtschaft, Festschrift für Adolf Angermann, Herausgeben mit G. Beuermann und R. Thome, Berlin 1987.

B. Aufsätze

- Kameralistik-Doppik, ein systematischer Vergleich, BfuP 1968, S. 450 – 460.
- Die Ermittlung von Projektkostenfunktionen für CPM-Netzwerke mit Hilfe der Zwei-Ziel-Programmierung, BfuP 1970, S. 353 – 371.
- Lösung des Transportproblems unter Berücksichtigung zweier Ziele, ZfB 1971, S. 465 – 482.
- Hochschulfinanzierung im Haushaltsjahr 1970, DUZ 1971, S. 416.
- Über Hochschulhaushalte und deren Vergleichbarkeit, Zeitschrift für Wissenschaftsrecht, Wissenschaftsverwaltung, Wissenschaftsförderung, 5/2 1972, S. 124 – 135.
- Eine elementare Einführung in die Dualität, ZfB 1973, S. 93 – 100.
- Zur Schrittzahlminimierung bei Linearen Programmen, in: Ulrich, Hans (Hrsg.): Unternehmensplanung (Bericht der Tagung der Hochschullehrer für BWL, Augsburg 1973), Wiesbaden 1975, S. 197 – 236.
- Bemerkungen zum Rationalprinzip, Diskussionsschriften der Fachgruppe Wirtschaftswissenschaften der Universität Heidelberg, No. 43, 1974.
- Zur Ermittlung von Zielpolyedern, Diskussionsschriften der Fachgruppe Wirtschaftswissenschaften der Universität Heidelberg, No. 44, 1974.
- Logistik. In: Albers, W. et al. (Hrsg.), Handwörterbuch der Wirtschaftswissenschaft (HdWW), 13. Lfg. 1978, S. 54 – 73.

- Ausschuß und Abfall. In: Kern, W. (Hrsg.), Handwörterbuch der Produktionswirtschaft, Stuttgart 1979, Sp. 239 – 248.
- Die Bedeutung des Kapitalwertes und des internen Zinsfußes, Wisu 1986, S. 217 – 219.
- Die Berechnung von Internen Zinsfüßen und Kapitalwerten, Wisu 1986, S. 533 – 536.
- Zielsetzung und Rechtsformen, Wisu 1987, S. 239 – 241.
- Investitionsprogramme, Wisu 1987, S. 546 – 549.
- Inwieweit ist die Inventur notwendig, Wisu 1987, S. 610 – 611.
- Was ist dran am Rationalprinzip?, Wisu 1988, S. 135 – 137.
- Herstellungs- oder Folgekosten: Ein ökonomisches Wahlproblem, Bauwirtschaft 1988, S. 110 – 112.
- Glanz und Elend konvexer Polyeder, WiSt 1988, S. 433 – 437.
- Gesetze zur strategischen Steueroptimierung, Wisu 1988, S. 524 – 527.
- The facets of the Asymmetric 5-city Traveling Salesman Polytope, ZOR 1989, S. 193 – 197 (zusammen mit S. Bartels).
- Bewertungsprobleme bei der Vorbereitung, Handelsblatt vom 26.9.89.
- Das Privileg der beschränkten Haftung: Ein freies Gut?, Wisu 1989, S. 27 – 29.
- Systeme der Periodengewinnermittlung, WiSt 1990, S. 41 – 46.
- Optimierung, lineare. In: Handwörterbuch der Betriebswirtschaftslehre, Teilband 2, 5. Aufl., Sp. 2953-2968, Stuttgart 1993.
- Durch Umwandlung in Aktiengesellschaften erhalten die Eigner Zugriff auf die Rücklagen, Handelsblatt vom 14.3.94.
- Zur Zurechenbarkeit zwischen einzelnen Passiv- und Aktivpositionen bzw. zur Dekomposition optimaler Investitionsprogramme. In: Ballwieser, W. et al. (Hrsg.): Bilanzrecht und Kapitalmarkt, Festschrift für Adolf Moxter, Düsseldorf 1994, S. 1202 – 1229.
- Veräußerung einer unter Denkmalschutz stehenden Immobilie, „Privates Eigentum", Zeitung für Haus-, Grund- und Wohnungseigentum im Rhein-Main-Gebiet, 1995.
- Deutliche Steuerersparnisse durch geschickte Aufteilung von Erhaltungsaufwendungen, DWW (Deutsche Wohnungswirtschaft) 1995, S. 65 – 687.
- Rückgängigmachung einer fiktiven Gewinnerhöhung nach § 1 Abs. 1 AstG, RIW 1998, S. 774 – 876.
- Zur Optimierung teilweise erklärter Zielfunktionen. In: Woratschek, H. (Hrsg.): Perspektiven Ökonomischen Denkens – Klassische und neue Ansätze des Managements, Festschrift für Rudolf Gümbel, Frankfurt am Main 1998, S. 265 – 278.
- Der Fiskus gewinnt fast immer, Der SPIEGEL, Heft 5/2003.

A. Unternehmenssteuerung und Risikocontrolling

Integrierte Gesamtbanksteuerung

Thomas Grauer[*]

A.	Einleitung		4
B.	Rahmenbedingungen und Ziele		5
	I.	Rahmenbedingungen	5
	II.	Ziele	7
C.	Komponenten eines Steuerungskonzeptes		8
	I.	Risikomessung	8
		1. Risikodefinition	8
		2. Risikoarten	8
		3. Methode der Risikomessung	10
		4. Besonderheiten der Kreditrisikomessung	11
	II.	Risikotragfähigkeit	12
	III.	Risikoadjustierte Profitabilität	14
D.	Umsetzung und Steuerung		16
	I.	Einführungsprozess	16
	II.	Reporting und Planung	17
	III.	Dualität von Ergebnis- und Kapitalsteuerung	18
E.	Fazit		19

---

[*] Dr. Thomas Grauer, Senior Referent Strategisches Controlling, DZ Bank AG, Frankfurt am Main.

A. Einleitung[1]

Neue Herausforderungen – auch die Steuerung von Banken hat sich diesen zu stellen. Neben einem dem deutlich verschärften Wettbewerb haben sich in den letzten Jahrzehnten sowohl das Selbstverständnis von Banken als auch die Rahmenbedingungen für Banken stark verändert.

Einerseits zwingen der verschärfte Wettbewerb, die zunehmende Komplexität der gehandelten Finanzinstrumente sowie die steigende Volatilität und Verflechtung der Finanzmärkte die Banken zunehmend zum Handeln. Gilt es doch, das Rentabilitäts- und Risikomanagement enger miteinander zu verzahnen und ganzheitlich zu steuern. Auf diese Weise kommt der integrierten Gesambanksteuerung eine Schlüsselrolle zu, welche den einzelnen Banken entscheidende Wettbewerbsvorteile im Aktivgeschäft wie in der Refinanzierung verschaffen kann.

Andererseits unterliegen auch die Steuerungsphilosophie und die Rahmenbedingungen starken Veränderungen. Während in den 70er Jahren die geschäftspolitischen Entscheidungen noch primär durch die Entwicklung der Geschäftsvolumina bestimmt wurden, folgten in den 80er Jahren Erfolgskonzepte, die sich am Jahresabschluss orientierten.[2] Noch heute basieren viele geschäftspolitische Entscheidungen auf diesem Steuerungsansatz. Aktuell werden in Banken jedoch zunehmend risikoorientierte und damit integrierte Steuerungsansätze entwickelt und – nicht zuletzt aufgrund der gesetzlichen Rahmenbedingungen - angewendet. Der damit verbundene Paradigmenwechsel ist in der praktischen Anwendung nicht zu unterschätzen.

Im Ergebnis entwickeln sich Banken daher zunehmend vom Risk Taker zum Risk Manager. Grundsätzlich zielt das Bankgeschäft darauf, Erträge durch die kalkulierte Übernahme und das Management von Risiken zu erwirtschaften.

"Most businesses shun risk […] they try and pass on their financial risk to others so that they can concentrate on making and selling products. To succeed, however, financial firms must seek out risk. In nearly all their business, by being able to separate well-priced form under-priced risk, they can prosper. By avoiding all risk, they cease to be financial firms at all and will wither away."[3]

Um dies erfolgreich durchzuführen, ist es für das Management einer Bank von Vorteil, wenn eine integrierte Gesamtbanksteuerung vorliegt, die es ihm ermöglicht die risikoadjustierte Profitabilität der Gesamtbank bis hin zu einzelnen Geschäften identifizierbar und messbar zu machen. Dass dies Gesetzgeber und Bankenaufsicht ähnlich sehen, zeigen die aktuellen Entwicklungen hinsichtlich der regulatorischen Rahmenbedingungen sehr deutlich.

---

[1] Der Autor vertritt in diesem Artikel seine persönliche Auffassung.
[2] Zu Kennzahlen wie Cost-Income-Ratio und Return on Equity, vgl. Bellavite-Hövermann (2004), S. 183 ff.
[3] Casserley (1991).

Nachfolgend werden in Kapitel B die wesentlichen Rahmenbedingungen und die Ziele dargestellt. Kapitel C befasst sich mit Elementen der integrierten Gesamtbanksteuerung. Dazu gehören neben der Risikomessung, d.h. der Klassifikation in verschiedene Risikoarten sowie Methoden zu deren Messung, die Analyse der Risikotragfähigkeit, die Zuweisung der Risikodeckungsmasse („Kapitalallokation") sowie die Messung der risikoadjustierten Profitabilität mit Kennzahlen. In Kapitel D folgt eine Erläuterung zur operativen Umsetzung der integrierten Gesamtbanksteuerung durch einen Reportingprozess mit klaren Verantwortlichkeiten und Eskalationsstufen, die Einbettung in die Planungsprozesse sowie die Dualität von Ergebnis- und Kapitalsteuerung, bevor in Kapitel E ein Fazit gezogen wird.

B. Rahmenbedingungen und Ziele

I. Rahmenbedingungen

Für eine integrierte Gesamtbanksteuerung haben sich vielfältige Rahmenbedingungen, insbesondere betriebswirtschaftlicher, gesellschaftsrechtlicher und aufsichtsrechtlicher Art entwickelt.

Aus Sicht der Betriebswirtschaftslehre benötigt jedes Unternehmen ein allgemeines Risikomanagement. Einem allgemeinen Risikomanagement liegt ein umfassender Risikobegriff zugrunde, der die Gefahr von Verlusten im Rahmen der Geschäftstätigkeit beinhaltet. Dieses Verständnis von Risikomanagement führt über eine Risikoinventur zu einer Kontrolle, welche die Geschäftstätigkeit und ihr externes Umfeld im Großen und Ganzen vollständig umfasst.[4]

Das Gesellschaftsrecht regelt beispielsweise im Rahmen der Verfassung für Aktiengesellschaften die Anforderungen, die die Organisation einer Aktiengesellschaft zu leisten hat, um dass der Vorstand der erforderlichen Leitungsverantwortung gemäß § 76 Abs. 1 AktG gerecht wird. Gemäß § 91 Abs. 2 AktG, der durch das KonTraG[5] in das AktG aufgenommen wurde, liegt es in der Gesamtverantwortung des Vorstands, geeignete Maßnahmen zu treffen, insbesondere ein Überwachungssystem einzurichten, um bestandsgefährdende Entwicklungen früh zu erkennen.[6] Die Maßnahmen sind i.d.R. dann geeignet, wenn der Vorstand die erforderlichen Informationen rechtzeitig erhält. Gefordert sind also Organisationsformen, die durch eindeutige Zuständigkeiten, ein engmaschiges Berichtswesen und Dokumentation zu erfüllen sind.[7]

Aufsichtsrechtlich hat der Gesetzgeber mit der Änderung des § 25a Abs. 1 und 1 a des Kreditwesengesetzes (KWG) am 27. Dezember 2004 die Anforderungen an

---

[4] Vgl. Büschgen (1998), S. 735 ff.
[5] Vgl. Art. 1 Nr. 9 KonTraG v. 27.04.1998.
[6] Vgl. Hüffer (2002), § 91, Ziffer 1 ff.
[7] Vgl. Hüffer (2002), § 91, Ziffer 8.

eine ordnungsgemäße Geschäftsorganisation bei Kreditinstituten und Institutsgruppen erweitert.[8] So fordert § 25a Abs. 1 KWG für die Institute
- die Einführung einer angemessenen Strategie, die auch die Risiken und Eigenmittel des Instituts oder der Gruppe berücksichtigt, sowie
- angemessene interne Kontrollverfahren, die die Umsetzung und Einhaltung dieser Strategie sicherstellen.[9]

Die Mindestanforderungen an das Risikomanagement (MaRisk) vom 20. Dezember 2005,[10] die mit Wirkung vom 1. Januar 2006 in Kraft getreten sind, konkretisieren diese Anforderungen vor allem in der Angemessenheit der Strategie und der internen Kontrollverfahren. Den ersten Entwurf der MaRisk hat die Bundesanstalt für Finanzdienstleistungsaufsicht (BaFin) am 4. Februar 2005[11] zur Diskussion vorgelegt. Die bestehenden und durch die Aufsicht bereits konkretisierten Mindestanforderungen an das Kreditgeschäft (MaK), an das Handelsgeschäft (MaH) sowie an die interne Revision (MaIR) werden in den MaRisk im Wesentlichen nur zusammengeführt und durch Mindestanforderungen an das Risikomanagement erweitert.

Inhaltlich heben sowohl § 25a KWG als auch die MaRisk die gemeinsame Verantwortung der Geschäftsleiter für die Organisation eines Instituts hervor. Die MaRisk geben jedoch keine konkreten Methoden oder Prozesse vor. Vielmehr liegen das Aufsetzen der Risikomanagement- und –controllingprozesse sowie die Auswahl geeigneter Methoden in alleiniger Verantwortung der Geschäftsleitung, die bei ihrer Entscheidung die gemeinsame Risikoneigung zu berücksichtigen hat. Mit der Verlässlichkeit der Risikosteuerungs- und Controllingprozesse sowie ihrer Methoden beschäftigen sich zukünftig nicht nur der Jahresabschlussprüfer und die interne Revision eines Instituts: Speziell die Aufsicht ist gefordert, sich von der Angemessenheit und Verlässlichkeit der bestehenden Methoden und Prozesse zu überzeugen. In diesem Zusammenhang kommt der Umsetzung der MaRisk und des § 25a KWG besondere Bedeutung zu.

Ihre besondere Bedeutung erhalten diese Anforderungen auch durch die qualitativen Vorschriften der internationalen Eigenkapitalübereinkunft (Basel II, Säule 2) und den entsprechend EU-Vorschriften, die einen bankaufsichtrechtlichen Überwachungsprozess ausgelöst haben.[12] In der Diskussion um Basel II standen zunächst die Regelungen zur Eigenmittelunterlegung von Risikopositionen im Vordergrund. Nach Abschluss der wesentlichen Arbeiten in diesem Themenfeld richtet sich nunmehr die Aufmerksamkeit zunehmend auf die qualitativen Aspekte eines funktionsfähigen und angemessenen Risikomanagement-Systems. Hierbei wird jedoch unter dem Stichwort „doppelte Proportionalität" stets betont:

---

[8] Vgl. Zentraler Kreditausschuß (2005), S. 2.
[9] Vgl. Boos (2002), § 25 a KWG, Ziffer 8 ff. sowie Zentraler Kreditausschuß (2005), S. 1 ff.
[10] Vgl. BaFin (2005b).
[11] Vgl. BaFin (2005a).
[12] Vgl. Basel Committee on Banking Supervision (2004), Pillar 2.

Die Gestaltung dieses Systems hängt vom Risikoprofil des Instituts ab und auch die Intensität der bankaufsichtlichen Überwachung ist der Bedeutung und dem Risikoprofil des betreffenden Instituts anzupassen. Die Pflicht der Institute umfasst dabei speziell die Einführung eines Prozesses zum Nachweis eines angemessenen Verhältnisses von Risikopotenzial und Risikodeckungspotenzial, um die Risikotragfähigkeit laufend sicherzustellen („Internal Capital Adequacy Assessment Process" – ICAAP). Die konkrete Prozessgestaltung sowie die Gestaltung der internen Risiko-Management-Prozesse obliegt den Instituten und wird nur durch Rahmenvorgaben der Aufsicht – in Deutschland im Wesentlichen kodifiziert durch die MaRisk – beeinflusst, die auch die Basis für die Durchführung der Bankenaufsicht im Rahmen der erweiterten qualitativen Aufsicht des „Supervisory Review and Evaluation Process" (SREP) sind.

II. Ziele

Die wesentlichen Ziele der integrierten Gesamtbanksteuerung resultieren aus der Beantwortung der Fragen nach einem optimalen Verhältnis von Rendite und Risiko sowie einer adäquaten Kapitalausstattung vor dem Hintergrund der übernommenen Risiken. Zusätzlich soll die integrierte Gesamtbanksteuerung sicherstellen, dass das übernommene Risiko bestimmte gesetzliche Normen und Rahmenbedingungen nicht überschreitet.[13]

Im Einzelnen sichert die integrierte Gesamtbanksteuerung vielfältige Transparenz im Unternehmen, insbesondere

- über die Risikostruktur der Geschäftstätigkeit der Bank durch Risikomessung in definierten Risikoarten;
- über die Ergebnismessung der abgeschlossenen Geschäfte;
- über die Risikotragfähigkeit und damit über die Angemessenheit des Verhältnisses aus identifiziertem Risiko und verfügbaren Mitteln zur Deckung von unerwarteten Verlusten;
- über die risikoadjustierte Profitabilität.

Die Transparenz über die Risikostruktur, die Risikotragfähigkeit und auch die risikoadjustierte Performance kann in Abhängigkeit von der Komplexität einer Bank sowohl auf der Ebene des Konzerns als auch auf der Ebene der einbezogenen Gesellschaften analysiert werden. Darüber hinaus ist die Transparenz insbesondere bei der risikoadjustierten Profitabilität grundsätzlich beliebig differenzierbar, z.B. nach Geschäftsfeldern, Marktsegmenten, Organisationseinheiten, Produkten, Kunden oder sogar Einzelgeschäften.

---

[13] Vgl. Schierenbeck (2003), S. 505 ff.

Die damit geschaffene Transparenz kann die Bank als Fundament nutzen für
- einen strategischen und operativen Planungsprozess;
- die Optimierung der Risikotragfähigkeit und damit des Ratings, dadurch dass die wesentlichen Einflußfaktoren verstanden werden;
- die Analyse der risikoadjustierten Wertschaffung der einzelnen Geschäftsbereiche;
- das aktive Management des Zielratings durch effektiven Einsatz von Instrumenten zum Abbau von Risiken, z.B. Verbriefungen und Sekundärmarkttransaktionen;
- die verbesserte Kapitalallokation zwischen Geschäftsfeldern;
- die Priorisierung von Investitionen bzw. Wachstumsinitiativen durch Etablierung eines einheitlichen Bewertungskriteriums für die Wertschaffung, das Risiken berücksichtigt;
- das risikoadjustierte Pricing in der Neugeschäftssteuerung;
- eine erfolgs- und leistungsorientierte Entlohnung der Mitarbeiter.

C. Komponenten eines Steuerungskonzeptes

Der Ansatz einer integrierten Gesamtbanksteuerung basiert im Wesentlichen auf den drei Komponenten Risikomessung, Risikotragfähigkeit und risikoadjustierte Profitabilität.

I. Risikomessung

1. Risikodefinition

Als Risiko werden üblicherweise unerwartete Verluste definiert. Während unerwartete Verluste potenzielle Abweichungen vom erwarteten Verlust (oder Gewinn) sind, stellen erwartete Verluste (oder Gewinne) Wertveränderungen dar, von denen auf Basis der heute verfügbaren Informationen ausgegangen werden kann.[14]

2. Risikoarten

Im Rahmen der integrierten Gesamtbanksteuerung sind alle Risiken der Bank, die zu einem Verlust führen können nach Risikoarten zu erfassen. Im Hinblick auf die Operationalisierbarkeit erfordert dies zunächst die Definition von Risikoarten.

---

[14] Vgl. Spielberg et al. (2004), S. 326.

Um den mit der Risikomessung verbundenen Ressourceneinsatz so gering wie möglich halten zu können, sind darüber hinaus alle Risikoarten auf Ihre Wesentlichkeit hin zu überprüfen.

Als typische Risikoarten, die im Rahmen einer integrierten Gesamtbanksteuerung erfasst werden, sind folgende Risiken zu nennen:

- Kreditrisiko: bezeichnet das Risiko unerwarteter Verluste durch den Ausfall oder die Bonitätsverschlechterung von Gegenparteien. Es umfasst in der Regel Adressenausfallrisiken, Kontrahentenrisiken, Emittentenrisiken, Erfüllungsrisiken, Verwertungsrisiken und Länderrisiken;
- Marktpreisrisiko: bezeichnet das Risiko unerwarteter Verluste durch die Veränderung der Marktpreise handelbarer Instrumente. Darunter subsummiert werden in der Regel Zinsänderungs-, Devisen- Aktienkurs- und Kreditspreadrisiken sowie Risiken aus Edelmetallen und Rohstoffen;
- Liquiditätsrisiko: bezeichnet das Risiko unerwarteter Verluste durch höhere Refinanzierungssätze im Liquiditätsmanagement, Illiquidität oder einer Verpflichtung zu niedrigeren Anlagesätze als den Standardsätzen der Bank. Dazu zählt auch das Risiko von zusätzlichen Kosten bei Illiquidität (z.B. Rettungsmaßnahmen, Einschreiten der Aufsicht). Zinsrisiken und Liquiditätsrisiken von Produkten und Märkten werden den Marktpreisrisiken zugeordnet;
- Versicherungsrisiko: bezeichnet das Risiko unerwarteter negativer Entwicklungen im versicherungstechnischen Geschäft;
- Operationelles Risiko: bezeichnet das Risiko unerwarteter Verluste durch menschliches Verhalten, technologisches Versagen, Prozess- oder Projektmanagementschwächen oder durch externe Ereignisse;
- Geschäfts- und strategisches Risiko: bezeichnet das Risiko von Verlusten durch unerwartete Veränderungen heutiger und zukünftiger Geschäftsvolumina oder -margen, z.B. durch eine veränderte Wettbewerbssituation;
- Beteiligungsrisiko: bezeichnet das Risiko unerwarteter Verluste aus dem Beteiligungsportfolio und wird als Abschreibungsrisiko gemessen. Demnach bezeichnet das Abschreibungsrisiko eine unerwartete Abschreibung, welche sich aus einer Senkung des Marktwertes der Beteiligungen unterhalb deren Buchwerte ergibt. Die Bestimmung des Abschreibungsrisikos aus Eigenkapitalanteilen (Buchwerten) ersetzt regelmäßig die differenzierte Risikobestimmung in den übrigen Risikoarten einer Beteiligung.

Für eine integrierte Gesamtbanksteuerung ist weniger die exakte Risikokategorisierung von Bedeutung als vielmehr die vollständige Identifizierung, Erfassung und Messung aller wesentlichen Risiken. Vor dem Hintergrund der definierten Risikoarten kann im Hinblick auf die Art der Risikomessung zwischen einer differenzierten Messung nach einzelnen Risikoarten, z.B. Kredit-, Markt- oder operationelle Risiken, und einer pauschalen Messung, z.B. des Beteiligungsrisikos, unterschieden werden.

3. Methode der Risikomessung

Die Bestimmung der erwarteten und unerwarteten Verluste einer Gesamtbank, eines Portfolios oder eines einzelnen Geschäfts basiert auf den Geschäfts- und Marktdaten und erfolgt durch mathematisch-statistische Verfahren oder Szenarioanalysen. Mathematisch-statistische Verfahren setzen sich aufgrund der besseren Vergleichbarkeit der Messergebnisse zwischen Risikoarten und Geschäftsbereichen immer mehr durch, obwohl Szenarioanalysen wesentlich geringere Datenmengen und methodischen Aufwand erfordern.

Im Rahmen der mathematisch-statistischen Verfahren wird die gesamte oder ein Teil der Verlustverteilung bestimmt. Mit Hilfe der Verlustverteilung werden dann Risikokenngrößen wie beispielsweise Value at Risk oder Expected Shortfall abgeleitet. Als Maß für finanzielle Risiken hat sich in der Praxis das Value-at-Risk-Konzept durchgesetzt.

Der Value at Risk gibt den maximalen unerwarteten Verlust an, der mit einer gegebenen Wahrscheinlichkeit (Konfidenzniveau, z.B. 99%) bis zu einem gegebenen Zeithorizont (Haltedauer) nicht überschritten wird.[15] Die Wahl dieser beiden Parameter hängt maßgeblich vom Verwendungszweck der damit ermittelten Value-at-Risk-Werte ab. Das Resultat der Value-at-Risk-Messung wird üblicherweise als Risikokapitalbedarf bzw. ökonomisches Kapital bezeichnet. Das Prinzip der ökonomischen Risikomessung wird nachfolgend in Abbildung 1 vereinfachend dargestellt.

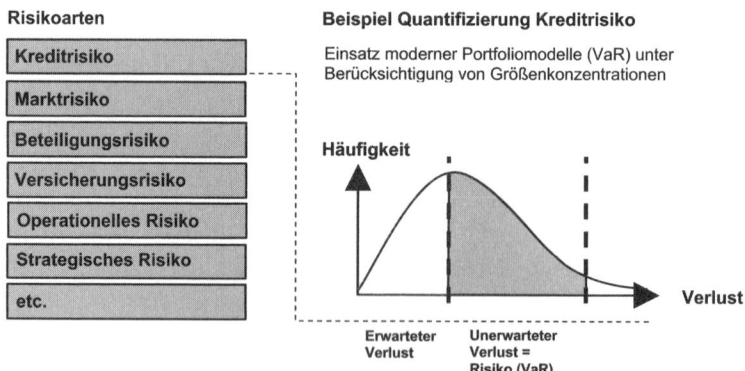

Abb. 1: Prinzip der ökonomischen Risikomessung

Darüber hinaus werden in der integrierten Gesamtbanksteuerung üblicherweise auch Stress-Tests und die dadurch erzeugten Ergebnisveränderungen verarbeitet. Stress-Tests bezeichnen die Analyse der Ergebnisveränderungen unter geeigneten,

---

[15] Vgl. für eine ausführliche Einführung in das Value-at-Risk-Konzept Jorion (2001), S. 15 ff.

definierten Krisenszenarien. Über Risikokapitalbedarf aus Value-at-Risk-Modellen hinaus, sollte eine Bank auch die Ergebnisveränderungen, die aus den Stress-Tests resultieren, mit Risikokapital decken können.
Da sich die aktuellen Entwicklungen der Risikomesstechnik insbesondere bei der Messung der Kreditrisiken zeigen, wird diese nachfolgend ausführlich erläutert.

4. Besonderheiten der Kreditrisikomessung

Der ökonomische Risikokapitalbedarf für Kreditrisiko kann mittels eines Portfoliomodells als Value-at-Risk quantifiziert werden. Die Auswahl eines Portfoliomodells sollte in der Praxis auf Basis einer Bewertung alternativer Modelle erfolgen, welche sich in erster Linie auf die Struktur des betrachteten Kreditportfolios stützt.[16]
Wichtig ist, dass das Kreditrisikomodell insbesondere Ausfallkorrelationen und Größenkonzentrationseffekte berücksichtigt. Ausfallkorrelationen charakterisieren den Effekt einer Risikozunahme, wenn bei dem möglichen Ausfall eines Kreditnehmers auch der Ausfall eines zweiten Kreditnehmers wahrscheinlicher würde. Größenkonzentration bezeichnet den Effekt einer Erhöhung des Risikos relativ zum Exposure, wenn bei gleich bleibendem Gesamtexposure die Einzelexposures mehrerer gleichartiger Kontrahenten zu einer Risikoeinheit aggregiert werden. Risikoeinheiten sind aus Kontrahenten zu bilden, bei denen ein Ausfall gemeinsam zu erwarten ist. Um den Dokumentationsanforderungen gerecht zu werden, müssen die wesentlichen Parameter empirisch belegt oder alternativ bei nicht ausreichender Datenhistorie über adäquate Verfahren und Näherungen geschätzt werden.
Für ein Kreditrisikomodell gelten folgende Parameter als wesentlich:[17]
- Ausfallwahrscheinlichkeit (probability of default, PD);
- Schadensquote (loss given default, LGD);
- Exposure zum Ausfallzeitpunkt (exposure at default, EAD).

Die im Portfoliomodell verwendete Ausfallwahrscheinlichkeit wird i.d.R auf Basis segmentspezifischer, kalibrierter Ratings ermittelt. Eine Differenzierung der Ratings nach Segmenten ermöglicht die Berücksichtigung spezifischer Eigenschaften der Risikoeinheiten in diesen Segmenten. Die Kalibrierung erfolgt soweit vorhanden auf Basis der Historie. Im Falle einer nicht hinreichenden Datenbasis kann für die Kalibrierung auch ein adäquates Näherungsverfahren verwendet werden. Liegen interne Ratings nicht vor, so können auch externe Ratings herangezogen werden.

---

[16] Vgl. Saunders (1999), S. 37 ff.
[17] Vgl. hierzu ausführlich Bluhm et al. (2003), S. 16 ff.

Die Schadensquote bezeichnet das Verhältnis zwischen wirtschaftlichem Verlust und Exposure zum Ausfallzeitpunkt. Die Schadensquoten sollen unter Berücksichtigung der Verwertungshistorie in Sicherheitenkategorien sowie unter Berücksichtigung des Einbringungsergebnisses in Teilportfolien in der Steuerungseinheit ermittelt werden. Verwertung bezeichnet hierbei die Veräußerung von Sicherheiten im Zuge der Abwicklung. Das Verhältnis von Verwertungserlösen zu ursprünglichem Wertansatz wird als Verwertungsquote bezeichnet. Einbringung bezieht sich auf den Erlös aus dem unbesicherten Anteil der Exposure.

Alle anderen in das Modell eingehenden Parameter, insbesondere die Parameter, die das systematische Risiko bestimmen, (z.B. Asset-Korrelationen, Ausfall-Korrelationen, Faktor-Volatilitäten) sind anhand nachvollziehbarer und anerkannter ökonometrischer Verfahren zu ermitteln.

Das Kreditrisikomodell soll idealerweise sowohl für die Geschäfte mit lebenden Kontrahenten (Performing Loans), als auch für die Geschäfte mit bereits ausgefallenen Kontrahenten (Non-Performing Loans) das Verwertungsrisiko berücksichtigen. Dieses Risiko resultiert sowohl aus der Unsicherheit über die Erlösquote von Sicherheiten als auch aus der Unsicherheit über die Einbringungsquote für unbesicherte Forderungen nach dem Ausfall von Kontrahenten.

Das Verwertungsrisiko der Performing Loans misst die potenzielle Abweichung des tatsächlich von der Bank zu tragenden Verlustes im Falle des Ausfalls eines Kunden von der zuvor vorgenommenen Verlustschätzung. Im Idealfall wird das Verwertungsrisiko im Rahmen des Kreditrisikomodells mittels stochastischer Schadensquoten für lebende Kunden modelliert. Durch die explizite Berücksichtigung des Verwertungsrisikos der Non-Performing Loans kann die potenzielle Abweichung des tatsächlich für die Bank entstehenden wirtschaftlichen Verlustes von der aktuellen Schätzung hierfür auch für die bereits ausgefallenen Kunden quantifiziert werden. Für die bereits ausgefallenen Kunden ergibt sich eine Schätzung für den tatsächlichen wirtschaftlichen Verlust der Bank aus den gebildeten Einzelwertberichtigungen. Um das Verwertungsrisiko adäquat im Portfoliokontext abzubilden, soll nach Möglichkeit der Risikobeitrag der bereits ausgefallenen Engagements, wie beschrieben, innerhalb des dafür geeignet zu erweiternden Kreditrisikomodells berechnet werden.

II. Risikotragfähigkeit

Die Durchführung einer Risikotragfähigkeitsanalyse ist u.a. gemäß den Bestimmungen von MaRisk, KWG, AktG sowie Basel II bzw. EU-Vorschriften gefordert. Dabei ist das aggregierte Risiko mit der vorhandenen Risikodeckungsmasse für einen vorgegebenen Betrachtungshorizont zu vergleichen und hierbei sicherzustellen, dass unerwartet eintretende Verluste die Risikodeckungsmasse bei vorgegebenem Konfidenzniveau nicht übersteigen.

Wie bereits aufgezeigt, gibt es für die Bestimmung der Höhe des Risikos (Risikowert) unterschiedliche Methoden. Unabhängig von der verwendeten Methode leitet sich der Risikowert, den die Bank im Rahmen des definierten Risikoappetits gesamtbankweit nicht überschreiten darf, direkt aus der vorhandenen Risikodeckungsmasse ab, dessen wesentlicher Bestandteil das Eigenkapital ist.[18] Nur die Risikodeckungsmasse kann die durch den Risikowert quantifizierten, unerwarteten Verluste abfedern. Insofern schränkt die Höhe der vorhandenen Risikodeckungsmasse die Möglichkeiten der Bank ein, im Rahmen des definierten Risikoappetits zusätzlich neue Risiken zu übernehmen. Die daraus abgeleitete Risikotragfähigkeit beschreibt den Kapitalisierungsgrad einer Bank und beantwortet die Frage, ob die Bank fähig ist, die Risiken aus ihrer Geschäftätigkeit zu tragen, wenn die Risiken schlagend werden. Bei ökonomischer Risikomessung sollte die Bestimmung der Risikodeckungsmasse ebenfalls ökonomisch erfolgen.

Ausgehend von der Annahme einer einjährigen Haltedauer, besagt ein Konfidenzniveau von beispielsweise 99,9%, dass der Vermögensverlust in einem von 1000 Jahren überschritten wird. Entspricht die Risikodeckungsmasse dem unerwarteten Verlust, dann ist die Risikodeckungsmasse einmal in 1000 Jahren nicht ausreichend, um den unerwarteten Verlust zu decken – in diesem Fall ist nicht mehr sichergestellt, dass beim Gläubiger (Fremdkapitalgeber) kein Verlust entsteht und es droht eine Insolvenz. Neben der Bankenaufsicht achten insbesondere auch Ratingagenturen auf eine solide Risikotragfähigkeit und legen diese u.a. ihrer Ratingentscheidung zugrunde.

Grundsätzlich kommen für die Risikodeckungsmasse die folgenden unterschiedlichen Klassen von Kapitalkomponenten in Betracht:
- Allgemeine handelsrechtliche Eigenkapitalpositionen
- Institutsspezifische Eigenkapitalpositionen
- Nachrangige Verbindlichkeiten
- Außerbilanzielle Positionen (z.B. stille Reserven/Lasten)

Das Eigenkapital und eigenkapitalnahe Bestandteile im Sinne der Risikodeckungsmasse sind die Bilanzkomponenten, die folgende Eigenschaften aufweisen:
- Deckung des unerwarteten Verlustes (d.h. im Umkehrschluss, dass Komponenten, die ausschließlich zur Deckung erwarteter Verluste gebildet werden, nicht in die Risikodeckungsmasse aufgenommen werden);
- Kein Fremdkapital (d.h. Verlustteilnahme bis zur vollen Höhe, Aufschubmöglichkeit der Zinszahlungen im Falle eines Verlustes und Befriedigung im Insolvenzfall erst nach allen nicht nachrangigen Gläubigern);
- Verfügbarkeit bzw. Liquidierbarkeit innerhalb eines angemessenen Zeitrahmens (z.B. ein Jahr).

---

[18] Die weiteren Bestandteile der Risikodeckungsmasse sollten eigenkapitalähnlichen Charakter haben und umfassen in der Regel Rücklagen, stille Reserven und Lasten sowie erwartete Gewinne und Verluste im Betrachtungszeitraum.

Die Einhaltung der Risikotragfähigkeit wird mithilfe von Verlustobergrenzen operationalisiert. In Kenntnis der Risikodeckungsmasse wird eine Verlustobergrenze im Sinne eines Risikolimits für die gesamte Bank festgelegt. Eine effektive Gesamtbanksteuerung verlangt, dass die Risiko-Ertrags-Kennzahlen als wesentliche Vorkalkulations- und Performancemaße nicht nur auf Gesamtbankebene, sondern auch auf unteren Ebenen bis hin zum Einzelgeschäft bestimmt werden können. Deshalb sind aus der Verlustobergrenze der Gesamtbank auch Verlustobergrenzen für die darunter liegenden, kleineren operativen Einheiten abzuleiten. Dieser Prozess wird als Kapitalallokation bezeichnet. Das Problem der konsistenten Risikokapitalallokation ist aktuell Gegenstand der Forschung und noch nicht abschließend gelöst. Zu den wichtigsten und zum Teil in der Praxis angewandten Verfahren gehören insbesondere der diskrete marginale Beitrag, der stetige marginale Beitrag und der Shapley-Wert. In der praktischen Anwendung dieser Verfahren ist es entscheidend, die den Verfahren zugrunde liegenden Annahmen und Anomalien zu kennen, um ggf. nicht intuitiv nachvollziehbare oder gar kontraproduktive Risikokapitalallokationen zu verhindern.[19]

III. Risikoadjustierte Profitabilität

Wesentliches Element einer integrierten Gesamtbanksteuerung ist eine risikoadjustierte Profitabilitätsmessung mit Anreizsystemen für die Mitarbeiter.
Fundament für die risikoadjustierte Profitabilitätsmessung einer Gesamtbank, einer Einheit oder eines Einzelgeschäfts bildet die klassische Performancemessung.
Die risikoadjustierte Profitabilität einer Periode ermittelt sich im Prinzip, indem vom Ertrag die Kosten sowie der Verzinsungsanspruch auf das gebundene Risikokapital abgezogen werden. Für die Ermittlung der risikoadjustierten Profitabilität von Kreditgeschäften kann eine Deckungsbeitragsrechnung verwendet werden. Sie errechnet sich folglich, indem vom Bruttoertrag (Ertrag nach Abzug von Kosten für kalkulatorische Refinanzierung) sowohl Standardstückkosten als auch Standardrisikokosten und der Verzinsungsanspruch auf das gebundene Risikokapital abgezogen werden.
Die tatsächlich in der Periode angefallenen Kosten in der Gesamtbank sollten möglichst vollständig auf die Einheiten und hinunter bis auf Einzelgeschäftsebene verursachergerecht zugeordnet werden. Dies betrifft sowohl die direkt zurechenbaren Kosten als auch nicht zurechenbare Kosten (z.B. „Overhead"). Werden Kosten nicht vollständig verteilt, besteht die Gefahr, dass zum Beispiel alle Einzelgeschäfte und gar Einheiten der Bank als profitabel ausgewiesen werden, die Gesamtbank allerdings Verluste macht. Um im Rahmen der integrierten Gesamt-

---

[19] Vgl. für weitere Einzelheiten und erläuternde Beispiele Koyluoglu/Stoker (2002), S. 90 ff.

banksteuerung das Problem nicht vollständig umgelegter Kosten in der Praxis zu lösen, kann der Verdienstanspruch auf das Risikokapital (und damit entsprechend die Hurdle Rate bzw. der Kapitalkostensatz) auch als Ausgleich pauschal um die Höhe der nicht umgelegten Kosten erhöht werden. Dies führt indirekt dazu, dass die zuvor nicht umgelegten Kosten nun über den Schlüssel des allokierten Risikokapitals verteilt werden. Dabei besteht jedoch wie bei allen anderen pauschalen Umlagen (etwa an Hand der Bruttobeträge, des Umsatzes oder MaK) die Gefahr, dass einzelne Geschäfte oder Bereiche zu Unrecht zu hoch oder andere zu niedrig belastet werden.

Die in dieser Weise ermittelte risikoadjustierte Profitabilität schafft Transparenz bezüglich der erzielten Wertschaffung in einer bestimmten Periode. Hierbei werden Ergebnis und Risiko zueinander in Beziehung gesetzt.

Die risikoadjustierte Profitabilität kann beispielsweise anhand der beiden Kennziffern „Return on Risk Adjusted Capital" (RORAC)[20] und „Economic Value Added™" (EVA™[21]) gemessen werden. RORAC und EVA messen dabei die Performance des allokierten bzw. des notwendigen Risikokapitals.

Der RORAC bringt die erzielte Verzinsung des Risikokapitals zum Ausdruck, indem das Ergebnis zum allokierten Risikokapital ins Verhältnis gesetzt wird. Der EVA zeigt den absoluten Wertschöpfungsbeitrag einer Einheit, indem vom Ergebnis die Risikokapitalkosten (allokiertes Risikokapital x Kapitalkostensatz) abgezogen werden.

Ist das Ergebnis größer als die Kapitalkosten, wurde eine positive Wertschöpfung erreicht. Der EVA ist dann größer null, der RORAC liegt damit über dem Kapitalkostensatz. Deckt das Ergebnis genau die Risikokapitalkosten, ist keine Wertschöpfung erzielt worden. Der EVA ist dann null und der RORAC entspricht dem Kapitalkostensatz. Ist das Ergebnis kleiner als die Kapitalkosten, ist die Wertschöpfung negativ. Der EVA ist dann kleiner null und der RORAC liegt unter dem Kapitalkostensatz.

Die Risikokapitalkosten errechnen sich aus dem Risikokapital multipliziert mit dem Kapitalkostensatz bzw. Hurdle Rate. Die Hurdle Rate stellt den Mindestertrag auf das allokierte Risikokapital dar, den eine Bank, eine Einheit oder ein Geschäft mindestens mit ihrer Risikoposition verdienen sollte, um die Anlegererwartungen zu erfüllen.

Eine wichtige Frage in diesem Zusammenhang ist, wie der Risiko-Verdienstanspruch auf das Fremdkapital, der sich im Kreditspreadaufschlag des Fundings der Bank ausdrückt, auf die Bereiche und Geschäfte verteilt wird. Dabei scheinen sich zwei Methoden anzubieten:

---

[20] Vgl. Matten (2000), S. 241 f.
[21] Trademark der Firma Stern & Steward, München.

- Verteilung über das Fundingvolumen;
- Verteilung über das allokierte Risikokapital (scheint konsistentere Steuerungsimpulse zu liefern im Rahmen der Verdienstanspruchszuweisung).

Es ergibt sich die Frage, wie sich daraus eine Hurdle Rate ableitbar ist. Die Hurdle Rate ist der Zinssatz, den die Bank auf ihr Risikokapital über den risikofreien Zinssatz hinaus verdienen muss, um die Verdienstansprüche der Kapitalgeber zu befriedigen. Dabei werden grundsätzlich die Verdienstansprüche von Eigen- und Fremdkapital betrachtet. Werden die Verdienstansprüche der Fremdkapitalgeber über die internen Refinanzierungskosten verrechnet, so sind diese Verdienstansprüche nicht für die Hurdle Rate relevant. Generell können die Bottom-Up-Methode und die Top-down CAPM-Methode unterschieden werden. Die Bottom-Up-Methode stellt sicherlich die vom Ansatz her präzisere Methode dar, mit allerdings hohen Ansprüchen an die Methoden der Risikomessung, den Datenhaushalt und das Benchmarking gegenüber Alternativanlagen. Die CAPM-Methode dagegen ist wesentlich leichter umzusetzen – sie setzt allerdings voraus, dass der Markt über vollständige Informationen über das Bankportfolio und dessen Risiken verfügt.[22] Ein Blick in die Geschäftsberichte der Banken lässt darüber hinaus auch den Schluss zu, dass die Hurdle Rate vielmehr strategisch festgelegt wird.

D. Umsetzung und Steuerung

I. Einführungsprozess

Die Einführung und Etablierung einer integrierten Gesamtbanksteuerung in einer Bank ist ein komplexer Vorgang. Neben den fachlichen und konzeptionellen Fragestellungen ist es sinnvoll, dass auch die Mitarbeiter der Bank frühzeitig mit der Thematik und dem damit verbundenen Paradigmenwechsel vertraut gemacht werden.

Um die Ziele der integrierten Gesamtbanksteuerung - die Schaffung von Transparenz über Risikostruktur, Risikotragfähigkeit und risikoadjustierte Profitabilität – erreichen zu können, sind folgende Anforderungen denkbar:
- Entwicklung eines standardisierten Monitorings der Steuerungsgrößen;
- Etablierung eines Reportingprozesses mit klaren Verantwortlichkeiten und Eskalationsstufen;
- Konsistente Einbettung in die Planungsprozesse.

Vor dem Hintergrund dieser Anforderungen können mögliche Schritte eines Einführungsprozesses einer integrierten Gesamtbanksteuerung beispielsweise für einen Bankkonzern wie folgt skizziert werden:

---

[22] Vgl. Matten (2000), S. 257.

In Schritt 1 gilt es zunächst die Einzelgesellschaften reportingfähig zu machen. Hierfür ist es erforderlich, dass jede Einzelgesellschaft für sich eine Risikomessung aufbaut und die dafür relevanten Risikoparameter definiert und bestimmt. Neben der Identifikation der relevanten Risikoarten und der jeweiligen Besonderheiten dürfte hierbei insbesondere die Validierung und Verbesserung der Datenqualität, auf der die Risikomessung aufbaut, von entscheidender Bedeutung sein.

Darauf aufbauend, ist in Schritt 2 die Reportingfähigkeit des gesamten Konzerns herzustellen. Dies erfolgt, indem konzernweite Mindeststandards zur Risikomessung und zum Reporting definiert werden. Die Mindeststandards regeln beispielsweise den Anwendungsbereich, die Risikoarten, die Anforderungen an die Risikomessmethode, die Analyseperspektive sowie einzelne Parameter der Risikomessung. Wenn die Umsetzung der Mindeststandards gesichert scheint, ist es darüber hinaus denkbar, dass einzelne Gesellschaften individuelle Spezifikationen realisieren, wenn sie dadurch eine angemessenere Risikomessung realisieren können.

In Schritt 3 wird die integrierte Gesamtbanksteuerung umgesetzt, indem die risikoadjustierte Profitabilität in die regelmäßigen Reporting- und Planungsprozesse integriert und darauf aufbauend ein steuerungsadäquates Managementinformationssystem etabliert wird. Das Managementinformationssystem sollte so ausgestaltet sein, dass das Management seinen gesetzlichen Verpflichtungen nachkommen und die Bank strategiekonform steuern kann. Neben der Etablierung eines entsprechenden Managementinformationssystems ist es von entscheidender Bedeutung, dass im Rahmen eines erfolgreichen Change-Managements alle Mitarbeiter erreicht werden und den Paradigmenwechsel von der vergangenheitsorientierten Ergebnisorientierung zu einer risikoadjustierten Profitabilität verinnerlichen können.

II. Reporting und Planung

Das Reporting, welches aus einer integrierten Gesamtbanksteuerung resultiert, adressiert das Top-Management zur Entscheidungsunterstützung z.B. bei Limitbeschlüssen, Ratinggesprächen oder Kapitalmaßnahmen.

Kontinuierliches Monitoring ist dabei eine zentrale Voraussetzung zur Schaffung von Transparenz. Dazu sind von der Bank sowie von allen (Steuerungs-)Einheiten regelmäßig die erforderlichen Informationen zur Risikomessung (differenziert nach Risikoarten), zur risikoadjustierten Performance sowie zur Risikodeckungsmasse bereitzustellen. Das eingegangene Risiko wird permanent den allokierten Limits, d.h. den Verlustobergrenzen gegenübergestellt. Eventuelle Limitüberschreitungen können im Rahmen eines Ad-hoc-Berichtswesens erfasst und eskaliert werden. Unabhängig hiervon ist die Einhaltung der regulatorischen

Kapitalquoten z.B. nach KWG oder BIZ im Sinne strenger Nebenbedingungen sicherzustellen.

Die risikoadjustierten Profitabilitätskennziffern sowie die Einhaltung der Verlustobergrenzen und damit der Risikotragfähigkeit sollten in regelmäßigen Reports aufbereitet und dem Top-Management sowie einem definierten Adressatenkreis vorgelegt werden. Es ist denkbar, dass die Inhalte im Einzelnen dabei adressatenspezifisch unterschiedlich festgelegt werden. Zur Sicherung eines funktionsfähigen Reportings ist ein Eskalationsprozess sehr hilfreich. Die Eskalation über verschiedene Hierarchiestufen hinweg bis hin zum Gesamtvorstand sollte vorgesehen werden, wenn Risikomeldungen ausbleiben oder kritische Werte erreicht bzw. Verlustobergrenzen überschritten werden.

Darüber hinaus wirkt sich die integrierte Gesamtbanksteuerung sowohl auf die operative als auch die strategische Planung aus. Grundsätzlich sind zwei Vorgehensweisen möglich. Einerseits kann die Planung die einzelnen Komponenten, die für die Berechnung von risikoadjustierten Profitabilitätskennziffern erforderlich sind, beinhalten. Dies würde bedeuten, dass neben den Ergebnisgrößen insbesondere auch die Risiken in Form von Risikokapitalbeträgen oder Verlustobergrenzen zu planen sind. Die geplanten Verlustobergrenzen, die im Rahmen der Risikotragfähigkeit sowie im Reporting der risikoadjustierten Profitabilität als Soll-Werte Berücksichtigung finden, haben dabei die Wirkung von Limiten.

Andererseits können aber auch die Profitabilitätskennziffern direkt geplant werden. Dies schließt den Vorteil mit ein, dass die operativen Einheiten die Planung mit größerer unternehmerischer Freiheit realisieren können. Nachteilig würde sich diese Vorgehensweise jedoch auf die Abweichungsanalyse auswirken, da keine differenzierten Vergleichsdaten vorliegen.

III. Dualität von Ergebnis- und Kapitalsteuerung

Die Dualität von Ergebnis- und Kapitalsteuerung ist kennzeichnend für die integrierte Gesamtbanksteuerung. Während die Ergebnissteuerung weitgehend dem klassischen Verständnis von Reporting und Monitoring entspricht, erzeugt die simultane Ergebnis- und Kapitalsteuerung einen völlig neuen Controllingansatz. Neben der klassischen Abwägung von Erträgen zu Kosten oder Produkten zu Kunden, versucht die Kapitalsteuerung zusätzlich die Frage nach dem optimalen risikoorientierten Einsatz des ökonomischen Kapitals unter der strengen Nebenbedingung der regulatorischen Eigenkapitalunterlegung zu beantworten.

Eine risikoadäquate Eigenkapitalausstattung kann für sich genommen die Solvenz einer Bank nicht gewährleisten. Entscheidend ist am Ende das von der Ge-

schäftsleitung festgelegte Risiko- und Ertragsprofil in Verbindung mit der Fähigkeit, die eingegangenen Risiken zu steuern und dauerhaft zu tragen.[23]
Kurz- bis mittelfristig beschränken sich die Steuerungsimpulse lediglich auf die Optimierung des Gesamtbankportfolios bzw. der Neugeschäftsaktivitäten hinsichtlich der risikoadjustierten Profitabilität. Langfristig können Steuerungsimpulse jedoch auch auf die Kapitalausstattung der Bank im Sinne eines Kapitalmanagements wirken. Das Kapitalmanagement kann neben der klassischen Finanzplanung mit Dividenden- und Rücklagenpolitik auch die Emissions- bzw. Portfolioplanung umfassen. Vor allem die Portfolioplanung dürfte mit der Verbriefung von Kreditportfolien und der damit verbundenden kapitalfreisetzung künftig an Dynamik gewinnen.
Die Dualität der integrierten Gesamtbanksteuerung zeigt sich auch bei der Analyse, Interpretation und Kommentierung der risikoadjustierten Profitabilitätskennziffern sehr deutlich. Es ist sicherlich leicht nachvollziehbar, dass die Erstellung einer aussagekräftigen Kommentierung einen komplexen Vorgang darstellt, der fundierte Kenntnisse über die Zusammenhänge unabdingbar macht. Denn die Entwicklung der risikoadjustierten Profitabilität ist in der Regel durch eine Vielzahl von Ergebnis- und Risikokomponenten geprägt, deren spezifischer Einfluss auf die Kennzahlen auch kompensatorisch wirken kann und damit im Detail nicht immer eine eindeutige Bewertung zulässt.

E. Fazit

In der Bankenbranche setzt sich der Trend vom Risk Taker zum Risk Manager zunehmend fort. Wettbewerbsvorteile in der Bankenbranche dürften sich im Rahmen einer integrierten Gesamtbanksteuerung insbesondere durch eine ausgefeilte Messung des ökonomischen Kapitalbedarfs sichern lassen. Vor dem Hintergrund der umfangreichen gesetzlichen Anforderungen, die es zu erfüllen gilt, schafft die integrierte Gesamtbanksteuerung Transparenz über Risikostruktur, Risikotragfähigkeit und risikoadjustierte Profitabilität und ermöglicht so strategiekonforme Geschäftsentscheidungen.
Die Komplexität der operativen Steuerung auf der Basis einer integrierten Gesamtbanksteuerung verdeutlicht einmal mehr, dass für die Umsetzung ausgeprägte Managementqualitäten und viel Unternehmergeist auf allen Ebenen der Bank erforderlich sind. Dies ist v.a. dann der Fall, wenn für die Gesamtbank durch den Vorstand ausschließlich EVA oder RORAC-Ziele beschlossen werden und die Operationalisierung nach Ertrags-, Kosten- und Risikokomponenten in der Verantwortung der darunter liegenden Führungsebenen liegt.

---

[23] Vgl. Bellavite-Hövermann et al. (2001), S. 267.

Literaturverzeichnis

BaFin (2005a): (Erster) Entwurf der Mindestanforderungen an das Risikomanagement (MaRisk) vom 2. Februar 2005.

BaFin (2005b): Mindestanforderungen an das Risikomanagement, Rundschreiben 18/2005 vom 20. Dezember 2005.

Basel Committee on Banking Supervision (2004): International Convergence of Capital Measurement and Capital Standards (Final Accord), Bank for International Settlement, Basel Juni 2004.

Bellavite-Hövermann, Y./Hintze, S./Luz, G./Scharpf, P. (2001): Handbuch Eigenmittel und Liquidität nach KWG, Stuttgart 2001.

Bellavite-Hövermann, Y. (2004): Konsistenzprobleme der Bankrechnungslegung. In: Everling. O./Goedeckemeyer, K.-H. (Hrsg.), Bankenrating, Wiesbaden 2004, S. 163 – 204.

Bluhm, C./Overbeck, L./Wagner, C. (2003): An Introduction to Credit Risk Modelling, Buca Ration 2003.

Boos, K.-H./ Fischer, R./ Schulte-Mattler, H. (Hrsg.) (2004): Kreditwesengesetz – Kommentar zu KWG und Ausführungsbestimmungen. 2. Aufl., München 2004.

Büschgen, H.E. (1998), Bankbetriebslehre, 5. Aufl., Wiesbaden, 1998.

Casserley D. (1991): Facing up to the Risks, Chichester 1991.

Hüffer, U. (2002): Aktiengesetz. 5. Aufl., München 2002.

Jorion, P. (2002): Valute at Risk. 2nd Edition, New York 2002.

Koyluoglu, H.U./Stoker, J. (2002): Honour your contribution. In: Risk, 4/2002, S. 90-94.

Matten, C. (2000): Managing Bank Capital – Capital Allocation and Performance Measurement, 2. Aufl., Chichester 2000.

Schierenbeck, H.; Ertragsorientiertes Bankmanagement, 8. Aufl., Wiesbaden, 2003.

Saunders, A. (1999): Credit Risk Measurement: New Approaches to Value at Risk and Other Paradigms, New York 1999.

Spielberg, H./Sommer, D./Dankenbring, H. (2004): Integrierte Gesamtbanksteuerung. In: Everling. O./Goedeckemeyer, K.-H. (Hrsg.): Bankenrating, Wiesbaden 2004, S. 323 – 352.

Zentraler Kreditausschuß (2005): Stellungnahme zum Thema Geschäftsstrategie/Risikostrategie und zur geplanten Änderung des § 25a Abs. 1 KWG, 19. August 2005.

Risikomanagement in mittelständischen Unternehmen

Burkhardt Liebich[*]

A.	Einleitung	22
B.	Die Forderungen des KonTraG	23
C.	Risikomanagement als Anforderung der Banken	24
D.	Erfordernisse eines Risikomanagements	24
E.	Aufbau eines Risikomanagements	25
	I. Festlegung der Unternehmensziele	26
	II. Risikoidentifikation	26
	III. Bewertung der identifizierten Risiken	29
	IV. Festlegung von Richtlinien zur Behandlung identifizierter Risiken	30
	V. Dokumentation der Vorgehensweise	33
F.	Umsetzung des Risikomanagements	33
G.	Risikoberichterstattung	34
H.	Zusammenfassung	35

---

[*] Dr. Burkhardt Liebich, Selbständiger Unternehmensberater, Maintal.

A. Einleitung

Die Arbeit des Jubilars hat sich in Forschung und Lehre im Wesentlichen dem Thema der Optimierung gewidmet. Häufig ging es dabei um die Optimierung unter Sicherheit, Unsicherheit über zukünftige Entwicklungen wurde akzeptiert und zum Teil auch berücksichtigt,[1] war aber nicht Gegenstand der Optimierung selbst.

Sicherheit über zukünftige Entwicklungen stellt sich in mathematischen Modellen immer einwertig dar, d.h. basierend auf einer Entscheidung heute gibt es genau eine zukünftige Entwicklung, die sicher eintreten wird. Gemäß dem Rationalprinzip wird aus allen möglichen Alternativen dann diejenige gewählt, die das gewählte Ziel am besten erfüllt.[2] Unsicherheit ist demgegenüber gekennzeichnet durch Mehrwertigkeit in der Form, dass zukünftige Entwicklungen nicht exakt bestimmt werden können oder sich in Abhängigkeit von einem oder mehreren Ereignissen, die durch den Entscheider nicht beeinflusst werden können, verändern. Unsicherheit oder Risiko ist damit insbesondere jeder unternehmerischen Aktivität immanent.[3]

In der Entscheidungslehre wird unterschieden zwischen Risiko und Unsicherheit, je nachdem ob für die zukünftigen Entwicklungen Wahrscheinlichkeiten angegeben werden können oder nicht.[4] In Bezug auf das Risikomanagement ist diese Trennung ohne Bedeutung. Im Weiteren wird als Risiko (oder Chance) daher definiert „die Möglichkeit, dass das tatsächliche Ergebnis einer unternehmerischen Aktivität von dem erwarteten Ergebnis abweicht."[5]

Eine getrennte Berücksichtigung aller möglichen Entwicklungen ist in einem Unternehmen aus Kapazitätsgründen offensichtlich unmöglich.[6] Hat man eine Vielzahl von gleichen (oder sehr ähnlichen) Ereignissen mit ähnlichen Folgen, die vollständig unabhängig voneinander eintreten können, kann man diese mit Hilfe der Wahrscheinlichkeitsrechnung zusammenfassen. Auch hierdurch kann keine Sicherheit erreicht werden, die Anzahl der zu betrachtenden Entwicklungen wird aber erheblich reduziert. Gleiches gilt, wenn die Ereignisse nicht unabhängig voneinander eintreten, der Zusammenhang (mathematisch: Korrelation) zwischen den Ereignissen jedoch konstant und bekannt ist. Diese Verfahren ermöglichen z.B. die Arbeit von Versicherungen wie auch die Berechnung von Risikoäquivalenten für Banken (Value at Risk, VaR).

---

[1] Vgl. Wolf (1988), S. 17 ff.
[2] Vgl. Bartels (1974), S. 3.
[3] Vgl. u.a. Pfennig (2000), S. 1295, 1296.
[4] Vgl. Bamberg/Coenenberg (2004), S. 19.
[5] Lück (2000), S. 311, 315.
[6] Vgl. Borge (2002), S. 24.

Wie aber können Risiken berücksichtigt werden, für die die monetären Auswirkungen nicht eindeutig bestimmbar sind, eine Wahrscheinlichkeit aufgrund der Singularität der Ereignisse nicht berechnet, sondern höchstens geschätzt werden kann und für die konstante Korrelationen mit anderen Ereignissen nicht existieren? Dies soll im Weiteren am Beispiel mittelständischer Unternehmen erörtert werden.

B. Die Forderungen des KonTraG

Seit Ende der achtziger Jahre haben weltweit Missmanagement, Missbrauch von Kompetenzen oder schlichtweg Betrug zu einer Reihe von großen Firmenzusammenbrüchen geführt und die Frage nach Existenz und Effizienz der innerbetrieblichen Kontrollmechanismen aufgeworfen. Um „Schwächen und Verhaltensfehlsteuerungen"[7] in der deutschen Unternehmensverfassung zu korrigieren, hat der Gesetzgeber daher im April 1998 das „Gesetz zur Kontrolle und Transparenz im Unternehmensbereich (KonTraG)" verabschiedet. Darin verlangt der deutsche Gesetzgeber, „der Vorstand (einer AG) hat geeignete Maßnahmen zu treffen, insbesondere ein Überwachungssystem einzurichten, damit den Fortbestand der Gesellschaft gefährdende Entwicklungen früh erkannt werden."[8]

Der § 91 Abs. 2 AktG erwähnt allein bestandsgefährdende Risiken, für die der Vorstand ein Früherkennungssystem einzurichten hat. In § 289 Abs. 1 Satz 4 HGB wird zudem gefordert, dass „im Lagebericht die voraussichtliche Entwicklung mit ihren wesentlichen Chancen und Risiken zu beurteilen und zu erläutern" ist.[9] Für mittlere und große Kapitalgesellschaften ist vom Abschlussprüfer „zu prüfen, ob die Risiken der zukünftigen Entwicklung zutreffend dargestellt sind,"[10] „alle verfügbaren Informationen verwendet wurden, die grundlegenden Annahmen realistisch [...] sind und Prognoseverfahren richtig gehandhabt wurden."[11]

Alle diese Vorschriften betreffen formal allein Aktiengesellschaften, insbesondere börsennotierte Aktiengesellschaften, sowie Gesellschaften, die aufgrund gesetzlicher Regelungen einen Aufsichtsrat haben. Bereits in der Begründung zum KonTraG geht jedoch der Gesetzgeber davon aus, dass durch diese Vorschriften „überwiegend ohnehin gebotene und im Grunde selbstverständliche Pflichten der Unternehmensorganisation geregelt werden, die bei gut geführten und kontrollierten Unternehmen schon jetzt erfüllt werden."[12]

---

[7] Deutscher Bundestag, Drucksache 13/9712, S. 11.
[8] Eingefügt in § 92 Abs. 2 AktG KonTraG vom 27.4.1998.
[9] Eingefügt durch KonTraG vom 27.4.1998.
[10] § 317 Abs. 2 HGB, eingefügt durch KonTraG vom 27.4.1998.
[11] Entwurf eines KonTraG, BR-Drucksache 872/97 vom 7.11.1997, S. 72.
[12] Deutscher Bundestag, BT-Drucksache 13/9712, S. 12.

Es sei „davon auszugehen, dass für Gesellschaften mit beschränkter Haftung je nach ihrer Größe, Komplexität ihrer Struktur usw. nichts anderes gilt und die Neuregelung Ausstrahlungswirkung auf den Pflichtenrahmen der Geschäftsführer auch anderer Rechtsformen hat."[13] Letztendlich unterstellt der Gesetzgeber damit, dass die entsprechenden Regelungen des KonTraG lediglich eine Kodifizierung einer „ordnungsmäßigen Unternehmensführung" sind, zu der Geschäftsführer aller Unternehmensformen verpflichtet sind.

C. Risikomanagement als Anforderung der Banken

Getrennt von den Regelungen des KonTraG, jedoch letztendlich mit den ähnlichen Auswirkungen, sind die Anforderungen der Banken und anderer Kreditgeber an das Unternehmen zu betrachten.

Nach der überarbeiteten Rahmenvereinbarung „Internationale Konvergenz der Kapitalmessung und Eigenkapitalanforderungen" (kurz: „Basel II") des Baseler Ausschusses für Bankenaufsicht haben Banken im Rahmen einer Kreditvergabe an Unternehmen auch das Kreditausfallrisiko zu beachten. Maßgeblich ist dabei die Einschätzung durch ein so genanntes Rating: Je schlechter das Rating eines Unternehmens, desto höher das Ausfallrisiko für die Bank und damit die erforderliche Eigenkapitalunterlegung.[14] In vielen Fällen kann dies dazu führen, dass sich Kredite verteuern.

Wurden früher Kreditrisiken bei Banken nahezu ausschließlich auf Basis finanzieller Kennzahlen berechnet, müssen heute auch qualitative Faktoren wie z.B. die Einschätzung des Managements, die Stetigkeit der Einnahmen wie auch nicht zuletzt mögliche Unternehmensrisiken und die hiergegen eingeleiteten Maßnahmen einbezogen werden.[15] Das Risikomanagement wird somit gerade für mittelständische Unternehmen zu einem möglicherweise entscheidenden Faktor auch für eine Kreditvergabe.

D. Erfordernisse eines Risikomanagements

Die meisten praxisorientierten Veröffentlichungen zum Thema Risikomanagement gehen implizit von Großunternehmen und Konzernen aus, denen umfangrei-

---

[13] Deutscher Bundestag, BT-Drucksache 13/9712, S. 15.
[14] Vgl. zur Berechnung der Mindestkapitalanforderungen nach Basel II und den unterschiedlichen Ansätzen auf die zurückgegriffen werden kann (Standardansatz, IRB-Ansätze) Tz. 40 ff. der Baseler Rahmenvereinbarung.
[15] Vgl. ausführlicher zum Rating und zu den Kriterien Achleitner/Everling (2004).

che Ressourcen zum Aufbau und zur ständigen Pflege eines Risikomanagementsystems zur Verfügung stehen.[16]
Die Mehrzahl der deutschen Unternehmen sind jedoch mittelständische Betriebe, viele davon in der Rechtsform einer GmbH. Auch diese müssen nach dem Gesetzeswortlaut und der Begründung zum KonTraG ein ihrer Größe, Komplexität und Struktur angemessenes Risikomanagement einführen, ihnen stehen aber nicht die Ressourcen zur Verfügung stehen.

Es ist nicht zu bestreiten, dass durch die modernen Computer, die internationalen Geschäftsbeziehungen wie auch die komplexen derivativen Instrumente die Risiken für alle Unternehmen in den vergangenen Jahrzehnten überproportional gestiegen und die Reaktionszeit für die mögliche Abwendung eines Risikos zusätzlich gesunken ist.

Notwendig ist es daher, das Risikomanagement innerhalb eines Unternehmens zu systematisieren, Risikogrundsätze aufzustellen und ein entsprechendes Risikobewusstsein bei allen Mitarbeitern zu entwickeln, um schnell und dezentral Risiken erkennen und möglichst umgehend entsprechend reagieren zu können. Insbesondere bei mittelständischen Unternehmen sollte sich der Aufwand für diese Maßnahmen aber in einer angemessenen Relation zur Höhe möglicher Risiken verhalten, denn es kann nicht Sinn eines Risikomanagementsystems sein, mögliche Risiken für ein Unternehmen zu begrenzen, gleichzeitig aber durch eine unangemessene Erhöhung des Fixkostenblocks die Rentabilität des Unternehmens zu gefährden („Wesentlichkeitsgrundsatz").

E. Aufbau eines Risikomanagements

Ziel eines Risikomanagements ist zum einen das frühzeitige Erkennen möglicher Risiken und zum anderen die Festlegung von Verfahren, um die von diesen Risiken ausgehenden Gefahren für das Unternehmen begrenzen zu können. Ein systematisches Risikomanagements bedingt daher folgende Maßnahmen:
- Festlegung der Unternehmensziele als Sollvorgabe;
- Identifikation aller denkbaren Risiken, die das Erreichen / Übertreffen der Unternehmensziele beeinflussen oder den Bestand des Unternehmens gefährden könnten;
- Bewertung dieser Risiken in Bezug auf Eintrittswahrscheinlichkeit und möglicher Schadenshöhe;
- Festlegung von Richtlinien zur Behandlung/Abwendung der Risiken;
- Dokumentation der Vorgehensweise.

---

[16] Vgl. hierzu aus der Vielzahl der Veröffentlichungen die verschiedenen Beiträge in: Hölscher/Elfgen (2002).

I. Festlegung der Unternehmensziele

Um Risiken (und/oder Chancen) identifizieren zu können, muss als erstes eine Soll- oder Zielvorgabe für das Unternehmen existieren. Im Idealfall besteht diese neben einer allgemein formulierten Strategieaussage zumindest für das erste Folgejahr aus einem Budget mit detaillierten finanziellen Vorgaben (Bilanz und GuV) wie auch aus Angaben über Marktgrößen, Marktanteile, Wettbewerber, Personalübersichten, Forschungsprojekte etc. Für die Planung der Folgejahre ist im Allgemeinen eine deutlich geringere Detaillierung ausreichend, häufig existieren lediglich einige wesentliche Kennzahlen oder eine mehr oder weniger lineare Fortschreibung des Budgets des ersten Planjahres. Zusätzlich sollte auch eine allgemeine Vorgabe zur Risikobehandlung („Risikostrategie) formuliert werden.

Diese Zielvorgabe ist die „Nulllinie", an der im weiteren Risiken und Chancen gemessen werden. Erst eine solche Vorgabe ermöglicht im Weiteren eine Bewertung der identifizierten Risiken und damit eine Priorisierung ihrer Behandlung. Eine Zielvorgabe ist weiterhin notwendig, um Erfolg oder Misserfolg des Risikomanagements einschätzen zu können.

II. Risikoidentifikation

In einem zweiten Schritt muss, möglichst in Zusammenarbeit mit Vertretern aller Bereiche des Unternehmens, eine Aufstellung der möglichen Risiken erfolgen. Da im Folgenden nur die hier erkannten Risiken weiter verfolgt werden, muss dieser Schritt sehr sorgfältig erfolgen.

Die ein Unternehmen bedrohenden Risiken sind äußerst vielschichtig und auch die in der Literatur aufgeführten Systeme zur Risikoidentifikation können eine Vollständigkeit nicht garantieren.[17] Gerade für mittelständische Unternehmen dürften die diversen verfügbaren Checklisten eine relativ große Hilfe sein, auch sie „ersetzen jedoch die eigenständige Denkarbeit der Verantwortlichen nicht."[18] Die in Abbildung 1 aufgeführten Risikobereiche sind daher auch lediglich als Anregung zu verstehen.

Die betrachteten Risiken sollten keinesfalls nur auf Gefahren im innerbetrieblichen Bereich beschränkt werden. Bestandsgefährdende Risiken liegen häufig auch im externen Bereich (z.B. politische Situation in wesentlichen Abnehmerländern), im nicht-monetären Bereich (z.B. Abwanderung von Schlüsselmitarbeitern, Imageschaden für das Unternehmen) oder auch im Auslassen von Chancen, das Unternehmen auf neue Marktgegebenheiten einzustellen.

---

[17] Wolf/Runzheimer (2003), S. 44-57.
[18] Wolf/Runzheimer (2003), S. 44.

Man sollte auch nicht davor zurückscheuen, auf den ersten Blick unwahrscheinliche Risiken in die Betrachtung einzubeziehen. Eine sinnvolle Bewertung eines Risikos kann erst durch eine Gegenüberstellung der Eintrittswahrscheinlichkeit mit der möglichen Schadenshöhe und den Kosten für eine Risikovermeidungsstrategie erfolgen. Dies sei an folgendem Beispiel erläutert:

> Die Gefahr eines Flugzeugabsturzes auf ein Werk ist sehr gering und sofern nicht ein besonderes Gefährdungspotential besteht, wird wohl kein Unternehmen hiergegen Vorkehrungen treffen. Ähnlich unwahrscheinlich ist es, dass genau das eine Flugzeug abstürzt, in dem einmal im Jahr die gesamte Geschäftsführung eines Unternehmens auf dem Weg zu einem wichtigen Gesprächstermin sitzt. Die zusätzlichen Kosten, die Geschäftsführung auf mehrere Flugzeuge zu verteilen, sind jedoch im Verhältnis zum möglichen Schaden für das Unternehmen so gering, dass viele Unternehmen entsprechende Regelungen kennen.

Betriebliche Risiken

- Beschaffung
  - Lieferantenzuverlässigkeit
  - Einkaufskonditionen
  - Lagerhaltung
- Absatz
  - Kundenzufriedenheit
  - Produkthaftung
  - Verkaufspreise
- Produktion
  - Produktivitätsverschlechterung
  - Kapazitätsengpässe
  - Produktionsunterbrechung
  - Umweltschutz
  - Kostenüberschreitungen
- Forschung & Entwicklung
  - Produktentwicklung
  - Produktlebenszyklus
  - Marken-/Patentschutz
  - Technologiesprünge

Fehlentscheidungen

- Vertragsgestaltung
- Budgetierung / Planung
- Investitionen
- Rechnungslegung

Unternehmensrisiken

Finanzwirtschaftliche Risiken

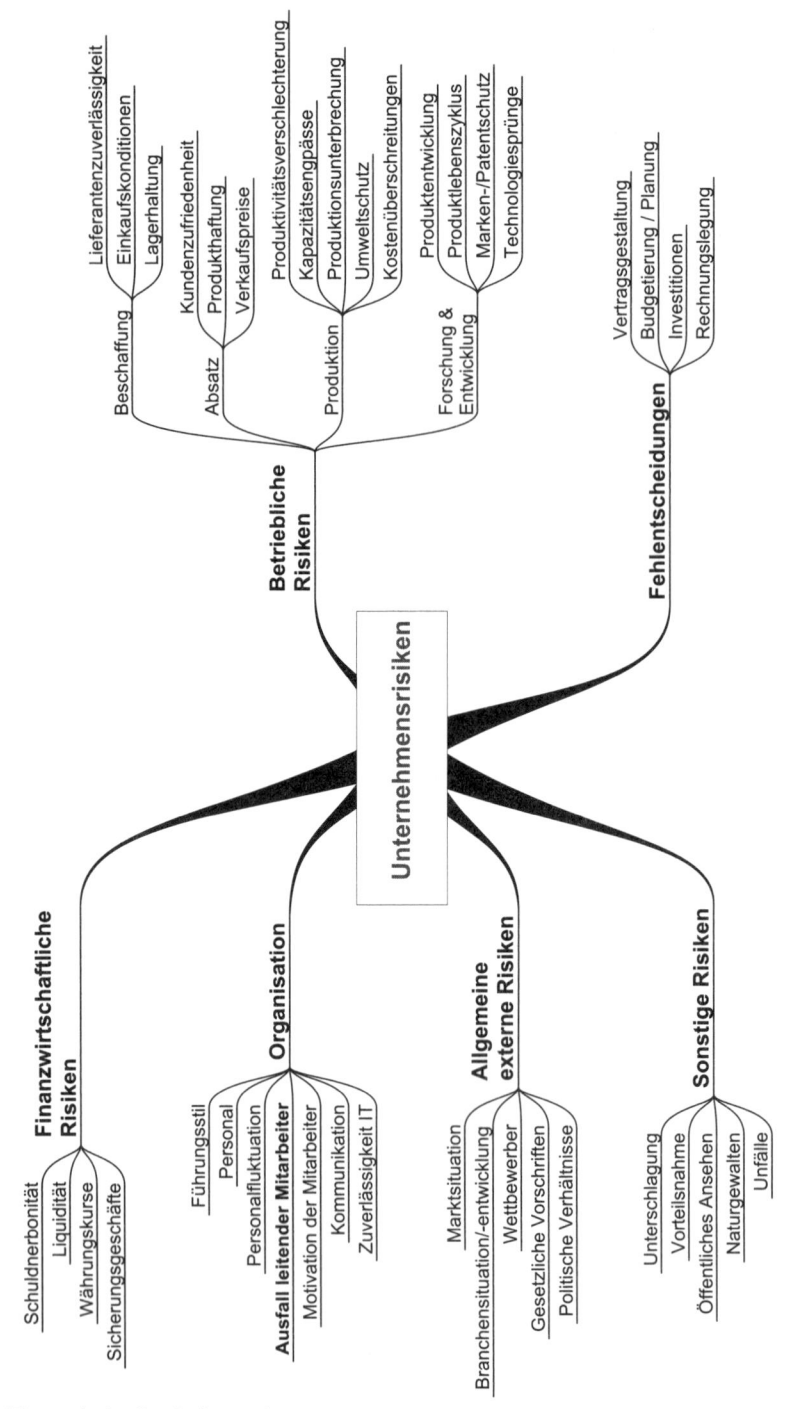

- Schuldnerbonität
- Liquidität
- Währungskurse
- Sicherungsgeschäfte

Organisation

- Führungsstil
- Personal
- Personalfluktuation
- **Ausfall leitender Mitarbeiter**
- Motivation der Mitarbeiter
- Kommunikation
- Zuverlässigkeit IT

Allgemeine externe Risiken

- Marktsituation
- Branchensituation/-entwicklung
- Wettbewerber
- Gesetzliche Vorschriften
- Politische Verhältnisse

Sonstige Risiken

- Unterschlagung
- Vorteilsnahme
- Öffentliches Ansehen
- Naturgewalten
- Unfälle

Abb. 1: Wesentliche Risikobereiche

III. Bewertung der identifizierten Risiken

In der Literatur findet sich häufig die Forderung, Risiken müssten immer in Geldeinheiten bewertet werden.[19] Zwar ist es korrekt, dass Zahlungsunfähigkeit und Überschuldung als mögliche bestandsgefährdende Risiken nur in Geldeinheiten zu berechnen sind,[20] bestandsgefährdend können jedoch auch Risiken sein, die primär kein oder nur ein relativ geringes finanzielles Risiko beinhalten. Hingewiesen sei hierzu auf die Begründung zum KonTraG, in der als bestandsgefährdend auch Unrichtigkeit in der Rechnungslegung oder Verstöße gegen gesetzliche Vorschriften aufgeführt werden.[21]

Das Risiko, das mit einem bestimmten Ereignis verbunden ist, wird größer bei steigender Eintrittswahrscheinlichkeit und/oder steigender Schadenshöhe. Aufgrund des abnehmenden Grenznutzens[22] führt aber eine bestimmte Erhöhung der erwarteten Schadenshöhe nicht immer zu einer gleich hohen Steigerung des Risikos, vielmehr ist die Erhöhung des Risikos abhängig sowohl von der absoluten Höhe wie auch von der relativen Erhöhung der Schadenshöhe.

Eintrittswahrscheinlichkeit und möglicher Schadenshöhe lassen sich in der Regel nicht exakt bestimmen. Meist erfolgt daher die Einordnung der Risiken in Risiko- und Schadensklassen:[23]

Risikoklassen	Schadensklassen
Häufig	Katastrophal
Möglich	Kritisch
Selten	Spürbar
Sehr selten	Gering
Unwahrscheinlich	Unbedeutend

---

[19] Vgl. Emmerich (1999), S. 1075, 1082.
[20] Vgl. Emmerich (1999), S. 1075, 1082
[21] Entwurf eines KonTraG, BR-Drucksache 872/97 vom 7.11.1997, S. 36.
[22] Erstes Genossenschaftsgesetz, aus: Gossen, H. H.: Die Entwicklung der Gesetze des menschlichen Verkehrs und der daraus fließenden Regeln für menschliches Handeln, London 1854, zitiert nach: Woll (1976), S. 90.
[23] Vgl. Brühwiler (2001), S. 73.

Dementsprechend ergibt sich folgendes vereinfachtes Risikoportfolio:

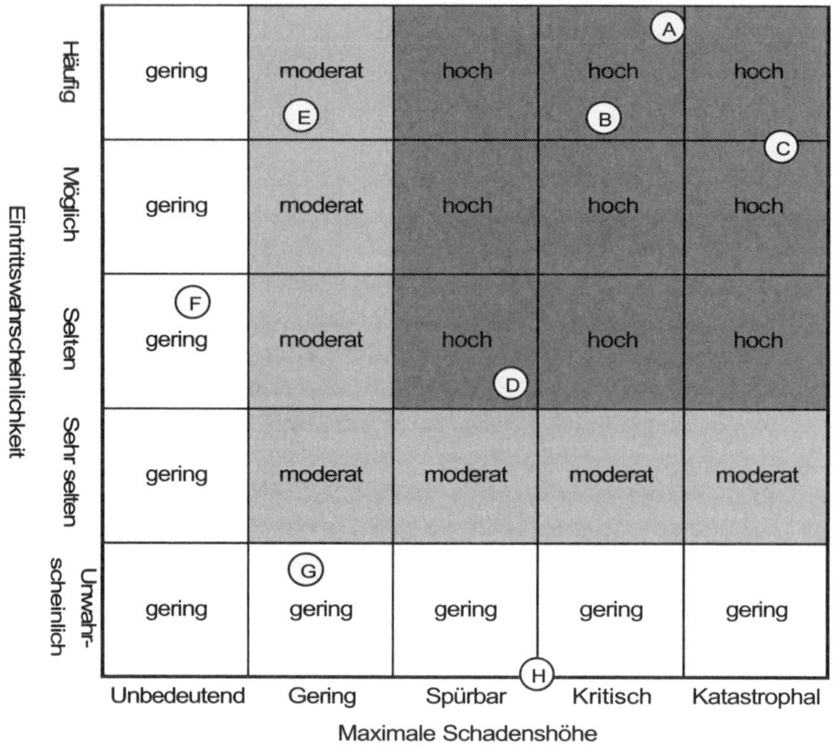

Abb. 2: Risikoportfolio

Die Punkte A – H stellen dabei unterschiedliche Ereignisse und deren Einschätzung in Bezug auf Eintrittswahrscheinlichkeit und maximale Schadenshöhe für das Unternehmen dar. Je höher das Risiko angesiedelt ist, desto „gefährlicher" ist es und umso mehr Aufwand sollte investiert werden, dieses Risiko zu beherrschen.

Wichtig ist hierbei die „Bruttodarstellung" der Risiken, d.h. möglicherweise bereits implementierte Maßnahmen zur Risikobehandlung dürfen bei der Bewertung des Risikos nicht berücksichtigt werden. Allein dann können die im Weiteren festzulegenden Maßnahmen in ihrer Wirkung bewertet und letztendlich auch kontrolliert werden.

IV. Festlegung von Richtlinien zur Behandlung identifizierter Risiken

Wesentliches Element eines Risikomanagements ist neben der Risikoidentifikation und -überwachung die Vorgehensweisen zur Behandlung der Risiken.

Grundsätzlich stehen folgende Möglichkeiten zur Behandlung von Risiken zur Verfügung:[24]

- Vermeidung
- Reduzierung } Ursachenbezogene Maßnahmen
- Begrenzung
- Kompensation
- Übertragung und } Wirkungsbezogene Maßnahmen
- Akzeptanz

- Die einfachste Form der Risikovermeidung ist die Ablehnung risikobehafteter Geschäfte oder Projekte. Beispiele könnten sein die Schließung einer umweltgefährdenden Produktion, die Ablehnung einer mit technischen Risiken verbundenen Spezialanfertigung oder Lieferungen allein in den Euro-Raum zur Vermeidung jeglicher Fremdwährungsrisiken. Die Risikovermeidung schließt gleichzeitig die Realisierung der mit diesen Geschäften oder Projekten verbundenen Chancen aus.
- Ist eine Risikovermeidung nicht möglich oder aufgrund der gleichzeitig aufzugebenden Chancen nicht gewollt, bietet sich als Alternative die Risikoreduzierung an. Eine Risikoreduzierung kann entweder durch eine Verringerung der Eintrittswahrscheinlichkeit oder durch eine Reduzierung des zu erwartenden Schadens erfolgen. Beispiele können sein die Aufteilung des Einkaufs eines Produktes auf mehrere Lieferanten (Diversifizierung) oder der Einbau zusätzlicher Sicherungselemente wie ein Wasserrückhaltebecken für Bereiche mit umweltgefährdenden Stoffen.
- Eine Variante der Risikoreduzierung ist die Risikobegrenzung. Eine Risikobegrenzung ändert das Risiko selbst nicht, begrenzt aber die Auswirkungen auf das Gesamtunternehmen. Ein Beispiel hierfür ist die Vorgabe von Limits für risikobehaftete Geschäfte.
- Im Gegensatz zu den bisher aufgeführten Maßnahmen beeinflussen die folgenden wirkungsbezogenen Maßnahmen nicht das Risiko selbst sondern betreffen allein den Träger des Risikos bzw. die Auswirkungen des Risikos auf das Unternehmen. Ein Verfahren hierzu ist die Risikokompensation. Beispiel hierfür ist der Abschluss von zusätzlichen Termingeschäften mit möglichst deckungsgleichem Umfang und Fälligkeitsterminen zur Absicherung von Fremdwährungspositionen.
- Eine Risikoübertragung an Geschäftspartner (z.B. Lieferungen weltweit, aber Fakturierung allein in Euro) dürfte nur bei einer sehr starken Marktposition durchsetzbar sein. Eine Variante der Risikoübertragung ist der Abschluss einer Versicherung, was aber verglichen mit anderen Maß-

---

[24] Vgl. im Wesentlichen Kühlmann (1996), S. 9; ähnlich auch Hölscher/Elfgen (2002), S. 14-15.

nahmen relativ teuer ist und auch nur bestimmte Vermögensschäden abdecken kann.
- Letztendlich nur für Risiken mit entweder sehr geringer Eintrittswahrscheinlichkeit, sehr niedriger Schadenerwartung oder sehr hohen Kosten für eine Risikoreduzierung kommt die Risikoakzeptanz in Frage. Dies schließt eine aktive Risikovorsorge z.B. durch Bildung entsprechender Rückstellungen mit ein.

Für jedes identifizierte Risiko muss festgelegt werden, wie es behandelt werden soll und inwieweit Eintrittswahrscheinlichkeit und/oder maximale Schadenshöhe durch vorgesehene oder möglicherweise durch bereits umgesetzte Maßnahmen verringert werden. Unter Einbeziehung dieser Veränderungen kann sodann ein Netto-Portfolio aufgestellt werden, dass das verbleibende Risikoexposure des Unternehmens darstellt.

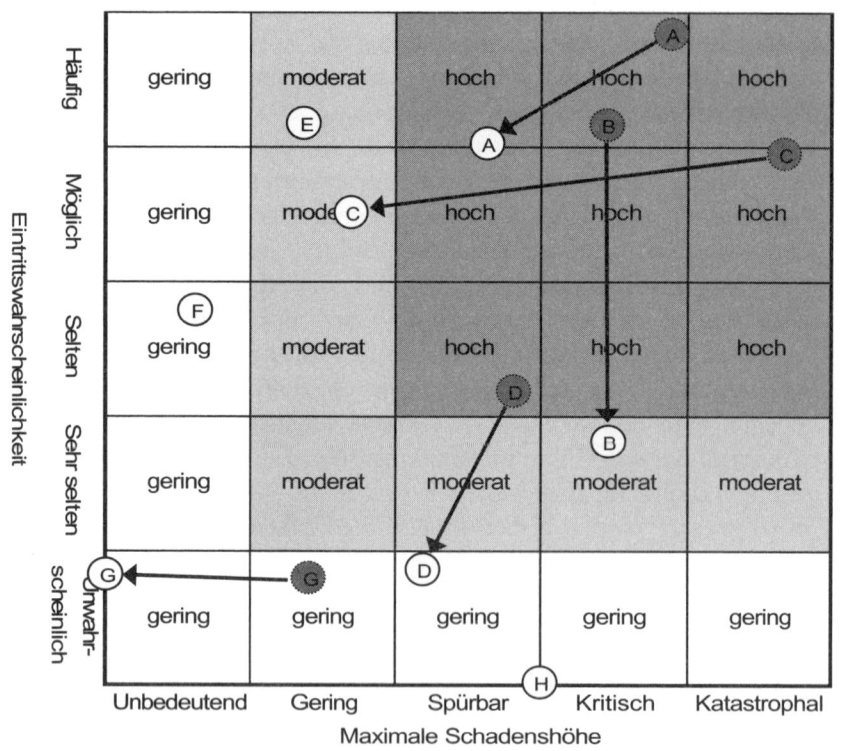

Abb. 3: Netto-Risikoportfolio

Durch die getrennte Darstellung eines Brutto- und eines Netto-Risikoportfolio lassen sich zum Einen die erwarteten Auswirkungen der getroffenen Maßnahmen aufzeigen (und damit in Zukunft überwachen), zum Anderen zeigen sich mögliche Schwachstellen im Risikomanagement und damit notwendiger Handlungsbedarf.

V. Dokumentation der Vorgehensweise

Wesentlich für die dauerhafte Umsetzung des Risikomanagements ist auch eine vollständige und handhabbare Dokumentation des Risikomanagements.
Jegliche Bestandsaufnahme kann nicht mehr sein als eine Momentaufnahme der Situation des Unternehmens und unterliegt regelmäßigen Veränderungen. Neu aufgetretene (oder bisher nicht erkannte) Risiken müssen aufgenommen, verantwortliche Personen ausgetauscht, Maßnahmen zur Risikobehandlung angepasst, neu eingeführt oder auch fallengelassen werden. Nur eine ständige Aktualisierung des Risikomanagements und seiner Dokumentation kann verhindern, dass die aufgestellten Richtlinien überholt werden und damit das gesamte Risikomanagement seine Wirkung verfehlt. Hierfür ist gerade bei mittelständischen Unternehmen kein großer technischer Aufwand notwendig, je einfacher jedoch die Handhabung des Systems ist desto größer wird auch dessen Akzeptanz sein bei den verantwortlichen Mitarbeitern.
Die Dokumentation muss jedem Mitarbeiter in Form eines Risikomanagementhandbuches zur Verfügung stehen, um alle entsprechend zu informieren und in den Risikomanagementprozess einzubinden.

F. Umsetzung des Risikomanagements

Die beste Systematisierung ist vollkommen nutzlos ohne die entsprechende Implementierung, Umsetzung und Kontrolle der Einhaltung der Risikorichtlinien.
Häufig wird hierfür der Aufbau eines selbständigen Risikocontrollings mit eigenem Berichtswesen empfohlen.[25] Dabei wird vorausgesetzt, dass Risiko – wie z.B. Kosten – eine messbare und damit nachvollziehbare Größe ist, deren Höhe lediglich zu überwachen ist, um die Einhaltung der Risikorichtlinien zu garantieren. Es wird dabei vernachlässigt, dass jedes Risiko per Definition eine subjektive Größe ist, dessen Wahrscheinlichkeit und in manchen Fällen sogar Existenz umstritten sein kann. Subjektive Empfindungen können aber durch ein Berichtswesen vielleicht dokumentiert, nicht aber überwacht oder gesteuert werden.
Wesentlich für das Funktionieren eines Risikomanagementsystems insbesondere in mittelständischen Unternehmen, die allein aus Kostengründen ein separates Risikocontrolling nicht aufbauen können, ist daher der Aufbau einer Risikokultur im Unternehmen. Hierunter ist die Einbindung aller Mitarbeiter in das Risikomanagement zu verstehen, entsprechend ihrem Tätigkeits- oder Verantwortungsbereich. Ziel muss es sein, jedem Mitarbeiter die Risiken, die seinen Arbeitsbereich berühren, aufzuzeigen, ihn in die Bewertung der Risiken einzuführen und ihn mit den vorgesehenen Maßnahmen zur Risikovorsorge vertraut zu machen.

---

[25] Vgl. Wolf/Runzheimer (2003) S. 156.

Ein solches Risikobewusstsein erfordert entsprechendes Verantwortungsbewusstsein für die eigene Arbeit und das Ergebnis dieser Arbeit. Dies kann nicht allein über Anweisungen oder Schulungen aufgebaut werden. Wesentlich sind hierfür ein beispielhaftes Agieren der Unternehmensleitung und Vorgesetzten wie auch ein Führungsstil, der Eigenverantwortung fordert und fördert. Über Anreizsysteme verschiedenster Art (neben Bonusregelungen z.B. auch Auszeichnungen verschiedenster Art) müssen die Mitarbeiter im Risikomanagement nicht eine zusätzliche Kontrolle sondern ihr eigenes Interesse sehen.

Unverzichtbar ist ferner eine positive Kommunikation über Chancen und Risiken im Unternehmen. Erst wenn Führungskräfte auf allen Ebenen im Unternehmen Hinweise ihrer Mitarbeiter auf Chancen oder Risiken nicht als Kritik an der eigenen Person oder Arbeit verstehen und entsprechend reagieren, werden die Mitarbeiter sich zu solchen Anmerkungen aufraffen. Umgekehrt muss auch den Mitarbeitern kommuniziert werden, was infolge eines solchen Hinweises verbessert wurde bzw. warum einem Hinweis nicht gefolgt wurde.

Letztendlich ist Risikomanagement eine Führungsaufgabe von Vorstand bzw. Geschäftsführung. Unabdingbar ist jedoch die Benennung eines Beauftragten für das Risikomanagement des gesamten Unternehmens, um das Risikomanagement ständig zu überwachen und zu aktualisieren und es nicht im Tagesgeschäft untergehen zu lassen.[26]

G. Risikoberichterstattung

Der Umfang und die Tiefe der Berichterstattung über Risiken und das Risikomanagement hängen sehr stark von der Größe und Struktur des Unternehmens ab. Je kleiner ein Unternehmen und je flacher die vorhandene Hierarchie ist desto geringer können die Anforderungen an ein laufendes Berichtswesen sein. Insbesondere bei unternehmergeführten Kleinunternehmen mit nur wenigen Mitarbeitern ist eine offene Kommunikation über vorhandene Chancen und Risiken wichtiger als eine detaillierte Dokumentation im monatlichen Berichtswesen. In jedem Fall muss aber das Berichtswesen – häufig nur bestehend aus einer monatlichen Ergebnisrechnung sowie einer Liste von Debitoren und Kreditoren – erweitert werden um Angaben oder Kennzahlen zu wesentlichen Risikogrößen. Dokumentiert (und wenn auch nur über den Ausdruck von E-Mails) sollte auch die ad hoc - Berichterstattung an die Geschäftsführung über wesentliche Geschäftsentwicklungen und/oder -risiken werden.

Umgekehrt brauchen größere Gesellschaften weiterhin die offene Kommunikation zwischen den verschiedenen Hierarchieebenen, zusätzlich ist hier aber ein regelmäßiges Berichtswesen an die Unternehmensleitung notwendig, um dieser einen

---

[26] Vgl. Wolf/Runzheimer (2003), S. 156.

Überblick über die Risikosituation im Unternehmen zu ermöglichen. Dies erfordert dann auch eine entsprechende Kontrolle der Berichte durch das Controlling oder, sofern vorhanden, durch die interne Revision. Auch hierbei sollte jedoch aus Kostengründen wie auch zur Steigerung der Akzeptanz nur in Ausnahmefällen ein zusätzliches Berichtswesen aufgebaut werden, viel empfehlenswerter ist die Ergänzung der vorhandenen Berichte um Risikoinformationen.

H. Zusammenfassung

Im heutigen Zeitalter der Personal Computer, des Internet und der internationalen Wirtschaftsbeziehungen ist jedes Unternehmen zusätzlichen und deutlich größeren Risiken ausgesetzt als noch vor wenigen Jahrzehnten. Auch kleine mittelständige Unternehmen sollten diese Risiken erkennen und überwachen.

Grundbedingung für ein angemessenes Risikomanagement ist dabei die Festlegung der angestrebten Ziele, eine systematische Erfassung und Bewertung der Risiken, die die Zielerreichung in Frage stellen können, sowie die Dokumentation entsprechender Richtlinien zur Risikobehandlung. Weiterhin muss im Unternehmen der Aufbau einer Risikokultur gefördert werden, die die Akzeptanz dieser Richtlinien durch alle Mitarbeiter und damit die Umsetzung des Risikomanagements ermöglicht.

Wie für alle anderen Vorschriften in einem Unternehmen auch ist für das Risikomanagement eine Kontrolle der Umsetzung vonnöten. Diese kann jedoch insbesondere bei kleineren Unternehmen durch die Unternehmensleitung selbst oder durch ein vorhandenes Controlling durchgeführt werden.

Jegliches unternehmerische Handeln bedingt die Inkaufnahme von Risiken, Sicherheit wird auch das beste Risikomanagement nicht garantieren können. Erfolgreiche Unternehmen werden sich daher auch in Zukunft auszeichnen durch die Wahrnehmung der sich ihnen bietenden Chancen, durch Begrenzung der damit verbundenen Risiken mit möglichst geringen Kosten wie auch durch die gewisse Portion „Glück des Tüchtigen", das mögliche Risiken das Unternehmen nicht getroffen haben.

Ein tüchtiger Geschäftsmann ist wie ein Kapitän: Er kennt den Kurs, meidet allzu hohes Risiko und rechnet mit allen Eventualitäten (Ernst R. Hauschka).

Literaturverzeichnis

Achleitner, A.-K./Everling, O. (Hrsg.) (2004): Handbuch Ratingpraxis, Wiesbaden (2004).

Bamberg, G./Coenenberg, A.G. (2004): Betriebswirtschaftliche Entscheidungslehre, 12. Aufl., München 2004.

Bartels, H.G. (1974), Bemerkungen zum Rationalprinzip, Diskussionsschriften der wirtschaftswissenschaftlichen Fakultät der Universität Heidelberg Nr. 43, Heidelberg 1974.

Borge, D. (2002): Wenn sich der Löwe mit dem Lamm zum Schlafen legt, Weinheim 2002.

Brühwiler, B. (2001): Unternehmensweites Risk Management als Frühwarnsystem, Bern/Stuttgart/Wien 2001.

Emmerich, G. (1999): Risikomanagement in Industrieunternehmen - gesetzliche Anforderungen und Umsetzung nach dem KonTraG. In: ZfbF 1999, S. 1075 – 1089.

Hölscher, R./Elfgen, R. (Hrsg.) (2002): Herausforderung Risikomanagement, Wiesbaden 2002.Kühlmann, K. (1996): Erfolgreiches Risk Management in der Tagungs-, Kongress- und Messewirtschaft, Karlsruhe 1996.

Lück, W. (2000): Managementrisiken. In: Dörner, D./Horváth, P./Kagermann, H. (Hrsg.), Praxis des Risikomanagements, Stuttgart 2000, S. 311 – 343.

Pfennig M. (2000): Shareholder Value durch unternehmensweites Risikomanagement. In: Johanning, L./Rudolph, B. (Hrsg.), Handbuch Risikomanagement, Bad Soden 2000, S. 1295 – 1332.

Wolf, J. (1988): Lineare Fuzzy-Modelle zur Unterstützung der Investitionsentscheidung, Frankfurt am Main et al. 1988.

Wolf, K./Runzheimer, B. (2003): Risikomanagement und KonTraG, Wiesbaden 2003.

Woll, A. (1976): Allgemeine Volkswirtschaftslehre, 5. Aufl., München 1976.

Risikoäquivalenzprinzip, (ex ante) Bewertung und (ex post) Performancemessung

Peter Wesner[*]

A.	Einführung	38
B.	Bewertung und Performancemessung auf der Grundlage von Periodenerfolgen	39
	I. Clean Surplus Bedingung und Verrechnung von Eigenkapitalzinsen als Voraussetzungen	39
	II. Bewertung und Performancemessung bei Sicherheit	41
	1. Ex ante Bewertung	41
	2. Ex post Performancemessung	43
	III. Bewertung und Performancemessung bei Risiko	45
	1. Risikoäquivalenz bei der ex ante Bewertung	45
	2. Risikoäquivalenz bei der ex post Performancemessung	47
C.	Zusammenfassung	48

---

[*] Professor Dr. Peter Wesner ist Mitglied des Vorstands der KPMG Deutsche Treuhand-Gesellschaft und Honorarprofessor der Johann Wolfgang Goethe-Universität Frankfurt am Main.

A. Einführung

Das Grundprinzip der (Unternehmens-)Bewertung ist seit langem bekannt und kann auf folgende einfache Formel reduziert werden: „Bewerten heißt vergleichen"[1]. Einem Bewertungsobjekt wird hierzu ein Vergleichsobjekt gegenübergestellt und aus dessen bekannten Preis auf denjenigen des zu bewertenden geschlossen. Dabei stellt nach dem Opportunitätskostenprinzip die beste verdrängte Handlungsalternative den relevanten Bewertungsmaßstab dar.[2] Damit das Vergleichsobjekt allerdings als Bewertungsmaßstab in Frage kommt, muss es insbesondere hinsichtlich der Unsicherheitsdimension mit dem Bewertungsobjekt vergleichbar sein. In dieser Forderung kommt das Risikoäquivalenzprinzip zum Ausdruck.[3]

Die Bewertung erfolgt immer aus einer ex ante Perspektive: Zukünftige riskante Zahlungsströme werden durch Diskontierung auf einen bestimmten Bewertungszeitpunkt bezogen. Dabei kann die Bewertung unter bestimmten Bedingungen auch auf der Grundlage von periodisierten Größen erfolgen, wie es z.B. bei zahlreichen in der Praxis verbreiteten Konzepten zur wertorientierten Unternehmensführung vorgeschlagen wird.

Im Unterschied zur ex ante Bewertung von riskanten Handlungsalternativen steht bei der Performancemessung die ex post Kontrolle unternehmerischer Entscheidungen im Mittelpunkt des Interesses. Hierbei spielen vor allem periodisierte Größen eine herausragende Rolle, deren Ermittlung und Interpretation der Jubilar insbesondere vor dem Hintergrund der Zielsetzungen der Aktiengesellschaften große Aufmerksamkeit gewidmet hat.[4] Zur Beurteilung des erzielten Ergebnisses (Gewinn oder Rendite) wird analog zur Bewertung ein Vergleichsmaßstab benötigt. Ohne eine solche Benchmark würde eine Bezugsgröße fehlen, mit deren Hilfe die Performance eines Unternehmens beurteilt werden kann. So sollte die Performancemessung insbesondere darüber Aufschluss geben, ob die Eigentümer durch die Entscheidungen des Managements ex post reicher oder ärmer geworden sind und wie die Leistung des Managements im Vergleich zu ähnlich riskanten Investments zu beurteilen ist.

Der Beitrag ist wie folgt aufgebaut: Zunächst werden die Voraussetzungen für die Verwendung von Periodenerfolgen im Rahmen der Bewertung und Performancemessung erläutert. Diese sind die Einhaltung der Clean Surplus Bedingung sowie die Verrechnung von Kosten auf das gesamte investierte Kapital. Im Anschluss wird die Bewertung und Performancemessung auf der Grundlage von

---

[1] Moxter (1983), S. 123.
[2] Vgl. Ballwieser (1987), S. 5.
[3] Zu den weiteren Äquivalenzgrundsätzen vgl. ausführlich Moxter (1983), S. 155-202. Zur Risikoäquivalenz vgl. des weiteren Ballwieser (2004), S. 89-100.
[4] Vgl. beispielsweise Bartels (1987), S. 35-61 sowie Bartels (1990); S. 41-46.

periodisierten Größen bei Sicherheit untersucht. Nachfolgend werden die Darstellungen auf unsichere Erwartungen und risikoaverse Entscheider erweitert. Wie im Beitrag deutlich wird, ist nicht nur bei der zukunftsorientierten Bewertung, sondern auch bei der ex post Performancemessung die Einhaltung des Risikoäquivalenzprinzips von Bedeutung. Wird dagegen verstoßen, können Fehlbeurteilungen und Fehlentscheidungen die Folge sein. Der Beitrag schließt mit einer kurzen Zusammenfassung.

B. Bewertung und Performancemessung auf der Grundlage von Periodenerfolgen

I. Clean Surplus Bedingung und Verrechnung von Eigenkapitalzinsen als Voraussetzungen

Periodenerfolge spielen im Rahmen der wertorientierten Unternehmensführung bzw. des Value Based Management eine herausragende Rolle.[5] In diesem Zusammenhang finden sie als Steuerungs– und Führungsinstrument insbesondere bei der wertorientierten Planung und Bewertung sowie bei der ex post Kontrolle der Performance eines Unternehmens, Bereichs oder Managers in der Praxis Verwendung. Darüber hinaus bilden Periodenerfolge oftmals die Bemessungsgrundlage für die variable Vergütung des Managements im Rahmen wertorientierter Anreizsysteme.[6] Zahlreiche Praxiskonzepte wie etwa Economic Value Added, Cash Value Added oder Earnings less Riskfree Interest Charge verwenden dabei für die Planung, Performancemessung und Incentivierung eine einheitliche Spitzenkennzahl.

Damit Periodenerfolge allerdings in den genannten Hauptanwendungsbereichen des Value Based Management eingesetzt werden können, müssen sie bestimmte Voraussetzungen erfüllen: Zum einen ist dies die Einhaltung der so genannten Clean Surplus Bedingung und zum anderen müssen – im Gegensatz zum externen Rechnungswesen, bei dem üblicherweise nur eine aufwandswirksame Erfassung von Fremdkapitalkosten erfolgt – im Rahmen der internen Unternehmensrechnung Kosten auf das gesamte investierte Kapital verrechnet werden.

Aufgrund der zunehmenden Konvergenz von externem und internem Rechnungswesen, die nicht zuletzt auf die Weiterentwicklung der IFRS zurückgeführt werden kann, ist verstärkt zu beobachten, dass das externe Datenmaterial als Aus-

---

[5] Zu den theoretischen Grundlagen der wertorientierten Unternehmensführung vgl. ausführlich Laux (2006a).

[6] Zu den Hauptanwendungsbereichen des Value Based Management vgl. Velthuis/Wesner (2005), S. 12-14. Auf die Rolle von Periodenerfolgen bei der Gestaltung wertorientierter Anreizsysteme wird im Rahmen des vorliegenden Beitrags nicht weiter eingegangen.

gangsbasis für interne Steuerungszwecke genutzt wird. So wird etwa im externen Rechnungswesen gemäß IFRS aus Informationszwecken versucht der Clean Surplus Bedingung durch den geplanten Ausweis eines so genannten Total Comprehensive Income verstärkt Rechnung zu tragen.[7] Hierbei stehen die Informationsinteressen der Eigentümer im Vordergrund. Aber auch für die interne Verhaltenssteuerung kommt der Clean Surplus Bedingung eine große Bedeutung zu.

Die Clean Surplus Bedingung besagt, dass sämtliche Reinvermögensänderungen, die keine direkten Transaktionen zwischen Unternehmen und Eigentümern darstellen (wie etwa Ausschüttungen oder Einlagen), in der Gewinn- und Verlustrechnung ausgewiesen werden müssen.[8] So ist z.B. eine Minderung des Anlagevermögens in Form einer Abschreibung erfolgswirksam zu erfassen und darf nicht erfolgsneutral mit den Rücklagen verrechnet werden. Zudem wird Bilanzidentität vorausgesetzt, d.h. das Reinvermögen am Ende einer Periode muss mit demjenigen zu Beginn der folgenden Periode übereinstimmen. Formal kann die Clean Surplus Bedingung unter der vereinfachenden Annahme, dass die Cashflows des Unternehmens direkt an die Eigentümer fließen, wie folgt dargestellt werden:

(1) $\quad V_t - V_{t-1} = G_t - C_t.$

In (1) bezeichnet V_t das Reinvermögen und mithin der Ausdruck $V_t - V_{t-1}$ die Reinvermögensänderung einer Periode, die sich aus dem Periodengewinn G_t und dem Cashflow C_t, der annahmegemäß vollständig ausgeschüttet wird, ergibt. Wird beispielsweise der Gewinn vollständig ausgeschüttet (d.h. $G_t = C_t$), beträgt die Reinvermögensänderung der entsprechenden Periode null. Auf der Grundlage von (1) folgt nach Umstellen für den Periodengewinn G_t:

(2) $\quad G_t = V_t + C_t - V_{t-1}.$

Die Einhaltung der Clean Surplus Bedingung über die Totalperiode impliziert, dass das Kongruenzprinzip erfüllt ist. Über die gesamte Lebensdauer entspricht dann der Totalgewinn TG eines Unternehmens für jede beliebige Umweltentwicklung der Summe der einzelnen Periodenerfolge, die unter den getroffenen Annahmen mit der Summe der Cashflows übereinstimmt (Summenidentität):

(3) $\quad TG = \sum_{t=0}^{T} G_t = \sum_{t=0}^{T} C_t \qquad$ (mit $V_T = 0$).

Die Einhaltung der Clean Surplus Bedingung hat weit reichende Folgen für die ex ante Bewertung von Handlungsalternativen und die ex post Kontrolle im Rahmen

---

[7] Vgl. zur Durchsetzung der Clean Surplus Bedingung im externen Rechnungswesen gemäß IFRS kritisch Kerkhoff/Diehm (2006), S. 215-218.

[8] Zur Clean Surplus Bedingung vgl. grundlegend Feltham/Ohlson (1995), S. 694; Wagenhofer/Ewert (2003), S. 125.

der Performancemessung, indem sie sicherstellt, dass alle entscheidungsrelevanten Erfolgskomponenten vollständig in die Erfolgsrechnung eingehen. Eine teilweise oder vollständige Vernachlässigung von Erfolgskomponenten würde hingegen zur Gefahr von Fehlbewertungen und damit auch zu Fehlentscheidungen führen. Analog verhält es sich bei der Performancemessung: Verstöße gegen die Clean Surplus Bedingung können zur Folge haben, dass die Performance eines Unternehmens, Bereichs oder Managers nicht adäquat eingeschätzt werden kann. Ferner können dem Management hierdurch z.B. Möglichkeiten eröffnet werden, negative Entwicklungen zu verschleiern. Fehlentwicklungen können dann möglicherweise erst spät aufgedeckt und entsprechende Gegenmaßnahmen nicht rechtzeitig ergriffen werden.

Die zweite grundlegende Voraussetzung der Eignung von Periodenerfolgen für die Bewertung und Performancemessung ist die Verrechnung von Kosten auf das gesamte investierte Kapital, das sowohl das Eigen– als auch das Fremdkapital einschließt. Periodenerfolge werden hierzu als Residualgewinne definiert:

(4) $\quad RG_t \equiv G_t - r \cdot V_t$.

Der Residualgewinn RG_t einer beliebigen Periode t ergibt sich gemäß (4), indem vom Periodengewinn G_t die mit dem Zinssatz r berechneten Kosten für das gesamte investierte (Eigen-)Kapital in Abzug gebracht werden. Auf die Bedeutung der Verrechnung von Gesamtkapitalkosten für die Bewertung und Performancemessung, wird im Folgenden noch ausführlich zurückgekommen. Wie deutlich wird, spielt hierbei vor allem die Höhe des Zinssatzes r eine besondere Rolle.

II. Bewertung und Performancemessung bei Sicherheit

1. Ex ante Bewertung

Bei den nachfolgenden Darstellungen wird grundsätzlich unterstellt, dass ein vollkommener Kapitalmarkt existiert, auf dem unbegrenzt Mittel zum risikofreien Zinssatz angelegt und aufgenommen werden können.[9] Darüber hinaus wird vereinfachend eine vollständige Eigenfinanzierung des zu betrachtenden Unternehmens angenommen. Im Rahmen des vorliegenden Abschnitts wird ferner davon ausgegangen, dass der Cashflow-Strom *sicher* ist. Diese Annahme wird in Abschnitt B.III aufgehoben.

Ist die Clean Surplus Bedingung bzw. das Kongruenzprinzip erfüllt und werden kalkulatorische Zinsen auf das gesamte investierte (Eigen-)Kapital verrechnet, steht eine Bewertung von Investitionsprojekten (dies schließt auch ganze Unternehmen mit ein) auf der Basis von Periodenerfolgen mit dem Marktwert- bzw.

---

[9] Zu den Annahmen des vollkommenen Kapitalmarkts vgl. beispielsweise Franke/Hax (1994), S. 337-338.

Kapitalwertkriterium im Einklang. Dieser Zusammenhang ist seit langem in der Literatur als Preinreich-Lücke-Theorem bzw. allgemeiner als Prinzip der Barwertidentität bekannt.[10] Bei Sicherheit entspricht dann der Kapitalwert KW eines Investitionsprojekts dem Barwert der Residualgewinne beim risikofreien Zinssatz r:

(5) $\quad KW_0 = C_0 + \sum_{t=1}^{T} C_t \cdot (1+r)^{-t} = \sum_{t=1}^{T} RG_t \cdot (1+r)^{-t} \quad$ (mit $C_0 < 0$).

Vor dem Hintergrund des Ziels der Marktwertmaximierung sollten sämtliche Investitionsprojekte realisiert werden, die einen positiven Kapitalwert aufweisen. Wird die Anschaffungsauszahlung $|C_0|$ zum Bewertungszeitpunkt 0 in der Erfolgsrechnung vollständig aktiviert, stimmt in $t = 0$ der Buchwert des Projekts (unter Vernachlässigung weiterer Projekte und annahmegemäß vollständiger Eigenfinanzierung) mit dem Buchwert des Reinvermögens bzw. Eigenkapitals überein ($|C_0| = V_0$). Der als Barwert der Cashflows ermittelte Ertragswert EW des Unternehmens entspricht dann der Summe aus dem Buchwert des Reinvermögens V_0 und dem Barwert, der gemäß (4) bestimmten Residualgewinne:

(6) $\quad EW_0 = \sum_{t=1}^{T} C_t \cdot (1+r)^{-t} = V_0 + \sum_{t=1}^{T} RG_t \cdot (1+r)^{-t}$.

In der Diskontierung sicherer Cashflows und Residualgewinne mit dem risikofreien Zinssatz kommt das Risikoäquivalenzprinzip zum Ausdruck. Zähler und Nenner weisen dieselbe Unsicherheitsdimension auf: Der sicheren Größe im Zähler (Cashflow oder Residualgewinn) wird ein sicherer Zinssatz im Nenner gegenübergestellt.

Wird weiterhin davon ausgegangen, dass mit der Anschaffungsauszahlung ein unendlicher und konstanter Cashflow-Strom generiert und der Buchwert des Projekts infolge dessen nicht abgeschrieben wird, stimmen aufgrund der Vollausschüttungsannahme zu jedem Zeitpunkt t Periodengewinn und Cashflow miteinander überein ($G_t = C_t$). Für den Residualgewinn folgt damit, dass der Periodengewinn zu jedem Zeitpunkt mit konstanten Kosten auf das eingesetzte Gesamtbzw. Eigenkapital belastet wird; (4) vereinfacht sich dann in jedem Zeitpunkt t zu:

(7) $\quad RG = C - r \cdot V_0 = G - r \cdot V_0$.

Unter diesen Bedingungen stimmt nun der Ertragswert als ewige Rente der Cashflows mit der Summe aus dem Buchwert des Eigenkapitals und dem korrespondierenden unendlichen, konstanten Residualgewinnstrom überein:

---

[10] Vgl. Laux (2006b), S. 100-106; Lücke (1955), S. 310-324; Preinreich (1937), S. 209-226.

(8) $$EW_0 = \frac{C}{r} = V_0 + \underbrace{\frac{RG}{r}}_{=KW_0}.$$

Die Bedeutung der Verrechnung von (kalkulatorischen) Eigenkapitalkosten im Rahmen der Planung bzw. Bewertung liegt in der Ausgleichsfunktion, die sie übernehmen, um Barwertidentität herzustellen. Sie dienen dazu „den Unterschied in dem zeitlichen Auseinanderfallen zwischen dem Zeitpunkt einer Auszahlung und dem Zeitpunkt der entsprechenden Erfolgswirksamkeit auszugleichen".[11] Da Periodengewinne aus einer sicheren Transformation von Cashflows hervorgehen und mithin durch Periodisierungen kein zusätzliches bewertungsrelevantes Risiko entsteht, muss der Ausgleich auf der Grundlage des risikofreien Zinssatzes vorgenommen werden. So wird z.B. die Anschaffungsauszahlung eines Projekts aktiviert und zu einem späteren Zeitpunkt erfolgswirksam abgeschrieben. Da der Barwert der (sicheren) Abschreibung kleiner als die Anschaffungsauszahlung ist, müssen Kosten auf das gesamte investierte Kapital verrechnet werden, um diesen Unterschied auszugleichen. Dies gilt nicht nur für den vorliegenden Fall der Sicherheit, sondern insbesondere auch bei der Berücksichtigung von Risiko. Es kommt in diesem Zusammenhang nicht darauf an, wann die Abschreibungen anfallen, sondern dass sie bei Einhaltung der Clean Surplus Bedingung mit Sicherheit in Höhe der Anschaffungsauszahlung erfolgen.

Werden keine Eigenkapitalkosten bzw. nur Fremdkapitalkosten berücksichtigt, käme dies für das Management einer kostenlosen Bereitstellung von Eigenkapital gleich. Die Orientierung an Periodenerfolgen vor Eigenkapitalzinsen würde gegen das Prinzip der Barwertidentität verstoßen und hätte zur Folge, dass Fehlentscheidungen getroffen werden. So würden beispielsweise Projekte, die einen negativen Kapitalwert besitzen und bei Realisation Vermögen vernichten, aus Sicht der Entscheidungsträger im Unternehmen möglicherweise vorteilhaft erscheinen.

2. Ex post Performancemessung

Die Beachtung der Clean Surplus Bedingung und die Verrechnung von Eigenkapitalkosten ist jedoch nicht nur für die ex ante Bewertung von Handlungsalternativen, sondern vor allem auch für die ex post Performancemessung von grundlegender Bedeutung. Werden hier keine Eigenkapitalkosten berücksichtigt, werden zu hohe Periodenwertbeiträge ausgewiesen und dementsprechend besteht die Gefahr, dass die Performance eines Unternehmens, Bereichs oder Managers überschätzt wird. In Folge der kostenlosen Bereitstellung von Kapital können sich aber noch weiter reichende Konsequenzen ergeben, sofern Periodenerfolge *vor*

---

[11] Velthuis (2003), S. 127.

Eigenkapitalkosten auch Eingang in vermeintlich wertorientierte Anreizsysteme finden. Manager können dann systematisch einen finanziellen Anreiz haben, Projekte zu realisieren, die Aktionärsvermögen vernichten.

Ziel der Performancemessung ist es den Wertbeitrag des Unternehmens, eines Bereichs oder Managers zu beurteilen. Damit die Performance allerdings adäquat beurteilt werden kann, sind nicht nur alle Erfolgskomponenten gemäß der Clean Surplus Bedingung vollständig zu erfassen, sondern es wird darüber hinaus noch eine Benchmark benötigt. Gemäß dem Prinzip der Vergleichbarkeit sollte diese Benchmark eine Alternativverzinsung des eingesetzten (Eigen-)Kapitals widerspiegeln, die genau wie der Periodenerfolg G ex post realisierbar ist.[12] In Frage kommen daher als Benchmark nur die realisierte risikofreie oder die relevante realisierte riskante Verzinsung des eingesetzten Kapitals. Da diesem Abschnitt sichere Erwartungen zu Grunde liegen, wird hier zunächst nur die risikofreie Verzinsung als Benchmark betrachtet. Wie hinlänglich bekannt ist, stellt die risikofreie Verzinsung einen Maßstab für Werterhaltung des investierten Kapitals dar. Übersteigt der sichere Periodenerfolg G im vorliegenden Fall die risikofreie Verzinsung des eingesetzten Kapitals $r \cdot V_0$, ist der Residualgewinn positiv. In der betreffenden Periode wird dann mehr verdient, als es bei einer risikofreien, werterhaltenden Anlage des Kapitals am Markt möglich gewesen wäre. Im zuletzt betrachteten Rentenfall wird dann wegen $KW_0 = RG/r$ zu jedem Zeitpunkt t der mit dem Zinssatz r verzinste Kapitalwert als Residualgewinn ausgewiesen:

(9) $\quad r \cdot KW_0 = RG = G - r \cdot V_0.$

Wird der Return on Investment (RoI) (der im vorliegenden Fall vollständiger Eigenfinanzierung mit dem Return on Equity (RoE) identisch ist) als G/V_0 bestimmt, kann der Residualgewinn auch als Überrendite ausgedrückt werden:

(10) $\quad RG = (RoI - r) \cdot V_0 = (\frac{G}{V_0} - r) \cdot V_0 = G - r \cdot V_0.$

Da die risikofreie Verzinsung die Werterhaltung des investierten Kapitals gewährleistet, kann der Residualgewinn nach risikofreien Kapitalkosten als Maßstab für die periodische Werterzielung interpretiert werden. Durch den Vergleich des realisierten Gewinns mit den risikofreien Kapitalkosten wissen die Eigentümer, ob sie in der abgelaufenen Periode „reicher" oder „ärmer" geworden sind. Dieser Vergleich steht auch im Einklang mit dem im vorgehenden Abschnitt erläuterten Risikoäquivalenzprinzip, nach dem nur dieselben Unsicherheitsdimensionen miteinander vergleichen werden sollten.

---

[12] Zum Prinzip der Vergleichbarkeit vgl. Velthuis/Wesner (2005), S. 51-52.

III. Bewertung und Performancemessung bei Risiko

1. Risikoäquivalenz bei der ex ante Bewertung

In der Regel bestehen entgegen der Annahme des vorangegangenen Abschnitts keine sicheren, sondern unsichere Erwartungen bezüglich der zukünftigen Cashflows. Ferner wird im Folgenden von bernoulli-rationalen Entscheidern ausgegangen, die risikoavers sind und dementsprechend für die Übernahme von Risiko eine Risikoprämie verlangen. Vor diesem Hintergrund gibt es nun zwei grundlegende Methoden zur Bewertung riskanter Zahlungsströme: Die Risikozuschlagsmethode auf der einen und die Sicherheitsäquivalentmethode auf der anderen Seite.

Im Rahmen der Risikozuschlagsmethode werden erwartete Cashflows oder Residualgewinne mit einem risikoangepassten Zinssatz diskontiert. Der risikoangepasste Zinssatz k als erwartete Rendite der Eigentümer setzt sich aus dem risikofreien Zinssatz r und einem – in der Praxis meist im Zeitablauf konstant angenommenen – Risikozuschlag z zusammen (k = r + z). Unter Berücksichtigung des Kapitalmarktzusammenhangs wird der risikoangepasste Zinssatz in der Bewertungspraxis häufig als Eigenkapitalkostensatz auf der Grundlage des CAPM ermittelt.[13] Bei Anwendung der Risikozuschlagsmethode werden – wie in der Praxis bei herkömmlichen Added Value-Konzepten üblich – dem Periodengewinn G die ex ante erwarteten Kapitalkosten auf der Basis des risikoangepassten Zinssatzes k gegenübergestellt. Für den erwarteten Residualgewinn $E(RG^*)$ auf Basis des risikoangepassten Zinssatzes ergibt sich dann bei uniformen Cashflow-Strom:

$$(11) \quad E(RG^*) = E(G) - k \cdot V_0.$$

Im Rentenfall kann der Ertragswert bei Anwendung der Risikozuschlagsmethode auf der Basis von erwarteten Cashflows und Residualgewinnen gemäß (11) wie folgt dargestellt werden:

$$(12) \quad EW_0 = \frac{E(C)}{k} = V_0 + \frac{E(RG^*)}{k}.$$

Die Bewertung auf der Basis von Cashflows in (12) steht wiederum mit dem Risikoäquivalenzprinzip im Einklang: Erwartete Cashflows werden mit einem risikoangepassten Zinssatz k kapitalisiert, der der erwarteten Rendite der Eigentümer entspricht. Ferner geht aus (12) hervor, dass das Prinzip der Barwertidentität auch bei Risiko erfüllt ist. Voraussetzung hierbei ist allerdings, dass – wie im betrachteten Fall – der risikoangepasste Zinssatz zur Bestimmung der Kapitalkosten mit dem Diskontfaktor übereinstimmt. Dennoch werden bei einer Bewer-

---

[13] Zum CAPM vgl. grundlegend Lintner (1965), S. 13-37; Mossin (1966), S. 768-783; Sharpe (1964), S. 425-442.

tung auf der Basis der Residualgewinne RG* gemäß (11) im Grunde zwei „Fehler" begangen.[14] Zum ersten ist in Abschnitt II.1 erläutert worden, dass es sich bei Periodisierungen von Cashflows lediglich um zeitliche Verschiebungen handelt, durch die kein zusätzliches bewertungsrelevantes Risiko entsteht. Für den Ausgleich dieser rein zeitlichen Effekte ist daher der risikofreie Zinssatz r – und nicht der risikoangepasste Zinssatz k – maßgeblich. Dieser Fehler wird jedoch bei der Bewertung durch einen Verstoß gegen das Risikoäquivalenzprinzip kompensiert: Sichere Erfolgsbestandteile – und hierzu zählen insbesondere die Kapitalkosten $k \cdot V_0$ – werden ebenfalls mit dem risikoangepassten Zinssatz diskontiert, obwohl hierfür eigentlich der risikofreie Zinssatz maßgeblich wäre.

Demgegenüber kann auf der Basis von Residualgewinnen eine isoliert korrekte Bewertung vorgenommen werden, sofern nicht die Risikozuschlagsmethode, sondern die Sicherheitsäquivalentmethode zur Anwendung kommt. Bei der Sicherheitsäquivalentmethode erfolgt die Risikoanpassung nicht beim Zinssatz im Nenner, sondern bei den riskanten Cashflows im Zähler. Da es sich bei dem bewertungsrelevanten Risiko ausschließlich um Cashflow-Risiko handelt, wird zur Ermittlung des sicherheitsäquivalenten Cashflow SÄ(C) vom Erwartungswert E(C) ein Risikoabschlag RA vorgenommen (SÄ(C) = E(C) – RA). Vor dem Hintergrund des gewählten Modellrahmens stimmt dieser mit dem Sicherheitsäquivalent des Periodengewinns SÄ(G) überein. Der sicherheitsäquivalente Residualgewinn SÄ(RG) ergibt sich nun, indem risikofreie Kapitalkosten in Abzug gebracht werden:

(13) $\quad SÄ(RG) = SÄ(G) - r \cdot V_0$.

Dem Risikoäquivalenzprinzip folgend erfolgt die Bewertung auf der Grundlage sicherheitsäquivalenter Cashflows und Residualgewinne, indem diese mit dem risikofreien Zinssatz kapitalisiert werden. Für den Ertragswert folgt damit unter der Annahme eines unendlichen uniformen Cashflow-Stromes:

(14) $\quad EW_0 = \dfrac{SÄ(C)}{r} = V_0 + \dfrac{SÄ(RG)}{r}$.

Bei einer Bewertung auf der Basis sicherheitsäquivalenter Residualgewinne gemäß (14) wird an keiner Stelle gegen das Risikoäquivalenzprinzip verstoßen: Sämtliche Komponenten des Zählers besitzen durch die Risikoadjustierung der Cashflows und die Verrechnung risikofreier Kapitalkosten dieselbe Unsicherheitsdimension wie der risikofreie Zinssatz, mit dem sie verglichen werden. Ferner wird im Rahmen der Bewertung durch Anwendung der Sicherheitsäquivalentmethode nicht mehr das Cashflow-Risiko und die zeitliche Struktur im risikoangepassten Zinssatz vermengt, sondern separiert. Das Risiko zukünftiger Cashflows wird damit direkt in Form eines Abschlags an der „Quelle" erfasst. Der

---

[14] Vgl. hierzu ausführlich Velthuis (2003), S. 111-134.

zeitlichen Struktur wird durch Diskontierung sicherheitsäquivalenter Größen mit dem risikofreien Zinssatz Rechnung getragen.

2. Risikoäquivalenz bei der ex post Performancemessung

Können „Fehler", die im Rahmen der Bewertung durch die Verwendung von risikoangepassten Kapitalkosten begangen werden, noch ausgeglichen werden, so können sich bei der ex post Performancemessung weitaus schwerwiegendere Konsequenzen ergeben. Wie im Folgenden deutlich wird, kann hier bei Verwendung von Residualgewinnen auf Basis risikoangepasster Kapitalkosten (RG^*) ein Fehler im Nachhinein nicht mehr durch einen anderen kompensiert werden.

Wie Fama bereits 1972 in einem grundlegenden Beitrag zur Messung der Investmentfondsperformance gezeigt hat, wird auch bei Risiko die ex post realisierte Gesamtperformance als Differenz zwischen der erzielten Fondsrendite und dem risikofreien Zinssatz gemessen.[15] Dieser Zusammenhang kann in einfacher Weise auf die Performancemessung von Unternehmen übertragen werden. So wird vor dem Hintergrund der Darstellungen aus Abschnitt II.2 in einem Unternehmen immer dann Wert erzielt, wenn die realisierte Rendite (RoI bzw. RoE) größer ist als die risikofreie Verzinsung und mithin die Überrendite ÜR positiv ist:

(15) $\quad$ ÜR = RoI $-$ r .

Wird die realisierte Überrendite mit dem zu Beginn der Periode investierten Kapital multipliziert, erhält man den Residualgewinn auf Basis risikofreier Kapitalkosten und damit die absolute Werterzielung einer Periode:

(16) $\quad$ ÜR $\cdot V_0$ = (RoI $-$ r) $\cdot V_0$ = G $-$ r $\cdot V_0$ = RG .

Mit der Realisation des Cashflow zu einem bestimmten Zeitpunkt in einem bestimmten Umweltzustand, hat sich das betreffende Cashflow-Risiko zwar aufgelöst. Bei Risiko ist die periodische Werterzielung neben den Maßnahmen des Managements somit insbesondere von der eingetretenen Umweltentwicklung abhängig. So kann trotz guter Entscheidungen und Anstrengungen des Managements die Werterzielung aufgrund einer „ungünstigen" Umweltentwicklung negativ sein. Auf der anderen Seite können Manager auch „Glück" haben und trotz schlechter Entscheidungen in einer Periode einen hohen Wertbeitrag erzielen. Vor dem Hintergrund des bisher betrachteten Modellrahmens, in dem nur zum Zeitpunkt 0 und zu keinem späteren Zeitpunkt eine Investitionsentscheidung getroffen wird, geht eine positive bzw. negative Werterzielung in einer Periode lediglich auf Informationseffekte zurück. Zur Beurteilung der Werterzielung und damit ob

---

[15] Vgl. grundlegend Fama (1972), S. 556-562, der die Gesamtperformance in ihre einzelnen Bestandteile dekomponiert; vgl. hierzu auch Egner (1998), S. 214-217.

die Leistung des Managements auf „Glück" oder „Pech" zurückzuführen ist, muss dementsprechend diese Umweltentwicklung im Rahmen der Performancemessung ausgeblendet werden. Dies kann gelingen, indem dem realisierten Gewinn vor Zinsen die realistisierte riskante Verzinsung des investierten Kapitals bei vergleichbarem Risiko, wie etwa die realisierte Branchenrendite, gegenübergestellt wird. Im Idealfall kann dann die Umweltentwicklung vollständig ausgeblendet und ein Rückschluss auf den Kapitalwert der getroffenen Maßnahmen gezogen werden.

In der Praxis ist zurzeit das einzige Wertbeitragskonzept, das auf risikofreien Kapitalkosten basiert, das ERIC-Management- und Incentive-Konzept.[16] Alle anderen in der Praxis verbreiteten „herkömmlichen" Value Added-Konzepte stellen im Rahmen der Bewertung und insbesondere auch bei der Performancemessung tatsächlich realisierten Gewinnen die ex ante erwartete Kapitalkosten gegenüber und vergleichen damit gewissermaßen „Äpfel mit Birnen". Mit diesem Vorgehen kommt es bei diesen Konzepten auch bei der ex post Performancemessung zu einem Verstoß gegen das Risikoäquivalenzprinzip: Eine ex post erzielte und damit sichere Größe wird anhand einer ex ante erwarteten Verzinsung des eingesetzten Kapitals gemessen, obwohl sich das Cashflow-Risiko in der Zwischenzeit aufgelöst hat. In der Folge werden Wertbeiträge aufgrund der zu hohen verrechneten Kapitalkosten zu niedrig ausgewiesen und die Performance zu schlecht beurteilt. Dies kann zu weit reichenden Konsequenzen in der Unternehmenssteuerung führen. So kann beispielsweise der Verkauf von Unternehmensteilen oder die Stilllegung von Geschäftsbereichen mit dem Argument beobachtet werden, dass sie ex post nicht die ex ante erwarteten Kapitalkosten verdienen. Gemessen an der risikofreien Verzinsung kann es sich hierbei jedoch möglicherweise um Fehlentscheidungen handeln.

C. Zusammenfassung

Im vorliegenden Beitrag ist die Rolle des Risikoäquivalenzprinzips für die ex ante Bewertung und ex post Performancemessung untersucht worden. Während im Rahmen der Bewertung die Einhaltung des Risikoäquivalenzprinzips konzeptionell kaum Schwierigkeiten bereitet, verstoßen zahlreiche Praxiskonzepte zur wertorientierten Unternehmensführung, die auf „herkömmlichen" Wertbeiträgen mit risikoangepassten Kapitalkosten basieren, bei der ex post Performancemessung gegen das Risikoäquivalenzprinzip. In Folge der Gegenüberstellung von ex post realisierten Gewinnen mit ex ante erwarteten Kapitalkosten sind hier Fehlbeurteilungen und Fehlentscheidungen zu erwarten. So passen zwar Zukunft und Risiko und damit die Verwendung risikoangepasster Kapitalkosten im Rahmen

---

[16] Zum ERIC-Management- und Incentive-Konzept vgl. ausführlich Velthuis/Wesner (2005).

der zukunftsorientierten Bewertung zusammen. Im Hinblick auf die ex post Performancemessung gehen Vergangenheit und Risiko jedoch nicht zusammen. Hier müssen tatsächlich realisierte Größen miteinander verglichen werden und diese dürfen aus einer ex post Perspektive kein Risiko mehr enthalten. Entsprechend kann die Performance eines Unternehmens, Bereichs oder Managers nur durch Gegenüberstellung des realisierten Gewinns vor Zinsen mit einer realisierbaren Alternativverzinsung gemessen werden. Zur Performancemessung und –beurteilung kommen somit wie im ERIC-Management– und Incentive-Konzept nur die realisierte risikofreie Verzinsung und die realisierte riskante Verzinsung der jeweils relevanten Risikoklasse in Frage. Fehlbeurteilungen und damit verbundene Fehlentscheidungen können dann zum Nutzen der Eigentümer vermindert werden.

„Erfahren, Schauen, Beobachten, Betrachten, Verknüpfen, Entdecken, Erfinden sind Geistestätigkeiten, welche tausendfältig, einzeln und zusammengenommen, von mehr oder weniger begabten Menschen ausgeübt werden. Bemerken, Sondern, Zählen, Messen, Wägen sind gleichfalls große Hülfsmittel, durch welche der Mensch die Natur umfaßt und über sie Herr zu werden sucht, damit er zuletzt alles zu seinem Nutzen verwende." (*Johann Wolfgang von Goethe*, Zur Naturwissenschaft überhaupt, Vorschlag zur Güte, Ersten Bandes zweites Heft, 1820).

Literaturverzeichnis

Ballwieser, W. (1987): Unternehmensbewertung und Komplexitätsreduktion, 2. Aufl., Wiesbaden 1987.

Ballwieser, W. (2004): Unternehmensbewertung – Prozeß, Methoden und Probleme, Stuttgart 2004.

Bartels, H.G. (1987): Die Zielsetzung von Aktiengesellschaften und daraus folgende Konsequenzen. In: Bartels, H.G. et al. (Hrsg.), Praxisorientierte Betriebswirtschaftslehre, Festschrift für Adolf Angermann, Berlin 1987, S. 35 – 61.

Bartels, H.G. (1990): Systeme der Periodengewinnermittlung. In: WiSt 1990, S. 41 – 46.

Egner, T. (1998): Performancemessung bei Wertpapier-Investmentfonds, Heidelberg 1998.

Fama, E.F. (1972): Components of Investment Performance. In: Journal of Finance 1972, S. 551 – 567.

Feltham, G.A./Ohlson, J.A. (1995): Valuation and Clean Surplus Accounting for Operating and Financial Activities. In: Contemporary Accounting Research 1995, S. 689 – 731.

Franke, G./Hax, H. (1994): Finanzwirtschaft des Unternehmens und Kapitalmarkt, 3. Aufl., Berlin et al. 1994.

Kerkhoff, G./Diehm, S. (2006): Performance Reporting: Konsequenzen für das interne Reporting. In: Börsig, C./Wagenhofer, A. (Hrsg.), IFRS in Rechnungswesen und Controlling, Stuttgart 2006, S. 209 – 228.

Laux, H. (2006a): Wertorientierte Unternehmenssteuerung und Kapitalmarkt, 2. Aufl., Berlin et al. 2006.

Laux, H. (2006b): Unternehmensrechnung, Anreiz und Kontrolle, 3. Aufl., Berlin et al. 2006.

Lintner, J. (1965): The Valuation of Risk Assets and the Selection of Risky Investments and Capital Budgets. In: Review of Economics and Statistics 1965, S. 13 – 37.

Lücke, W. (1955): Investitionsrechnung auf der Grundlage von Ausgaben oder Kosten? In: ZfbF 1955, S. 310 – 324.

Mossin, J. (1966): Equilibrium in a Capital Asset Market. In: Econometrica 1966, S. 768 – 783.

Moxter, A. (1983): Grundsätze ordnungsmäßiger Unternehmensbewertung, 2. Aufl., Wiesbaden 1983.

Preinreich, G.D. (1937): Valuation and Amortization. In: The Accounting Review 1937, S. 209 – 226.

Sharpe, W.F. (1964): Capital Asset Prices: A Theory of Market Equilibrium under Conditions of Risk. In: Journal of Finance 1964, S. 425 – 442.

Velthuis, L.J. (2003): Managemententlohnung auf Basis des Residualgewinns: Theoretische Anforderungen und praxisrelevante Konzepte. In: ZfB-Ergänzungsheft 4/2003, S. 111 – 134.

Velthuis, L.J./Wesner, P. (2005): Value Based Management – Bewertung, Performancemessung und Managemententlohnung mit ERIC, Stuttgart 2005.

Wagenhofer, A./Ewert, R. (2003): Externe Unternehmensrechnung, Berlin et al. 2003.

Controlling-Tipps für die Praxis

Jochen Wolf[*]

A.	Einleitung	52
B.	Der Kernprozess des Controllings	53
	I. Planung	53
	II. Reporting	55
	III. Initiierung von Maßnahmen	60
C.	Besondere Ausprägungen	63
	I. Controlling von Tochtergesellschaften	63
	II. Investitions-/Projektcontrolling	66
D.	Fazit	68

---

[*] Dr. Jochen Wolf, Geschäftsführer, BWK GmbH Unternehmensbeteiligungsgesellschaft, Stuttgart.

A. Einleitung

„Controller sind aus der Unternehmenspraxis nicht mehr wegzudenken."[1] Diese Aussage belegt, dass sich die Controller und damit auch die Funktion Controlling in den letzten Jahren in den Unternehmen als feste Größen etabliert haben. Vor diesem Hintergrund wird im Folgenden nicht versucht, theoretische Konzepte und Konzeptionen zu entwickeln.[2] Vielmehr sollen auf Basis des Eingangsstatements von Weber et. al. für die einzelnen Module des Controllingprozesses greifbare und umsetzbare Tipps für die täglich Controlling-Praxis formuliert werden. Der konzeptionelle Rahmen lässt sich dabei nachstehendem Schaubild entnehmen:

```
                KERNPROZESS DES
                  CONTROLLINGS

   ┌──────────┐   ┌───────────┐   ┌──────────────────┐
   │ PLANUNG  │──▶│ REPORTING │──▶│ INITIIERUNG VON  │
   │          │   │           │   │   MASSNAHMEN     │
   └──────────┘   └───────────┘   └──────────────────┘


             BESONDERE AUSPRÄGUNGEN

         - Controlling von Tochtergesellschaften
         - Investitions-/Projektcontrolling
```

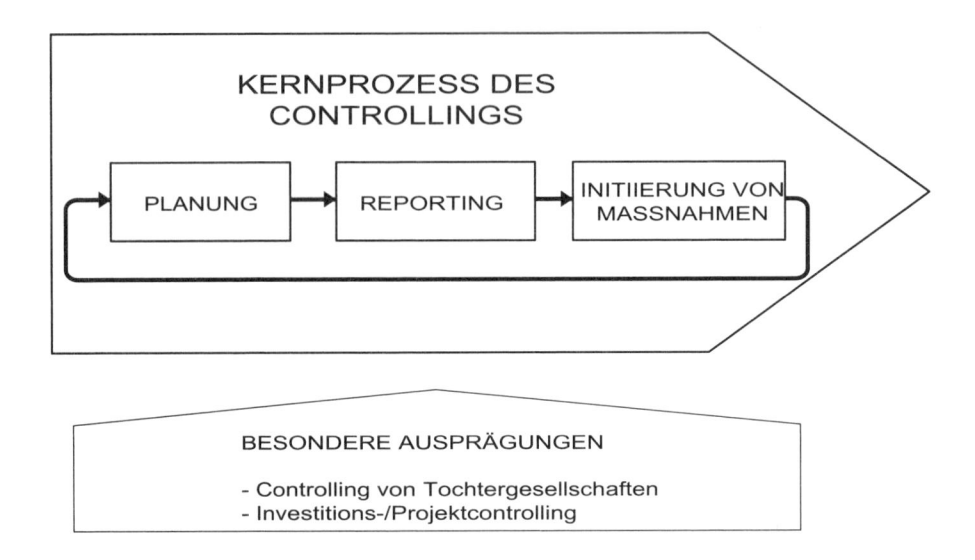

Abb. 1: Kernprozess des Controllings

Der Kernprozess des Controllings besteht aus den drei Modulen Planung, Reporting und Initiierung von Maßnahmen: Zunächst werden auf Basis der Unternehmensstrategie, der Marktsituation und der unternehmensinternen Ressourcen (z. B. Produktionskapazitäten, Finanzmittel, Personalverfügbarkeit) Planungsunterlagen erarbeitet, die die erwartete Entwicklung des Unternehmens im Zeitablauf darstellen. Die sich tatsächlich ergebenen Ist-Werte werden in unterschiedlichsten Dimensionen (z. B. erreichte Produktionsmengen, tatsächliche Finanzströme, Gewinn- und Verlustrechnung, interne Kosten- und Leistungsrechnung) regel-

---

[1] Weber/Schäffer/Prenzler (2000), S. 2.
[2] Diese sind z. B. dargestellt in Horvath (2006); Küpper (2005); Weber (2004), jeweils mit umfangreichen weiteren Nachweisen.

mäßig erfasst und den ursprünglichen Soll-Werten in Form eines regelmäßigen Reportings gegenübergestellt.[3] Daraus lassen sich dann (Gegensteuerungs-) Maßnahmen ableiten, deren Erarbeitung der Controller anstoßen und mitgestalten sollte. Aus diesen Maßnahmen ergeben sich wiederum Implikationen für die künftigen Planungen, so dass sich der Controllingkreis schließt.

In der Praxis hat sich herausgestellt, dass sinnvollerweise zwei Themenschwerpunkte, die grundsätzlich im vorgenannten Kernprozess dargestellt sind, zusätzlich gesondert analysiert werden sollten: Dies sind die Themen „Controlling von Tochtergesellschaften" und „Investitions-/Projektcontrolling". Zum einen hat sich gezeigt, dass aufgrund der in praxi immer wieder anzutreffenden Fokussierung auf die Unternehmenszentrale die Tochtergesellschaften unzureichend geführt werden. Diese Problematik verschärft sich, je weiter entfernt die Tochtergesellschaft vom Stammhaus domiziliert. Zum anderen fällt auf, dass Projekte aufgrund ihres in der Regel eher längerfristigen Charakters getrennt betrachtet werden sollten.

B. Der Kernprozess des Controllings

I. Planung

1. Eine verabschiedete Planung wird nie verändert

Eine einmal von den Gremien für das Geschäftsjahr verabschiedete Planung darf nicht mehr verändert werden, unabhängig davon, wie sich das wirtschaftliche Umfeld und das eigene Unternehmen entwickeln.[4] Allfällige Änderungen bzw. Anpassungen an neue Situationen und Entwicklungen sind in gesonderten Hochrechnungen – bzw. neudeutsch Forecasts – zu erfassen und zu dokumentieren.

Wird eine Änderung der Planung zugelassen – egal wie berechtigt oder notwendig die Gründe auch sein mögen –, so wird man aufgrund der Vielzahl widerstreitender Interessen permanente Planungsänderungen kaum mehr vermeiden können. Am Ende weiß dann niemand mehr, was die ursprüngliche Planung war und wie sich die aktuelle Situation in Relation zum ursprünglichen Ziel/Maßstab tatsächlich entwickelt hat.

Verabschiedete Planungen sind also immer sakrosankt.

---

[3] Vgl. zur Offenlegungspflicht des Vorstandes gegenüber Aufsichtsrat § 90 AktG, dort insbesondere zum regelmäßigen Reporting und zum Soll/Ist-Vergleich (einschließlich der Darlegung der Gründe bei wesentlichen Abweichungen). In die gleiche Richtung gehend auch DCGK Art. 3.4.

[4] Vgl. § 90 AktG bzw. § 52 GmbHG, DCGK 3.4.

2. Klare Planungsprämissen setzen und dokumentieren

Unabhängig vom Komplexitätsgrad der Planung, das heißt, unabhängig ob mittelständisches Unternehmen oder Großkonzern, müssen alle Planungsannahmen dokumentiert werden. Anderenfalls ist es kaum möglich, Plan-Ist-Abweichungen sinnvoll zu analysieren.

Gleichermaßen bedeutsam ist auch, klare Planungsprämissen zu setzen. Der Controller muss für alle relevanten, zentral vorzugebenden Prämissen wie Entwicklung des konjunkturellen Umfelds, von direkten Lohnkosten, Lohnnebenkosten, Metallpreisen, Materialeinstandspreisen etc. in Abstimmung mit den Fachabteilungen Lösungsvorschläge erarbeiten. Diese sind dann mit dem Management abzustimmen und zu kommunizieren. Die Planenden müssen sich an diese Vorgaben halten, um eine einheitliche und vergleichbare Planung aufstellen zu können. Sollten einzelne Prämissen generell fehlerhaft gewählt sein oder nur im Einzelfall (bei einer Tochtergesellschaft oder in einem Land) zu Schwierigkeiten führen, ist dies mit dem Management zu diskutieren und generell zu ändern bzw. als singuläre Anpassung ausnahmsweise zuzulassen.

3. Kalkulatorische Größen möglichst konstant lassen

Bei der Vorgabe kalkulatorischer Größen wie kalkulatorische Zinsen, kalkulatorische Abschreibungen etc. sollte darauf geachtet werden, dass diese über einen möglichst langen Zeitraum konstant bleiben. So wird gewährleistet, dass im mehrjährigen intertemporalen Vergleich bei der Bewertung der Ergebnisse keine Verzerrungen aus veränderten kalkulatorischen Größen auftreten, die zu aufwendigen Detailanalysen führen würden.

Die Differenz zwischen tatsächlich prognostizierten und kalkulatorischen Werten ist im „neutralen Ergebnis" abzubilden. Sollte dieses neutrale Ergebnis dann Dimensionen erreichen, die zu den „regulären" Ergebnissen in keinem angemessenen Verhältnis mehr stehen, sind die kalkulatorischen Verrechnungen anzupassen. Der Einfachheit halber sollte diese Anpassung dann auch rückwirkend für eine Vorjahresperiode durchgeführt werden, um so zumindest für die laufende Berichtsperiode verzerrungsfreie Vergleiche durchführen zu können.

4. Nicht zu viel Aufwand in Wechselkursprognosen stecken

Gerade bei international agierenden Unternehmen haben – trotz Entschärfung des Problems auf mitteleuropäischer Ebene durch Einführung des EURO – die Wechselkurse großen Einfluss auf die Ergebnishöhe. Dies konnte man insbesondere am

Verlauf der Dollar-Euro-Relation in den vergangenen Jahren hervorragend beobachten.
Damit hat auch die Festlegung der der Mehrjahresplanung jeweils zugrunde zu legenden Wechselkurse großen Einfluss auf das Unternehmensergebnis. Viele Unternehmen neigen daher dazu, durch Befragung verschiedenster Kreditinstitute sehr ausgefeilte Wechselkursprognosen heranzuziehen, im Einzelfall sogar eigene Prognosemodelle zu berechnen. Diesen umfangreichen Aufwand sollte man „sich schenken", denn er führt aus mehreren Gründen zu keinem echten Erkenntniszuwachs:

- Niemand kann letztlich ex ante Wechselkursentwicklungen treffsicher prognostizieren. Könnte jemand das wirklich, würde er die Prognosen mit Sicherheit nicht veröffentlichen, sondern selbst sehr, sehr reich werden!
- Wechselkurse, die in jeder Periode einer Mehrjahresplanung modifiziert werden, haben positiven wie negativen Einfluss aufs Ergebnis. Damit lassen sich Ergebnisveränderungen schwieriger analysieren, da Wechselkurseffekte die operativen Schwankungen überlagern und verwischen.
- Bereits getätigte Währungssicherungsgeschäfte müssen selbstverständlich in der Mehrjahresplanung abgebildet werden. Für den Sicherungszeitraum und das Sicherungsvolumen benötigt man dann allerdings keine Prognosen mehr; hier wird Unsicherheit durch Sicherheit ersetzt.

Die eigene Erfahrung hat gezeigt, dass in aller Regel für das nicht kursgesicherte Geschäftsvolumen Wechselkursprognosen für das erste Planjahr sinnvoll und notwendig sind. Für alle Folgejahre reicht es dann, diese Prognosewerte des ersten Jahres einfach fortzuschreiben, also die Wechselkurse als konstant zu unterstellen.

II. Reporting

1. Konzentration aufs Wesentliche

Ein Blick in die Reporting-Systeme der einzelnen Unternehmen fördert meist Erstaunliches zu Tage: Es wimmelt nur so von Zahlen, Daten, Fakten, Details, teilweise sogar noch garniert mit mehr oder weniger umfangreichen textlichen Erläuterungen und viele bunten Bildern – Excel und andere Programme – können ja so viel ... Vor der schieren Fülle der Informationen ist der oberflächliche Betrachter geneigt, dem Reporting-System eine hohe Qualität zu bescheinigen.
Schaut man sich die Dinge etwas näher und intensiver an, stellt man fest, dass zum einen die Adressaten mit der Masse der Details gar nichts anfangen können, die Informationen aber im allgemeinen deshalb gerne haben wollen, weil „das schon immer so war" oder „der Kollege diese Daten doch auch bekommt". Zum anderen erkennt man, dass bei einer Gesamtbetrachtung oft bestimmte Teilbereiche, im allgemeinen ausländische Tochtergesellschaften, gar nicht oder nur un-

vollständig im Reporting-System erfasst und abgebildet werden. Aufgrund der Fülle des vorhandenen Zahlenmaterials fällt dies erst bei genauerer Analyse auf. Eine Beschränkung auf wesentliche Eckwerte wie Umsatz, Ergebnis (EBIT, EBT, EAT je nach Bedarf), Liquidität, Auftragseingang/-bestand, Mitarbeiter und Investitionen sind monatlich auf vielen Berichtsebenen völlig ausreichend. Wesentlich ist dabei natürlich, dass für jeden Einzelwert nicht nur die monatliche Ist-Zahl, sondern auch die korrespondierenden Plan- und Vorjahreszahlen verfügbar sind. Nur so lassen sich die Ist-Werte adäquat beurteilen.[5] Neben der Beschränkung ist die Vollständigkeit der Daten wesentlich: Auf Konzern-Ebene müssen monatlich die vorgenannten Werte vollständig verfügbar sein, das heißt, es dürfen keine Gesellschaften oder Bereiche „vergessen" werden. Sollte man sich im Einzelfall entscheiden, aufgrund des Wesentlichkeitsprinzips auf die monatliche Beobachtung einzelner Gesellschaften/Bereiche wegen untergeordneter Bedeutung zu verzichten, so ist dies konkret zu dokumentieren und darüber hinaus sicherzustellen, dass beispielsweise beim Quartalsreporting aus diesen Segmenten keine unangenehmen Überraschungen resultieren können.

2. Plan/Ist-Vergleiche von Auslandsgesellschaften immer nur auf Basis der Plan-Wechselkurse

Bei international tätigen Unternehmen ist es in aller Regel unumgänglich, im Rahmen des Planungsprozesses bestimmte Annahmen über die Wechselkurse für die Planjahre zu treffen. Mit diesen Kursen werden dann die zunächst in lokaler Währung geplanten Ergebnisse der Konzerngesellschaften in die Planungswährung (hier der Einfachheit halber als Euro unterstellt) umgerechnet.
Im monatlichen Reporting trifft man immer wieder auf die Situation, dass die Ist-Ergebnisse in lokaler Währung wie selbstverständlich auch mit den für den jeweiligen Berichtsmonat relevanten Ist-Wechselkursen in Euro umgerechnet werden. Durch diese Vorgehensweise kann man jedoch erhebliche Verfälschungen im Reportingsystem erzeugen, die zu völlig falschen Handlungsempfehlungen führen: Liegt der monatliche Ist-Wechselkurs in Relation zum Plan-Wechselkurs höher, so ergeben sich aus dieser Abweichung positive Effekte hinsichtlich um Umsatz und Ergebnis: Diese Größen werden in Euro besser dargestellt, als die in lokaler Währung ausgedrückten Werte tatsächlich sind. Liegt der monatliche Ist-

---

[5] In der Praxis deutscher Aktiengesellschaften ist vielfach eine Informationsflut anzutreffen, mit dem der Aufsichtsrat überschwemmt wird. Auch hier sollte die Information knapp genug sein, um „den Wald trotz der vielen Bäume" noch zu sehen. Überinformation – ein „Overkill" – erschwert die Überwachungsaufgabe des Aufsichtsrats genau so gut wie auf das „Unvermeidbare" begrenzte Informationen. Eingehend zur Informationsversorgung des Aufsichtsrats Potthoff/Trescher (2003), Tz. 640 ff.; Theisen (2002).

Wechselkurs niedriger als der Plan-Wechselkurs, resultieren daraus umgekehrte Effekte.

Deshalb sollten im Rahmen des Reportingsystems sämtliche Werte von Gesellschaften aus Nicht-Euro-Ländern mit den der Planung zugrunde liegenden Wechselkursen umgerechnet werden. Die Abweichungen zum tatsächlichen Wechselkurs der Berichtsperiode sollten dann in einer gesonderten Zeile des Berichts aufgeführt werden. Der Einfachheit halber reicht es dabei im Allgemeinen sogar aus, lediglich die Summe aller Wechselkurseffekte der Berichtsperiode auszuweisen; auf Einzelangaben kann also verzichtet werden.

3. Monatliche Konzernergebnisrechnung ohne großen Aufwand realisierbar

Gerade bei mittelständischen Betrieben gibt es häufig keine monatlichen Konzernergebnisrechnungen, sondern das Ergebnis der deutschen Muttergesellschaft steht im Vordergrund, während die oft nicht unwesentlichen Ergebnisse der Auslandstöchter (häufig verspätet) lediglich nachrichtlich gemeldet werden. Dies geht auch anders, denn in aller Regel ist es überhaupt kein Hexenwerk, eine monatliche Konzernergebnisrechnung zu erstellen, wenn man es nur will:

Für die Umsatzkonsolidierung sind die „Intercompany-Umsätze" zu melden und Doppelerfassungen zu eliminieren. Sinnvollerweise sollte man dazu eine zweiseitige Meldung der Umsätze vorgeben, nämlich von der abgebenden und der empfangenden Einheit, da sich dabei vielfach Erfassungsdifferenzen schon frühzeitig klären lassen.

Bei der Ergebniskonsolidierung reicht es im Allgemeinen aus, über eine (auf die Monate verteilte Jahres-) Pauschale die Eliminierung von Zwischengewinnen vorzunehmen. Denn die Zwischengewinne verstecken sich in der Regel in Bestandsveränderungen und Anlagenlieferungen. Darüber hinaus beeinflussen Erst- bzw. Entkonsolidierungen das Konzernergebnis:

- Sind keine besonderen Bestandsauf- oder -abbauprogramme innerhalb des Konzerns vorgesehen, so wird es aus den Beständen auch keine signifikanten Zwischengewinneliminierungen geben. Sind erhebliche Bestandsveränderungen vorgenommen worden, so lassen sich die Effekte im Einzelfall greifen.
- Zwischengewinneliminierungen aus Intercompany-Anlagenverkäufen sind im allgemeinen ebenfalls gut zu verarbeiten: Anlageinvestitionen von Konzern- zu Konzerngesellschaft sind im allgemeinen bereits während der Planungsphase bekannt und entsprechende Zwischengewinne können berücksichtigt werden.
- Positive wie negative Ergebnisbeiträge aus Erst- bzw. Entkonsolidierungen sind im Konzernergebnis zu verarbeiten. Allerdings haben diese Fälle

singulären Charakter und treten nicht monatlich auf, so dass sie im Einzelfall gut nachgehalten werden können.

4. Umrechnung mit Durchschnittskursen und erfolgsneutrale Verrechnung der Differenz zwischen Durchschnitts- und Stichtagskursen

Im unterjährigen Reporting werden zur Umrechnung von Auslandswährungen meist die Durchschnittskurse der jeweiligen Berichtsperiode, im Allgemeinen also des Berichtsmonats, verwendet. Im Konzernjahresabschluss müssen dann für die Bilanzwerte die Stichtagskurse herangezogen werden. Dies kann zu erheblichen Abweichungen zwischen den unterjährig ermittelten Ergebnissen anhand der Durchschnittswechselkurse und der Ergebnisberechnung nach Stichtagswechselkurs führen.

In vielen Unternehmen ist es langjährige Übung, diese aus den unterschiedlichen Wechselkursen resultierende Differenz ergebniswirksam in der Konzern-Gewinn- und Verlustrechnung auszuweisen. Doch diese Vorgehensweise birgt, gerade bei stark international tätigen Unternehmen, erhebliche Risiken: Der Stichtagswechselkurs ist nur schwer prognostizierbar, so dass der Konzernjahresabschluss durch zum Stichtag „zufällig" auftretende Wechselkursschwankungen nachhaltig positiv oder negativ getroffen wird. Jedwede Jahresabschlussprognose wird damit zu Makulatur.

Als einfacher Ausweg aus diesem Dilemma bietet es sich an, diese Wechselkurseffekte nicht ergebniswirksam über die Konzern-Gewinn- und Verlustrechnung zu verarbeiten, sondern ergebnisneutral über einen Sonderposten im Eigenkapital in der Konzernbilanz zu erfassen. Diese Vorgehensweise entspricht den geltenden Konzernrechnungslegungsgrundsätzen nach HGB, IFRS und US-GAAP.[6] Durch sie kann dem Controller manch unangenehme Erklärungssituation am Jahresende erspart werden.

5. Ergebnisse möglichst bis zum Vorsteuer-Ergebnis (EBT) durchrechnen

Bei der Darstellung von Sparten-, Geschäftsbereichs-, Produkt-, Kunden- und sonstigen Ergebnissen findet man häufig, dass bei einem - wie auch immer definierten – Deckungsbeitrag die Rechnung endet. Die in dieser Rechnung noch fehlenden Kostenpositionen werden dann summarisch für das Gesamtunternehmen berücksichtigt. Damit werden in den Teilergebnisrechnungen in aller Regel zur

---

[6] Vgl. z. B. Hayn/Waldersee (2004).

Freude der Berichtsempfänger schöne große positive Zahlen ausgewiesen, wobei das Gesamtergebnis völlig anders aussehen kann!

Daher ist es sinnvoll, auch bei Ergebnisrechnungen für Unternehmensteile (Geschäftsbereiche, Sparten, Kunden, Produkte, ...) jeweils bis zum Ergebnis vor Steuern (EBT) durchzurechnen. Die dazu notwendige Schlüsselung bestimmter Kostenarten wird dabei am Anfang sicherlich noch grob und nicht hinreichend detailliert bzw. fundiert sein. Dies ist jedoch nicht schlimm: Durch die Verrechnung werden Diskussionen über sachgerechte Verteilungsschlüssel und – was auch wichtig ist – über die Höhe der zu verteilenden Kosten angeregt. Auch wenn beispielsweise ein Produktbereichsverantwortlicher keinen direkten Einfluss auf die Gesamthöhe der zu verrechnenden Zentralkosten hat, so kann eine Beschäftigung mit diesen verrechneten Zentralkosten doch zu zwei Effekten führen: Zum einen können durch andere Verrechnungsschlüssel die Kosten für den Produktbereich gesenkt werden (wobei natürlich ein anderer bereit sein muss, die Differenz zu tragen!), zum anderen wird die Gesamthöhe der Zentralkosten per se in Frage gestellt.

Gleiches gilt übrigens auch für die Veröffentlichung von Ergebnissen: Wenn ein Unternehmen nicht den Jahresüberschuss oder zumindest das Vorsteuerergebnis ins Zentrum der Publizität stellt, sondern auf EBIT, EBITDA oder gar „Schlimmeres" fokussiert, lässt dies meist nichts Gutes ahnen – Erinnerungen an den „Neuen Markt" werden wach ...

6. Kundenergebnisrechnung als zentraler Baustein des Reportings

Viele Unternehmen wissen leider nicht, mit welchen Kunden sie wirklich Geld verdienen und mit welchen nicht. Dies gilt insbesondere dann, wenn gleiche Kunden durch verschiedene Geschäftsbereiche betreut werden. Daher sollte in regelmäßigen Abständen untersucht werden, wie „profitabel" der einzelne Kunde wirklich ist. Dazu wird versucht, pro Kunde dessen Ergebnisbeitrag auf Basis eines EBT zu ermitteln. Dies bedeutet am Anfang des Berechnungsprocederes sicherlich wieder eine Reihe von Annahmen und Schätzungen für die Festlegung der Verrechnungsschlüssel. Im Zeitablauf werden die zunächst unzweifelhaft existierenden Ungenauigkeiten reduziert durch genauere Ermittlung der Verrechnungsschlüssel.

Als Ausfluss dieser Kundenergebnisrechnung auf Gesamtunternehmensebene kann dann eine klare Klassifizierung der Kunden erfolgen, so dass die entsprechenden Kunden auch die ihnen angemessene Betreuungsintensität erhalten – und nicht über- oder unterbetreut werden. Auch werden eventuell zwischen den Geschäftsbereichen bestehende unterschiedliche Klassifizierungen des Kunden transparent: Im einen Bereich ist er A-Kunde, im anderen C-Kunde. Daraus möglicherweise resultierende Probleme in der Intensität der Kundenansprache oder bei der Konditionengestaltung lassen sich vermeiden.

7. **Für die unterjährige Berichterstattung einfach kommunizierbare Zielgrößen verwenden**

In den vergangenen Jahren wurde in vielen Unternehmen die klassische Ergebnisrechnung um wertorientierte Zielgrößen wie EVA, CVA, CFROI, ROCE oder RONA, um nur einige zu nennen, ergänzt. Diese Größen haben allerdings den Nachteil, dass sie häufig nur von Fachleuten in ihrer Komplexität erfasst und interpretiert werden können und sich somit kaum als Basis eines regelmäßigen unterjährigen, leicht kommunizierbaren Controllinginstrumentariums für operative Einheiten eignen.

Stattdessen sollten die wertorientierten Zielgrößen für die operativen Einheiten auf einfache und griffige Maße wie beispielsweise Umsatzrendite (ROS) umgerechnet werden. Im unterjährigen Reporting ist auch den Werkern vor Ort gut zu vermitteln, welche Umsatzrendite ihre operative Einheit erzielen muss, um die gesteckten Vorgaben zu erreichen und welche Ist-Renditen erreicht werden.

Diese Empfehlung darf nicht missverstanden werden: Wertorientierte Steuerungsgrößen sind sehr wertvoll zur Erfassung der Erfolgsbeiträge von Unternehmen bzw. Unternehmensteilen. Aufgrund ihrer häufig komplexen Struktur sind lediglich aus Kommunikationserwägungen unterjährig andere Maßstäbe heranzuziehen, die aber bezogen aufs Geschäftsjahr zielkongruent sind.

III. Initiierung von Maßnahmen

1. Controlling wird mit „C", nicht mit „K" geschrieben

Controlling wird in vielen Köpfen immer noch mit „Kontrollieren" assoziiert, und der Controller entsprechend mit dem „Kontrolleur". Leider gilt dieses Missverständnis häufig wechselseitig: Das Management sieht den Kontrolleur und versucht, bestimmte Entscheidungen ohne ihn, um ihn herum oder bewusst gegen ihn durchzusetzen. Der „Kontrolleur" wiederum ist bestrebt, Fehler zu finden, (vermeintliche) Verstöße gegen Ordnungsmäßigkeitsprinzipien aufzudecken, es im Nachhinein (!) besser zu wissen.

Entscheidend für den Controller wie für das Management ist es, dieses Missverständnis von Anfang an aufzulösen bzw. es gar nicht aufkommen zu lassen: Der Controller ist kein Kontrolleur, sondern der Sparringspartner. Er muss sich selbst als Teil des Managementteams begreifen und als solches anerkannt werden. Er hat im Prozess der Entscheidungsfindung kritisch-konstruktive Fragen der Sache willen zu stellen, um die Qualität der Entscheidung und damit die operative Performance des Unternehmens zu steigern.

In der Literatur findet man bei der Frage des Selbstverständnisses von Controllern vielfältige Begriffe. So werden immer wieder Lotse, Steuermann, Navigator[7] oder Innovator[8] genannt. Jeder Begriff hat seine Berechtigung und zielt letztlich darauf ab, den Controller vom Kontrolleur zu trennen – ihn somit als Sparringspartner zu positionieren.

2. Kleine Feuer sofort löschen!

Es kommt immer wieder einmal vor, dass eine operative Einheit, ein Bereich oder eine Tochtergesellschaft in eine Verlustsituation gerät oder aufgrund einer Neuetablierung noch Anlaufverluste generiert. Dies ist zunächst nicht besonders tragisch, sofern entsprechende Maßnahmen definiert werden, um in einem klaren Zeitrahmen den Turnaround zu realisieren.
Das eigentliche Problem fängt oft erst nach der Definition des „Sanierungsplanes" an, wenn nämlich die Maßnahmen nicht so greifen wie geplant und die Verlustsituation länger als erwartet andauert: Es werden dann von den operativ Verantwortlichen immer wieder neue Maßnahmenpläne vorgelegt, durch die eine Verbesserung der Verlustsituation eintreten soll. Bei der Realisierung treten dann erneut unvorhergesehene Probleme auf (plötzlich bricht der Markt ein, die allgemeine Konjunktur entwickelt sich anders als erwartet, Rohstoffpreise steigen etc.) – ein Teufelskreis beginnt...
In solchen Situationen muss der Controller kühlen Kopf bewahren und konsequent bleiben: Er muss dem operativ verantwortlichen Management klar machen, dass sich selbst kleinste Feuer schnell zu einem Flächenbrand ausweiten können, wenn Sie nicht sofort nachhaltig bekämpft werden. Das heißt im Klartext: Wenn der erste Maßnahmenplan nicht in der angegebenen Zeit die erwarteten Erfolge zeigt, sollte eine – und zwar genau eine – „Nachbesserungsrunde" akzeptiert werden. Sind auch dann nicht die Verbesserungen realisiert und die Verlustsituation nachhaltig bereinigt, müssen einschneidende Maßnahmen (Verkauf, Schließung etc.) eingeleitet werden. Ein dauerhaftes Akzeptieren von selbst kleinen Verlusten einzelner Einheiten kann das gesamte Unternehmen mittelfristig in Schieflage bringen!

3. Keine unangekündigten Fragen in großer Runde stellen

Controller haben zweifelsohne die Aufgabe, Licht ins „operative Dunkel" zu bringen. Doch gehört dazu eine Menge Fingerspitzengefühl, will der Controller langfristig erfolgreich im Unternehmen tätig, respektiert und akzeptiert sein.

---

[7] Z. B. Schäfer (2003); Zünd (1979).
[8] Vgl. Zünd (1979).

Controller nehmen an Führungssitzungen operativer Einheiten teil. Dabei obliegt ihnen, durch konstruktives Hinterfragen verschiedenster Sachverhalte als Sparringspartner des operativ verantwortlichen Managements zu fungieren. Müssen bei diesen Runden für einzelne Beteiligte unangenehme Fragen gestellt werden, so ist es ein Gebot der Fairness, vor der Sitzung mit dem Betroffenen das Thema im Vier-Augen-Gespräch zu erörtern und ihm Gelegenheit zu geben, den Sachverhalt adäquat aufzubereiten. Dann kann er entweder von sich aus das Problem in der Sitzung thematisieren oder die vom Controller diesbezüglich gestellten Fragen treffen ihn vorbereitet.

Zeigt sich der betroffene Manager dagegen wenig kooperativ und weigert sich, sich mit einer vom Controller aufgebrachten Thematik zu beschäftigen, so sollte der Controller zwar persönlich fair, in der Sache jedoch hart bleiben: Dem Manager ist zu verdeutlichen, welche Fragen der Controller in der Sitzung stellen wird. Inwieweit er dazu die entsprechenden Antworten aufbereitet, bleibt ihm überlassen.

Wichtig ist jedoch immer, in großer Runde niemanden vorzuführen oder ins Messer laufen zu lassen. Denn die „Herr-Lehrer-ich-weiß-etwas"-Attitüde bildet keine Basis für eine vertrauensvolle Zusammenarbeit.

4. Durch ein Telefonat können leicht viele Probleme geklärt werden

Es klingt trivial, gerät aber bei vielen Menschen insbesondere im Zeitalter von Inter- und Intranets immer mehr in Vergessenheit: Die mündliche Kommunikation kann viele Probleme schnell und effizient lösen. Tauchen beispielsweise im Zahlenwerk Ungereimtheiten auf, die vom Controller nicht intuitiv zu erklären sind, so sollte er im Zweifel einfach einmal zum Telefonhörer greifen und seinen Kollegen in der entsprechenden Fachabteilung zwecks Klärung anrufen.

Ich höre jetzt schon den Aufschrei der Leser, dass dieser Vorschlag im Zeitalter des E-Mail-Verkehrs mittelalterlich anmutet und von mangelnder Zeitnähe zeugt. Weit gefehlt: E-Mails sind etwas Phantastisches, doch will ihr Einsatz im Einzelfall wohl überlegt sein. Zum einen kann sich der Controller durch vermeintlich „unbedachte" Fragen selbst ins Abseits manövrieren, insbesondere wenn beim E-Mail-Verkehr noch der Unsitte gefrönt wird, möglichst viele Mitarbeiter aus dem unternehmensweiten E-Mail-Verzeichnis in den Verteiler, vielleicht sogar noch als Blindkopie, mit aufzunehmen. Zum anderen werden gerade bei größerem Verteilerkreis Rechtfertigungsorgien heraufbeschworen, die enorme Kapazitäten binden können...

Bei einem Telefonat dagegen ist zunächst einmal nichts schriftlich fixiert, man kann „off the records" Dinge offen und vorbehaltlos ansprechen und abklären. Wenn dann noch Bedarf zur schriftlichen Dokumentation besteht, kann diese in aller Regel kurz und knapp ausfallen und auf einen kleinen, vorher abgestimmten

Empfängerkreis begrenzt werden. Dies bringt nicht nur Effizienz in die Arbeitsabläufe, sondern trägt auch in erheblichem Maße zu einer wechselseitig vertrauensvollen Zusammenarbeit bei.

5. Synergien existieren nur, wenn dafür auch bezahlt wird

Wenn beispielsweise mit einem Kunden in einem Unternehmensbereich A nur sehr geringe Ergebnisbeiträge erzielt werden können, wird dies häufig mit Synergieeffekten gerechtfertigt: Denn für den Unternehmensbereich B sei der Kunde hoch profitabel, so dass der geringere Ergebnisbeitrag in A zu akzeptieren ist. Diese Handlungsweise ist sehr gefährlich und sollte von der Unternehmensführung nicht hingenommen werden, da mit vermeintlichen Synergien sich praktisch alles erklären lässt.

Statt dessen muss gelten: Nur wenn der Bereich B tatsächlich bereit ist, an A monatlich einen bestimmten Geldbetrag dafür zu zahlen, dass der betrachtete Kunde von A weiterhin unverändert betreut wird, gibt es den Synergieeffekt und er ist quantifizierbar. In der Praxis hat sich gezeigt, dass viele „Synergieeffekte" sich in Luft auflösen, sobald dafür wirklich etwas gezahlt werden soll und die Ergebnisrechnung des eigenen Unternehmensbereichs belastet wird.

C. Besondere Ausprägungen

I. Controlling von Tochtergesellschaften

1. Die besten Informationen gibt's vor Ort – wenn man sich dazu Zeit nimmt

In (nicht nur) deutschen Unternehmen ist die Unsitte weit verbreitet, hektisch in der Welt herumzufliegen, alle Tochtergesellschaften zu besuchen, aber dort nur wenige Stunden zu verweilen, möglichst nicht in die Details abzutauchen, jedoch viel Staub aufzuwirbeln. Als abschreckendes Beispiel war ich selbst Zeuge, als vor einigen Jahren der Finanzvorstand einer M-Dax-Gesellschaft auf seiner Jahresabschlusstour wesentliche Tochtergesellschaften besuchen wollte. Er flog dazu am Sonntagabend in Deutschland los, landete gegen 9.00 Uhr Ortszeit in Sao Paulo, wurde vom Fahrer am Flughafen abgeholt, ins Hotel zum Duschen gebracht und erschien um 12.00 Uhr im Werk. Gegen 15.00 Uhr musste er schon wieder das Werk verlassen, um gegen 19.00 Uhr seinen Anschlussflug in die USA zu erreichen. Positiv an diesem Trip war immerhin, dass er Übernachtungskosten sparte.

Ein verantwortungsbewusster Controller – was im Übrigen für jeden Manager gilt – sollte sich vor einer Dienstreise genau überlegen, ob er wirklich die entsprechenden Themen und die notwendige Zeit hat, sich mit der zu besuchenden Gesellschaft (bzw. Werk/Niederlassung/Betriebsstätte etc.) auch adäquat auseinandersetzen zu können. Geht es um reine, klar beantwortbare Sachfragen, ist häufig eine Videokonferenz völlig ausreichend und kann für alle Beteiligten viel Zeit und Kosten sparen.

Geht der Controller dagegen auf Reisen – was er in jedem Fall regelmäßig tun sollte – so muss er die entsprechende Zeit mitbringen, sich mit der zu besuchenden Gesellschaft und insbesondere mit den dort handelnden Personen angemessen auseinandersetzen zu können. Dazu gehört, nicht nur die Zahlen zu wälzen, sondern auch die Fertigungseinrichtungen, Forschung und Entwicklungsbereiche (F&E-Bereiche) etc. und die dort tätigen Mitarbeiter zu besuchen, sich Veränderungen und künftigen Veränderungsbedarf erläutern zu lassen, sich also mit dem Unternehmen in seiner Gesamtheit zu beschäftigen – und mit den vor Ort Verantwortlichen auch einmal bei einem gemeinsamen Abendessen über Themen außerhalb des eigentlichen Arbeitsumfelds zu sprechen.[9]

2. Controller in Tochtergesellschaften brauchen „Stallgeruch"

In Unternehmen haben sich zwei grundsätzlich verschiedene Modelle zur Führung von im Ausland gelegenen Tochtergesellschaften etabliert: Zum einen schwören Unternehmen darauf, stets Manager mit lokaler Nationalität einzusetzen, um so den kulturellen Eigenheiten vor Ort optimal Rechnung tragen zu können. Im anderen Modell bestehen die Unternehmen darauf, in ihren ausländischen Tochtergesellschaften nur deutsche Geschäftsführer mit langjähriger Stammhauserfahrung zu etablieren, um die Konzerneinheit zu gewährleisten.

Welcher dieser beiden Ansätze der richtige ist, wird sehr stark situations- und umfeldbezogen zu entscheiden sein, ist aber für das hier zu Diskutierende letztlich irrelevant.[10]

Relevanz bekommt allerdings die Frage, welchen Erfahrungshintergrund der Controller der Tochtergesellschaft haben sollte. Und hier lautet die Antwort ganz klar: „Stallgeruch – JA!" Denn so kann sichergestellt werden, dass die Reportingerfordernisse der Muttergesellschaft vollumfänglich ohne Reibungsverluste erfüllt werden, da der Controller selbst einschlägige Berufserfahrung bei der Muttergesellschaft gesammelt hat. Wichtiger noch ist die Vertrauens- und Bezugsebene, die der Controller in und zu der Muttergesellschaft besitzt: Aufgrund seiner Erfahrungen sollte er das Vertrauen genießen, die oft im Ausland anzutreffende

---

[9] Vgl. dazu auch Henzler (2005): „Überspitzt lässt sich sagen, dass die Notwendigkeit der Aufmerksamkeit im Quadrat zur Entfernung vom Stammhaus zunimmt." (S. 28).
[10] Vgl. auch zur rechtlichen Einbindung des Tochterunternehmens u. a. in die Unternehmensplanung, den Überwachungsprozess sowie das Risikomanagementsystem des Mutterunternehmens § 90 Abs. 1 S. 2 AktG, DCGK 4.1.3 sowie § 91 Abs. 2 AktG.

"Andersartigkeit" dem Mutterhaus vermitteln zu können und so auch die Vertrauenswürdigkeit des operativen Managements vor Ort zu stärken. Denn je exotischer das Land, desto größer die kulturellen Differenzen im Geschäftsgebaren im Vergleich zum Stammland und damit einhergehend der Erklärungsbedarf für manche "Gebräuche".

3. Keine Diskussionen bei der Auswahl von DV-Systemen für Tochtergesellschaften zulassen – die Mutter entscheidet

Tochtergesellschaften wollen ihre Eigenständigkeit gerne dadurch demonstrieren, dass sie eine andere Softwareplattform als die Muttergesellschaft wählen. Egal ob das ERP-System im Stammhaus von SAP, Microsoft, J. D. Edwards, Peoplesoft oder einem anderen Anbieter stammt, die Tochtergesellschaft möchte garantiert ein anderes System vor Ort verwenden. Begründet wird dies mit niedrigeren Kosten, besserem lokalen Service, geringerer Komplexität etc.
Diese Argumente sind in aller Regel nur vorgeschoben – das eigentliche Argument heißt: "Schotten dicht", möglichst niemandem aus der Muttergesellschaft zu tiefe Einblicke ins Geschäft zu gewähren. Hier muss von Anfang an konsequent gegengesteuert werden: Die Muttergesellschaft muss die Vorgabe der zu verwendeten ERP-Systeme machen und muss auch die Struktur der Kostenrechnungssystematik (also Kontenpläne, Kalkulationsmethodik usw.) festlegen.
So wird sichergestellt, dass die monatlichen Reportingdaten problemlos konsolidiert werden können und die Daten auch inhaltlich konzernweit konsistent und vergleichbar sind. Dass Tochtergesellschaften gewisse Freiheitsgrade brauchen, um erfolgreich in ihren lokalen Märkten agieren zu könne, ist unbestritten. Das Management sollte allerdings seine Energie vollständig der Marktbearbeitung widmen und sich nicht in interne Gefechte verstricken. Die Einheitlichkeit der Systeme ist letzlich der Preis dafür, unter dem Konzerndach auch in wirtschaftlich rauhen Seiten segeln zu dürfen und das Konzernlogo beim lokalen Marktauftritt nutzbringend einsetzen zu können.

4. Nicht jede Tochtergesellschaft braucht eine eigenständige Hardware-Umgebung

Als weiteres Abgrenzungskriterium zur Muttergesellschaft versuchen Tochtergesellschaften immer wieder, auf der Installation einer Hardware-Umgebung vor Ort zu bestehen. Dies wird häufig mit gesetzlichen Erfordernissen wie Datensicherheit, Verantwortung der Geschäftsführung etc. begründet. In 99,9 % der Fälle sind das nur vorgeschobene Argumente, denn sonst würde das von vielen Firmen praktizierte Outsourcing von DV-Leistungen gar nicht möglich sein.

Für Tochtergesellschaften ist es in vielen Fällen wirtschaftlich günstiger, sich an das zentrale Rechenzentrum der Mutter anzuschließen. Dort werden die verschiedenen Programme gewartet und Datensicherheit und -integrität sichergestellt. Die Verantwortung für die Einstellungen der ERP-Software und die jeweiligen Inhalte/Daten liegt selbstverständlich bei der jeweiligen Tochtergesellschaft. Zur Einhaltung der rechtlichen Rahmenbedingungen wird dazu zwischen den Unternehmen ein Servicevertrag abgeschlossen, der einem Drittvergleich hinsichtlich Leistungen/Servicequalität und Kosten – wie bei einem DV-Outsourcing an einen Fremdanbieter – entsprechen muss.

II. Investitions-/Projektcontrolling

1. Alle Projekte mit einem „Preisschild" versehen

In den Unternehmen – egal welcher Größenordnung – gibt es im Allgemeinen eine Vielzahl von Optimierungsansätzen, die in Form von Projekten realisiert werden sollen. Aufgrund der nur begrenzten Kapazität von Menschen und Finanzmitteln müssen Themen priorisiert werden.

Hierbei hat es sich bewährt, jedem (potentiellen) Projekt ein „Preisschild" anzuheften, dem zu entnehmen ist, welche quantifizierbaren Effekte/Vorteile durch die Realisierung erreicht werden sollen und wie diese gemessen und verfolgt werden. Denn häufig werden wachsweiche Erfolgsziele genannt: So reicht es nicht aus, beispielsweise durch ein Vertriebsprojekt eine Erhöhung der Kundenzufriedenheit zu erreichen. Es muss vielmehr klar definiert werden, wie die Kundenzufriedenheit gemessen wird, wie hoch der zu Projektstart gemessene Wert ist und um welchen Wert dieser nach Projektabschluss gesteigert werden soll. Schlussendlich ist dann noch zu quantifizieren, welche zählbaren Erfolge die erhöhte Kundenzufriedenheit für das Unternehmensergebnis hat. Denn zufriedene Kunden sind kein Unternehmensziel per se, sondern durch die Zufriedenheit muss sich auch ein signifikanter Ergebnisbeitrag nachweisen lassen.

Es braucht heute – wo das Thema „Projektmanagement" in aller Munde ist – sicherlich nicht mehr gesondert erläutert werden, dass für jedes Projekt klare Verantwortlichkeiten, Zeitpläne mit Zwischenzielen („Milestones") etc. zu definieren sind.

2. Wirtschaftlichkeitskontrolle indirekt realisierbar

Investitionsanträge für einzelne Fertigungseinrichtungen, wie z. B. bestimmte Maschinen, enthalten häufig als Begründung die Möglichkeit, Rationalisierungspotentiale zu erschließen. Dabei werden neben Einsparungen im Material- oder

Hilfs-/Betriebsstoffebereich insbesondere auch Reduzierungen auf der Personalkostenseite ins Felde geführt.

Ist die Investition umgesetzt und die Maschine installiert, erhebt sich die Frage, ob tatsächlich die ursprünglich erwarteten Kostenreduzierungen erreicht werden. Normalerweise argumentieren die Fachabteilungen, dass selbstverständlich auch die Personalkosteneinsparungen erreicht wurden. Auf die Nachfrage, welche Personen denn konkret ausgeschieden sind, werden die Antworten meist vage und es wird blumenreich erläutert, dass aufgrund des Rationalisierungseffekts der Aufbau von Mitarbeitern – entweder in der eigenen Abteilung und/oder in anderen Bereichen – vermieden werden konnte.

Für einen Controller sind diese Aussagen im Allgemeinen sehr unbefriedigend und schwer nachvollziehbar. Daher empfiehlt es sich, die Wirtschaftlichkeitskontrolle indirekt durchzuführen: Der Controller sollte prüfen, inwieweit die technischen Parameter der Anlage den im Investitionsantrag unterstellten entsprechen. Dies sind beispielsweise Taktzeiten, Ausbringungsmengen, Qualitätsparameter etc. Werden diese Parameter wie budgetiert realisiert, ist davon auszugehen, dass zumindest die technischen Voraussetzungen zum Heben der entsprechenden personellen Rationalisierungspotentiale erreicht wurden. Dass diese auch tatsächlich gehoben und keine überflüssigen Personalkosten im betroffenen Bereich generiert werden, ist über einen konstanten Ergebnisdruck auf die Beteiligten sicherzustellen.

3. Geplante Leasingfinanzierungen kritisch hinterfragen

Bei der Finanzierung von Investitionen spielen heute immer stärker Leasinggeschäfte eine Rolle. Da Leasinggesellschaften auch „verdienen" wollen, sind vom Controller diese Finanzierungsformen immer kritisch auf ihre Wirtschaftlichkeit zu untersuchen. Grundsätzlich können Leasinggesellschaften im Vergleich zur traditionellen Kreditfinanzierung dem Unternehmen folgende Vorteile bieten:

- Günstigere Einkaufsbedingungen durch Bündelung von Marktmacht (z. B. bei Maschinen), Subventionierung durch den Hersteller (insbesondere bei Kraftfahrzeugen) und/oder größere Erfahrung in der Projektabwicklung (vor allem bei Immobilien).
- Günstigere Finanzierungskonditionen durch Zugang zu anderen Finanzierungsquellen als das Unternehmen.
- Günstigere Zusatzleistungen wie beispielsweise Durchführung des gesamten Fuhrparkmanagements durch die Leasinggesellschaft.
- Steuerliche Vorteile.[11]

---

[11] Vgl. Hastedt/Mellwig (1998) mit weiteren Nachweisen.

Wenn im Einzelfall einer dieser Aspekte für die zu betrachtende Finanzierungsentscheidung zutrifft, so kann Leasing sicherlich eine interessante Finanzierungsalternative sein. Ist jedoch kein solcher Vorteil konkret nachweisbar, sollte in jedem Fall der Controller kritisch prüfen, ob nicht eine klassische Bankenfinanzierung die bessere Alternative darstellt. Bankenfinanzierungen lassen sich zudem häufig durch Einbeziehung von Förderprogrammen, die von der KfW bzw. den zuständigen Förderbanken in den einzelnen Bundesländern angeboten werden, optimieren.

D. Fazit

Ein Glas ist zur Hälfte gefüllt.

Was sagt der Pessimist? Das Glas ist halb leer.
Was sagt der Optimist? Das Glas ist halb voll.
Was sagt der „traditionelle" Controller? 100 % Überkapazität müssen abgebaut werden.
Was sagt der unternehmerisch agierende Controller? Welche Maßnahmen sind zu ergreifen, um die vorhandenen Kapazitäten auszulasten und damit deutlich höhere Ergebnisbeiträge zu erzielen.
Das heißt nichts anderes, als dass sich der Controller als Teil des Managementteams verstehen sollte, der nicht als Erbsenzähler oder Besserwisser fungiert, sondern gemeinsam mit den Kollegen der anderen Funktionsbereiche nach dem Wohle des Unternehmens trachtet. Der Controller sollte in seiner Funktion als „Gewissen des Unternehmens" vor allem darauf achten, dass die wesentlichen unternehmerischen Entscheidungen sinnvoll getroffen werden. Dies bedeutet darauf hinzuwirken, dass das Management in regelmäßigen Abständen die strategische Ausrichtung des Unternehmens auf den Prüfstand stellt, vor allem auch vor dem Hintergrund sich möglicherweise ändernder Markt- und Wettbewerbsbedingungen.
Im Tennis spricht man in diesem Zusammenhang davon, die „winning points" zu erzielen. Aufs Controlling bezogen bedeutet dies, strategische Ausrichtung und Gesamtertragsfähigkeit des Unternehmens müssen stimmen. Und dazu muss im Einzelfall das Reporting nicht bis ins letzte Detail ausgefeilt sein, um dem Management die wesentlichen Entscheidungsgrundlagen zu liefern.

Literaturverzeichnis

Hastedt, U./Mellwig, W. (1998): Leasing. Rechtliche und ökonomische Grundlagen, Heidelberg 1998.

Hayn, S./Waldersee, G. Graf (2004): IFRS/ US-GAAP/ HGB im Vergleich Synoptische Darstellung für den Einzel- und Konzernabschluß, 5. Aufl., Stuttgart 2004.

Henzler, H. A. (2005): Das Auge des Bauern macht die Kühe fett, München 2005.

Horvath, P. (2006): Controlling, 10. Aufl., München 2006.

Küpper, H.-U. (2005): Controlling – Konzeption, Aufgaben, Instrumente, 4. über. Aufl., Stuttgart 2005.

Potthoff, E./Trescher, K. (2003): Das Aufsichtsratsmitglied. Ein Handbuch der Aufgaben, Rechte und Pflichten, 6. Aufl. (beareitet von M. R. Theisen), Stuttgart 2003.

Schäfer, E. F. (2003): Modernes Unternehmens-Controlling, 8. über. und erweiterte Aufl., Ludwigshafen 2003.

Theisen, M. R. (2002), Grundsätze einer ordnungsmäßigen Information des Aufsichtsrats, 3. Aufl., Stuttgart 2002.

Weber, J. (2004): Einführung in das Controlling, 10. Aufl., Stuttgart 2004.

Weber, J./Schäffer, U./Prenzler, C. (2000): Zur Charakterisierung und Entwicklung von Controlleraufgaben, WHU-Forschungspapiere Nr. 74, hrsg. von der Wissenschaftlichen Hochschule für Unternehmensführung (WHU), Vallendar 2000.

Zünd, A. (1979): Zum Begriff des Controlling – ein umweltbezogener Erklärungsversuch. In: Goetzke/Sieben (Hrsg.): Controlling – Integration von Planung und Kontrolle, Köln 1979, S. 15 – 26.

B. Rechnungslegung und Steuern

Verschärfte Anforderungen an die Lageberichterstattung
Ein Beitrag zu einer wertorientierten Unternehmensberichterstattung im Rahmen des geänderten deutschen Corporate Governance Systems

Hans-Joachim Böcking[*]

A.	Einführung	74
B.	Anforderungen an die Erstellung des neuen (Konzern-)Lageberichts durch den Vorstand	75
	I. Die gesetzlichen Vorschriften und deren Konkretisierung	75
	II. Definitionen und Grundsätze des DRS 15	76
	III. Geänderte Berichtsinhalte nach §§ 289, 315 HGB und deren Konkretisierung durch DRS 15 und IDW Stellungnahmen	77
	1. Analyse des Geschäftsverlaufs einschließlich des Geschäftsergebnisses und der Lage der Gesellschaft	78
	2. Finanzielle und nicht finanzielle Leistungsindikatoren	79
	3. Chancen und Risiken der voraussichtlichen Entwicklung	79
	4. Nachtragsbericht	80
	5. Berichterstattung über Risiken von Finanzinstrumenten	80
	6. Außerbilanzielle Finanzierungsinstrumente	81
	7. Forschungs- und Entwicklungsbericht, Zweigniederlassungsbericht, Vergütungsbericht, Besonderheiten	82
C.	Prüfung des (Konzern-)Lageberichts durch den Abschlussprüfer (IDW EPS 350 n.F.)	83
D.	Prüfung des (Konzern-)Lageberichts durch den Aufsichtsrat	85
E.	Prüfung des (Konzern-)Lageberichts im Rahmen des Enforcement	87
F.	Fazit	87

---

[*] Prof. Dr. Hans-Joachim Böcking, Professur für Betriebswirtschaftslehre, insbesondere Wirtschaftsprüfung und Corporate Governance, Johann Wolfgang Goethe-Universität, Frankfurt am Main.

A. Einführung

Investitions- und Finanzierungsentscheidungen bilden die Grundlage für eine wertorientierte Unternehmensführung und -überwachung. Die wertorientierte Unternehmensberichterstattung stand schon immer im Mittelpunkt des Interesses von Hans Bartels. Mit der Frage der bilanziellen Zuordnung bzw. Zurechnung von Aktivposten (Investitionen) zu bestimmten Passivposten (Finanzierung) hat sich der Jubilar u.a. in der Festschrift für Adolf Moxter intensiv beschäftigt und die Fragen der Eigenkapitalrentabilität behandelt.[1]

In den letzten Jahren ist zu beobachten, dass in der Bilanz immer weniger die Vermögenswerte und vor allem deren Finanzierung zutreffend abgebildet werden. Außerbilanzielle Finanzinstrumente prägen das Finanzierungsverhalten in der Praxis. Vor diesem Hintergrund sind die verschärften Vorschriften zum (Konzern-)Lagebericht durch das Bilanzrechtsreformgesetz (BilReG) zu sehen. Die neuen §§ 289 und 315 HGB bilden ein notwendiges Korrektiv zum schleichenden Informationsverlust des traditionellen Jahres- und Konzernabschlusses nach HGB. Die neuen Vorschriften zum (Konzern-)Lagebericht fordern vor allem Informationen über das Geschäftsergebnis im Sinne einer Analyse durch die Unternehmensleitung und nicht durch die Abschlussprüfer, Informationen über wesentliche finanzielle und nicht finanzielle Leistungsindikatoren, eine gesonderte Berichterstattung über die Chancen und Risiken der künftigen Entwicklung sowie über das Finanzmanagement. In den Vordergrund rückt eine wertorientierte (Konzern-)Lageberichterstattung, die dem Investor bzw. Adressaten des Lageberichts entscheidungsrelevante Informationen liefern soll, um einen Soll-Ist-Vergleich durchführen und damit die Prognosequalität des Managements beurteilen zu können. Diese Entwicklung dürfte dem Jubilar sehr willkommen sein, da er sich immer wieder mit den Themen Barwertermittlung und Eigenkapitalrendite beschäftigt hat.

Fragen der Rechnungslegung und damit der Rechenschaft sind heute im Rahmen des geänderten deutschen Corporate Governance Systems zu klären.[2] Im Zentrum der seit 1998 begonnenen Reformen[3] des deutschen Gesellschafts- und Handelsrechts stehen Themen der Unternehmensführung und Unternehmensüberwachung.[4] Die wertorientierte Unternehmensberichterstattung im (Konzern)Lagebericht beeinflusst somit die Kernbereiche Erstellung, Prüfung und Überwachung.

---

[1] Vgl. Bartels (1994), S. 1201-1229.
[2] Vgl. Dutzi (2005), S. 54-80.
[3] Den Start machten 1998 das Kapitalaufnahmeerleichterungsgesetz (KapAEG) und das Gesetz zur Kontrolle und Transparenz im Unternehmensbereich (KonTraG).
[4] Im Folgenden wird von einer Aktiengesellschaft im Sinne einer großen Kapitalgesellschaft nach § 267 Abs. 3 HGB ausgegangen.

Im Folgenden wird gezeigt, welchen Einfluss das geänderte Corporate Governance-System in Deutschland auf die Haftung von Vorständen, Abschlussprüfern und Aufsichtsräten haben wird. Hinzu kommt die Überprüfung durch das Enforcement, das durch das Bilanzkontrollgesetz (BilKoG) für kapitalmarktorientierte Unternehmen etabliert wurde. Es ist davon auszugehen, dass das Enforcement auch auf die (Konzern-)Lageberichterstattung von nicht kapitalmarktorientierten Unternehmen ausstrahlen wird.

B. Anforderungen an die Erstellung des neuen (Konzern-)Lageberichts durch den Vorstand

I. Die gesetzlichen Vorschriften und deren Konkretisierung

Hintergrund der neuen Vorschriften der §§ 289 und 315 HGB durch das BilReG, die erstmals für die Geschäftsjahre 2004 und 2005 anzuwenden waren, ist die Anpassung der deutschen Vorschriften an die Vorgaben der Europäischen Union. Umgesetzt wurden die sog. EU-Fair-Value-Richtlinie vom 27.9.2001, welche die Risikoberichterstattung über Finanzinstrumente im (Konzern-)Lagebericht regelt, und einzelne Aspekte der EU-Modernisierungsrichtlinie vom 18.6.2004, die eine Verbesserung der Vergleichbarkeit und des Informationsgehalts des (Konzern-) Lageberichts bezwecken. In der Gesetzesbegründung zu den §§ 289, 315 HGB lässt der Gesetzgeber über das Ziel der neuen Lageberichterstattung keinen Zweifel aufkommen: Diese „Vorgaben sollen dazu beitragen, den Gehalt des Lageberichts an entscheidungsrelevanten Informationen zu erhöhen und dem Investor Soll-Ist-Vergleiche zu ermöglichen. [...] Generell dient dabei der Abschluss eher der Darstellung, der Lagebericht dagegen mehr der Analyse und Kommentierung relevanter Kennzahlen und Sachverhalte."[5]

In diesem Kontext sind die Vorschriften des § 90 Abs. 1 S. 1 und 2 AktG zu sehen. Mit dem Transparenz- und Publizitätsgesetz (TransPuG) hat der Gesetzgeber im Jahr 2002 den Vorstand zu einer „Follow up"-Berichterstattung gegenüber dem Aufsichtsrat verpflichtet. Ziel dieser neuen Vorschriften ist es, dem Aufsichtsrat ein Instrument zu geben, mit dem er die Qualität der Vorstandsprognosen über die Unternehmensentwicklung beurteilen kann. Selbstverständlich sind diese Informationen detaillierter als die Informationen im Lagebericht, allerdings darf die Gesamtaussage zu keinem anderen Ergebnis führen.

Mit dem BilReG wurden die gesetzlichen Vorschriften zur Lageberichterstattung verschärft. Die Konkretisierung der neuen Vorschriften erfolgt durch die Gesetzesbegründung, den Deutschen Rechnungslegungs Standard 15 zur Lagebe-

---

[5] Bilanzrechtsreformgesetz-Entwurf, BT-Drucksache 15/3419, S. 30.

richterstattung (DRS 15) und den Deutschen Rechnungslegungs Standard 5 zur Risikoberichterstattung (DRS 5). Da allerdings DRS 15 und DRS 5 vor dem BilReG vom Deutschen Standardisierungsrat (DSR) verabschiedet wurden und somit nicht den gesamten bzw. endgültigen Gesetzestext betreffen, hat das IDW diese Lücke mit den zwei Rechnungslegungshinweisen – IDW RH HFA 1.005 (Anhangangaben nach § 285 S. 1 Nr. 18 und 19 HGB sowie Lageberichterstattung nach § 289 Abs. 2 Nr. 2 HGB in der Fassung des BilReG) und IDW RH HFA 1.007 (Lageberichterstattung nach § 289 Abs. 1 und 3 HGB bzw. § 315 Abs. 1 HGB in der Fassung des BilReG) – geschlossen. Vor diesem Hintergrund ist auch der Entwurf des Prüfungsstandards IDW EPS 350 n.F. zu sehen.

II. Definitionen und Grundsätze des DRS 15

Erstmals wurde mit dem BilReG in einer Gesetzesbegründung explizit auf einen DRS hingewiesen. So heißt es in der Gesetzesbegründung, dass zur „weiteren Vereinheitlichung und besseren Vergleichbarkeit der Konzernlageberichterstattung in der Praxis [...], aufbauend auf dem geänderten § 315 HGB, auch ein Standard des nationalen Standardisierungsgremiums nach § 342 HGB, des deutschen Rechnungslegungs Standards Committee e.V., beitragen [kann]. Ein solcher ist derzeit in Vorbereitung und im Abstimmungsprozess".[6]

Der DRS 15 wurde vom Bundesministerium der Justiz am 26.2.2005 bekannt gemacht. Er gehört zu den Grundsätzen ordnungsgemäßer Konzernrechnungslegung[7] und seine Nichtbeachtung führt zu erhöhter Begründungspflicht. Neben den Pflichtvorschriften enthält der DRS 15 separate Empfehlungen (DRS 15.93-15.123). Werden die Empfehlungen nicht beachtet, hat dies keine unmittelbaren Sanktionen zur Folge.

Primäre Zielsetzung des Konzernlageberichts nach DRS 15 ist die Vermittlung eines den tatsächlichen Verhältnissen entsprechenden Bilds des Geschäftsverlaufs und der Lage der Gesellschaft (DRS 15.2) und die Vermittlung entscheidungsrelevanter und verlässlicher Informationen (DRS 15.3). Auch sollen Informationen über die wesentlichen Chancen und Risiken vermittelt werden, um bestehende Informationsasymmetrien zu vermindern (DRS 15.3). Der DRS 15 hat zudem eine Erweiterung seines Geltungsbereiches erfahren. Der Gesetzgeber hat in der Gesetzesbegründung zu § 315 HGB die Begründungen nicht mehr aufgelistet; stattdessen verweist er auf § 289 HGB. Im Umkehrschluss heißt dies, dass DRS 15 auch für den § 289 HGB gilt. DRS 15.4-5 empfiehlt eine entsprechende Anwendung des Standards auf den Lagebericht gemäß § 289 HGB. Auch der

---

[6] Bilanzrechtsreformgesetz-Entwurf, BT-Drucksache 15/3419, S. 33.
[7] Vgl. § 342 Abs. 2 HGB.

IDW RH HFA 1.007 greift diese Neuerung in Tz. 2 auf: „Da es sich bei DRS 15 und DRS 5 um Auslegungen der allgemeinen gesetzlichen Grundsätze zur Lageberichterstattung handelt, haben diese auch Bedeutung für den Lagebericht nach § 289 HGB."[8] Es macht keinen Sinn, den identischen Gesetzeswortlaut im Lagebericht und Konzernlagebericht anders zu interpretieren. DRS 15 ist für den Lagebericht nach § 289 HGB von Relevanz.

DRS 15 enthält eine Reihe wichtiger Definitionen von den im Gesetzestext verwendeten Begriffe. So definiert DRS 15 den gesetzlichen Begriff „Analyse" als die „Zerlegung des Berichtsgegenstands in seine Bestandteile, die anschließend geordnet und systematisch ausgewertet werden."[9] Weiterhin konkretisiert DRS 15 fünf Grundsätze ordnungsgemäßer Lageberichterstattung:

- Vollständigkeit (DRS 15.9-13),
- Verlässlichkeit[10] (DRS 15.14-19),
- Klarheit und Übersichtlichkeit (DRS 15.20-27) und neuerdings auch
- Vermittlung der Sicht der Unternehmensleitung (DRS 15.28-29) und
- Konzentration auf die nachhaltige Wertschaffung (DRS 15.30-35).

Unter der Vermittlung der Sicht der Unternehmensleitung versteht der DRS 15 eine ausgewogene und umfassende Analyse des Geschäftsverlaufs und der wirtschaftlichen Lage des Konzerns sowie die Darstellung der Stärken und Schwächen des Konzerns auch im Hinblick auf die Chancen und Risiken des Umfelds. Die Konzentration auf die nachhaltige Wertschaffung erzwingt die Angabe aller Faktoren, die einen wesentlichen Einfluss auf die weitere Wertentwicklung des Unternehmens haben können. Dazu sind vergangenheitsorientierte und gegenwartsbezogene Informationen als Grundlage für Prognosen aufzubereiten. Insbesondere diese beiden neuen Grundsätze heben die Bedeutung des Lageberichts hin zu einem Instrument der wertorientierten Berichterstattung[11] hervor.

III. Geänderte Berichtsinhalte nach §§ 289, 315 HGB und deren Konkretisierung durch DRS 15 und IDW Stellungnahmen

Ab dem Geschäftsjahr 2005 erfordern die geänderten Vorschriften zur Lageberichterstattung eine umfassende Analyse des Geschäftsverlaufs einschließlich des

---

[8] IDW RH HFA 1.007, Tz. 2.
[9] DRS 15.8.
[10] Der Grundsatz der Verlässlichkeit entspricht dem ursprünglichen Grundsatz der Wahrheit. Der gewählte Begriff „Verlässlichkeit" ist wohl auf die Internationalisierung der Rechnungslegung zurück zu führen, d.h. die englischen Begriffe „relevance and realibility" dürften hier der Maßstab gewesen sein.
[11] Zur wertorientierten Berichterstattung (Value Reporting) vgl. den Beitrag von Peter Wesner in dieser Festschrift.

Geschäftsergebnisses und der Lage der Gesellschaft, eine Berichterstattung über finanzielle Leistungsindikatoren, über nicht finanzielle Leistungsindikatoren[12], über künftige Chancen und Risiken sowie über die zugrunde liegenden Annahmen der Geschäftsführung. Weiterhin ist gesondert über das Risiko von Finanzinstrumenten zu berichten. Die neuen Anforderungen werden im Folgenden kurz skizziert:

1. Analyse des Geschäftsverlaufs einschließlich des Geschäftsergebnisses und der Lage der Gesellschaft

DRS 15 sieht nunmehr den Konzernlagebericht, der den Konzern, seine Geschäftstätigkeit und dessen Rahmenbedingungen darstellt, als Ausgangspunkt für die Analyse des Geschäftsverlaufs und der wirtschaftlichen Lage an. Hierbei sollte die Unternehmensleitung einschätzen, ob die Geschäftsentwicklung insgesamt günstig oder ungünstig verlaufen ist. Dabei sind auch die Wettbewerbssituation und die Marktstellung des Konzerns und seiner Segmente zu erläutern.[13] Diese neue Sichtweise schlägt sich in der empfohlenen Gliederung des DRS 15 nieder, die in ihrem Aufbau vom Allgemeinen zum Speziellen führt. Nach Aufführung der Geschäfts- und Rahmenbedingungen sollte die Analyse des Geschäftsverlaufs und der Lage folgen. Innerhalb dieses Abschnitts empfiehlt der DRS 15 zuerst die Ertragslage, dann die Finanzlage und danach die Vermögenslage darzustellen. Durch diese Neugestaltung der Reihenfolge lässt sich die „Wertentwicklung des Unternehmens"[14] besser erkennen. Anhand dieser neuen Berichtsfolge, die die Ertragslage hervorhebt, ist der neue Stellenwert ersichtlich, den man nun dem Lagebericht als Instrument wertorientierter Unternehmensberichterstattung beimisst.[15] Die Analyse der Ertragslage bildet die Basis für die Unternehmensbewertung.

Die Darstellung des „Geschäftsergebnisses" (§ 289 Abs. 1 S. 1 HGB) betrifft nach IDW RH HFA 1.007 Tz. 6 das Jahresergebnis i.S.v. § 275 Abs. 2 Nr. 20 bzw. Abs. 3 Nr. 19 HGB. DRS 15 geht nicht direkt auf die Analyse des Geschäftsergebnisses ein. Hierzu bedarf es finanzieller Kennzahlen.

---

[12] Gemäß § 289 Abs. 3 HGB besteht für mittelgroße Kapitalgesellschaften ein Wahlrecht im Lagebericht, nicht jedoch im Konzernlagebericht.
[13] Vgl. DRS 15.36-44.
[14] DRS 15.30.
[15] Vgl. hierzu Böcking (2005a), S. 7.

2. Finanzielle und nicht finanzielle Leistungsindikatoren

Nach IDW RH HFA 1.007 sind finanzielle Leistungsindikatoren Kennzahlen zu verstehen, die auch im Rahmen der Abschlussanalyse verwendet werden. Diese können Rentabilitäts- und Finanzierungskennzahlen oder Kennzahlen zur Kapitalstruktur sein. Finanzielle Kennzahlen sind z.B. Eigenkapitalrentabilität, Umsatzrentabilität und Cashflow.[16] Dabei sind die verwendeten Kennzahlen angemessen zu definieren und gegebenenfalls aus dem Jahresabschluss überzuleiten.[17]

Als nicht finanziellen Leistungsindikatoren konkretisiert das IDW die Belange von Arbeitnehmern mit Angaben über die Höhe der Fluktuation, der Betriebszugehörigkeit, der Vergütungsstrukturen, der Aus- und Fortbildung. Die Umweltaspekte könnten Emissionswerte, Energieverbrauch oder auch Angaben bezüglich der Durchführung eines Umwelt-Audits umfassen. Denkbar sind auch Angaben bezüglich Kundenkreis und dessen Zusammensetzung, Kundenzufriedenheit, Lieferantenbeziehungen, Patentanmeldungen und Produktqualität.[18] Allerdings schränkt der Gesetzestext (§ 289 Abs. 3, § 315 Abs. 1 S. 4 HGB) diese Angaben ein, d.h. die Angaben sind nur erforderlich, soweit sie für das Verständnis des Geschäftsverlaufs von Bedeutung sind.

3. Chancen und Risiken der voraussichtlichen Entwicklung

Nach den §§ 289 Abs. 1 S. 4 und 315 Abs. 1 S. 5 HGB ist im (Konzern-)Lagebericht „die voraussichtliche Entwicklung mit ihren wesentlichen Chancen und Risiken zu beurteilen und zu erläutern; zugrunde liegende Annahmen sind anzugeben." Somit ist gesetzlich ein gemeinsamer Bericht vorgesehen. Dem gegenüber trennt DRS 15 in Risikobericht (DRS 15.83) und Prognosebericht (DRS 15.84-91). DRS 15 verweist in Tz. 83 für den Risikobericht allgemein auf DRS 5 und zusätzlich für Kredit- und Finanzdienstleistungsinstitute auf DRS 5-10 bzw. für Versicherungsunternehmen auf DRS 5-20. Die Konkretisierung der Prognoseberichterstattung erfolgt in DRS 15.84-90. Für den Prognosebericht werden qualitative Angaben als hinreichend angesehen.[19] Risikobericht und Prognosebericht sind nach DRS 15.91 aus Gründen der Klarheit zu trennen. Eine

---

[16] Vgl. IDW RH HFA 1.007, Tz. 7.
[17] Vgl. IDW RH HFA 1.007, Tz. 8.
[18] Vgl. Arbeitskreis "Immaterielle Werte im Rechnungswesen" Schmalenbach-Gesellschaft für Betriebswirtschaft e.V. (2003), S. 1236.
[19] DRS 15.120 empfiehlt die Quantifizierung der wesentlichen Einflussfaktoren.

Trennung des Prognoseberichts vom Chancen-/Risikobericht ist allerdings mit dem Gesetzeswortlaut schwer vereinbar.[20]

4. Nachtragsbericht

Im Rahmen des Nachtragsberichts sind Vorgänge von besonderer Bedeutung, die nach dem Schluss des Geschäftsjahres eingetreten sind, anzugeben und ihre erwarteten Auswirkungen auf die Ertrags-, Finanz- und Vermögenslage zu erläutern. Ein Vorgang ist dann von besonderer Bedeutung, wenn er, hätte er sich bereits vor Ablauf des Geschäftsjahres vollzogen, eine andere Darstellung der Ertrags-, Finanz- und Vermögenslage des Unternehmens erfordert hätte.[21] Sind keine solchen Vorgänge eingetreten, ist dies anzugeben, d.h. es kommt zu einem Disclaimer i.S. einer Fehlanzeige.[22] Die Hervorhebung des Nachtragsberichts i.S. einer Fehlanzeige ist ebenfalls Ausdruck einer wertorientierten Lageberichterstattung. Insoweit ist klargestellt, dass der gesetzliche Begriff „sollen" in den §§ 289 Abs. 2 Nr. 1 und 315 Abs. 2 Nr. 1 HGB nicht mehr als „Sollvorschrift" zu behandeln ist.

5. Berichterstattung über Risiken von Finanzinstrumenten

Die §§ 289 Abs. 2 Nr. 2 bzw. 315 Abs. 2 Nr. 2 HGB verlangen, dass der (Konzern-)Lagebericht auch auf die Risikomanagementziele und -methoden der Gesellschaft/des Konzerns einschließlich ihrer/seiner Methoden zur Absicherung aller wichtigen Arten von Transaktionen, die im Rahmen der Bilanzierung von Sicherungsgeschäften erfasst werden, eingeht. Dazu sollten die Preisänderungs-, Ausfall- und Liquiditätsrisiken sowie die Risiken aus Zahlungsstromschwankungen, denen die Gesellschaft/der Konzern ausgesetzt ist, jeweils in Bezug auf die Verwendung von Finanzinstrumenten durch die Gesellschaft/den Konzern und sofern dies für die Beurteilung der Lage oder der voraussichtlichen Entwicklung von Belang ist, angegeben werden.[23]

Eine handelsrechtliche Definition der Rechtsbegriffe „Finanzinstrument" und „derivatives Finanzinstrument" existiert allerdings nicht.[24] Grund ist die Dynamik der Finanzmärkte. Der im Handelsrecht verwendete Begriff „Finanzinstrument" ist daher als Oberbegriff – ähnlich wie im Kreditwesengesetz (KWG) und in den

---

[20] Vgl. Kirsch/Scheele (2005), S. 1154.
[21] Vgl. DRS 15.82.
[22] Vgl. DRS 15.81-82.
[23] Eine Konkretisierung der Risiken erfolgt in DRS 5, 5-10 und 5-20.
[24] Vgl. Bilanzrechtsreformgesetz-Entwurf, BT-Drucksache 15/3419, S. 30.

International Financial Reporting Standards (IFRS) – zu verstehen.[25] Der Begriff „Finanzinstrument" ist im Sinne des HGB umfassender als die Begriffsabgrenzung nach § 1 Abs. 11 KWG. Von daher können – bei Hinweis im Anhang – die Definitionen für die Begriffe „Finanzinstrument" und „derivatives Finanzinstrument" der entsprechenden IFRS herangezogen werden. Eine weitere Konkretisierung findet sich zudem im IDW RH HFA 1.005 Tz. 4. Dort fallen unter den Begriff „Finanzinstrument" die von § 1 Abs. 11 KWG bzw. § 2 Abs. 2b Wertpapierhandelsgesetz (WpHG) erfassten Instrumente, Finanzanlagen, Forderungen und Verbindlichkeiten nach § 266 Abs. 2 u. Abs. 3 HGB; allerdings keine Eigenkapitalinstrumente beim Emittenten (z.B. Aktien oder GmbH-Anteile).[26] Es ist auch über Finanzinstrumente zu berichten, die als schwebende Geschäfte einzustufen sind und daher (noch) nicht bilanziell abgebildet werden.[27] Hierbei stellt sich die Frage, wie sich das Verhältnis von (Konzern-)Lagebericht zu Jahres-/Konzernabschluss verhält. Dazu heißt es in der Gesetzesbegründung, dass im „Hinblick auf detailliertere Informationen [...] jedoch eindeutige Bezugnahmen des Konzernlageberichts auf den Konzernabschluss zulässig (§ 315 Abs. 1 Satz 3 HGB-E) [sind], um eine Verdoppelung von Angaben zu vermeiden. Dies gilt insbesondere auch für IAS-Anwender im Hinblick auf Angaben in den so genannten Notes."[28]

6. Außerbilanzielle Finanzierungsinstrumente

DRS 15 fordert für den (Konzern-)Lagebericht Informationen über außerbilanzielle Finanzierungsinstrumente. Im Rahmen der Finanzlage sind „insbesondere deren Zweck und wirtschaftliche Substanz"[29] darzustellen und ihre „möglichen künftigen Auswirkungen [...], sofern diese einen erheblichen Einfluss auf die wirtschaftliche Lage des Konzerns haben können"[30], zu erläutern. Diese sollten in wesentliche Kategorien und nach Fristigkeit gegliedert werden wie bspw. Forderungsverkäufe im Rahmen von Asset-Backed-Securities-Transaktionen, Sale-and-

---

[25] Vgl. Bilanzrechtsreformgesetz-Entwurf, BT-Drucksache 15/3419, S. 30. So heißt es in der Gesetzesbegründung: „...er erfasst insbesondere alle Arten von Wertpapieren, Geldmarktinstrumenten, Devisen, Rechnungseinheiten und Derivaten.", vgl. weiterhin Böcking (2005b), S. 8.
[26] Vgl. IDW RH HFA 1.005, Tz. 4.
[27] Vgl. IDW RH HFA 1.005, Tz. 35.
[28] Bilanzrechtsreformgesetz-Entwurf, BT-Drucksache 15/3419, S. 33. Zu besonderen Problemen mit IFRS vgl. Prigge (2006), S. 252-258.
[29] DRS 15.67.
[30] DRS 15.67.

Lease-Back-Transaktionen, Haftungsverhältnisse gegenüber nicht in den Konzernabschluss einbezogenen Zweckgesellschaften.[31]

Im Rahmen der Vermögenslage verlangt DRS 15 die Erläuterung außerbilanzieller Finanzierungsinstrumente „sowie deren wesentliche Veränderungen gegenüber dem Vorjahr mit Bedeutung für die Vermögenslage"[32] und der „möglichen künftigen Auswirkungen der bestehenden vertraglichen Strukturen [...], sofern diese einen erheblichen Einfluss auf die wirtschaftliche Lage des Konzerns haben können."[33] Als Beispiel werden geleaste, gepachtete oder gemietete Vermögenswerte und selbstgeschaffene immaterielle Vermögenswerte – sofern sie wesentlich für die wirtschaftliche Lage des Konzerns sind – aufgeführt.[34] Gerade diese Informationen über außerbilanzielle Finanzierungsinstrumente bestätigen eine Korrekturfunktion des (Konzern-)Lageberichts gegenüber dem Jahres- und Konzernabschlusses. Auch nicht kapitalmarktorientierte Unternehmen haben diese Informationen anzugeben.

7. Forschungs- und Entwicklungsbericht, Zweigniederlassungsbericht, Vergütungsbericht, Besonderheiten

Weiterhin muss der (Konzern-)Lagebericht einen Forschungs- und Entwicklungsbericht, einen Zweigniederlassungsbericht und ab dem Geschäftsjahr 2006 für börsennotierte Unternehmen einen Vergütungsbericht enthalten. Letzter wurde durch das Vorstandsvergütungs-Offenlegungsgesetz (VorstOG) vom 3.8.2005 eingefügt und soll auf die Grundzüge des Vergütungssystems der Gesellschaft für die in § 285 S. 1 Nr. 9 bzw. § 314 Abs. 1 Nr. 6 HGB genannten Gesamtbezüge eingehen. Macht der Ersteller diese Angaben im Rahmen des (Konzern-)Lageberichts, können diese Mitteilungen im Anhang unterbleiben.[35]

Eine Besonderheit des (Konzern-)Lageberichts besteht in der Möglichkeit der Zusammenfassung des Konzernlageberichts mit dem Lagebericht des Mutterunternehmens.[36] Allerdings spricht sich DRS 15 gegen die Zusammenfassung aus. Hintergrund ist der Verlust an Klarheit und Übersichtlichkeit.[37] Dies gilt insbesondere wenn dem Jahresabschluss und dem Konzernabschluss unterschiedliche Rechnungslegungsregeln zugrunde liegen.

---

[31] Vgl. DRS 15.68.
[32] DRS 15.79.
[33] DRS 15.79.
[34] Vgl. DRS 15.80.
[35] Vgl. § 289 Abs. 2 Nr. 5 bzw. § 315 Abs. 2 Nr. 4 HGB.
[36] Vgl. § 315 Abs. 3 i.V.m. § 289 Abs. 3 HGB.
[37] Vgl. DRS 15.21.

C. Prüfung des (Konzern-)Lageberichts durch den Abschlussprüfer (IDW EPS 350 n.F.)

Für die Prüfung des (Konzern-)Lageberichts gilt IDW PS 350 bzw. IDW EPS 350 n.F.[38]. Wie bereits erwähnt, werden die §§ 289, 315 HGB sowohl durch DRS 15 und DRS 5 als auch durch IDW RH HFA 1.005 und IDW RH HFA 1.007 konkretisiert. Diese Vorgaben zur Erstellung des (Konzern-)Lageberichts werden von der Checkliste zur Prüfung des (Konzern-)Lageberichts des IDW erfasst.[39]

Der Prüfungsgegenstand nach § 317 Abs. 2 HGB umfasst die Einklangsprüfung und die Prüfung der zutreffenden Vorstellung von der Lage des Unternehmens. „Dabei ist auch zu prüfen, ob die Chancen und Risiken der künftigen Entwicklung zutreffend dargestellt sind."[40] Nach § 322 Abs. 6 HGB hat dies der Abschlussprüfer im Bestätigungsvermerk gesondert anzugeben.

Der Prüfungsumfang bedingt, dass sämtliche Angaben im Lagebericht sowie auch die finanziellen und die nicht finanziellen Leistungsindikatoren in die Prüfung mit einzubeziehen sind. Der Lagebericht ist mit gleicher Sorgfalt zu prüfen wie der Jahresabschluss (IDW EPS 350 Tz. 8-11). Dies wirkt sich auf den Prüfungsablauf aus, denn die Prüfung des Lageberichts steht somit im engen Zusammenhang mit der Prüfung des Jahresabschlusses. Vor Beginn der Abschlussprüfung hat eine vorläufige Beurteilung zu erfolgen; diese ist im weiteren Verlauf zu präzisieren. Der Abschlussprüfer hat auf Vorgänge von besonderer Bedeutung nach dem Abschlussstichtag zu achten. Bei wirtschaftlichen Schwierigkeiten des Unternehmens sind prognostische und wertende Angaben besonders kritisch zu prüfen.[41]

Die Prüfungshandlungen lassen sich in verschiedene Abschnitte kategorisieren. Ausgangspunkt ist die Prüfung der Beachtung der Grundsätze der Lageberichterstattung (DRS 15.9-35: Vollständigkeit, Verlässlichkeit, Klarheit und Übersichtlichkeit, Vermittlung der Sicht der Unternehmensleitung, Konzentration auf die nachhaltige Wertschaffung). Anschließend folgt die vergangenheitsorientierte Prüfung des Lageberichts. Diese umfasst den Geschäftsverlauf und das Geschäftsergebnis, finanzielle und nicht finanzielle Leistungsindikatoren. An diesen Bereich schließt sich die zukunftsorientierte Prüfung des Lageberichts an. Sie bedingt die Prüfung der Plausibilität und Übereinstimmung prognostischer Angaben und Wertungen vor dem Hintergrund der Jahresabschlussangaben.[42] Bei der Plausibilitätsprüfung hat sich der Abschlussprüfer darüber Gewissheit zu ver-

---

[38] Die Frist zur Stellungnahme endete am 31. Mai 2006.
[39] Vgl. IDW (2005c).
[40] § 317 Abs. 2 S. 2 HGB.
[41] Vgl. IDW EPS 350, Tz. 12-15.
[42] Vgl. IDW EPS 350, Tz. 20-24.

schaffen, „daß alle verfügbaren Informationen verwendet wurden, die grundlegenden Annahmen realistisch und in sich widerspruchsfrei sind und Prognoseverfahren richtig gehandhabt wurden"[43]. Folglich umfasst die Prognoseprüfung die Prüfung der mit den Prognosen befassten Personen, die Würdigung der Prognoseargumente, die Wahl des Prognoseverfahrens, die logische Haltbarkeit der Ableitung der Prognose aus dem Datenmaterial und den Gesetzesaussagen, die Prüfung der Prognose anhand der Ist-Entwicklung (Ex post-Prüfung), wobei eine detaillierte Abweichungsanalyse eingeschlossen werden sollte.[44] Der Abschlussprüfer hat letztlich darauf zu achten, dass die Entscheidungsrelevanz der Aussagen nicht tangiert wird. Weiterhin hat der Abschlussprüfer geeignete Prüfungshandlungen vorzunehmen, und Informationen über Vorgänge von besonderer Bedeutung nach dem Abschlussstichtag zu erhalten, um somit den Nachtragsbericht prüfen zu können. Hervorzuheben ist hierbei, dass die Vollständigkeitserklärung den Nachtragsbericht bis zum Zeitpunkt des Testats enthalten muss.[45] Bei Prüfung der Angaben zu den Risikomanagementzielen und -methoden sowie zu den Risiken in Bezug auf die Verwendung von Finanzinstrumenten durch die Gesellschaft nach §§ 289 Abs. 2 Nr. 2 und 315 Abs. 2 Nr. 2 HGB ist insbesondere IDW RH HFA 1.005 maßgeblich. Weiterhin ist noch der Forschungs- und Entwicklungsbericht, der Zweigniederlassungsbericht und der Vergütungsbericht zu prüfen.

Anschließend hat der Abschlussprüfer sein Prüfungsergebnis nach § 317 Abs. 2 HGB, d.h. die Einklangsprüfung und die Vermittlung einer zutreffenden Vorstellung des Unternehmens im Prüfungsbericht zusammenzufassen. Bei Aufstellung des Prüfungsberichts sind gesetzliche Bestimmungen und der Gesellschaftsvertrag bzw. die Satzung zu beachten.

Folgende Besonderheiten gilt es bei der Prüfung des Konzernlageberichts zu beachten. 1. Risiken von Tochterunternehmen sind nicht zu berücksichtigen, sofern diese für den Konzern nur von untergeordneter Bedeutung sind (§ 322 Abs. 2 S. 4 HGB). 2. Die Lage- und Prüfungsberichte von nicht einbezogenen Tochterunternehmen im Konzernabschluss sind zu berücksichtigen. 3. Ferner hat der Abschlussprüfer darauf zu achten, dass die Zusammenfassung des Konzernlageberichts und des Lageberichts des Mutterunternehmens nicht zu einem Informationsverlust führt (z.B. bei Anwendung unterschiedlicher Rechnungslegungsgrundsätze in Konzern- und Jahresabschluss).

---

[43] Begründung der Bundesregierung zu § 317 Abs. 2 HGB i.d.F. KonTraG (1998), Drucksache 13/9712, S. 27.
[44] Vgl. Arbeitskreis „Externe und Interne Überwachung der Unternehmung" Schmalenbach-Gesellschaft für Betriebswirtschaft e.V. (2003), S. 109, Tz. 42.
[45] Vgl. IDW EPS 350, Tz. 25-26.

Schließlich hat der Abschlussprüfer das Prüfungsergebnis im Bestätigungsvermerk zusammenzufassen. Hat der Abschlussprüfer Einwände im Hinblick auf den Lagebericht, ist der Bestätigungsvermerk einzuschränken.[46]

D. Prüfung des (Konzern-)Lageberichts durch den Aufsichtsrat

Die Änderungen des BilReG im Rahmen der (Konzern-)Lageberichterstattung stellen für den Vorstand und den Aufsichtsrat eine weitere Konkretisierung der aktienrechtlichen Vorschriften dar, die der Gesetzgeber seit einiger Zeit vornimmt. Mit dem KonTraG wurde im Jahr 1998 bspw. der Vorstand verpflichtet, für ein angemessenes Risikomanagement und für eine angemessene interne Revision zu sorgen (§ 91 Abs. 2 AktG). Hiernach sollen die Maßnahmen für die interne Überwachung dermaßen eingerichtet sein, dass Risiken frühzeitig, also zu einem Zeitpunkt erkannt werden, in dem noch geeignete Maßnahmen zur Sicherung des Fortbestands der Gesellschaft ergriffen werden können. Die Überprüfung der Einhaltung dieser Maßnahmen durch den Vorstand ist seither explizit Aufgabe des Aufsichtsrats. Durch das BilReG muss das Risikomanagementsystem nunmehr ebenfalls um ein „Chancenmanagementsystem"[47] erweitert werden, so dass sich das Anforderungsprofil an den Aufsichtsrat auch von dieser Seite erhöht.

Da Unternehmensführung und Unternehmensüberwachung entscheidungsrelevante Informationen erfordern, hat der Gesetzgeber mit dem TransPuG die „Follow up"-Berichterstattung des Vorstands mit konzerndimensionalem Bezug (§ 90 Abs. 1 S. 1 Nr. 1 und Abs. 1 S. 2 AktG) eingeführt. Hiernach ist der Vorstand verpflichtet, dem Aufsichtsrat über die beabsichtigte Geschäftspolitik und andere grundsätzliche Fragen der Unternehmensplanung (insbesondere die Finanz-, Investitions- und Personalpolitik) Bericht zu erstatten. Im Rahmen dieser Berichterstattung sind auch Planziele zu formulieren. Es handelt sich somit um eine vergangenheits- und zukunftsbezogene Berichterstattung. Eine ordnungsgemäße Überwachung des Vorstands durch den Aufsichtsrat setzt allerdings auch Informationen über das Erreichen angekündigter Ziele voraus. Dies bedeutet, dass Soll-Ist-Abweichungen des Geschäftsverlaufs vom Vorstand gegenüber dem Aufsichtsrat zu begründen sind. Damit sollte der Aufsichtsrat beurteilen können, ob die Angaben des Vorstands im Lage- und Konzernlagebericht tatsächlich zutref-

---

[46] Vgl. IDW EPS 350, Tz. 33.
[47] Vgl. Kaiser (2005), S. 345-353.

fend sind. In der Regel sollte der Aufsichtsrat über mehr Details bezüglich der Unternehmensplanung verfügen als der Abschlussprüfer.[48]

Mit der Neupositionierung des (Konzern-)Lageberichts tritt die Qualität der Abschlussprüfung verstärkt in den Vordergrund. Der Aufsichtsrat bzw. der Prüfungsausschuss (Audit Committee) hat darauf zu achten, dass der Abschlussprüfer neben den Kenntnissen der Rechnungslegung auch über die notwendigen Kenntnisse der Geschäftstätigkeit sowie über das wirtschaftliche und rechtliche Umfeld des zu prüfenden Unternehmens verfügt. Erst dann vermag der Abschlussprüfer seiner Unterstützungsfunktion gegenüber dem Aufsichtsrat gerecht zu werden. Künftig wird es für die Mitglieder des Audit Committee zweckmäßig sein, den Prüfungsauftrag regelmäßig auf die Ordnungsmäßigkeit, Systematik und Plausibilität der Unternehmensplanung zu erweitern. Ein zusätzlicher Prüfungsauftrag könnte auch die ordnungsgemäße Abwicklung wichtiger Investitionsprojekte betreffen.

Die Konkretisierung des Anforderungsprofils an die Aufsichtsräte bzw. die Mitglieder des Audit Committee durch die Änderungen zur Lageberichterstattung muß schließlich auch vor dem Hintergrund der Haftungsfragen für Aufsichtsräte gesehen werden. Dies betrifft z.B. den Umfang der Berichtspflicht eines Aufsichtsrats gegenüber der Hauptversammlung, insbesondere bei erheblichen wirtschaftlichen Schwierigkeiten. Das Oberlandesgericht (OLG) Stuttgart führt hierzu in seiner Entscheidung 20 U 25/05 vom 15.3.2006 aus, dass bei „wirtschaftlichen Schwierigkeiten der Gesellschaft oder bei risikoträchtigen, wegweisenden Entscheidungen"[49] dem Bericht an die Hauptversammlung „die Schwerpunkte und zentralen Fragestellungen der Überwachungs- und Beratungstätigkeit [des Aufsichtsrats] im maßgeblichen Geschäftsjahr"[50] zu entnehmen sein müssen. Insoweit vermag eine angemessene Lageberichterstattung und deren Überwachung auch den Aufsichtsrat zu schützen.

Da sich jedes Aufsichtsratmitglied außerhalb des Prüfungsausschusses ebenfalls intensiv mit der Finanzberichterstattung zu beschäftigen hat, stellt vor allem die Überprüfung der Lageberichterstattung ein wertvolles Bindeglied zwischen dem Aufsichtsratsplenum und den Audit Committee Mitgliedern dar. Die Verschärfung der Vorschriften zur Lageberichterstattung führt zu einer neuen Herausforderung an den Aufsichtsrat.

---

[48] Zur tatsächlichen Informationsversorgung vgl. Böcking et al. (2005), S. 22-45.
[49] OLG Stuttgart 20 U 25/05, Urteil vom 15.3.2006, Zeitschrift für Wirtschaftsrecht 2006, S. 756.
[50] OLG Stuttgart vom 15.3.2006, S. 756.

E. Prüfung des (Konzern-)Lageberichts im Rahmen des Enforcement

Mit dem BilKoG wurde in Deutschland ein zweistufiges Enforcement eingerichtet, um die Einhaltung der Rechnungslegungsvorschriften zu überwachen.[51] Gemäß § 342b Abs. 2 HGB sind der Lagebericht und der Konzernlagebericht Bestandteile des Enforcement bei kapitalmarktorientierten Unternehmen. Dies schließt auch den Prüfungsbericht des Abschlussprüfers mit ein. Für die Deutsche Prüfstelle für Rechnungslegung (DPR) wird entscheidend sein, ob durch die von Abschluss und Lagebericht vermittelten Informationen verfälscht oder verkürzt werden und folglich keine Entscheidungsrelevanz für den Adressaten haben. Insoweit hat der Enforcer „fachlich-kritisch zu bewerten, ob die festgestellten Verstöße die Darstellung der Geschäftsentwicklung und die daraus ableitbaren Einschätzungen der künftigen Entwicklung nennenswert beeinträchtigen"[52]. Das Enforcement wird künftig auf die Lageberichterstattung für nichtkapitalmarktorientierte Unternehmen ausstrahlen.

F. Fazit

Die neuen Vorschriften zur (Konzern-)Lageberichterstattung sind ein wichtiger Bestandteil hin zu einer wertorientierten Unternehmensberichterstattung. Der Gesetzgeber fordert entscheidungsrelevante Informationen die dem Adressaten Soll/Ist Vergleiche ermöglichen, um die Prognosequalität des Vorstandes überprüfen zu können. Die Unternehmensleitung ist verpflichtet, den verschärften Vorschriften der (Konzern-)Lageberichterstattung nachzukommen. Dies bedeutet, dass betriebswirtschaftliche Aussagen im (Konzern-)Lagebericht vorgenommen werden müssen. Zur Planung der Jahres- und Konzernabschlüsse hat die Unternehmensleitung nunmehr parallel auch die Lage- und Konzernlageberichterstattung zu planen. Für die Tätigkeit des Abschlussprüfers hat die gesetzliche Verschärfung der Vorschriften zur (Konzern-)Lageberichterstattung eine umfangreichere und intensivere Abschlussprüfung zur Folge. IDW EPS 350 n.F. ist im Zusammenhang mit den verschärften Vorschriften zum (Konzern-)Lagebericht zu sehen. Die verschärften Vorschriften für die Lageberichterstattung konkretisieren ein neues Anforderungsprofil für die Vorstände, Abschlussprüfer und Aufsichtsräte. Die Überprüfung der Lageberichterstattung im Rahmen des Enforcement wird auch auf die (Konzern-)Lageberichterstattung von nicht kapitalmarktorientierten Unternehmen ausstrahlen.

---

[51] Siehe hierzu z.B. Scheffler (2006), S. 2.
[52] Scheffler (2006), S. 7.

Literaturverzeichnis

Arbeitskreis „Immaterielle Werte im Rechnungswesen" der Schmalenbach-Gesellschaft für Betriebswirtschaft e.V. (2003): Freiwillige Berichterstattung über immaterielle Werte. In: DB 2003, S. 1233 – 1237.

Arbeitskreis „Externe und Interne Überwachung der Unternehmung" der Schmalenbach-Gesellschaft für Betriebswirtschaft e.V. (2003): Probleme der Prognoseprüfung. In: DB 2003, S. 105 – 111.

Bartels, H. G. (1994): Zur Zurechenbarkeit zwischen einzelnen Passiv- und Aktivposten bzw. zur Dekomposition optimaler Investitionsprogramme. In: Ballwieser, W./ Böcking, H.-J./Drukarczyk, J./Schmidt, R. H. (Hrsg.), Bilanzrecht und Kapitalmarkt, Festschrift für Adolf Moxter, Düsseldorf 1994, S. 1201 – 1229.

Böcking, H.-J. (2005a): Der neue Lagebericht – Verschärfung der Berichterstattung. In: Accounting 2005, S. 5 – 7.

Böcking, H.-J. (2005b): Zum Verhältnis von neuem Lagebericht, Anhang und IFRS. In: BB 2005, Beilage 3, S. 5 – 8.

Böcking, H.-J./Dutzi, A./Fey, G./Leven, F.-J. (2005): Wertorientierte Unternehmensüberwachung durch den Aufsichtsrat – Ausgewählte Ergebnisse einer Umfrage. In: Rosen, R. v./Böcking, H.-J. (Hrsg.): Studien des Deutschen Aktieninstituts, Heft 32, Frankfurt am Main 2005.

Deutscher Rechnungslegungs Standard 15: Lageberichterstattung. In: Bundesanzeiger vom 26.2.2005, Nr. 40a.

Dutzi, A. (2005): Der Aufsichtsrat als Instrument der Corporate Governance – Ökonomische Analyse der Veränderungen im Corporate Governance-System börsennotierter Aktiengesellschaften –, Wiesbaden 2005.

IDW (2005a): IDW Rechnungslegungshinweis: Anhangangaben nach § 285 Satz 1 Nr. 18 und 19 HGB sowie Lageberichterstattung nach § 289 Abs. 2 Nr. 2 HGB in der Fassung des Bilanzrechtsreformgesetzes (IDW RH HFA 1.005). In: IDW Fachnachrichten, 2005, S. 212 –216.

IDW (2005b): IDW Rechnungslegungshinweis: Lageberichterstattung nach § 289 Abs. 1 und 3 HGB bzw. § 315 Abs. 1 HGB in der Fassung des Bilanzrechtsreformgesetzes (IDW RH HFA 1.007). In: IDW Fachnachrichten, 2005, S. 746 – 748.

IDW (2005c): IDW Arbeitshilfen zur Qualitätssicherung: „Checkliste zur Prüfung des Lageberichts/Konzernlageberichts". In: IDW Fachnachrichten, Beilage 12/2005.

IDW (2005d): Entwurf einer Neufassung des IDW Prüfungsstandards: Prüfung des Lageberichts (IDW EPS 350 n.F.). In: IDW Fachnachrichten, 2005, S. 748 – 754.

Kaiser, K. (2005): Erweiterung der zukunftsorientierten Lageberichterstattung: Folgen des Bilanzrechtsreformgesetzes für Unternehmen. In: DB 2005, S. 345 – 353.

Kirsch, H.-J./Scheele, A. (2005): Neugestaltung von Prognose- und Risikoberichterstattung im Lagebericht durch das Bilanzrechtsreformgesetz. In: Die Wirtschaftsprüfung 2005, S. 1149 –1154.

Prigge, C. (2006): Inhaltliche Redundanzen in Konzernlagebericht und IFRS-Konzernanhang. In: Zeitschrift für internationale und kapitalmarktorientierte Rechnungslegung 2006, S. 252 – 258.

Scheffler, E. (2006): Auslegungs- und Ermessensfragen beim Enforcement. In: BB 2006, Beilage 4, S. 2 – 8.

Vorauszahlung von Nutzungsentgelten: Einfalltor für die Entwicklung von „Steuersparmodellen"?

Winfried Mellwig[*]

A.	„Steuersparmodelle" durch Vorauszahlung von Nutzungsentgelten	90
B.	Problemstellung	91
C.	Vorausgezahlte Nutzungsentgelte als Anschaffungskosten eines Nutzungsrechts?	94
D.	Vorausgezahlte Nutzungsentgelte als geleistete Anzahlungen	95
E.	Die Behandlung vorausgezahlter Nutzungsentgelte bei Einkunftsermittlung durch Überschussrechnung	97
	I. Gewinnermittlung nach § 4 Abs. 3 EStG	97
	II. Einkunftsermittlung nach § 2 Abs. 2 Nr. 2 EStG	99
F.	Ergebnis	101

---

[*] Prof. Dr. Winfried Mellwig, Lehrstuhl für Betriebswirtschaftslehre, insbesondere Betriebswirtschaftliche Steuerlehre, Johann Wolfgang Goethe-Universität Frankfurt/Main.

A. „Steuersparmodelle" durch Vorauszahlung von Nutzungsentgelten

Nutzungsüberlassungsverträge sind auf einen Leistungsaustausch gerichtete, i.d.R. über eine festgelegte Zeitspanne beidseitig nicht kündbare Vereinbarungen, bei denen die eine Vertragsseite einen Gegenstand oder Kapital zur Nutzung bereitstellt und die andere Vertragsseite (der Mieter, Pächter, Leasingnehmer, Erbbauberechtigte, Kreditnehmer usw.) sich im Gegenzug zur Zahlung eines Nutzungsentgelts verpflichtet. Das Entgelt wird typischerweise in Raten für einzelne Zeitabschnitte (Monat, Quartal, Jahr), oftmals aber auch (teilweise oder vollständig) zum Zeitpunkt der Bereitstellung vorab entrichtet. Erfolgt eine Vorauszahlung, so wird diese bei bilanzierenden Vertragsparteien nach gewachsenem deutschen Bilanzrecht als Rechnungsabgrenzungsposten aktiviert bzw. passiviert und über die vereinbarte Nutzungszeit erfolgswirksam verteilt.

Eine Rechnungsabgrenzung mit erfolgsrechnerischer Verteilung der Vorauszahlung über die vertragliche Nutzungszeit ist ausgeschlossen, wenn die betrachtete Vertragsseite nicht bilanziert, sondern eine steuerliche Überschussrechnung erstellt (§ 4 Abs. 3 EStG: Überschuss der Betriebseinnahmen über die Betriebsausgaben, § 2 Abs. 2 Nr. 2 EStG: Überschuss der Einnahmen über die Werbungskosten). Der Bundesfinanzhof hat unter Verweis auf § 11 Abs. 2 EStG[1] für den Fall vorausgezahlter Pachten entschieden[2], dass Vorauszahlungen, die „in einem unmittelbaren rechtlichen und wirtschaftlichen Zusammenhang mit der Gebrauchsüberlassung des Grundstücks und der Vermietungstätigkeit" stehen und bei einem bilanzierenden Steuerpflichtigen zum Ansatz eines Rechnungsabgrenzungspostens führen, im Bereich der Überschusseinkünfte „in voller Höhe im Jahr des Abflusses als Werbungskosten zu berücksichtigen" seien.

Damit ist das Tor weit geöffnet für die Entwicklung von „Steuersparmodellen": Erstellt der Nutzer eine steuerliche Überschussrechnung, so kann er durch Vorauszahlung von Nutzungsentgelten zeitnah im Veranlagungszeitraum der Zahlung Betriebsausgaben bzw. Werbungskosten generieren, während der Empfänger, wenn er steuerlich bilanziert, den Ertrag durch Bildung eines Rechnungsabgrenzungspostens und zeitanteilige Auflösung in die Zukunft verlagert, den Perioden der Nutzungsüberlassung zuordnet.

Entsprechende Modelle wurden über die beiden genannten Fälle hinaus insbesondere im Bereich des Immobilien-Leasing entwickelt. Dabei veräußert ein Steuerpflichtiger mit Einkünften aus Vermietung und Verpachtung ein (i.d.R. abgeschriebenes und nicht mehr belastetes bebautes) Grundstück an eine Leasing-Objektgesellschaft und least dieses unmittelbar zurück (sale and lease back). Auf

---

[1] In der bis zum 31.12.2003 bzw. bis einschließlich Veranlagungszeitraum 2003 gültigen Fassung.
[2] BFH VIII R 61/81 vom 11.10.1983, BStBl II 1984, S. 267-269, hier S. 268 bzw. S. 269. Mit gleichem Inhalt für den Fall vorausgezahlter Erbbauzinsen BFH IX R 65/02 vom 23.9.2003, BStBl II 2005, S. 159f.

die Leasingraten leistet er eine Vorauszahlung (z.B. in Höhe von 40% des Verkaufspreises), um der Leasinggesellschaft „die Finanzierung des Ankaufs zu erleichtern". Auf diesem Wege setzt er im Grundstück gebundene Finanzmittel frei und generiert zugleich vorgezogene Werbungskosten. Die Finanzverwaltung[3] hat versucht, derartigen Gestaltungen einen Riegel vorzuschieben, indem sie im praktisch bedeutsamen Fall vorausgezahlter Erbbauzinsen die Vorauszahlung als Anschaffungskosten eines Erbbaurechts deklarierte, die auch bei Überschussrechnern (hier im Rahmen der Einkünfte aus Vermietung und Verpachtung) gemäß § 9 Abs. 1 Satz 3 Nr. 7 EStG über die Laufzeit des Erbbaurechts zu verteilen sind. Allerdings hat sich der Bundesfinanzhof[4] ausdrücklich gegen die Verwaltungsauffassung gewandt, für die „eine Rechtsgrundlage nicht erkennbar" sei, und hervorgehoben, dass vorausgezahlte Erbbauzinsen „keine Anschaffungskosten des Erbbaurechts, sondern Entgelt für die Nutzung des Grundstücks" seien und als solche, ohne dass eine Verteilung in Betracht käme, „von den Einnahmen ... aus Vermietung und Verpachtung abgezogen" werden könnten. Auf die Rechtsprechung des Bundesfinanzhofes hat die Finanzverwaltung mit einer Gesetzesinitiative reagiert, die sich in einem neuen Satz 3 des § 11 Abs. 2 EStG (und in einem neuen Satz 3 des § 11 Abs. 1 EStG) niedergeschlagen hat. Diese Neuregelung, die nicht nur für Überschusseinkunftsarten, insbesondere für Einkünfte aus Vermietung und Verpachtung, sondern – wie sich indirekt aus § 11 Abs. 2 Satz 4 EStG ergibt – auch für Überschuss-Gewinnermittler nach § 4 Abs. 3 EStG gilt, beschränkt die sofortige Absetzbarkeit auf für maximal fünf Jahre vorausgezahlte Nutzungsentgelte. Werden die Vorauszahlungen für eine Nutzungsüberlassung von mehr als fünf Jahren geleistet, so sind sie gleichmäßig über den Vorauszahlungszeitraum zu verteilen. Die gesetzliche Einschränkung des Abflussprinzips geht über vorausgezahlte Erbbauzinsen weit hinaus und betrifft alle Fälle vorausgezahlter Nutzungsentgelte wie Miet-, Pacht-, Leasingzahlungen, einschließlich vorausgezahlter Kreditzinsen.[5]

B. Problemstellung

Die Reaktion der Finanzverwaltung – zunächst durch den Erlass vom 10.12.1996[6] und sodann durch die Initiative zur Ergänzung des § 11 EStG – ist verständlich, befürchtete man doch Steuerausfälle in Milliardenhöhe.[7] Allerdings drängt sich

---

[3] Vgl. BMF IV B 3 – S 2253 – 99/96 vom 10.12.1996, BStBl I 1996, S. 1440.
[4] BFH vom 23.9.2003, FN 2, alle Zitate.
[5] Allerdings hat die Finanzverwaltung erklärt, dass sie die Nichtanwendung auf ein vor dem 1.1.2006 abgeflossenes Damnum oder Disagio bis zu einer gesetzlichen Klarstellung nicht beanstanden werde. Vgl. BMF IV A 3 – S 2259 –7/05 vom 5.4.2005, BStBl I 2005, S. 617.
[6] Vgl. FN 3.
[7] Vgl. Beschlussempfehlung und Bericht des Finanzausschusses zum Entwurf eines Gesetzes zur Umsetzung von EU-Richtlinien in nationales Steuerrecht und zur Änderung weiterer Vorschrif-

bei der Änderung des § 11 EStG der Eindruck gesetzlicher Flickschusterei auf. Das in § 11 Abs. 2 EStG verankerte Abflussprinzip besagt: „Ausgaben sind für das Kalenderjahr abzusetzen, in dem sie geleistet worden sind".[8] Eine Abweichung vom Werbungskostenabzug nach dem Abflussprinzip gilt nach § 9 Abs. 1 Satz 3 Nr. 7 EStG lediglich für „Absetzungen für Abnutzung und für Substanzverringerung und erhöhte Absetzungen", also für Positionen, die kategorial dem Anlagevermögen zuzuordnen sind (§ 7 EStG), d.h. abnutzbare Wirtschaftsgüter darstellen. Abnutzbare Wirtschaftsgüter (des Anlagevermögens) aber sind vorausgezahlte Nutzungsentgelte bzw. aktive Rechnungsabgrenzungsposten nicht. Durch die Gesetzesänderung werden „Steuerschlupflöcher" gestopft; eine in der Sache überzeugende Begründung ist indes nicht erkennbar. Zudem wirkt die Grenzziehung bei Vorauszahlungen von Nutzungsentgelten für Zeiträume jenseits von fünf Jahren willkürlich. Die Neuregelung schließt Gestaltungen bei kürzeren Nutzungszeiten nicht aus, und sie hat in diesen Fällen das Problem erst virulent werden lassen, weil die Machbarkeit von Vorauszahlungsmodellen durch den Gesetzgeber gleichsam bescheinigt worden ist.

Die derzeitige gesetzliche Regelung zur einkommensteuerlichen Behandlung von vorausgezahlten Nutzungsentgelten bei Überschussrechnern wirkt konzeptionslos. Es ist daher angezeigt, den Charakter von vorausgezahlten Nutzungsentgelten grundsätzlich zu untersuchen und, hierauf fußend, ihre Behandlung in der steuerlichen Überschussrechnung – sofortige Absetzbarkeit versus Verteilung über die Jahre der Nutzung – zu hinterfragen.

Das Nutzungsentgelt ist Gegenleistung für die im Zeitablauf erbrachte Leistung der anderen Vertragsseite; nach Auffassung des Bundesfinanzhofes erfolgt die Zahlung für die kontinuierliche Leistung der Gegenseite und nicht für den zeitpunktbezogenen Erhalt eines Rechtes auf Nutzung. Der Bundesfinanzhof bleibt bei dieser Charakterisierung des Nutzungsentgelts auch bei einer Vorauszahlung, und er hat dies für den Fall vorausgezahlter Erbbauzinsen sehr deutlich herausgestellt[9]: „An dieser Beurteilung der Erbbauzinsen als Entgelt für die laufende Leistung des Grundstückseigentümers ändert sich nichts dadurch, dass ... der Erbbauzins in einem Einmalbetrag geleistet wird. Ein Nutzungsentgelt wird nicht zu Anschaffungskosten des Rechts, wenn es vorausgezahlt wird ... Sind die vorausgezahlten Erbbauzinsen nicht als Anschaffungskosten zu beurteilen, so sind sie als Werbungskosten gemäß § 11 Abs. 2 Satz 1 EStG im Streitjahr in voller Höhe abziehbar. Sie können nicht über die Dauer der Gegenleistung verteilt

---

ten (Richtlinien-Umsetzungsgesetz – EURLUmsG), Bundestags-Drucksache 15/4050 vom 27.10.2004, S. 56.

[8] Implizite Voraussetzung für die Absetzung im Rahmen der Überschussermittlung ist freilich, dass es sich um „Aufwendungen zur Erwerbung, Sicherung und Erhaltung der Einnahmen" (§ 9 Abs. 1 Satz 1 EStG), also um Werbungskosten, handelt. Dies schließt Zahlungen auf der bei den Überschusseinkunftsarten grundsätzlich (siehe aber § 23 EStG) nicht relevanten Vermögensebene (nicht abnutzbare Wirtschaftsgüter, Darlehen) aus. Vgl. hierzu die Ausführungen in Abschnitt E.II.

[9] BFH vom 23.9.2003, FN 2.

werden ... Vorausgezahlte Erbbauzinsen sind nur dann beim Erbbauberechtigten aktiv abzugrenzen, wenn dieser ... seinen Gewinn nach den § 4 Abs. 1, § 5 EStG ermittelt". Damit lehnt der Bundesfinanzhof die Verteilung einer Vorauszahlung auch für den Fall der Überschuss-Gewinnermittlung nach § 4 Abs. 3 EStG ab.

Die Vorauszahlung eines Nutzungsentgelts schafft nach der Rechtsprechung des Bundesfinanzhofes kein Nutzungsrecht. Damit komme bei einem bilanzierenden Steuerpflichtigen nur ein Rechnungsabgrenzungsposten in Betracht, und dies führe im Bereich der Überschusseinkunftsarten zwingend zum sofortigen Abzug als Werbungskosten (und bei Überschuss-Gewinnermittlung zum sofortigen Abzug als Betriebsausgaben). Diese Folgerung aber geht in ihrer Konsequenz wesentlich über die Ablehnung des Erwerbs eines Nutzungsrechts hinaus. Ein Rechnungsabgrenzungsposten ist gemäß Rechtsprechung des Bundesfinanzhofes und herrschender Meinung lediglich Verrechnungsposten, er ist „Stornoposten zur periodengerechten Gewinnermittlung"[10]. Durch die Vorauszahlung des Nutzungsentgelts entsteht danach nicht nur kein Nutzungsrecht, sondern – allgemeiner – kein Wirtschaftsgut gleich welcher Art. Bei einem bloßen Verrechnungsposten ohne Wirtschaftsgutcharakter bleibt jedoch für den Überschussrechner allein die sofortige Verrechnung als Werbungskosten bzw. Betriebsausgabe.

Die steuerliche Behandlung vorausgezahlter Nutzungsentgelte bei Einkunftsermittlung durch Überschussrechnung und die Möglichkeit, durch derartige Vorauszahlungen Steuervorteile zu generieren, hängt maßgeblich von der Beantwortung der Frage nach dem Wirtschaftsgutcharakter der Vorauszahlungen ab. Zum Ersten ist daher zu prüfen, ob vorausgezahlte Nutzungsentgelte – entgegen der Auffassung des Bundesfinanzhofes – den Zugang eines Wirtschaftsgutes Nutzungsrecht bewirken und als Anschaffungskosten dieses Rechtes aktivierungspflichtig sind. Wird dies verneint und führt die Vorauszahlung bei Bilanzierung zu einem Rechnungsabgrenzungsposten, so ist zum Zweiten zu untersuchen, ob der Rechnungsabgrenzungsposten bloßer Verrechnungsposten oder ggf. selbst Wirtschaftsgut ist. Sollte Letzteres der Fall sein, so ist eine sofortige Verrechnung der Vorauszahlung in der Überschussrechnung keineswegs zwingend; vielmehr wäre die Periodenzuordnung nach den Grundsätzen der Einkunftsermittlung durch Überschussrechnung gesondert zu prüfen.

---

[10] Weber-Grellet, (2005) Ähnlich, mit weiteren Verweisen, Tiedchen (2005), Abt. II/8, Rn. 46ff. und Rn. 89ff. Vgl. ferner BFH I 208/63 vom 31.5.1967, BStBl III 1967, S. 607-609, hier S. 608; BFH IV R 176/72 vom 11.3.1976, BStBl II 1976, S. 614-617, hier S. 615.

C. Vorausgezahlte Nutzungsentgelte als Anschaffungskosten eines Nutzungsrechts?

Der Abschluss eines Nutzungsüberlassungsvertrages verpflichtet die Parteien zur termingerechten Bereitstellung des Gegenstandes bzw. zur Entgeltleistung. Der Vertrag ist zunächst noch in der Schwebe – der zur Bereitstellung des Gegenstandes Verpflichtete hat seine Leistung noch nicht erbracht – und unterscheidet sich insoweit nicht von einem Kaufvertrag über eine Sache. Anders als beim Sachkauf jedoch stellt sich beim Nutzungsüberlassungsvertrag die Frage, ob, wenn der Gegenstand bereit gestellt wird, eine zeitpunktbezogene Leistung erfolgt oder eine zeitraumbezogene Leistung erst beginnt. Wird die vertragliche Hauptleistung mit der Bereitstellung des Gegenstandes abschließend erbracht, oder besteht sie in der zeitraumbezogenen Überlassung des Gegenstandes zur laufenden Nutzung? Bei zeitpunktbezogener Leistung würde der Vertrag als Rechtskauf qualifiziert. Dem Nutzungsberechtigten ginge ein Nutzungsrecht zu; die Anschaffungskosten des Wirtschaftsgutes Nutzungsrecht wären nach allgemeinen Grundsätzen über die Nutzungsdauer des Rechtes zu verteilen.

Bei Deutung des dauerhaften Nutzungsverhältnisses als Rechtskauf entstünde das Nutzungsrecht unabhängig von den Zahlungsmodalitäten. Vorauszahlungen gäbe es nicht (bzw. nur vor Bereitstellung des Gegenstandes); Zahlungen zu Beginn der Nutzungsüberlassung wären Bestandteil der Anschaffungskosten des Rechts, in die nach den Grundsätzen des Ratenkaufs auch die späteren Zahlungsverpflichtungen (zu ihrem Barwert) einzubeziehen wären.

Im geltenden Recht (im Bilanzrecht und im Recht der Einkünfteermittlung durch Überschussrechnung) hat sich die Qualifikation eines dauerhaften Nutzungsverhältnisses als Rechtskauf (bislang) nicht durchgesetzt. Der Vertrag gilt als Dauerschuldverhältnis, die Überlassung des Gegenstandes ist eine Leistung im Zeitablauf, die, soweit künftige Zeitabschnitte betroffen sind, noch nicht erbracht ist. Erst bei einem Dauerschuldverhältnis wird eine zu Nutzungsbeginn geballt erfolgende Zahlung zu einer Vorauszahlung. Der Bundesfinanzhof steht fest auf dem Boden dieser Konzeption, und so wird seine Rechtsprechung nachvollziehbar.[11] Ist die Überlassung des Gegenstandes eine Leistung im Zeitablauf, so ändert sich dies nicht durch die zeitliche Zahlungsweise der anderen Vertragsseite. Oder: Durch die Vorauszahlung wird aus einer laufenden Leistung der Gegenseite keine einmalige Leistung, aus der zeitraumbezogenen Nutzungsüberlassung wird keine zeitpunktbezogene Einräumung eines Nutzungsrechts.

Die Qualifikation des Nutzungsüberlassungsvertrages als Dauerschuldverhältnis ist eine Konvention.[12] Dazu mag man stehen wie man will, nur: Lehnt man die Konvention ab, dann hat der Vertrag den Kauf des Wirtschaftsgutes Nutzungs-

---

[11] Vgl. die Zitate zu FN 9.
[12] Diese Konvention wird allerdings zunehmend diskutiert. Vgl. für viele und als Überblick Babel (1997a); ders. (1997b), sowie Wildner (2004).

recht zum Inhalt, und dieses Wirtschaftsgut (als Recht auf Nutzung des Gegenstandes über die gesamte unkündbare Vertragsdauer) wird erworben unabhängig von den Modalitäten der Entgeltzahlung. Die Zahlungsmodalitäten erschweren ggf. die Ermittlung der Anschaffungskosten des Rechts, beeinflussen indes nicht die Qualifikation als Kaufgeschäft. Bejaht man die Konvention, so geht kein Wirtschaftsgut Nutzungsrecht über, weil pro rata temporis Leistungen erbracht, Nutzungen überlassen werden. Auch hier sind die Zahlungsmodalitäten unerheblich; insbesondere kann eine Vorauszahlung kein Nutzungsrecht generieren.
Vor dem Hintergrund der Konvention, Nutzungsüberlassungsverträge als Dauerschuldverhältnisse zu qualifizieren, können vorausgezahlte Entgelte nicht Anschaffungskosten eines Nutzungsrechtes sein. Der einschlägigen Rechtsprechung des Bundesfinanzhofes ist insofern uneingeschränkt beizupflichten.

D. Vorausgezahlte Nutzungsentgelte als geleistete Anzahlungen

Im Rahmen geltender Bilanzrechtskonventionen werden vorausgezahlte Nutzungsentgelte als Rechnungsabgrenzungsposten erfasst. Dies ist nicht strittig. Strittig ist allerdings die Charakterisierung von Rechnungsabgrenzungsposten, insbesondere die Frage, ob aktive Rechnungsabgrenzungsposten Wirtschaftsgüter (Vermögensgegenstände) oder aber lediglich Verrechnungsposten ohne Wirtschaftsgutcharakter sind. Neben der Erfolgsabgrenzung bei Gewinnermittlung durch Bilanzierung wird davon auch die Erfolgsermittlung durch Überschussrechnung betroffen: Ist der bei Vorauszahlung von Nutzungsentgelten gebildete Rechnungsabgrenzungsposten Wirtschaftsgut, so ist auch bei Einkunftsermittlung durch Überschussrechnung grundsätzlich eine Zuordnung der Zahlungen auf die künftigen Perioden der Nutzung vorzunehmen. Ist dagegen der Rechnungsabgrenzungsposten bloßer Verrechnungsposten, so bleibt allein die Zuordnung zur Periode der Zahlung.
Nach wohl herrschender Meinung „sind Rechnungsabgrenzungsposten Stornoposten zur periodengerechten Gewinnermittlung ..., aber weder Wirtschaftsgut ... noch Rückstellung. Sie stornieren zeitlich abgrenzbare Zahlungen, die noch nicht erfolgswirksam sind."[13] Problematisch hieran ist nicht die Charakterisierung als Stornoposten; doch ist dies kein Spezifikum von Rechnungsabgrenzungsposten, denn eine Stornofunktion zum Zwecke periodengerechter Gewinnermittlung übernimmt – wie die dynamische Bilanzinterpretation gezeigt hat – jede Bilanzposition. Zu hinterfragen aber ist die Aussage, Rechnungsabgrenzungsposten seien keine Wirtschaftsgüter, denn dies bedürfte einer detaillierten Analyse und Überprüfung anhand der Wirtschaftsgutkriterien. Entscheidend für die Qualifikation als Wirtschaftsgut ist, dass „am Bilanzstichtag ein wirtschaftlich

---

[13] Weber-Grellet, a.a.O.

ausnutzbarer Vermögensvorteil vorliegt, der als realisierbarer Vermögenswert angesehen werden kann. ... Dies ist der Fall, wenn ein fremder Dritter bei Fortführung des Unternehmens diesen Gegenstand im Rahmen der Kaufpreisbemessung berücksichtigen würde"[14]. Einer vom Kaufmann erbrachten Vorleistung, die später zu erbringende Zahlungen für die Gegenleistung der anderen Vertragsseite vermindert, wird man die Vermögenseigenschaft nicht absprechen können. Ein potentieller Erwerber des Betriebes würde diesen Vorteil im Rahmen der Kaufpreisbemessung berücksichtigen.

Der für eine Vorauszahlung auf künftige Nutzungsüberlassungen gebildete Rechnungsabgrenzungsposten hat zweifelsfrei Wirtschaftsgutcharakter. Der vermögenswerte Vorteil, der im aktiven Rechnungsabgrenzungsposten seinen Ausdruck findet, liegt in dem Faktum, dass der durch den Vertrag entstandene Anspruch auf Überlassung des Gegenstandes zur Nutzung nur noch niedrigere laufende Zahlungen erfordert. Rechnungsabgrenzungsposten sind somit Vorauszahlungen, die sich lediglich hinsichtlich der Zeitraumbezogenheit der Gegenleistung von den Vorauszahlungen bei einmaliger Gegenleistung unterscheiden. Eine Vorauszahlung aber erhält nicht allein dadurch eine grundlegend andere Qualität, dass die Gegenleistung im Zeitablauf, kontinuierlich und nicht zeitpunktbezogen, erfolgt. Vorauszahlung ist Vorauszahlung. Geleistete Vorauszahlungen oder Anzahlungen aber werden vom Gesetz eindeutig den Vermögensgegenständen/Wirtschaftsgütern zugeordnet (§ 266 Abs. 2 A.I.3., A.II.4. und B.I.4. HGB).[15] Statt von aktiven Rechnungsabgrenzungsposten könnte man also von geleisteten Vorauszahlungen bei schwebenden Dauerschuldverhältnissen sprechen.[16]

Der gesonderte Ausweis von Vorauszahlungen für zeitraumbezogene Gegenleistungen unter Rechnungsabgrenzungsposten ist zunächst historisch begründet, hat aber darüber hinaus einen weiteren, ganz einsichtigen Grund: Eine Zuordnung der Vorauszahlungen zu der Vermögenskategorie, für die jeweils die Vorauszahlung erfolgt, war bei Vorauszahlungen im Rahmen von Dauerschuldverhältnissen nicht möglich, weil diese nach gewachsenen Bilanzrechtskonventionen gar nicht bilanziert werden. Der abgegrenzte Ausweis als Rechnungsabgrenzungsposten hat aber keine Konsequenzen für die Qualifikation als geleistete Anzahlung bzw. als Wirtschaftsgut oder Vermögensgegenstand.

---

[14] BFH I R 218/82 vom 9.7.1986, BStBl II 1987, S. 14-16, hier S. 14.
[15] Dennoch hält die Literatur, die den Vermögensgegenstands-/Wirtschaftsgutcharakter von Rechnungsabgrenzungsposten ablehnt, - wegen der engen Verwandtschaft mit Rechnungsabgrenzungsposten insoweit folgerichtig - auch geleistete Anzahlungen nicht für Vermögensgegenstände bzw. Wirtschaftsgüter. Vgl. insbesondere, mit weiteren Verweisen, Tiedchen, (2005).
[16] Zur weiteren Begründung vgl. auch Mellwig (2005), insbesondere S. 223-226.

E. Die Behandlung vorausgezahlter Nutzungsentgelte bei Einkunftsermittlung durch Überschussrechnung

I. Gewinnermittlung nach § 4 Abs. 3 EStG

Nach § 4 Abs. 3 EStG können nicht buchführende Steuerpflichtige den Gewinn vereinfachend als Überschuss der Betriebseinnahmen über die Betriebsausgaben ermitteln. Dem Vereinfachungszweck entspräche es, Anschaffungskosten generell als Betriebsausgaben „für das Kalenderjahr abzusetzen, in dem sie geleistet worden sind" (§ 11 Abs. 2 Satz 1 EStG). § 4 Abs. 3 Satz 3 EStG sieht jedoch die Anwendung der Regelungen über die Absetzung für Abnutzung und Substanzverringerung (§ 6 Abs. 2 und § 7 EStG) vor; danach sind die Anschaffungs- und Herstellungskosten für abnutzbare Wirtschaftsgüter, deren betriebsgewöhnliche Nutzungsdauer sich über einen Zeitraum von mehr als einem Jahr erstreckt, im Wege der planmäßigen Abschreibung zu verteilen. Für nicht abnutzbare Wirtschaftsgüter des Anlagevermögens schreibt § 4 Abs. 3 Satz 4 EStG vor, dass ein Abzug der Anschaffungs- und Herstellungskosten erst im Zeitpunkt der Veräußerung oder Entnahme erfolgt.[17] Eine sofortige Verrechnung als Betriebsausgaben kommt damit generell nicht für Anschaffungs- bzw. Herstellungskosten von Wirtschaftsgütern des Anlagevermögens in Betracht.[18]

Geleistete Vorauszahlungen eines den Gewinn nach § 4 Abs. 3 EStG ermittelnden Steuerpflichtigen sind gemäß den vorstehend skizzierten Grundsätzen zu behandeln. Dabei sei zunächst der Fall betrachtet, in dem eine Vorauszahlung auf eine *zeitpunkt*bezogene Gegenleistung erbracht wird. Entscheidend ist offenbar, ob die Vorauszahlung ein dem Anlage- oder dem Umlaufvermögen zuzurechnendes Wirtschaftsgut darstellt. Für geleistete Anzahlungen im Anlagevermögen kommt ein Betriebsausgabenabzug im Abflusszeitpunkt nicht in Betracht.[19] Für die Zuordnung einer geleisteten Anzahlung zum Anlage- oder Umlaufvermögen muss man in Ermangelung einer steuergesetzlichen Definition das Handelsrecht bemühen.[20] Dort werden geleistete Anzahlungen der Vermögenskategorie zugerechnet, unter die der zu erwerbende Vermögensgegenstand fällt. Namentlich

---

[17] Seit der Änderung des § 4 Abs. 3 Satz 4 EStG durch das Gesetz zur Eindämmung missbräuchlicher Steuergestaltungen – in der Fassung des Gesetzesbeschlusses vom 17.3.2006, Bundesrats-Drucksache 199/06 - gilt dies auch für bestimmte nicht abnutzbare Wirtschaftsgüter des Umlaufvermögens.

[18] Als Überblick zur zeitlichen Berücksichtigung von Betriebsausgaben bei der Überschuss-Gewinnermittlung vgl. Herzig (2004), S. 347-350.

[19] Sofern eine zum Zeitpunkt der Gegenleistung erfolgende Zahlung sofort abzugsfähige Betriebsausgabe wäre (beim Umlaufvermögen und bei anderen laufenden Ausgaben), ist auch eine Vorauszahlung sofort abziehbar. Bei Wirtschaftsgütern des Anlagevermögens ist der sofortige Abzug einer Vorauszahlung ausgeschlossen, weil ansonsten die gesetzliche Regelung zur Betriebsausgabenverrechnung unterlaufen würde: Abschreibung abnutzbaren Anlagevermögens bzw. Absetzung von Anschaffungs- oder Herstellungskosten bei nicht abnutzbarem Anlagevermögen erst im Zeitpunkt der Veräußerung oder Entnahme.

[20] Vgl. BFH IV R 105/84 vom 5.2.1987, BStBl II 1987, S. 448-451, hier S. 450.

erwähnt § 266 Abs. 2 HGB geleistete Anzahlungen für immaterielle Vermögensgegenstände des Anlagevermögens, für Sachanlagen und für Vorräte; im Übrigen sind geleistete Anzahlungen unter den sonstigen Vermögensgegenständen auszuweisen. Bei Gewinnermittlung nach § 4 Abs. 3 EStG kommt eine sofortige Verrechnung als Betriebsausgaben nicht in Frage, wenn Vorauszahlungen auf Gegenstände des Anlagevermögens geleistet werden. Vielmehr sind solche Vorauszahlungen als (nicht abnutzbare) Wirtschaftsgüter des Anlagevermögens erfolgsrechnerisch zu neutralisieren, bei Erbringung der Gegenleistung den Anschaffungskosten des Wirtschaftsgutes zuzuschlagen und sodann nach den allgemeinen Grundsätzen des § 4 Abs. 3 EStG zu verrechnen.

Erfolgt die Vorauszahlung für eine *zeitraum*bezogene Gegenleistung, d.h. im Rahmen eines Nutzungsüberlassungsvertrages, so ist die Qualifikation der Vorauszahlung als Wirtschaftsgut des Anlage- oder Umlaufvermögens nicht durch einfachen Rückgriff auf § 266 HGB möglich. Bei zeitraumbezogener Gegenleistung werden Vorauszahlungen nicht einzelnen Vermögenskategorien zugeordnet, sondern als Rechnungsabgrenzungsposten gesondert ausgewiesen. Daraus kann nicht geschlossen werden, diese Vorauszahlungen seien von gänzlich anderer Qualität, insbesondere handele es sich nicht um Vermögensgegenstände bzw. Wirtschaftsgüter. Offensichtlich greifen hier die Wirtschaftsgutkriterien genauso wie bei Vorauszahlungen für zeitpunktbezogene Gegenleistungen.[21]

Ist die Vorauszahlung ein Wirtschaftsgut, muss sie entweder dem Anlage- oder dem Umlaufvermögen zugeordnet werden, denn es gibt keine dritte Vermögensart[22]. Nach § 247 Abs. 2 HGB sind unter Anlagevermögen „die Gegenstände auszuweisen, die bestimmt sind, dauernd dem Geschäftsbetrieb zu dienen." Der Begriff „dauernd" enthält zwar ein Zeitelement, darf jedoch nicht als reiner Zeitbegriff im Sinne von „immer" verstanden werden.[23] Der Bundesfinanzhof stellt vor allem auf den Einsatz des Wirtschaftsguts ab. Ein Wirtschaftsgut zählt danach zum Anlagevermögen, wenn der Unternehmer nicht aus dessen Veräußerung oder Verbrauch seinen Ertrag zu erzielen beabsichtigt, sondern aus dessen dauerndem Gebrauch.[24] „Die vorgesehene Art – nicht Dauer – des Dienens für den Betrieb entscheidet über die Zugehörigkeit eines Wirtschaftsguts zum Anlage- oder Umlaufvermögen."[25] Eine längere Verweildauer kann allerdings ein Indiz für die Zurechnung zum Anlagevermögen sein.[26]

Die Vorauszahlung wurde für künftige Nutzungen entrichtet und reduziert die später fälligen Zahlungsverpflichtungen. Insoweit entspricht das vorausgezahlte Nutzungsentgelt den Anzahlungen für eine einmalige Gegenleistung, und es ist

---

[21] Vgl. hierzu Abschnitt D.
[22] BFH V R 47/71 vom 13.1.1972, BStBl II 1972, S. 744-746, hier S. 745.
[23] Vgl. BFH 5.2.1987, S. 450; Adler/Düring/Schmaltz (1998), Kommentierung zu § 247 HGB, Rz. 107; Hoyos / Huber (2006).
[24] BFH V R 49/70 vom 1.10.1970, BStBl II 1971, S. 34-36, hier S. 35.
[25] BFH vom 13.1.1972, S. 745.
[26] BFH vom 5.2.1987, S. 450.

sinnvoll, die Zurechnung der Vorauszahlung analog zum Ausweis der geleisteten Anzahlungen nach § 266 HGB an die Eigenschaften der Gegenleistung zu knüpfen. Die Gegenleistung aber ist die Bereitstellung eines Gegenstandes zum Gebrauch; somit ist auch die Vorauszahlung auf den Gebrauch eines Gegenstandes gerichtet. Daher kommt grundsätzlich nur die Zuordnung der Vorauszahlung zum Anlagevermögen in Betracht. Bei kurzfristigen Nutzungsüberlassungen allerdings ist eine Zuordnung der Vorauszahlung zum Umlaufvermögen zweckmäßig, da auch für den Gebrauch bestimmte, abnutzbare Wirtschaftsgüter kein Anlagevermögen darstellen, wenn sich ihre Nutzung auf einen kurzen Zeitraum erstreckt.[27]

Bei längerfristigen Nutzungsverhältnissen – im Zweifel jenseits der Frist von einem Jahr – ist damit eine Vorauszahlung auch bei einer Gewinnermittlung durch Überschussrechnung nach § 4 Abs. 3 EStG nicht sofort abzusetzen.[28] Die Vorauszahlung ist vielmehr als Anschaffungskosten für ein nicht abnutzbares Wirtschaftsgut des Anlagevermögens erfolgsrechnerisch zu neutralisieren und dann als Betriebsausgabe zu verrechnen, wenn es den Betrieb verlässt, sprich bei Erhalt der Gegenleistung. Die Vorauszahlung ist somit gemäß der zeitlichen Inanspruchnahme der Gegenleistung den Zeitabschnitten der Nutzung als Betriebsausgabe zuzuordnen. Es spricht nichts dafür, bei der Periodenzuordnung andere Grundsätze als bei der Auflösung eines Rechnungsabgrenzungspostens im Rahmen der Gewinnermittlung durch Bilanzierung anzuwenden.[29]

II. Einkunftsermittlung nach § 2 Abs. 2 Nr. 2 EStG

Die Einkunftsermittlung im Bereich der Überschusseinkunftsarten weist im Detail Unterschiede zur Gewinnermittlung nach § 4 Abs. 3 EStG auf. Während bei der Gewinnermittlung alle Wertsteigerungen steuerbar und deshalb auch alle durch den Betrieb veranlassten Ausgaben abziehbar sind (§ 4 Abs. 4 EStG), will der

---

[27] Im Steuerrecht wird häufig ein kurzer Zeitraum bei einer Nutzung von unter einem Jahr angenommen. Vgl. Hoffmann (2005), Kommentierung zu den §§ 4, 5 EStG, Rz. 608.

[28] Die sofortige Absetzbarkeit vorausgezahlter Nutzungsentgelte bei Überschussrechnern führt in Einzelfällen zu abwegigen Konsequenzen, wie der folgende Fall zeigt: Wird die Vorauszahlung schon vor Bereitstellung des Gegenstandes geleistet, so wird bei einem Bilanzierer kein Rechnungsabgrenzungsposten, sondern eine geleistete Anzahlung ausgewiesen; diese ist mit Beginn der Nutzungsüberlassung auf einen aktiven Rechnungsabgrenzungsposten umzubuchen. (Vgl. BFH VIII R 65/91 vom 25.10.1994, BStBl II 1995, S. 312-315, hier S. 315.) Wendet man diese Verfahrensweise auf den Überschussrechner an, so kann jener die geleistete Anzahlung, sofern sie zum Anlagevermögen gehört, nicht als Betriebsausgabe absetzen, da § 4 Abs. 3 Satz 4 EStG diese für den Bilanzierer geltende Regelung auf den Überschussrechner überträgt. Der vom Bundesfinanzhof und von der herrschenden Lehre für den Zeitpunkt der Nutzungsüberlassung geforderte vollständige Abzug als Betriebsausgabe ist indes nicht begründbar, weil dort keine Gegenleistung erbracht wird, denn diese erfolgt erklärtermaßen erst pro rata temporis.

[29] Darauf wird hier nicht eingegangen. Vgl. dazu Mellwig, S. 226-229.

Gesetzgeber bei den Überschusseinkunftsarten „die durch die Umschichtung privater Vermögenswerte zutage tretenden Wertsteigerungen nur unter ganz besonderen Voraussetzungen den steuerbaren Einkünften zuordnen"[30], was konsequenterweise „die Aussonderung bestimmter, die Vermögenssphäre betreffender Aufwendungen aus dem Kreis der nach § 9 EStG abzugsfähigen Werbungskosten"[31] bedingt. Einnahmen liegen auf der nicht steuerbaren Vermögensebene, wenn zur Erlangung der Einnahme ein Wirtschaftsgut in seiner Substanz aufgegeben wird.[32] Nichtabziehbar sind somit grundsätzlich solche Ausgaben, die mit der Veräußerung von Wirtschaftsgütern oder mit ihrer Anschaffung oder Herstellung in Zusammenhang stehen. Aufwendungen zur Anschaffung oder Herstellung von abnutzbaren, der Einkünfteerzielung dienenden Wirtschaftsgütern stellen eine Ausnahme dar, da ihr Gebrauch und damit ihre Abnutzung auch durch die Einkünfteerzielung verursacht wird; sie werden daher gemäß § 9 Abs. 1 Satz 3 Nr. 7 EStG durch Absetzungen für Abnutzung über die Nutzungsdauer verteilt.[33] Die Aufwendungen im Zusammenhang mit nicht abnutzbaren Wirtschaftsgütern liegen demgegenüber auf der einkünfteneutralen Vermögensebene.[34] [35]

Geleistete Vorauszahlungen im Rahmen von *zeitpunkt*bezogenen schwebenden Geschäften sind im Rahmen der Überschusseinkunftsarten dann im Zeitpunkt des Abflusses als Werbungskosten abzugsfähig, wenn sie nicht auf der Vermögensebene liegen, d.h. die Ertragsebene betreffen und bei späterer Zahlung im Zeitpunkt der Gegenleistung sofort als Werbungskosten abgezogen werden könnten. Dies gilt etwa für Erhaltungsaufwendungen bei Einkünften aus Vermietung und Verpachtung. Bei Anschaffung oder Herstellung von abnutzbaren Wirtschaftsgütern ist der Zeitpunkt des Abflusses aufgrund der Anwendung der Abschreibungsregeln des § 6 Abs. 2 und § 7 EStG unbedeutend; Vorauszahlungen sind analog zur Gewinnermittlung zunächst erfolgsrechnerisch zu neutralisieren[36], damit durch Abschreibung eine Zuordnung zu den späteren Nutzungsperioden erfolgen kann. Anzahlungen auf Anschaffungskosten für nicht abnutzbare Wirtschaftsgüter teilen das Schicksal der Einkünfteneutralität der zu erwerbenden Wirtschaftsgüter.

Bei Vorauszahlungen für eine *zeitraum*bezogene Gegenleistung, d.h. im Rahmen eines Nutzungsüberlassungsvertrages, entstünde bei Gewinnermittlung ein Wirtschaftsgut des Anlagevermögens, und damit ist im Bereich der Überschuss-

---

[30] BFH VIII R 117/75 vom 5.8.1976, BStBl II 1977, S. 27-29, hier S. 28.
[31] BFH VIII R 30/88 vom 27.6.1989, BStBl II 1989, S. 934-936, hier S. 935.
[32] Vgl. BFH vom 5.8.1976, S. 28, und BFH X R 197/87 vom 28.11.1990, BStBl II 1991, S. 300-305, hier S. 301. Zur Maßgeblichkeit des Wirtschaftsgutbegriffs bei der Zuordnung zur Vermögensebene vgl. BFH IX R 53/02 vom 26.10.2004, BStBl II 2005, S. 167f., hier S. 168.
[33] Vgl. BFH GrS 1/89 vom 4.7.1990, BStBl II 1990, S. 830-837, hier S. 836.
[34] Vgl. BFH VIII R 70/02 vom 7.12.2004, BStBl II 2005, S. 468-473, hier S. 470.
[35] Nur in den Fällen des § 23 Abs. 1 EStG wird die Vermögensebene ausnahmsweise erfasst; folgerichtig sind auch die Anschaffungs- oder Herstellungskosten von veräußerten Wirtschaftsgütern abziehbar.
[36] Siehe BFH vom 4.7.1990, S. 836.

einkunftsarten (zunächst) die steuerlich nicht relevante Vermögensebene betroffen. Eine sofortige Verrechnung als Werbungskosten kommt nicht in Betracht, sondern kann erst dann erfolgen, wenn das Wirtschaftsgut im Rahmen der Einnahmenerzielung eingesetzt wird. Dies ist in den späteren Perioden als Gegenleistung für die periodischen Nutzungen der Fall. Geleistete Vorauszahlungen im Rahmen von Nutzungsüberlassungsverträgen entfalten somit bei den Überschusseinkünften im Zeitpunkt des Abflusses keine steuerliche Wirkung, sondern sind gemäß der zeitlichen Inanspruchnahme der Gegenleistung den Zeitabschnitten der Nutzung als Werbungskosten zuzuordnen.
Im Ergebnis besteht somit bei der Behandlung von Vorauszahlungen im Bereich der Überschusseinkunftsarten kein Unterschied im Vergleich zur Überschuss-Gewinnermittlung nach § 4 Abs. 3 EStG.

F. Ergebnis

Im Rahmen von Nutzungsüberlassungsverträgen geleistete Vorauszahlungen führen bei Gewinnermittlung durch Bilanzierung zur Aktivierung eines Rechnungsabgrenzungspostens. Nach der Rechtsprechung des Bundesfinanzhofes sind solche Vorauszahlungen sofort abziehbare Betriebsausgaben bzw. Werbungskosten, wenn sie von einem Steuerpflichtigen geleistet werden, der seine Einkünfte durch Überschussrechnung ermittelt. Auf die dadurch möglich gewordenen „Steuersparmodelle" hat die Finanzverwaltung durch die Initiierung einer Ergänzung des § 11 EStG reagiert, nach der nunmehr Vorauszahlungen, wenn sie für Nutzungsüberlassungen von mehr als fünf Jahren entrichtet werden, gleichmäßig über den Vorauszahlungszeitraum zu verteilen sind.
Allerdings ist die Rechtsprechung des Bundesfinanzhofes Folge einer Fehlentwicklung des Bilanzrechts. Der Bundesfinanzhof verkennt, wie auch die herrschende Lehre, den Wirtschaftsgutcharakter von Rechnungsabgrenzungsposten und betrachtet sie als bloße Verrechnungsposten. Eine Beurteilung anhand der Wirtschaftsgutkriterien erweist dagegen Rechnungsabgrenzungsposten als Wirtschaftsgüter. Damit sind auch bei Überschussrechnern im Rahmen von Nutzungsüberlassungsverträgen geleistete Vorauszahlungen nicht sofort absetzbare Betriebsausgaben bzw. Werbungskosten, sondern erfolgsrechnerisch über die Perioden der Nutzung zu verteilen.
Die Änderung des § 11 EStG ist damit durch die Kritik, hier werde „ein Grundprinzip des Einkommensteuerrechts aufgegeben und eine weitere Komplizierung unseres Steuerrechts bewirkt"[37], nicht angemessen charakterisiert. Vielmehr wird – freilich nur für Vorauszahlungszeiträume von mehr als fünf Jahren – die Folge einer Fehlentwicklung des Bilanzrechts und allgemein der steuerlichen

---

[37] Fleischmann (2004), hier S. 1822.

Einkünfteermittlung beseitigt und zugleich ein Einfalltor für die Entwicklung von Steuersparmodellen geschlossen.

Literaturverzeichnis

Adler/Düring/Schmaltz (1998): Rechnungslegung und Prüfung der Unternehmen, 6. Aufl., Stuttgart 1998.
Babel, M. (1997a): Zur Aktivierung von Nutzungsrechten. In: Betriebs-Berater, 52. Jg. 1997, S. 2261-2268.
Babel, M. (1997b): Ansatz und Bewertung von Nutzungsrechten. Frankfurt am Main et al. 1997.
Fleischmann, G. (2004) Erbbauzinsvorauszahlung: Anfang und Ende eines Steuersparmodells. In: DStR, 42. Jg. 2004, S. 1822-1823.
Herzig, N. (2004): IAS/IFRS und steuerliche Gewinnermittlung, Eigenständige Steuerbilanz und modifizierte Überschussrechnung – Gutachten für das Bundesfinanzministerium. Düsseldorf 2004.
Hoffmann, W.-D. (2005): Kommentierung zu den §§ 4, 5 EStG, Rz. 608. In: Littmann/Bitz/Pust, Kommentar zum Einkommensteuerrecht, Stuttgart, Loseblattausgabe.
Hoyos, M./Huber, F. (2006): Kommentierung zu § 247 HGB, Rz. 353. In: Beck Bil-Komm., 6. Aufl., München 2006.
Mellwig, W. (2005): Rechnungsabgrenzungsposten – Quelle struktureller Unstimmigkeiten im Bilanzrecht. In: Spengler/Lindstädt (Hrsg.): Strukturelle Stimmigkeit in der Betriebswirtschaftslehre, Festschrift Kossbiel, München und Mehring 2005, S. 217-235.
Tiedchen, S. (2005): Posten der aktiven und passiven Rechnungsabgrenzung, Abt. II/8, Rn. 46ff. und Rn. 89ff. In: v. Wysocki/Schulze-Osterloh (Hrsg.): Handbuch des Jahresabschlusses in Einzeldarstellungen (HdJ), 2. Aufl., Köln, Loseblattausgabe.
Weber-Grellet, H. (2005): Kommentierung zu § 5 EStG, Rz 241. In: Schmidt, L. (Hrsg.): Einkommensteuergesetz, Kommentar, 24. Aufl., München 2005.
Wildner, S. (2004): Nutzungsrechte in Handels- und Steuerbilanz, Aachen 2004.

Neue Leitprinzipien im Bilanzsteuerrecht?

Adolf Moxter[*]

A.	Einführung	106
B.	Leitprinzipien des überkommenen Bilanzsteuerrechts	106
	I. Handelsrechtliche GoB als revisible Gebote	106
	II. Dominierender Zweck der Bilanzierung	107
	III. Bilanzverrechtlichung und „Wirtschaftliche Betrachtungsweise"	108
C.	Relativierungen der überkommenen bilanzsteuerrechtlichen Leitprinzipien	109
	I. Handelsrechtliche GoB	109
	II. Dominierender Zweck der Bilanz	110
	III. Bilanzverrechtlichung und „wirtschaftliche Betrachtungsweise"	110
D.	Zusammenfassung	111

---

[*] Prof. Dr. Dr. h. c. mult. Adolf Moxter, ehemals Inhaber der Professur für Betriebswirtschaftslehre an der Johann Wolfgang Goethe-Universität, Frankfurt am Main.

A. Einführung

Das ist kein kleines Wunder: Ein Kollege, der in der Lehre brilliert, in der Forschung aktiv ist, ungewöhnlich viel Zeit und Energie für die Selbstverwaltung der Universität opfert und dazu noch menschlich außerordentlich sympathisch ist – an seiner Festschrift mitzuwirken muss man als Auszeichnung empfinden; schwierig ist nur, Hans Bartels mit einem Beitrag zufrieden zu stellen, was für den vorliegenden um so mehr gilt, als zum breiten Spektrum der Lehrtätigkeit des Jubilars auch Veranstaltungen zur Steuerlehre gehören.

Das Bilanzsteuerrecht basiert in seinem Kern auf den handelsrechtlichen Grundsätzen ordnungsgemäßer Bilanzierung. Diese handelsrechtlichen GoB schienen über Jahrzehnte hinweg – etwa seit den siebziger Jahren des vergangenen Jahrhunderts – hinreichend gefestigt; die entsprechenden Leitprinzipien werden im Folgenden unter II. dargestellt. Unter III. folgt eine Skizze bedenklicher Relativierungstendenzen.

B. Leitprinzipien des überkommenen Bilanzsteuerrechts

I. Handelsrechtliche GoB als revisible Gebote

Die Gesetzesverweise auf die handelsrechtlichen GoB (§ 243 Abs. 1 HGB, § 6 Abs. 1 EStG) wurden in der höchstrichterlichen Rechtsprechung des Bundesfinanzhofs seit 1967 nicht länger als Orientierung an der Kaufmannsübung verstanden: Nachdem es noch im Jahre 1966 in einem BFH-Urteil hieß, GoB bestimmten sich „in erster Linie nach dem, was das allgemeine Bewusstsein der anständigen und ordentlichen Kaufmannschaft ... hierunter versteht"[1], liest man in dem Grundsatzurteil aus dem Jahr 1967: „Grundsätze ordnungsmäßiger Bilanzierung sind die Regeln, nach denen der Kaufmann zu verfahren hat, um zu einer dem gesetzlichen Zweck entsprechenden Bilanz zu gelangen, nicht aber die Regeln, die tatsächlich eingehalten werden"[2]. Der Große Senat des BFH hat diese Rechtsauffassung in seinem Beschluss aus dem Jahre 1969 bestätigt.[3]

Entscheidender Wegbereiter des Umschwungs der höchstrichterlichen Rechtsprechung war Georg Döllerer, damals Mitglied des I. Senats; Döllerers Handschrift ist in dem erwähnten Senatsurteil kaum zu verkennen. Zwar hatte schon Enno Becker im Jahre 1927 festgestellt, dass „das, was den Grundsätzen ordnungs-

---

[1] BFH-Urteil vom 12.05.1966 IV 472/60, BFHE 86, 118, BStBl III 1966, 371.
[2] BFH-Urteil vom 31.10.1967 I 208/63, BFHE 89, 191, BStBl III 1967, 607.
[3] BFH-Beschluss vom 03.02.1969 GrS 2/68, BFHE 95, 31, BStBl II 1969, 291.

mäßiger Buchführung entspricht, aus diesen Grundsätzen selber und den Zwecken und Zielen der Buchführung" abzuleiten sei.[4] Doch hatte sich Enno Becker, obgleich Senatsvorsitzender am Reichsfinanzhof[5], damals nicht durchsetzen können. Erst Georg Döllerer hatte – als seinerzeit noch junger Bundesrichter – diesen Einfluss. Er formulierte in einem massiv die Wende im Schrifttum einleitenden Aufsatz aus dem Jahre 1959: „GoB seien nicht die Regeln, nach denen zu verfahren ist, um zu einer sachgerechten Bilanz zu kommen"; maßgeblich sollten „die Zwecke sein, die eine Bilanz erfüllen muss". „Es wäre falsch, einen Grundsatz ordnungsmäßiger Bilanzierung erst dann anzunehmen, wenn die Praxis ihn anerkannt hat. Es wäre ferner falsch, einen Grundsatz ordnungsmäßiger Bilanzierung stets dann anzunehmen, wenn die Praxis danach verfährt". „Die Gerichte sollten erkennen, dass sie dazu berufen sind, die Grundsätze ordnungsmäßiger Bilanzierung aus eigener Urteilskraft zu ermitteln und ihnen auch gegen den Widerspruch beteiligter Kreise Geltung zu verschaffen".[6]

II. Dominierender Zweck der Bilanzierung

Gewinn hat man in der höchstrichterlichen Rechtsprechung zeitweilig im Sinne einer dynamischen Bilanzauffassung verstanden[7]: Der Gewinn wird nach dieser – von Schmalenbach entwickelten – Lehre als Instrument der „Betriebssteuerung"[8] (und nicht etwa der Betriebsbesteuerung) verstanden, also nicht als entziehbarer Betrag: Gewinn bildet nach Schmalenbach „das Erzielte, nicht das Verteilbare".[9] Das erfordert umfassende Periodenabgrenzungen im Sinne umfassender Aktivierungen und Passivierungen mit entsprechender Zurückdrängung des Objektivierungsprinzips: Schmalenbach wollte zum Beispiel so genannte Reklamefeldzüge aktiviert[10] und so genannte Selbstversicherungsrückstellungen passiviert[11] wissen. Die entsprechende Wende beim BFH wurde wesentlich bestimmt durch seine Orientierung an den aktienrechtlichen Bilanzvorschriften, die stets an der Ermittlung eines als Gewinn entziehbaren Betrags ausgerichtet waren.[12] Der Gesetzgeber hat dieses Gewinnverständnis im Jahre 1985 mit dem Bilanzrichtlinien-Gesetz in die für alle Kaufleute geltenden Vorschriften des Handelsgesetzbuchs (§§ 238 – 263) übernommen. Zwar war der Regierungsentwurf des Gesetzes noch

---

[4] Becker (1927), Sp. 959, 962.
[5] Vgl. insb. Beisse (1993), S. 43, 46 ff.
[6] Döllerer (1959), S. 1217, 1220, 1221.
[7] Vgl. z. B. die BFH-Urteile vom 14.01.1960 IV 108/58 U, BFHE 70, 365, BStBl III 1960, 137 und vom 09.10.1962 I 167/62 U, BFHE 76, 16, BStBl III 163, 7.
[8] Schmalenbach (1962), S. 50.
[9] Schmalenbach (1919), S. 1, 6.
[10] Vgl. Schmalenbach (1962), S. 43.
[11] Vgl. Schmalenbach (1933), S. 167.
[12] Vgl. zu Einzelheiten Beisse (1978/79), S. 186, 189 ff.

stark dynamisch geprägt im Sinne der angelsächsischen Doktrin des „true and fair view", aber der Rechtsausschuss des Bundestages hat unter dem Einfluss von Herbert Helmrich die Döllerer-Position durchgesetzt.[13]

Die Vorschriften des Bilanzrichtlinien-Gesetzes brachten im Grunde erst die Fundierung des Maßgeblichkeitsprinzips, mithin der so genannten Einheitsbilanz.[14] Wiederum hatte Georg Döllerer entscheidenden Einfluss; er hatte schon früh die These vertreten, dass der Fiskus als stiller Teilhaber nicht mehr als Gewinn fordern könne als ein Gesellschafter.[15] Es kann daher nicht überraschen, dass sich Georg Döllerer auch entschieden für die so genannte Abkopplungsdoktrin einsetzte, die der angelsächsischen True-and-fair-view-Doktrin im Bilanzbereich entgegensteht: Wenn „der Gewinn den Zweck erfüllen soll, Grundlage für die Gewinnverteilung und die Gewinnausschüttung zu sein, darf er diesem Zweck nicht durch gegensätzliche Informationszwecke entfremdet werden. Der Informationszweck erleidet hierdurch keine Einbuße. Er kann durch zusätzliche Angaben und Nebenrechnungen erreicht werden. Der Bilanzgewinn ist dagegen eine gesellschaftsrechtlich erhebliche Größe, die feststehen muss und durch zusätzliche Angaben und Nebenrechnungen erläutert, aber nicht verändert werden kann".[16]

III. Bilanzverrechtlichung und „Wirtschaftliche Betrachtungsweise"

Soll die Bilanz nicht vorrangig der Betriebssteuerung, sondern der Bestimmung von Gewinnansprüchen dienen, so treten Rechtssicherheit und Rechtsklarheit in den Vordergrund. Das erfordert eine Bilanzobjektivierung, was insbesondere eine Bilanzverrechtlichung bedeutet. Diese darf freilich nicht mit einer formalistischen Betrachtungsweise verwechselt werden: Die althergebrachte wirtschaftliche Betrachtungsweise wird hierdurch nicht ausgeschlossen, bildet sie doch nichts anderes als eine Anwendung der teleologischen Methode der Rechtsfindung.[17]

Bilanzobjektivierung hat sich in einer Fülle von hier nicht im Einzelnen darzustellenden Urteilen niedergeschlagen. Ein entscheidender Schritt war die Aufgabe des Grundsatzes der einheitlichen Behandlung des schwebenden Geschäfts durch den BFH: Noch im Jahre 1964 hatte der BFH gemeint, es seien alle „Aufwendungen, die in einem unmittelbaren wirtschaftlichen Zusammenhang mit dem Erwerb oder der Durchführung eines schwebenden Geschäfts stehen, erfolgsneutral zu behandeln"[18]: Dies war reine Dynamik im Sinne einer breiten, an der True-and-

---

[13] Vgl. insb. Beisse, (1990), S. 2007; Helmrich (1988), S. 219.
[14] Vgl. insb. Beisse (1989), S. 295, 298.
[15] Vgl. insb. Döllerer (1971), S. 1333, 1334.
[16] Döllerer (1983), S. 157, 163 f.
[17] Vgl. insb. Beisse (1980), S. 637, 643; Döllerer (1979/80), S. 195, 201.
[18] BFH-Urteil vom 03.12.1964 IV 255, 256/64 U, BFHE 81, 257, BStBl III 1965, 93.

fair-view-Doktrin orientierten Periodenabgrenzung. In einem nun „statisch" geprägten Urteil aus dem Jahre 1969 heißt es jedoch bereits, der BFH habe „den Grundsatz der einheitlichen Behandlung des schwebenden Geschäfts aufgegeben".[19] Erwähnenswert in diesem Zusammenhang sind ferner die enge Auslegung des entgeltlichen Erwerbs (§ 248 Abs. 2 HGB) durch den BFH[20] und dessen enge Abgrenzung der Rückstellungen für ungewisse Verbindlichkeiten.[21] Bei alledem hat die höchstrichterliche Rechtsprechung jedoch stets das Erfordernis einer wirtschaftlichen Betrachtungsweise betont, so etwa in der BGH-Entscheidung zur phasengleichen Aktivierung von Dividendenforderungen einer herrschenden Gesellschaft gegen eine Tochtergesellschaft[22]; aber nicht weniger schlägt sich eine wirtschaftliche Betrachtungsweise in einer Fülle von BFH-Entscheidungen nieder[23] und damit das Verständnis, dass das, was als Gewinn entziehbar ist, als Reinvermögensüberschuss in einem wirtschaftlichen Sinne interpretiert werden muss.

C. Relativierungen der überkommenen bilanzsteuerrechtlichen Leitprinzipien

Hier ist nicht näher einzugehen auf die massiven Abweichungen von den handelsrechtlichen GoB in Gestalt der International Financial Reporting Standards (IFRS/IAS); noch gibt es glücklicherweise keinen unmittelbaren Einfluss dieses merkwürdigen Normenkonglomerats auf das Bilanzsteuerrecht.

I. Handelsrechtliche GoB

In den letzten etwa zehn Jahren fallen gewisse Relativierungen der überkommenen GoB-Leitprinzipien durch den BFH auf; diese mögen sich teilweise dadurch erklären, dass die Schöpfer jener GoB-Grundfesten inzwischen als Richter abgetreten sind. So hat etwa der I. Senat des BFH in einem Urteil aus dem Jahre 1996 gemeint, aus den unterschiedlichen Auffassungen im Schrifttum zur Frage der Auflösung eines aufgrund Forfaitierung gebildeten passiven Rechnungsabgrenzungspostens sei zu schließen, „dass es einen diesbezüglichen Grundsatz ord-

---

[19] BFH-Urteil vom 23.09.1969 I R 22/66, BFHE 97, 164, BStBl II 1970, 104.
[20] Vgl. insb. das BFH-Urteil vom 08.11.1979 IV R 145/77, BFHE 129, 260, BStBl II 1980, 146.
[21] Vgl. z. B. das BFH-Urteil vom 19.01.1972 I 114/65, BFHE 104, 422, BStBl II 1972, 392.
[22] BGH-Urteil vom 03.11.1975 II ZR 67/73, BGHZ 65, 230.
[23] Vgl. z. B. den BFH-Beschluss vom 13.05.1987 I B 179/86, BFHE 150, 136, BStBl II 1987, 777, BFH-Urteil vom 13.03.1974 I R 165/72, BFHE 111, 527, BStBl II 1974, 359, BFH-Urteil vom 01.08.1984 I R 88/80, BFHE 142, 226, BStBl II 1985, 44.

nungsmäßiger Buchführung i. S. des § 5 Abs. 1 EStG nicht gibt".[24] Mit der überkommenen These, dass GoB Gebote darstellen, ist diese Formulierung nicht zu vereinbaren. Das gilt um so mehr, als das entsprechende Schrifttum weitgehend durch Stellungnahmen von Interessentengruppen beherrscht wird; objektive Analysen, wie sie Enno Becker und Georg Döllerer vorgezeichnet haben, sind im Schrifttum tendenziell die Ausnahme.

Mit der gerade kritisierten Formulierung nähert sich der Senat im Übrigen den IFRS: Diese geben im Wesentlichen beherrschende Kaufmannsübungen wieder.

II. Dominierender Zweck der Bilanz

Die herkömmliche höchstrichterliche Rechtsprechung war, wie gezeigt, charakterisiert durch die strenge Trennung von Gewinnermittlung und Informationsvermittlung. In einer Entscheidung des Großen Senats des BFH aus dem Jahre 2000 wird die True-and-fair-view-Doktrin jedoch für die Steuerbilanz nicht mehr kategorisch abgelehnt; es heißt vielmehr, der Senat lasse es „dahinstehen", ob diese Doktrin „als Generalnorm des deutschen Steuerbilanzrechts zu verstehen ist".[25] Die Übernahme des True-and-fair-view-Ansatzes als Generalnorm bedeutete nicht weniger als eine bilanzsteuerrechtliche Revolution; wenn der Große Senat die Übernahme lediglich „dahinstehen" lassen will, so muss dies die Fachwelt aufschrecken. Wiederum könnte man im Übrigen an eine Infizierung durch die IFRS denken: Informationsvermittlung statt Bestimmung von Gewinnansprüchen bildet die Aufgabe der IFRS.

III. Bilanzverrechtlichung und „wirtschaftliche Betrachtungsweise"

Die Gefahr einer dominierenden rein formalistischen Sicht zeigt sich zum Beispiel in einem Urteil des I. Senats des BFH aus dem Jahre 2001; dort heißt es: „Eine am Bilanzstichtag rechtlich entstandene Verbindlichkeit ist unabhängig vom Zeitpunkt ihrer wirtschaftlichen Verursachung zu passivieren".[26] Das besagt mit anderen Worten: Ist eine Verbindlichkeit rechtlich entstanden, dann interessiert nicht mehr, ob sie zu diesem Zeitpunkt auch bereits (nach objektiven Kriterien) eine wirtschaftliche Belastung des Unternehmens bildet. Der Senat beruft sich dabei unter anderem auf die „Gebote des zutreffenden Vermögensausweises und der Vollständigkeit des Jahresabschlusses", ohne die Zirkelhaftigkeit dieses

---

[24] BFH-Urteil vom 24.07.1996 I R 94/95, BFHE 181, 64, BStBl II 1997, 122.
[25] BFH-Beschluss vom 07.08.2000 GrS 2/99, BFHE 192, 339, BStBl II 2000, 632.
[26] BRH-Urteil vom 27.06.2001 I R 45/97, BFHE 198, 420, BStBl II 2003, 121.

Arguments zu problematisieren, ohne auf die diese Gebote erst konkretisierenden Leitideen und Prinzipien einzugehen. In eine ähnliche Richtung weist die Entscheidung des Großen Senats des BFH aus dem Jahre 2000, in der die Dividendenforderung eines beherrschenden Unternehmens gegenüber der Tochtergesellschaft als „Nicht-Vermögensgegenstand", als „bloße Bilanzierungshilfe"[27] bezeichnet wird. Die Dividendenforderung war zwar noch nicht als Gläubigerrecht erstarkt, wohl aber in ihrem Bestand so gut wie sicher. Die überkommene höchstrichterliche Rechtsprechung hat dies ganz anders - zutreffend - gesehen.[28]

D. Zusammenfassung

Leitideen des herkömmlichen Bilanzsteuerrechts sind das Verständnis der handelsrechtlichen GoB als von den Revisionsinstanzen zu beurteilende Rechtsnormen, Gewinnermittlung als Grundlage für die Bemessung von Gewinnansprüchen als dominierender Bilanzzweck sowie ein ausgewogenes Verhältnis von Bilanzverrechtlichung und wirtschaftlicher Betrachtungsweise. Seit etwa zehn Jahren sind in der BFH-Rechtsprechung Tendenzen zu beobachten, die auf eine Relativierung dieser herkömmlichen Leitprinzipien hindeuten. Es wäre bedenklich, wenn solche Tendenzen etwa die Oberhand gewönnen.

---

[27] BFH-Beschluss vom 07.08.2000, GrS 2/99.
[28] Als Leitentscheidung gilt das BGH-Urteil vom 03.11.1975 (oben Fußnote 22); vgl. auch den BGH-Beschluss vom 21.07.1994 II ZR 82/93, BB 1994, 1673, und aus den BFH-Rechtsprechung etwa das BFH-Urteil vom 08.03.1989 X R 9/86, BFHE 156, 443, BStBl II 1989, 714.

Literaturverzeichnis

Becker, E. (1926): Grundfragen aus den neuen Steuergesetzen. In: StuW 1927, Sp. 959 ff.

Beisse, H. (1978/79): Zur Bilanzauffassung des Bundesfinanzhofs. In: Deutsches Anwaltsinstitut e.V., JbFSt 1978/79, Herne, Berlin 1978, S. 186 – 196.

Beisse, H. (1980): Handelsbilanzrecht in der Rechtsprechung des Bundesfinanzhofs – Implikationen des Maßgeblichkeitsgrund-satzes. In: BB 1980, S. 637 – 646.

Beisse, H. (1989): Die steuerrechtliche Bedeutung der neuen deutschen Bilanzgesetzgebung. In: StVj 1989, S. 295 – 310.

Beisse H. (1993): Bedeutende Richterpersönlichkeiten des Reichsfinanzhofs und Bundesfinanzhofs. In: Klein, F. (Hrsg.), Festanschrift 75 Jahre Reichsfinanzhof – Bundesfinanzhof, Bonn, Berlin 1993, S. 43 – 59.

Döllerer, G. (1959): Grundsätze ordnungsmäßiger Bilanzierung, deren Entstehung und Ermittlung. In: BB 1959, S. 1217 – 1221.

Döllerer, G. (1971): Maßgeblichkeit der Handelsbilanz in Gefahr. In: BB 1971, S. 1333 – 1335.

Döllerer, G. (1979/80): Gedanken zur „Bilanz im Rechtssinne". In: JbFSt 1979/80, Bochum 1979, S. 195 – 205.

Döllerer, G. (1983): Handelsbilanz ist gleich Steuerbilanz. In: Baetge, J. (Hrsg.), Der Jahresabschluss im Widerstreit der Interessen, Düsseldorf 1983, S. 157 – 177.

Helmrich, H. (1988): Grundsatzentscheidungen beim Bilanzrichtliniengesetz. In: Knobbe-Keuk, B./Klein, F./Moxter, A. (Hrsg.), Handelsrecht und Steuerrecht, Festschrift für Georg Döllerer, Düsseldorf 1988, S. 219 – 224.

Schmalenbach, E. (1919): Grundlagen dynamischer Bilanzlehre. In: ZfhF 1919, S. 1 – 60 und S. 65 – 101.

Schmalenbach, E. (1933): Dynamische Bilanz, 6. Aufl., Leipzig 1933.

Schmalenbach, E. (1962): Dynamische Bilanz, 13. Aufl., Köln und Opladen 1962 (bearbeitet von Bauer, R.).

Bilanzanalyse nach internationalen Rechnungslegungsstandards (IAS/IFRS)
Vergleich zweier Unternehmen aus der Praxis

Christel Stix[*]

A.	Problemstellung und Gang der Untersuchung..114	
B.	Bilanzanalyse nach International Financial Reporting Standards 115	
C.	Analyse zweier Unternehmen der Texil- und Sportartikelbranche 117	
	I. Globaler Textilmarkt...117	
	II. Textilbranche in Deutschland..117	
	III. Unternehmensdaten der adidas-Salomon AG 118	
	1. Unternehmensprofil 118	
	2. Konzerngewinn- und Verlustrechnung im Zeitvergleich........119	
	3. Überleitung von Konzernbilanz zur Strukturbilanz................119	
	IV. Unternehmensdaten der HUGO BOSS AG.................................124	
	1. Unternehmensprofil 124	
	2. Konzerngewinn- und Verlustrechnung im Zeitvergleich........124	
	3. Überleitung von Konzernbilanz zur Strukturbilanz................125	
D.	Kennzahlenanalyse..128	
E.	Fazit..132	

---

[*] Prof. Dr. Christel Stix, Professur für Betriebswirtschaftslehre, insb. Rechnungs-, Prüfungs- und Steuerwesen, Universität Lüneburg.

A. Problemstellung und Gang der Untersuchung

Globale Märkte, grenzüberschreitende Handels- und Investitionstätigkeiten, steigender Konkurrenzdruck, wachsende Konzentrationsprozesse sowie erhöhte Markttransparenz kennzeichnen die Wettbewerbssituation in der Wirtschaft. Unternehmen agieren auf weltweit vernetzten Märkten, und die Liberalisierung und Deregulierung der Finanzmärkte sowie sinkende Informations- und Transaktionskosten haben zu einer weitgehend globalen Integration der Kapitalmärkte geführt.[1] Publikumsgesellschaften finanzieren sich international und deutsche Emittenten stehen in unmittelbarem Wettbewerb mit Risikokapitalgebern weltweit. Das zunehmende Interesse an internationalen Kapitalmärkten und die mit Globalisierung der Kapitalmärkte einhergehende Intensivierung des Wettbewerbs erfordern – damit ausländische Geldquellen sich auch öffnen – ein einheitliches, international anerkanntes Rechnungslegungssystem.[2] Ein wesentlicher Schritt in Richtung „Anwendung internationaler Rechnungslegungsstandards" wurde mit der EU-Verordnung vom 19.Juli 2002[3] vollzogen. Nach der sogenannten IAS/ IFRS-Verordnung sind alle kapitalmarktorientierten Gesellschaften, die dem Recht eines Mitgliedstaates unterliegen, verpflichtet, ihre Konzernabschlüsse für Geschäftsjahre, die am oder nach dem 1. Januar 2005 beginnen, nach den International Financial Reporting Standards (IFRS/ IAS)[4] und den damit verbundenen Auslegungen des IFRIC/SIC aufzustellen. Die Erstellung von Konzernabschlüssen nach IFRS soll u.a. zur Vergleichbarkeit und Aussagefähigkeit der Jahresabschlüssen auf internationaler Ebene führen, den Zugang zu ausländischen Kapitalmärkten erleichtern und Kapitalanlegern die Möglichkeit bieten, Chancen und Risiken einer Investitionsentscheidung besser beurteilen zu können.[5] Für einen Unternehmensvergleich sind jedoch die IFRS-Jahresabschlussdaten – u. a. wegen der im IFRS-Regelwerk enthaltenen Bilanzierungswahlrechte und Auslegungsspielräume[6] – für eine fundierte Investitionsentscheidung gezielt aufzubereiten, zu verdichten und anhand von Vergleichsmaßstäben zu interpretieren.

Im nachfolgenden Beitrag soll exemplarisch durch Vergleich zweier Konzernunternehmen der Textil- und Sportartikelbranche untersucht werden, inwieweit Investoren, insbesondere Kleinanleger, auf Basis veröffentlichter Jahresabschlüsse

---

[1] Vgl. Heinzmann (2005), S. 10.
[2] Koch (2000), S. 5, S. 89 f.
[3] Vgl. Europäische Union, Verordnung (EG) Nr. 1606/2002 des Europäischen Parlaments und des Rates v. 19.07.2002 betreffend die Anwendung internationaler Rechnungslegungsstandards (2002); für Europäische Konzernunternehmen, die bisher schon nach US-GAAP bilanzieren, besteht eine Übergangsfrist bis 2007.
[4] Vgl. KPMG (2004), S. 1; International Financial Reporting Standards (IFRS) gilt als Oberbegriff der bereits bestehenden IAS und der neu veröffentlichten IFRS.
[5] Vgl. Buchholz (2004), S. 1-4.
[6] Vgl. Kirsch (2004), S. 1111-1116; Küting/Reuter (2005), S.706–713; Meyer/Meisenbacher, S. 567–572; Theile (2003), S. 957–964.

und deren Analyse eine fundierte Investitionsentscheidung treffen können. Zu diesem Zweck werden – nach Darlegung der Ziele einer Jahresabschlussanalyse – die beiden zu analysierenden Konzernunternehmen, die adidas-Salomon AG und die HUGO BOSS AG, dargestellt. Im zweiten Schritt erfolgt auf Grundlage der IFRS-Konzernbilanzen und unter Bereinigung vorgenommener bilanzpolitischer Maßnahmen – gesondert für jedes Unternehmen – die Entwicklung der Strukturbilanz. Die Werte der Strukturbilanzen bilden die Grundlage für die Durchführung der praktischen Bilanzanalyse in Form der Kennzahlenrechnung; die gewonnenen Ergebnisse sollen – trotz Einschränkung der Aussagekraft von Bilanzanalyseergebnissen[7] – erste Hilfestellung für die Beurteilung der Chancen und Risiken einer Investitionsentscheidung bieten.

B. Bilanzanalyse nach International Financial Reporting Standards

Die Bewertung der Leistungsfähigkeit eines Unternehmens ist im Rahmen einer Investitionsentscheidung von fundamentaler Bedeutung. So kann ein negatives Analyseergebnisse für Unternehmen zur Folge haben, dass das Kreditrating sinkt, die Fremdkapitalkosten steigen, der Marktwert der Eigenkapitalinstrumente in Frage gestellt und – im Extremfall – die Gefahr einer feindlichen Übernahme erhöht wird.[8] Den potenziellen Konsequenzen eines negativen Analyseergebnisses werden rational operierende Unternehmen bereits bei Erstellung eines Jahresabschlusses mit bilanzpolitischen Maßnahmen entgegenwirken; die Unternehmensbilanz wird – unter Nutzung der im IFRS-Regelwerk zulässigen Möglichkeiten – durch Bilanzierungs-, Bewertungs- und Ausweismaßnahmen beeinflusst. Externe Jahresabschlussadressaten werden dagegen bestrebt sein, die vorgenommenen bilanzpolitischen Maßnahmen, die Wahlrechte und Ermessensspielräume, aus den Jahresabschlusswerten herauszufiltern, um die Vergleichbarkeit und Transparenz von IFRS-Jahresabschlüssen zu verbessern, und damit über entscheidungsrelevante, zuverlässige und vergleichbare Unternehmensdaten zu verfügen. Die Jahresabschlussanalyse befindet sich folglich in einem permanenten Wettstreit mit der Bilanzpolitik und bildet mit dieser dennoch eine Einheit. Die Jahresabschlusspolitik bezieht in ihre Überlegungen die potenziellen Schlussfolgerungen der Bilanzanalyse ein, und umgekehrt werden seitens des Bilanzanalysten die bilanzpolitischen Maßnahmen der Jahresabschlusspolitik berücksichtigt und durch geeignete Korrekturmaßnahmen bereinigt. Die Bilanzanalyse kann also definiert werden als eine Methode zur Informationsverarbeitung, „bei der das Zahlenmaterial eines oder mehrerer Jahresabschlüsse von einer oder mehreren Unternehmungen

---

[7] Vgl. Kirsch et al. (2004), S. 167.
[8] Vgl. Kirsch et al. (2004), S. 1, 2.

im Hinblick auf bestimmte Informationsziele aufbereitet, gruppiert, zu Kennzahlen verdichtet und schließlich interpretierend beurteilt und begutachtet wird."[9]

Im Folgenden werden, jeweils eingebunden in ein Beispiel zur Rechnungslegung, verschiedene im IFRS-Regelwerk enthaltene bilanzpolitische Maßnahmen, insbesondere explizite und faktische Bilanzierungswahlrechte sowie Ermessensspielräume, erläutert.[10]

Explizite Wahlrechte finden im IFRS-Regelwerk ausdrücklich Erwähnung. Ein Beispiel findet sich in IAS 40 bei den als Finanzanlagen gehaltenen Immobilien. Nach IAS 40.33 und IAS 40.56 besteht – in Abhängigkeit des erstmaligen Ansatzes – bei der Folgebewertung das Wahlrecht zwischen Fair-Value-Modell und Anschaffungskostenmodell. Zwar geht IAS 40.53 von der widerlegbaren Vermutung aus, „dass ein Unternehmen in der Lage ist, den beizulegenden Zeitwert einer als Finanzinvestition gehaltenen Immobilie fortwährend und verlässlich zu bestimmen", doch gestaltet sich die Fair-Value-Bewertung, die Bewertung zum beizulegenden Zeitwert, in der Praxis als schwierig.[11] Der Rückgriff auf Börsen- oder Marktwerte, geschätzte Werte auf Basis von Marktwerten, Barwerte oder Tageswerte zur Ermittlung des beizulegenden Zeitwertes führt zu unterschiedlichsten Werten und enthält folglich bilanzpolitisches Potenzial. Wertänderungen des beizulegenden Zeitwertes führen außerdem zu einer wertmäßigen Veränderung der Gewinn- und Verlustrechnung (IAS 40.35). Ist ein Fair-Value nicht verlässlich bestimmbar, erfolgt die Bewertung gem. IAS 40.53 nach dem Anschaffungskostenmodell.

Faktische Wahlrechte knüpfen an bestimmte Voraussetzungen der Rechnungslegungsgebote und Rechnungslegungsverbote. Mangels definierter Rechtsbegriffsbestimmung der festgelegten Voraussetzungen bestehen bei Erstellung des Jahresabschlusses entsprechende Auslegungsalternativen.[12] Typisches Beispiel eines faktischen Wahlrechtes findet sich bei den immateriellen Vermögenswerten. Die Aktivierung von intern geschaffenen immateriellen Vermögenswerten steht in Abhängigkeit von kumulativen Voraussetzungen. So dürfen Kosten in der Forschungsphase gem. IAS 38.54 nicht aktiviert werden. Kosten in der Entwicklungsphase dürfen dagegen aktiviert werden, wenn nachweislich alle speziellen Voraussetzungen kumulativ gem. IAS 38.57 erfüllt sind. Zu den Aktivierungsvoraussetzungen zählen gem. IAS 38.57 a – f: technische Realisierbarkeit, Absicht zur Fertigstellung, zum Verkauf oder zur Nutzung, Fähigkeit zum Verkauf oder zur Nutzung, Nachweis der Art des Nutzenzuflusses, Verfügbarkeit technischer und finanzieller Ressourcen zur Fertigstellung der Entwicklung sowie der zuverlässigen Zuordnung der Ausgaben. Es liegt in der Entscheidungskraft des Bilan-

---

[9] Gräfer (2005), S. 21.
[10] Zu den bilanzpolitischen Gestaltungspotenzialen vgl. Meyer/Meisenbacher (2004), S. 567–572; Küting/Reuter (2005) S. 706 ff.; Lüdenbach/Hoffmann, (2005), S. 2044 ff.
[11] Vgl. Döring/Kußmaul (2004), S. 360–363; Kirsch (2003), S. 1114; KPMG (2005), S. 300.
[12] Vgl. Küting/Reuter (2005), S. 711.

zierenden, inwieweit die genannten Voraussetzungen dem Sachverhalt entsprechen. In Abhängigkeit der Auslegungsentscheidung können Entwicklungsaufwendungen aktiviert oder erfolgswirksam geltend gemacht werden.[13]
Ermessensspielräume sind die sogenannten flexiblen Instrumente der Bilanzpolitik und kommen u. a. bei Festlegung der Nutzungsdauer von Vermögenswerten, Beurteilung der Werthaltigkeit von Forderungen oder Bestimmung der Rückstellungshöhe zur Anwendung.[14] Die Bewertung der Rückstellungen hat gem. IAS 37.36 mit der „bestmöglichen Schätzung" zu erfolgen. Der Schätzbetrag ergibt sich aus der Ermittlung des Wertes, den ein Unternehmen zahlen würde, wenn die gegenwärtige Verpflichtung am Bilanzstichtag zu erfüllen wäre. Die wertmäßige Rückstellungsbeurteilung liegt folglich im subjektiven Ermessensspielraum des Unternehmens.[15]

C. Analyse zweier Unternehmen der Texil- und Sportartikelbranche

I. Globaler Textilmarkt

Der internationale Textilmarkt kennzeichnet sich durch stetig steigenden Wettbewerbsdruck; der bestehende Preiskampf hat u.a. dazu geführt, dass die Textilbranche lohnintensive Produktion zunehmend in sogenannte „Billiglohnländer"[16] verlagert. Als Billiglohnland dominiert insbesondere China die Textilbranche; das bevölkerungsreichste Land[17] der Welt hat sich in den letzten Jahren zu einem der wichtigsten Handelspartner westlicher Unternehmen entwickelt.[18]

II. Textilbranche in Deutschland

Die Textil- und Bekleidungsindustrie, die weitgehend mittelständisch strukturiert ist, zählt zu der bedeutendsten Konsumgüterbranche in Deutschland.[19] Die Eckdaten der Branche im Zeitvergleich dokumentiert Tabelle 1.

---

[13] Vgl. Baetge/Kirsch/Thiele (2004), S. 184–185.
[14] Vgl. Küting/Weber (2004), S. 194; Meyer/Meisenbacher (2004), S. 569.
[15] Vgl. Gräfer (2005), S. 123; Theile (2003), S. 964.
[16] Beispiele für Billiglohnländer sind: China, Bangladesch, Indien, Südkorea, Taiwan, Indonesien
[17] In China leben rd. 1,3 Mrd. Einwohner, mehr als 20 % der Weltbevölkerung; Vgl. Jung (2004), S. 94–98; Thurow (2004), S. 219.
[18] Vgl. Hornig/Wagner (2005), S. 74 ff.
[19] Vgl.http://www.gesamttextil.de/deutsch/Gesamtverband/DieBranche/E1016.htm, (18.03.2006).

(in Mrd. Euro)	2000	2001	2002	2003	2004
Umsatz	26,41	25,89	23,95	22,68	22,37
Produktion	16,40	15,60	14,00	12,96	12,60
Einfuhr	31,80	29,97	29,55	28,94	27,68
Ausfuhr	20,05	19,49	20,67	20,18	19,87
Einfuhrüberschuss	11,75	10,48	8,88	8,76	7,82
Beschäftigte (in Tsd.)	188	180	164	151	140

Tab.1: Eckdaten der deutschen Textil- und Bekleidungsindustrie[20]

Die vorliegenden Werte dokumentieren den seit Jahren rückläufigen Branchenumsatz. Im Jahr 2004 lag der Umsatzrückgang zum Vorjahresvergleich bei 1,3 %, innerhalb von fünf Jahren bei insgesamt 15,3 %.[21] Die fallenden Produktionswerte lassen sich auch auf die zunehmende Produktionsverlagerung ins Ausland zurückführen; im Zeitraum von 1994 bis 2004 ergab sich ein Produktionsrückgang von insgesamt 53,8 %.[22]

Der Abwärtstrend spiegelt sich auch in den Werten des Im- und Exports wider. Der Export verringerte sich 2004 zum Vorjahre um 1,6 %, der Import im gleichen Zeitraum um 4,4 %.[23] Die Beschäftigtenanzahl der Branche reduzierte sich innerhalb von 10 Jahren von 285.087 auf 139.881 im Jahr 2004; ein Minus von 50,9 %.

III. Unternehmensdaten der adidas-Salomon AG

1. Unternehmensprofil

Die Geschichte der adidas-Salomon AG beginnt im Jahr 1920 in der Werkstatt des fränkischen Schuhmachers Adolf Dassler. Die Gründung der Firma erfolgt 1948 mit Firmenbezeichnung „adidas", einer Silbenkombination des Gründernamens, „Adi", für Adolf, und „Das" für Dassler; 1949 werden die „drei weißen Streifen" als Markenzeichen angemeldet.[24] Im Jahr 1989 wird das bisher im Familienbesitz befindliche Unternehmen in eine Aktiengesellschaft umgewandelt. Der Börsengang erfolgt 1995 und zwei Jahre später die Fusion der adidas AG mit der Salomon-Gruppe zur adidas-Salomon AG, einem weltweit führenden Sportartikelhersteller. Die Aufnahme in den DAX im Jahr 1998 sowie in den Dow Jones im Oktober 2000 sind weitere Zeichen des Erfolges.

---

[20] Quelle: Gesamtverband Textil + Mode e.V.; Statistisches Bundesamt.
[21] Vgl.http://www.gesamttextil.de/deutsch/Konjunktur/Konjunkturdaten/E1393.htm,(18.03.2006).
[22] Vgl.http://www.gesamttextil.de/deutsch/Konjunktur/Konjunkturdaten/E1388.htm,(18.03.2006); das Unternehmen Trigema zeigt, dass eine Produktionsverlagerung in's Ausland nicht ausschlaggebend sein muss für ein erfolgreiches gewinnbringendes Unternehmen.
[23] Vgl.http://www.gesamttextil.de/deutsch/Konjunktur/Konjunkturdaten/E1397.htm, (18.03.2006) Hornig/Wagner (2005) der Arbeitsplatzabbau in den USA veränderte sich im Bereich „Textil- und Bekleidung" ähnlich: von Januar 1995 – Juni 2005 um 56,7 %.
[24] Vgl. http://www.adidas-group.com/de/overview/history, (18.03.2006).

2. Konzerngewinn- und Verlustrechnung im Zeitvergleich

Nach Konzerngewinn- und Verlustrechnung, dargestellt in Tabelle 2, erzielt die adidas-Salomon AG im Jahr 2004 einen Gesamtumsatz von 6.478 Mio.Euro, welcher sich auf die Produktionsschwerpunkte Sportschuhe (42 %), Sportbekleidung (39 %) und Accessoires (19 %) verteilt.[25]

Konzerngewinn- und Verlustrechnung der adidas-Salomon AG 2002 – 2004			
in TEUR	31.12. 2004	31.12.2003	31.12.2002
Umsatzerlöse	6.478.072	6.266.800	6.523.419
Umsatzkosten	3.419.864	3.453.132	3.704.269
Rohergebnis	**3.058.208**	**2.813.668**	**2.819.150**
Vertriebs-,Verw.- + allg. Aufwendungen	2.376.266	2.228.135	2.245.383
AfA ohne Geschäfts- oder Firmenwerte	101.764	95.519	97.147
Betriebsergebnis	**580.178**	**490.014**	**476.620**
AfA auf Geschäfts- oder Firmenwerte	46.352	44.809	45.396
Lizenz- u. Provisionserträge	43.166	42.153	46.006
Finanzaufwendungen, netto	56.832	49.170	87.116
Gewinn vor Steuern	**520.160**	**438.188**	**390.114**
Ertragsteuern	196.691	166.712	147.862
Ergebnisanteil anderer Gesellschafter	-9.221	-11.391	-13.681
Konzernjahresüberschuss	**314.248**	**260.085**	**228.571**
Unverwässertes Ergebnis je Aktie (in €)	6,88	5,72	5,04
Verwässertes Ergebnis je Aktie (in €)	6,54	5,72	5,04

Tab. 2: Konzerngewinn- und Verlustrechnung der adidas-Salomon AG; 2002 – 2004

Der in 2004 erzielte Gewinn der adidas-Salomon AG liegt vor Steuern bei 520 Mio. Euro, einer prozentualen Gewinnsteigerung zum Vorjahr von 19 %.
Im Jahr 2004 beschäftigt der Konzern weltweit 17.023 Mitarbeiter/innen, einer Zunahme von 1.337 Beschäftigten zum Vorjahr; die Personalaufwendungen erhöhten sich zum Vorjahreswert um circa 10 %.

3. Überleitung von Konzernbilanz zur Strukturbilanz

Wichtigstes Instrument bei der Durchführung praktischer Bilanzanalysen ist die Kennzahlenrechnung. Ein einheitlicher Kennzahlenvergleich setzt voraus, dass

---

[25] Vgl. Geschäftsbericht 2004 adidas-Salomon AG, S. 84, 86, 129, 151; http://www.adidas-salomon.de; im Mai 2005 gab der Konzern den Verkauf des Geschäftssegments Salomon an die finnische Amer Sports Corporation bekannt. Im August 2005 erfolgte der Kauf des US Konkurrenten Reebok u.a. mit dem Ziel, die Marktposition von adidas auf dem amerikanischen Markt, insbesondere gegenüber dem Kontrahenten Nike, zu verbessern.

der veröffentlichte IFRS-Jahresabschluss der adidas-Salomon AG einer Standardisierung bzw. Datenaufbereitung bedarf.[26] Die Standardisierung der Jahresabschlusswerte erfolgt in der sogenannten Strukturbilanz, deren Aufbau weder gesetzlicher Regelung noch einem IFRS-Regelwerk unterliegt.

Im Folgenden wird das Procedere der Datenaufbereitung – auszugsweise aus Werten der veröffentlichten IFRS-Konzernbilanz – für die Erstellung der Strukturbilanz aufgezeigt. Die Konzernbilanz der adidas-Salomon AG zeigt Tabelle 3:

Konzernbilanz der adidas-Salomon AG für die Jahre 2002 – 2004			
in TEUR	31.12.2004	31.12.2003	31.12.2002
Flüssige Mittel	195.997	189.503	75.956
Kurzfristige Finanzanlagen	258.950	89.411	0
Forderungen aus Lieferungen und Leistungen	1.046.322	1.075.092	1.292.667
Vorräte	1.155.374	1.163.518	1.189.933
Sonstige kurzfristige Vermögensgegenstände	378.303	259.427	267.435
Kurzfristige Aktiva	**3.034.946**	**2.776.951**	**2.825.991**
Sachanlagen, netto	367.928	344.554	365.756
Geschäfts- und Firmenwerte, netto	572.426	591.045	638.742
Sonstige immaterielle Vermögensgegenstände, netto	96.312	103.797	11.495
Langfristige Finanzanlagen	93.134	88.408	0
Latente Steueransprüche	160.135	178.484	169.692
Sonstige langfristige Vermögensgegenstände	102.599	104.569	145.135
Langfristige Aktiva	**1.392.534**	**1.410.857**	**1.330.820**
Aktiva (gesamt)	**4.427.480**	**4.187.808**	**4.156.811**
Kurzfristige Finanzverbindlichkeiten	185.837	–	0
Verbindlichkeiten aus Lieferungen und Leistungen	591.689	592.273	668.461
Rückstellungen für Ertragsteuern	167.334	157.764	112.461
Sonstige Rückstellungen	558.121	454.573	450.748
Sonstige kurzfristige Verbindlichkeiten	184.332	139.095	148.959
Kurzfristige Passiva	**1.687.313**	**1.343.705**	**1.380.629**
Langfristige Finanzverbindlichkeiten	862.845	1.225.385	1.574.046
Pensionen und ähnliche Verpflichtungen	111.321	105.264	98.959
Latente Steuerschulden	77.915	65.807	51.398
Sonstige langfristige Verbindlichkeiten	30.784	35.278	18.907
Langfristige Passiva	**1.082.865**	**1.431.734**	**1.743.310**
Ausgleichsposten für Anteile anderer Gesellschafter	28.850	56.579	55.513
Eigenkapital	1.628.452	1.355.790	1.081.359
Passiva (gesamt)	**4.427.480**	**4.187.808**	**4.260.811**

Tab. 3: Konzernbilanz der adidas-Salomon AG für die Jahre 2002 – 2004

---

[26] Vgl. Born (2001), S. 283 – 284; Küting /Weber (2004), S. 55 – 56.

Zur Strukturbilanzentwicklung wird das Konzernbilanz-Gliederungsschemata der adidas-Salomon AG, die Einteilung in kurz- und langfristige Aktiva und Passiva, beibehalten. Im Weiteren soll der Versuch unternommen werden, die im Konzernabschluss vorgenommenen bilanzpolitische Maßnahmen, die Bewertungswahlrechte und Ermessensspielräume, herauszufiltern, um eine wertmäßig bereinigte Strukturbilanz zu erhalten.

Derivativer Geschäfts- und Firmenwert
Eine „bereinigte" Bewertung des derivativen Geschäfts- und Firmenwertes[27] stellt sich aufgrund der zahlreichen Gestaltungsspielräume bei der Erst- und Folgebewertung (IFRS 3.51 – 3.55), der jährlichen Wertminderungstests (IAS 36.80 – 36.99), der hohen Wertunsicherheit, schwerer Nachweisbarkeit und fehlender Verwertbarkeit als äußerst schwierig dar.[28] Aufgrund der zahlreichen Gestaltungsspielräume findet der in der Konzernbilanz ausgewiesene derivative Geschäfts- und Firmenwert keinen Ansatz in der Strukturbilanz, der Wert in Höhe von 572.426 TEUR wird zum Bilanzausgleich mit dem Eigenkapital verrechnet.[29]

Selbsterstellte immaterielle Vermögenswerte
Die Bilanzierung selbsterstellter immaterieller Vermögenswerte ist unter bestimmten Voraussetzungen nach IFRS zulässig.[30] Die Bestimmung des Vorliegens der Aktivierungsvoraussetzungen liegt in der subjektiven Entscheidung der Unternehmensleitung. Eine Nichtaufnahme des aktivierten Wertes in die Strukturbilanz hat eine Reduzierung des Eigenkapitalwertes und eine Korrektur der Position "passive latente Steueransprüche" zur Folge, da nach Steuerrecht i. S. d. § 5 Abs. 2 EStG selbsterstellte immaterielle Wirtschaftsgüter nicht bilanziert werden dürfen. Für die Strukturbilanz der adidas-Salomon AG hat keine Wertkorrektur zu erfolgen; die Entwicklungskosten wurden im Zeitvergleich als Aufwand gebucht.

Sachanlagen
Eine Bereinigung des Sachanlagevermögens erfolgt nur, wenn im Rahmen der Folgebewertung anstatt des Anschaffungskostenmodells das Neubewertungsmodell gem. IAS 16.29 angewandt und die Sachanlagen zum Fair-Value angesetzt wurden. Bei einer Bewertung über Buchwert ist die Wertdifferenz zwischen Buchwert und Fair-Value der Eigenkapitalposition „Neuberwertungsrücklage"

---

[27] Gem. IFRS 3.51b ist der Geschäfts- und Firmenwert erstmalig zu seinen Anschaffungskosten zu bewerten. Anschaffungskosten = Kaufpreis des Unternehmens minus Zeitwert des Equitys; seit Verabschiedung des IFRS 3 sowie der überarbeiteten IAS 36 und IAS 38 im Rahmen des Projekts „Business Combination" ist der Goodwill nicht mehr planmäßig abzuschreiben.
[28] Vgl. Buchholz (2004), S. 155–159; Lüdenbach/Hoffmann (2005), S. 2073–2077.
[29] Vgl. Lachnitt/Müller (2003), S. 543.
[30] Definitionskriterien für Immaterielle Vermögenswerte: Identifizierbarkeit (IAS 38.11), Beherrschung (IAS 38.13), und künftiger wirtschaftlicher Nutzen (IAS 38.17).

zuzuführen (IAS 16.40). Wertminderungen werden erfolgswirksam erfasst und führen zugleich zu einer Veränderung der Position „passive latente Steuern".
In der Konzernbilanz der adidas-Salomon AG wurde der Ansatz der Sachanlagen mit den Anschaffungs- oder Herstellungskosten abzüglich entsprechender Abschreibungen vorgenommen, so dass eine Wertbereinigung entfällt. Der Wertansatz „Sachanlagen" ist folglich in Struktur- und Konzernbilanz identisch. Ebenso entfällt die Wertbereinigung der als Finanzinvestition gehaltenen Immobilien (IAS 40); die Bewertung wurden nach dem Anschaffungskostenprinzip vorgenommen. Nach IAS 16.33 i.V.m. IAS 23.11 besteht für Fremdkapitalkosten, welche einem qualifizierten Vermögenswert zugeordnet werden können, ein Aktivierungswahlrecht. Fremdkapitalkosten bzw. Finanzierungskosten wurden nicht aktiviert, so dass eine Wertbereinigung in der Strukturbilanz entfällt.

Finanzanlagen
Finanzinstrumente werden in IAS 32.11 definiert als Vertrag, „der gleichzeitig bei dem einen Unternehmen zu einem finanziellen Vermögenswert und bei dem anderen Unternehmen zu einer finanziellen Verpflichtung oder einem Eigenkapitalinstrument führt". Im Rahmen der Bewertung nach IAS 39.9 hat eine Zuordnung der finanziellen Vermögenswerte und Schulden in nachfolgende vier Gruppen zu erfolgen:
  1. zu Handelszwecken gehaltene finanzielle Vermögenswerte und Schulden
  2. bis zur Endfälligkeit zu haltende Finanzinvestitionen
  3. Kredite und Forderungen
  4. zur Veräußerung verfügbare finanzielle Vermögenswerte

Vermögenswerte und Schulden der Gruppen 1, 2 und 4 sind mit dem beizulegenden Zeitwert zu bewerten. Für die Bestimmung der Gruppenzuordnung (1 – 4) besteht ein einmaliges Wahlrecht mit nachfolgender Konsequenz für die Folgebewertung:
  zu 1: Wertveränderungen werden erfolgswirksam erfasst (IAS 39.46, IAS 39.55a)
  zu 2: Folgebewertung zu fortgeführten Anschaffungskosten ((IAS 39.46 b)
  zu 3: Folgebewertung zu fortgeführten Anschaffungskosten unter Anwendung der Effektivzinsmethode (IAS 39.46)
  zu 4: Erfassung der Wertveränderung erfolgsneutral über die Neubewertungsrücklage (IAS 39.46, IAS 39, IAS 39.55 b)

Für den Bilanzvergleich müssen die ermittelten Werte der Wahlrechte – der Unterschiedsbetrag von Buchwert und beizulegendem Wert oder der Wert der Neubewertungsrücklage mit Wertkorrektur der latenten Steuern – beim Finanzanlagevermögen Berücksichtigung finden. In den ausgewiesenen Finanzanlagen der adidas-Salomon AG sind oben genannte Wahlrechte nicht enthalten, eine Bereinigung für die Strukturbilanz ist nicht vorzunehmen.

Aktive latente Steuern

Aktive latente Steuern ergeben sich entweder aus abzugsfähigen temporären Differenzen von IFRS-Buchwert zu steuerlichem Buchwert oder aus ökonomischem Vorteil durch Verlustvortrag.[31] Die Aktivierung latenter Steuern steht in Abhängigkeit zu der Wahrscheinlichkeit eines künftig zu versteuernden Ergebnisses. Der erhebliche Schätzungsspielraum, welcher bei Aktivierung von latenten Steuern gegeben ist, und sich aus der Beurteilung des Vorhandenseins künftig zu versteuernder Ergebnisse sowie der künftigen Entscheidung der Inanspruchnahme bilanzpolitischer Maßnahmen ergibt, kann in vorliegende Untersuchung nicht einfließen.[32]

Die in der Konzernbilanz der adidas-Salomon AG ausgewiesenen Werte der Position „aktive latente Steueransprüche" und „passive latente Steuerschulden" werden in die Strukturbilanz nicht übernommen, der entsprechende Wert wird mit dem Eigenkapital verrechnet.

Die bereinigte Strukturbilanz der adidas-Salomon AG zeigt Tabelle 4:

Strukturbilanz der adidas-Salomon AG für die Jahre 2002 – 2004			
in TEUR	31.12.2004	31.12.2003	31.12.2002
Flüssige Mittel	195.997	189.503	75.956
Kurzfristige Finanzanlagen	258.950	89.411	0
Forderungen L+L	1.046.322	1.075.092	1.292.667
Vorräte	1.155.374	1.163.518	1.189.933
Sonst. kurzf. Vermögensgegenstände	378.303	259.427	267.435
Kurzfristige Aktiva	**3.034.946**	**2.776.951**	**2.825.991**
Sachanlagen, netto	367.928	344.554	365.756
Geschäfts- und Firmenwerte, netto	572.426	591.045	638.742
Eliminierung Geschäftswert	-572.426	-591.045	-638.742
Sonst. immat. Vermögensgegenständeo	96.312	103.797	115.495
Langfristige Finanzanlagen	93.134	88.408	0
Latente Steueransprüche	160.135	178.484	169.692
Eliminierung aktiver latenter Steuern	-160.135	-178.484	-169.692
Sonst. langf. Vermögensgegenstände	102.599	104.569	145.135
Langfristige Aktiva	**659.973**	**641.328**	**626.386**
Aktiva	**3.694.919**	**3.418.279**	**3.452.377**

---

[31] Vgl. Kirsch (2004), S. 44.
[32] Vgl. Lüdenbach/Hoffmann (2005), S. 2077–2079: für eine Eliminierung mit Verrechnung gegen das Eigenkapital; Küting/Wohlgemuth (2004) aus Investorensicht ist höchstens der Ansatz der latenten Steuern aus Verlustvorträgen zu eliminieren.

in TEUR	31.12.2004	31.12.2003	31.12.2002
Kurzfristige Finanzverbindlichkeiten	185.837	–	0
Verbindlichkeiten L+L	591.689	592.273	668.461
Rückstellungen für Ertragsteuern	167.334	157.764	112.461
Sonstige Rückstellungen	558.121	454.573	450.748
Sonstige kurzfristige Verbindlichkeiten	184.332	139.095	148.959
Kurzfristige Passiva	**1.687.313**	**1.343.705**	**1.380.629**
Langfristige Finanzverbindlichkeiten	862.845	1.225.385	1.574.046
Pensionen und ähnl. Verpflichtungen	111.321	105.264	98.959
Latente Steuerschulden	77.915	65.807	51.398
Eliminierung passiver latenter Steuern	-77.915	-65.807	-51.398
Sonstige langfristige Verbindlichkeiten	30.784	35.278	18.907
Langfristige Passiva	**1.004.950**	**1.365.927**	**1.691.912**
Ausgleichsposten and. Gesellschafter	28.850	56.579	55.513
Eigenkapital	1.628.452	1.355.790	1.081.359
Geschäfts- und Firmenwert.	-572.426	-591.045	-638.742
Latente Steueransprüche	-160.135	-178.484	-169.692
Latente Steuerschulden	77.915	65.807	51.398
Passiva	**3.694.919**	**3.418.279**	**3.452.377**

Tab. 4: Strukturbilanz der adidas-Salomon AG für die Jahre 2002 – 2004

IV. Unternehmensdaten der HUGO BOSS AG

1. Unternehmensprofil

Mit Aufnahme der Produktion von Arbeitskleidung gründete Hugo Boss im Jahre 1923 sein Unternehmen. Beachtung erlangte der Metzinger Konzern in den achtziger Jahren mit der Produktion gehobener Herrenmode. Eine Erweiterung der Angebotspalette erfolgte im Jahr 1998 mit Produktionsaufnahme exklusiver Damenmoden. Heute ist die „HUGO BOSS AG" Deutschlands größter Herrenmode-Anbieter, im M-DAX vertreten und international als Weltmarktführer im gehobenen Segment anerkannt.[33]

2. Konzerngewinn- und Verlustrechnung im Zeitvergleich

Die HUGO BOSS AG erzielte im Geschäftsjahr 2004 einen Gesamtumsatz von 1.168,4 Mio. Euro, eine Steigerung zum Vorjahr von 11 %.[34] Die Umsatz-

---

[33] Vgl. Geschäftsbericht 2004 HUGO BOSS AG, S. 13.
[34] Vgl. Geschäftsbericht 2004 HUGO BOSS AG, S. 50, 80, 118.

steigerung ergibt sich bei den Marken „BOSS" (11%), „Man" (10 %), „Woman" (36 %) und „HUGO" (13 %). Einzig bei der Marke „BALDESSARINI" ist ein Umsatzrückgang (8 %) eingetreten.

Konzerngewinn- und Verlustrechnung der HUGO BOSS AG, 2002–2004			
in TEUR	31.12.2004	21.12.2003	31.12.2002
Umsatzerlöse	1.168.355	1.054.112	1.093.386
Sonstige betriebliche Erträge	38.525	45.764	45.021
BV und andere aktivierte Eigenleistung	31.854	10.787	-36.653
Materialaufwand	-569.159	-519.607	-489.702
Personalaufwand	-198.284	-172.246	-161.017
Abschreibungen	-37.399	-32.932	-32.186
Sonstige betriebliche Aufwendungen	-298.607	-266.650	-320.431
Ergebnis der betrieblichen Tätigkeit	**135.285**	**119.228**	**98.418**
Zinsergebnis	-5.338	-4.386	-4.366
Übrige Finanzposten	119	5.719	1.053
Finanzergebnis	**-5.219**	**1.333**	**-3.313**
Ergebnis gewöhnl. Geschäftstätigkeit	**130.066**	**120.561**	**95.105**
Ergebnis vor Ertragsteuern	**130.066**	**120.561**	**95.105**
Ertragsteuern	-41.882	-38.195	-20.419
Konzernergebnis	**88.184**	**82.366**	**74.686**
Ergebnisanteil anderer Gesellschafter	0	0	0
Ergebnis ohne Minderheitenanteile	**88.184**	**82.366**	**74.686**
Ergebnis je Aktie (in €) Vorzugsaktien	1,26	1,18	1,07
Stammaktien	1,24	1,16	1,05

Tab. 5: Konzerngewinn- und Verlustrechnung der HUGO BOSS AG im Zeitvergleich

Im Geschäftsjahr 2004 wird ein Gewinn vor Steuern in Höhe von 130,1 Mio. Euro erzielt, eine Gewinnsteigerung von 8 % zum Vorjahreswert. Die Beschäftigtenanzahl zum Jahresende 2004 liegt insgesamt bei 6.942, in Deutschland bei 1.747; eine Steigerung zum Vorjahr um 8 %, weltweit von 36 %.[35]
Die Personalaufwendungen betragen insgesamt 198,1 Mio. Euro; eine Erhöhung von rund 16 % zum Vorjahreswert.

3. Überleitung von Konzernbilanz zur Strukturbilanz

Die Entwicklung der Strukturbilanz der HUGO BOSS AG soll analog zu der adidas-Salomon AG vorgenommen werden. Die Konzernbilanz[36] der HUGO BOSS AG zeigt Tabelle 6.

---

[35] Vgl. Geschäftsbericht 2004 HUGO BOSS AG, S. 74
[36] Vgl. Geschäftsbericht 2004 HUGO BOSS AG, S. 120, 121.

Konzernbilanz der HUGO BOSS AG für die Jahre 2002 – 2004			
in TEUR	31.12.2004	31.12.2003	31.12.2002
Flüssige Mittel	51.102	48.264	57.272
Forderungen aus Lieferungen L+L	153.797	173.325	153.626
Vorräte	250.693	214.682	218.147
Sonst. kurzf. Vermögenswerte	48.284	60.412	69.500
Kurzfristige Vermögenswerte	**503.876**	**496.683**	**498.545**
Sachanlagevermögen	201.591	186.996	184.108
Immaterielle Vermögenswerte	61.811	35.484	36.294
Finanzanlagen	0	25	25
Latente Steuern	21.376	22.864	32.532
Sonst. langf. Vermögenswerte	12.613	12.491	8.936
Langfristige Vermögenswerte	**297.391**	**257.860**	**261.895**
Aktiva, gesamt	**801.267**	**754.543**	**760.440**
Kurzfristige Finanzverbindlichkeiten	91.294	115.122	104.002
Verbindlichkeiten aus L+L	42.734	34.200	34.690
Rückstellungen	81.157	74.245	87.099
Sonstige kurzfristige Verbindlichkeiten	24.070	18.806	16.915
Kurzfristige Verbindlichkeiten	**239.255**	**242.373**	**242.706**
Langfristige Finanzverbindlichkeiten	114.581	79.364	92.503
Latente Steuern	8.383	10.987	13.950
Pensionsrückstellungen	13.966	19.699	23.127
Sonst. langfristige Verbindlichkeiten	3.106	2.614	2.992
Langfristige Verbindlichkeiten	**140.036**	**112.664**	**132.572**
Gezeichnetes Kapital	70.400	70.400	70.400
Eigene Aktien	-2.103	0	0
Kapitalrücklage	399	399	399
Gewinnrücklage	286.347	259.209	237.668
Konzernergebnis	88.184	82.366	74.686
Kumuliertes übriges Eigenkapital	-21.251	-12.868	2.009
Eigenkapital	421.976	399.506	385.162
Passiva, gesamt	**801.267**	**754.543**	**760.440**

Tab. 6: Konzernbilanz der HUGO BOSS AG für die Jahre 2002 – 2004

Für die Entwicklung der Strukturbilanz werden die bilanzpolitischen Maßnahmen aus den vorliegenden Konzernabschlussdaten herausgefiltert; eine Erörterung der Bilanzpositionen, welche im Vorfeld eine Beurteilung erfahren haben, unterbleibt.

Immaterielle Vermögenswerte

In der Position „Immaterielle Vermögenswerte" sind Werte eines derivativen Geschäfts- und Firmenwertes sowie selbsterstellte Software zum Buchwert enthalten. Die Werte des derivativen Geschäfts- und Firmenwertes für die Jahre 2002, 2003 und 2004 von 7.728 TEUR, 7.289 TEUR und 25.592 TEUR werden in die Strukturbilanz nicht aufgenommen; bei Immateriellen Vermögenswerten und Gewinnrücklagen erfolgt eine entsprechende Wertkorrektur. Der Wert der Immateriellen Vermögenswerte reduziert sich außerdem um den Buchwert der selbsterstellten Software i.H.v. 2.100 TEUR (Vorjahr 3.151 TEUR); im Passiva reduziert sich der Wert der Gewinnrücklagen um 2.100 TEUR. Der ermittelte Steuerbetrag i.H.v. 781 TEUR[37] mindert den Wert der passiven latenten Steuern und erhöht mit gleichem Wert die Gewinnrücklagen.

Sachanlagen
Die Sachanlagen sind nach dem Anschaffungskostenmodell bewertet. Als Finanzinvestition gehaltene Immobilien sind im Unternehmen nicht existent und Fremdkapitalzinsen wurden in der Konzernbilanz nicht aktiviert. Für die Strukturbilanz erfolgt keine Wertkorrektur der Position „Sachanlagen".

Finanzanlagen
Die Position „Sonstige Vermögenswerte" enthält positive Marktwerte aus Finanzderivativen in Höhe von 4.262 TEUR; „Sonstige Verbindlichkeiten" enthalten negative Marktwerte aus Finanzinstrumenten im Wert von 4.201 TEUR. Für die Strukturbilanz erfolgt keine Wertkorrektur, da der Buchwert der Finanzinstrumente aus den vorliegenden Jahresabschlüssen nicht ermittelt werden kann.

Aktive und passive latente Steuern
Die Werte der Bilanzpositionen „aktive latente Steuern" und „passive latente Steuern" gehen – ebenso wie bei der adidas-Salomon AG – nicht in die Strukturbilanz ein; die Wertkorrektur erfolgt über das Eigenkapital.

Strukturbilanz der HUGO BOSS AG	31.12.2004	31.12.2003	31.12.2002
Flüssige Mittel	51.102	48.264	57.272
Forderungen aus Lieferungen + Leistungen	153.797	173.325	153.626
Vorräte	250.693	214.682	218.147
Sonstige kurzfristige Vermögenswerte	48.284	60.412	69.500
Kurzfristige Vermögenswerte	**503.876**	**496.683**	**498.545**
Sachanlagevermögen	201.591	186.996	184.108
Immaterielle Vermögenswerte	61.811	35.484	36.294
Eliminierung derivativer Geschäftswert	-25.592	-7.289	-7.728
Eliminierung selbsterstellter Vermögenswerte	-2.100	-3.151	-4.202
Finanzanlagen	0	25	25
Latente Steuern	21.376	22.864	32.532
Eliminierung aktiver latenter Steuern	-21.376	-22.864	-32.532
Sonstige langfristige Vermögenswerte	12.613	12.491	8.936
Langfristige Vermögenswerte	**248.323**	**224.556**	**217.433**
Aktiva, gesamt	**752.199**	**721.239**	**715.978**

---

[37] Vgl. Geschäftsbericht 2004 HUGO BOSS AG, S. 124; für die Berechnung des latenten Steuerbetrages wurde der inländische Ertragsteuersatz von 37,2 % zugrundegelegt.

	31.12.2004	31.12.2003	31.12.2002
Kurzf. Finanzverbindlichkeiten	91.294	115.122	104.002
Verbindlichkeiten L+L	42.734	34.200	34.690
Rückstellungen	81.157	74.245	87.099
Sonst. kurzf. Verbindlichkeiten	24.070	18.806	16.915
Kurzfristige Verbindlichkeiten	**239.255**	**242.373**	**242.706**
Langf. Finanzverbindlichkeiten	114.581	79.364	92.503
Latente Steuern	8.383	10.987	13.950
Korrektur selbsterstellter Vermögenswerte	-781	-1.172	-1.563
Eliminierung passiver latenter Steuern	-7.602	-9.815	-12.387
Pensionsrückstellungen	13.966	19.699	23.127
Sonst. langf. Verbindlichkeiten	3.106	2.614	2.992
Langfristige Verbindlichkeiten	**131.653**	**101.677**	**118.622**
Gezeichnetes Kapital	70.400	70.400	70.400
Eigene Aktien	-2.103	0	0
Kapitalrücklage	399	399	399
Gewinnrücklagen	286.347	259.209	237.668
Korrektur derivativer Geschäftswert	-25.592	-7.289	-7.728
Korrektur selbsterstellter Vermögenswerte	-1.319	-1.979	-2.639
Korrektur aktive latente Steuern	-21.376	-22.864	-32.532
Korrektur passive latente Steuern	7.602	9.815	12.387
Konzernergebnis	88.184	82.366	74.686
Kumuliertes übriges Eigenkapital	-21.251	-12.868	2.009
Eigenkapital	**381.291**	**377.189**	**354.650**
Passiva, gesamt	**752.199**	**721.239**	**715.978**

Tab. 7: Strukturbilanz der HUGO BOSS AG für die Jahre 2002 – 2004 in TEUR

D. Kennzahlenanalyse

Für eine fundierte Investitionsentscheidung sind – auf Grundlage der Strukturbilanzwerte – im Rahmen der Bilanzanalyse betriebswirtschaftliche Kennzahlen und Kennzahlensysteme zu ermitteln, zu verdichten und anhand von Vergleichsmaßstäben zu interpretieren.[38] Tabelle 8 zeigt für die adidas-Salomon AG und die HUGO BOSS AG ausgewählte Kennzahlen und Kennzahlensysteme sowie die Ergebnisse der Kennzahlenrechnung im Zeit- und Unternehmensvergleich:[39]

---

[38] Vgl Bartels (1994), S. 1207 ff.; Gräfer (2005), S. 40 ff.
[39] Vgl. stellvertretend für alle: Gräfer (2005); Kirsch (2004); Meyer (2006).

Bilanzanalyse nach internationalen Rechnungslegungsstandards 129

Kennzahlen / Kennzahlensysteme	adidas-Salomon AG			HUGO BOSS AG		
	2002	2003	2004	2002	2003	2004
Anlagenintensität[40]	18,1	18,8	17,9	30,4	31,1	33,0
Umlaufintensität[41]	81,9	81,2	82,1	69,6	68,9	67,0
Eigenkapitalquote[42]	9,4	19,1	26,4	49,5	52,3	50,7
Goldene Finanzierungsregel[43]	0,30	0,31	0,33	0,46	0,47	0,48
Liquidität 2. Grades[44]	205	214	210	608	649	480
Cash-Flow (Mio. EUR)[45]	378.0	406.7	468.4	105.1	111.9	119.8
Cash-Flow-Umsatzrate (%)[46]	5,8	6,5	7,2	9,6	10,6	10,3
Cash-Flow-Gesamtkapital (%)[47]	11,0	11,8	13,7	14,7	15,6	16,3
Eigenkapitalrentabilität (%)[48]	37,2	36,0	34,9	25,0	30,7	31,7
Gesamtkapitalrentabilität (%)[49]	15,1	15,5	17,5	14,0	17,6	18,7
Return on Investment (%)[50]	12,6	14,1	15,9	13,3	17,0	18,0
Umsatzrentabilität (%)[51]	6,7	7,7	8,8	8,7	11,6	11,3
Materialintensität (%)[52]	54,6	53,2	49,8	44,8	49,3	48,7
Personalintensität (%)[53]	11,6	11,3	12,1	14,7	16,3	17,0
Ergebnis je Aktie[54]						
Stammaktie Unverwässert (Euro)	5,04	5,72	6,88	1,05	1,16	1,24
Stammaktie Verwässert (Euro)	5,04	5,72	6,54	1.05	1,16	1,24
Vorzugsaktie	–	–	–	1,07	1,18	1,26
Kurs-Gewinn-Verhältnis[55]						
Stammaktie	16,33	15,79	18,16	8,81	14,0	18,9
Vorzugsaktie	–	–	–	8,98	13,5	19,4
EBIT (Mio. Euro)[56]	476,6	490,0	580,2	115,4	119	135
EBITDA (Mio. Euro)[57]	573,8	585,5	681,9	145,0	152	172

Tab. 8: Kennzahlenüberblick im Unternehmensvergleich

---

[40] = (AV:GV) x 100
[41] = (UV:GV) x 100
[42] = (EK : GK) x 100
[43] = Langf. Vermögen. : langf. Kapital ≤ 1
[44] = (Liquide Mittel + kurzf. Forderungen / kurzf. Verbind. Lichkeiten) x 100
[45] = Jahresergebnis + AfA – Wertaufholungen +/- Erhöhung/Verm. langf. Rückstellung
[46] = (Cash flow : Umsatzerlöse) x 100
[47] = (Cash Flow:∅ Gesamtkapital) x 100
[48] = (Jahresergebnis : ∅ EK) x 100
[49] = (Jahresergebnis x Fremdkapitalzinsen / ∅ Kapital) x 100
[50] = (Jahresergeb. : ∅ Kapital) x 100
[51] = (Umsatzerlöse:Jahresergebnis) x 100
[52] = (Materialaufwand:Umsatzerl.) x 100
[53] = (Personalaufw.:Umsatzerlöse) x 100
[54] = Jahresergebnis : Anzahl der während der Periode ausstehenden Aktien
[55] = Börsenkurs je Aktie:Ergeb. je Aktie
[56] = Jahresergebnis +/- ao. Aufwendung / Erträge +/- Finanzergebnis +/- EE-Steuern
[57] = EBIT+ AfA auf Sachanlagen + AfA auf immat. Vermögenswerte inkl. Firmenwerte

Durch Aufbereitung und Verdichtung der Kennzahlen sowie deren Vergleich zu anderen Perioden und anderen Unternehmen der gleichen Branche lassen sich zuverlässige Interpretationen über die Leistungsfähigkeit des Unternehmens sowie Hinweise über die künftige wirtschaftliche Entwicklung des Unternehmens ableiten, d. h., der Jahresabschluss liefert dem externen Bilanzanalysten erste Informationen über die Vermögens-, Finanz- und Ertragslage eines Unternehmens.[58]

Dem Vorteil, mit Hilfe von Kennzahlen eine übersichtliche Komprimierung komplexer Sachverhalte zu erhalten, stehen jedoch Nachteilen gegenüber.[59] Die mit Datenaufbereitung gewonnenen Ergebnisse liefern aufgrund der vergangenheitsbezogenen Jahresabschlussdaten keine aktuellen Informationen. Durch Einsatz von Kennzahlen gehen nicht quantifizierbare Zusammenhänge verloren oder bleiben ohne Berücksichtigung, wie z.B. Präferenzen auf Beschaffungsmärkten, Qualität des Managements, Marktstellung oder technisches Know-how.[60] Auch die in der IFRS-Rechnungslegung gegebenen bilanzpolitischen Wahlrechte und Ermessensspielräume erschweren die erforderliche Transparenz und Vergleichbarkeit von Jahresabschlüssen.[61] Ein weiterer negativer Aspekt ist mit Umstellung der Rechnungslegung von HGB auf IFRS gegeben, welche zu einer Neuorientierung der Bilanzanalyse führen wird. So stellt sich die Frage, ob die Kennzahlenwertung sowie die Erfahrungswerte der handelsrechtlichen Bilanzanalyse auf eine IFRS-Bilanzanalyse, der bisher ein entsprechender Referenzrahmen fehlt, übertragbar sind.[62] Weitere Schwierigkeiten für die Bilanzanalyse nach IFRS ergeben sich aus der permanenten Überarbeitung und Neuentwicklung von Standards, wodurch ein Branchen- und Zeitvergleich über mehrere Jahre kaum möglich ist. Auch die retrospektiv vorgenommenen Anpassungen, welche Geschäftsvorfälle rückwirkend unter Beachtung der neuen Bilanzierungs- oder Bewertungsmethode berücksichtigen (IAS 8.5) ist als nachteilig zu werten, da die Übernahme der Vorjahreswerte nur bedingt möglich ist.[63]

Trotz der aufgezeigten Grenzen und Probleme ist die traditionelle Kennzahlenrechnung für die Unternehmensbeurteilung, den Unternehmensvergleich und eine Investitionsentscheidung unverzichtbar.

Für die zu beurteilenden Konzernunternehmen, adidas-Salomon AG und HUGO BOSS AG, sollen im Folgenden einige der gewonnenen Ergebnisse der Kennzahlenrechnung (Tabelle 8) unter Inanspruchnahme des sogenannten Saarbrücker Modells[64], welches die Ertragsstärke der Unternehmen unter Anwendung eines

---

[58] Vgl. Baetge/Kirsch/Thiele (2004), S. 75 – 76.
[59] Vgl. Bräsel/Kasperzak (2004), S. 579 f.
[60] Vgl. Coenenberg (2003), S. 923; Gräfer (2005), S. 28.
[61] Vgl. Baetge/Kirsch/Thiele (2004), S. 64 – 69.
[62] Vgl. Hüttche (2005), S. 319 – 320.
[63] Vgl. Hüttche (2005), S. 149; Küting/Reuter (2005), S. 713.
[64] Vgl. Küting/Weber (2004), S. 414.

Scoring-Verfahrens ermittelt, zur Anwendung kommen. Grundlage des Saarbrücker Modells bilden die Werte der Kennzahlen „Eigenkapitalquote", „Return on Investment", „Cash-Flow zu Umsatz" und „Cash-Flow zu Gesamtkapital". In Abhängigkeit der Höhe des ermittelten Kennzahlenwertes wird jeder Kennzahl eine bestimmte Anzahl von Punkten zwischen 0 und 250 zugewiesen (Tabelle 9).

Eigenkapitalquote (EKQ)	Return on Investment (ROI)	Cash-flow zu Umsatz (CFU)	Cash-flow zu Gesamtkapital (CFK)	Punkte
EKQ = 0	ROI = 0	CFU = 0	CFK = 0	0
0 < EKQ = 8	0 < ROI = 2	0 < CFU = 4	0 < CFK = 4	25
8 < EKQ = 15	2 < ROI = 4,5	4 < CFU = 6,5	4 < CFK = 8	50
15 < EKQ = 22	4,5 < ROI = 6	6,5 < CFU = 8,5	8 < CFK = 10	75
22 < EKQ = 28	6 < ROI = 8	8,5 < CFU = 10,5	10 < CFK = 12	100
28 < EKQ = 37	8 < ROI = 11	10,5 < CFU = 13	12 < CFK = 14	125
37 < EKQ = 45	11 < ROI = 14	13 < CFU = 17	14 < CFK = 16	150
45 < EKQ = 55	14 < ROI = 17	17 < CFU = 21	16 < CFK = 19,5	175
55 < EKQ = 70	17 < ROI = 20	21 < CFU = 30	19,5 < CFK = 23	200
70 < EKQ = 85	20 < ROI = 27	30 < CFU = 48	23 < CFK = 28	225
EKQ > 85	ROI > 27	CFU > 48	CFK > 28	250

Tab. 9: Kennzahlenausprägung nach dem Saarbrücker Modell[65]

Nach Ermittlung der Gesamtpunktzahl erfolgt die Zuordnung in die Ertragsstärkenklasse, die sich, wie Tabelle 10 zeigt, in fünf Ertragsstärken unterteilt:

Gesamtpunktzahl (GP)	Urteil über die Ertragsstärke
GP = 250	Außergewöhnlich gering
250 < GP = 400	Unterdurchschnittlich
400 < GP = 600	Durchschnittlich
600 < GP = 800	Überdurchschnittlich
GP > 800	Außergewöhnlich hoch

Tab. 10: Ertragsstärkeklassen nach dem Saarbrücker Modell[66]

Für die Konzernunternehmen adidas-Salomon AG und HUGO BOSS AG lassen sich mit den Ergebnissen der durchgeführten Kennzahlenrechnung (Tabelle 8) und unter Anwendung des Saarbrücker Modells folgende Werte für die Ertragsstärke ermitteln:[67]

---

[65] Quelle: Küting/Weber (2004), S. 417.
[66] Quelle: Küting/Weber (2004), S. 417.
[67] Vgl. Baetge/Kirsch/Thiele (2004), S. 531; Küting/Weber (2004), S. 417.

Werte in Punkte	adidas-Salomon AG			HUGO BOSS AG		
	2002	2003	2004	2002	2003	2004
EKQ	50	75	100	175	175	175
ROI	150	175	175	150	200	200
CFU	50	75	75	100	125	100
CFK	100	100	125	150	150	175
Gesamtpunktzahl	350	425	475	575	650	650

Tab. 11: Rating der Praxisunternehmen nach dem Saarbrücker Modell

Nach dem Saarbrücker Modell kann die Ertragsstärke der HUGO BOSS AG mit einer ermittelten Gesamtpunktzahl von 650 in den Geschäftsjahren 2003 und 2004 als „überdurchschnittlich", die Ertragsstärke der adidas-Salomon AG mit einer Gesamtpunktzahl von 475 als „durchschnittlich" eingestuft werden. Die nach Punktesystem ermittelte Klasseneinteilung der beiden Konzernunternehmen sind mit der im Jahr 2005 veröffentlichten Rangliste[68] „Ertragsstärkste Unternehmen 2004" vergleichbar[69]. Zur Ermittlung der Ertragskraft im Rahmen eines Rankings wurden 132 Unternehmen aus Dax, MDax, SDax und TecDax unter Einbeziehung des Saarbrücker Modells bewertet. Die Ertragskraft der HUGO BOSS AG wurde mit einer Gesamtpunktzahl von 725 als „überdurchschnittlich", die der adidas-Salomon AG mit einer Gesamtpunktzahl von 575 als „durchschnittlich" eingestuft.

Im Vergleich zu den insgesamt bewerteten kapitalmarktorientierten Unternehmen sowie einer durchschnittlich ermittelten Gesamtpunktzahl von 485 wird die Ertragskraft der Konzernunternehmen HUGO BOSS AG und adidas-Salomon AG als überdurchschnittlich gut eingestuft. Die Unternehmen erreichten im Ranking die Plätze 26 und 43.

E. Fazit

Die Textil- und Bekleidungsindustrie in Deutschland verzeichnet seit Jahren rückläufige Umsätze und Gewinne sowie enorme Produktionsrückgänge. Im Gegensatz zur Branche erzielen die Konzernunternehmen adidas-Salomon AG und HUGO BOSS AG im untersuchten Zeitvergleich stetig steigende Umsatzerlöse und Gewinne. Auch die Ergebnisse der Kennzahlenrechnung liefern für beide Unternehmen ein ausgesprochen positives Bild der Vermögens-, Finanz- und Ertragslage. Auf Basis einer stabilen Kapitalausstattung und hohen Liquiditätsbeständen werden gute Erfolge mit annähernd identisch hohen Rentabilitäten (Ei-

---

[68] Vgl. http://www.handelsblatt.com/rd/popup/firmencheck_tabelle.html, (18.03.2006).
[69] Vgl. Die Differenz zwischen der Gesamtpunktzahl lt. Studie und der in diesem Beitrag ermittelten Gesamtpunktzahl kann auf die Eliminierung bilanzpolitischer Maßnahmen aus den Konzernbilanzen zurückgeführt werden.

genkapitalrentabilität über 30 %, Gesamtrentabilität um 18 %, Umsatzrentabilität von 9 % bzw. 11 %) erzielt.[70]

Im Zeitvergleich lässt sich feststellen, dass die Eigenkapitalquote sowie die Ertragsstärke, welche nach dem Saarbrücker Modell ermittelt wurde, bei der HUGO BOSS AG höher als bei der adidas-Salomon AG zu bewerten sind. Ebenso wird eine steigende Eigenkapitalrentabilität, im Gegensatz zu einer sinkenden bei der adidas-Salomon AG, deutlich. Die gewonnen Erkenntnisse liefern zwar erste Anhaltspunkte für die Bewertung der wirtschaftlichen Leistungsfähigkeit beider Unternehmen, eine fundierte Investitionsentscheidung bedarf jedoch weiterer finanz- und erfolgswirtschaftlicher Analyseergebnisse.

Für die Bewertung der wirtschaftlichen Lage des Unternehmens ist des Weiteren von Bedeutung, dass die bei Aufstellung des Jahresabschlusses vorgenommenen bilanzpolitischen Maßnahmen, die expliziten und faktische Wahlrechte sowie die Ermessensspielräume, die Aussagekraft einer Jahresabschlussanalyse enorm einschränken können. Insbesondere durch die Ermessensspielräume, der Gestaltung des Jahresabschlusses ohne Existenz eines formalen Wahlrechts, wird eine externe Jahresabschlussanalyse erheblich erschwert. Die individuelle Beurteilung und Wertung der Unternehmensleitung ist im veröffentlichten Jahresabschluss oftmals nicht erkennbar und folglich der Wirkungszusammenhang auf den Jahresabschluss nicht analysierbar. Bei Erstellung des Jahresabschlusses , „so scheint es", wurden von der adidas-Salomon AG Wahlrechte und Ermessensspielräume intensiver als von der HUGO BOSS AG genutzt, der Tendenz einer eher progressiven Bilanzierung steht die eher konservative Bilanzierungspraxis der HUGO BOSS AG entgegen.

Abschließend bleibt festzustellen, dass aufgrund der Gestaltungsspielräume, insbesondere der „verdeckten" Bilanzierungs-, Bewertungs-, und Ausweiswahlrechte, eine externe Jahresabschlussanalyse nach IFRS erheblich erschwert wird.[71] Die Identifikation von verdeckten Wahlrechten und konkreten Ausgestaltungen wird auch in Zukunft – trotz verbesserter Offenlegungsvorschriften (IAS 1.113 und IAS 1.116) – ein Problem für Bilanzadressaten darstellen.

---

[70] Vgl. Gräfer (2005), S. 288.
[71] Vgl. Kirsch (2004), S. 168 ff.; Meyer/Meisenbacher (2004), S. 572.

Literaturverzeichnis

Amman, H./Müller, S. (2005): Konzernbilanzierung – Grundlagen sowie Steuerungs- und Analysemöglichkeiten, Herne/Berlin 2005.

Baetge, J./Kirsch, H.J./Thiele, S. (2004a): Bilanzanalyse, 2. Aufl., Düsseldorf 2004.

Bartels, H. G. (1994): Zur Zurechenbarkeit zwischen einzelnen Passiv- und Aktivpositionen bzw. zur Dekomposition optimaler Investitionsprogramme. In: Ballwieser, W. et al. (Hrsg.), Bilanzrecht und Kapitalmarkt, Festschrift für Adolf Moxter, Düsseldorf 1994, S. 1202 – 1229.

Bohl, W./Riese, J./Schlüter, J. (2004): Beck'sches IFRS-Handbuch – Kommentierung der IAS/IFRS, München 2004.

Born, K. (2005): Rechnungslegung International, IAS/IFRS im Vergleich mit HGB und US-GAAP, 4. Aufl., Stuttgart 2005.

Bräsel, G. / Kasperzak, R. (2004): Internationale Rechnungslegung, Prüfung und Analyse, Aufgaben und Lösungen, München 2004.

Buchholz, R. (2004): Internationale Rechnungslegung – Die Vorschriften nach IFRS, HGB und US-GAAP im Vergleich, 4. Aufl., Berlin 2004.

Coenenberg, A. (2003): Jahresabschluss und Jahresabschlussanalyse – Betriebswirtschaftliche, handelsrechtliche, steuerrechtliche und internationale Grundsätze, 19. Aufl., Stuttgart 2003.

Döring, U./Kussmaul H. (2004): Spezialisierung und Internationalisierung, Entwicklungstendenzen der deutschen Betriebswirtschaftslehre, München 2004.

Gräfer, H. (2005): Bilanzanalyse – Traditionelle Kennzahlenanalyse des Einzeljahresabschlusses, kapitalmarktorientierte Konzernjahresabschlussanalyse, 9.Aufl., Berlin 2005.

Gräfer, H./Sorgenfrei C. (2004): Rechnungslegung – Bilanzierung und Bewertung nach HGB, IAS, IFRS, 3. Aufl., Berlin 2004.

Hayn S./Waldersee, G. Graf (2004): IFRS/US-GAAP/HGB im Vergleich – Synoptische Darstellung für den Einzel- und Konzernabschluss, 5. Aufl., Stuttgart 2004.

Heinzmann, G. (2005): Einführung in die IAS/IFRS-Rechnungslegung-Zielsetzung, Anwendungsbereich und Konzeption. In: Steuer & Studium, Beilage 1/2005, S. 1-31.

Hinz, M. (2005): Rechnungslegung nach IFRS – Konzept, Grundlagen und erste Anwendung, München 2005.

International Financial Reporting Standards (2005): IDW Textausgabe, 2. Aufl., Düsseldorf 2005.

Hoffmann, W.-D./Lüdenbach, N. (2005): Praxis der internationalen Rechnungslegung. In: Steuern und Bilanzen 2005, S. 1 – 18.

Hornig, F./Jung A. (2005): Der Markt kennt kein Herz. In: Der Spiegel 2005, Nr. 23, S. 86 - 90.

Hornig, F./Wagner, W. (2005): Duell der Giganten. In: Der Spiegel 2005, Nr.32, S.74-88.

Hüttche, T. (2005): Typologische Bilanzanalyse: Qualitative Auswertung von IFRS-Abschlüssen. In: KoR 2005, S. 318 – 323.

Kirsch, H. (2003a): Gestaltungspotenzial durch verdeckte Bilanzierungswahlrechte nach IAS/IFRS. In: BB 2005, S. 1111 – 1116.

Kirsch, H. (2003b): Einfluss unternehmerischer Prognosen und Planungen auf den IAS-Jahresabschluss. In: Steuern und Bilanzen 2003, S. 241 – 247.

Kirsch, H. (2004a): Finanz- und erfolgswirtschaftliche Jahresabschlussanalyse nach IFRS, München 2004.
Kirsch, H. (2004b): Rentabilitätsanalysen auf Basis eines IAS/IFRS Abschlusses. In: BB 2004, S. 261 – 266.
Kleinsmann, H. (2003): Die Bilanzierung von Finanzinstrumenten nach IAS In: Steuern und Bilanzen 2003, S. 101 – 107.
Koch, E. (2000): Globalisierung der Wirtschaft – Über Weltkonzerne und Weltpolitik –, München 2000.
KPMG (Hrsg.) (2004): International Financial Reporting Standards – Einführung in die Rechnungslegung nach den Grundsätzen des IASB, 3. Aufl., Stuttgart 2004.
Küting, K. (2005): Erkennen von Unternehmenskrisen anhand der angewandten Bilanzpolitik. In: Controlling 2005, S. 223 – 231.
Küting, K./Heiden, M. (2003): Werden stille Reserven in Zukunft (noch) stiller? – Machen die IFRS die Bilanzanalyse überflüssig oder weitgehend unmöglich? In: BB 2003, S. 706 – 713.
Küting, K./Weber, C.-P. (2004): Bilanzanalyse, 7. Aufl., Stuttgart 2004.
Küting, K./Weber, C.-P. (2005): Der Konzernabschluss – Lehrbuch zur Praxis der Konzernrechnungslegung, 9. Aufl., Stuttgart 2005.
Küting, K./Wohlgemuth, C. (2003): Latente Steuern in der Unternehmenspraxis: Bedeutung für Bilanzpolitik und Unternehmensanalyse – Grundlage und empirischer Befund in 300 Konzernabschlüssen von in Deutschland börsennotierten Unternehmen. In: Die Wirtschaftsprüfung 2003, S. 301 – 316.
Lüdenbach, N./Hofmann, W.-D. (2004) Verbindliches Mindestgliederungsschema für die IFRS-Bilanz. In: Kapitalmarkt orientierte Rechnungslegung 2004, S. 89 – 94.
Lüdenbach, N./Hoffmann W.-D. (2005): IFRS-Kommentar – Praxis-Kommentar, 3. Aufl., Freiburg 2005.
Meyer, C. (2006) Betriebswirtschaftliche Kennzahlen und Kennzahlen-Systeme, 3. Aufl., Sternenfels 2006.
Meyer, C./Meisenbacher, M. (2004): Bilanzpolitik auf Basis von IAS/IFRS, insbesondere in Zeiten der Krise. In: DStR 2004, S. 567 – 572.
Peemöller, V. (2003): Bilanzanalyse und Bilanzpolitik – Einführung in die Grundlagen, 3. Aufl., Wiesbaden 2003.
Pellens, B./Füllbier, R.U./Gassen J. (2004): Internationale Rechnungslegung – IFRS/IAS mit Beispielen und Fallstudie, 5. Aufl., Stuttgart 2004.
Schult, E. (2003): Bilanzanalyse – Möglichkeiten und Grenzen externer Unternehmensbeurteilungen, 11. Aufl., Berlin 2003.
Theile, C. (2003) Wahlrechte und Ermessensspielräume nach IAS/IFRS. In: Steuern und Bilanzen 2003, S. 957 – 964.

Internetquellen

adidas-Salomon AG: Geschäftsberichte 2002, 2003, 2004, http://www.adidas-Salomon.de
HUGO BOSS AG: Geschäftsberichte 2002, 2003, 2004 http://www.hugoboss.de
Handelsblatt Firmencheck: „Saarbrücker Modell",
http://www.handelsblatt.com/rd/popup/firmencheck_tabelle html
IFRS/IAS Portal: Alles rund um das Thema IFRS, http://www.ifrs-portal.com

C. Unternehmensfinanzierung

Triple Bottom Line Investing
Informations- und Anlageprozesse einer Finanzinnovation im Kontext von Corporate Social Responsibility

Henry Schäfer[*]

A.	Marktbefund	140
B.	Paradigmatische Grundlagen	142
C.	Methodik des CSR Ratings – das Modell	144
D.	Einsatz des CSR Ratings im Asset Allocation-Prozess	149
E.	Kritik und Ausblick	152

---

[*] Prof. Dr. Henry Schäfer, Professur für allgemeine Betriebswirtschaftslehre und Finanzwirtschaft, Universität Stuttgart.

A. Marktbefund

Das Prinzip der Triple Bottom Line postuliert die Messung des Unternehmenserfolgs hinsichtlich ökonomischer, ökologischer und sozialer Kriterien.[1] Mit den Begriff „Triple Bottom Line Investing" oder „3P-Investing" wird in dieser Hinsicht Bezug genommen auf eine Anlagepolitik, die neben der Rendite (*Profit*), auch Umweltfaktoren (*Planet*) und Sozialaspekte (*People*) als Entscheidungsdeterminanten ausdrücklich in der Asset Allocation berücksichtigt.[2] Es handelt sich um „(…) a set of approaches which include social or ethical goals or constraints as well as more conventional financial criteria in decisions over whether to acquire, hold or dispose of particular investment."[3]

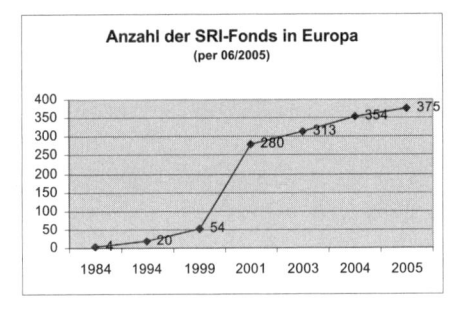

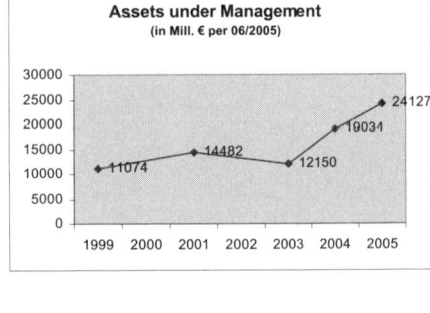

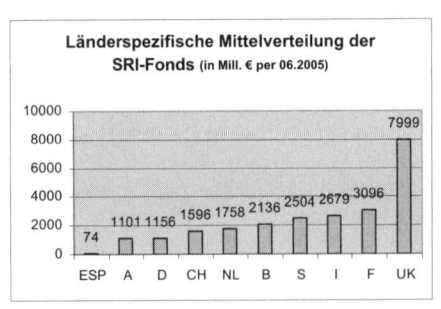

Abb. 1: Entwicklung von Triple Bottom Line Investings in ausgewählten Ländern und Formen[4]

---

[1] Vgl. Elkington (1998).
[2] Vgl. Schäfer (2001a).
[3] Cowton (1994), S. 213.
[4] Vgl. Bartolomeo/Familiari (2005).

Gemessen am Anlagevolumen und Anteil an der gesamten Geldvermögensbildung (d.h. „Assets under Management") ist der amerikanische Kapitalmarkt am weitesten entwickelt. So waren nach Angaben des Social Investment Forum im Jahr 2004 ca. 2,2 Billionen US-Dollar nach den Prinzipien der Triple Bottom Line (d.h. in den USA als sog. „Socially Responsible Investments") angelegt.[5] Dies entspricht für das gleiche Jahr einem geschätzten Anteil an der amerikanischen Geldvermögensbildung von ca. 11%. In Europa fallen die absoluten Volumina und die Anteile an der Geldvermögensbildung bescheidener aus. Insbesondere Deutschland hinkt der Entwicklung hinter her.[6] Andere europäische Länder, vor allem Großbritannien, die Niederlande und Schweden können dagegen auf nennenswerte Zuwächse dieser Kapitalanlage verweisen.[7]

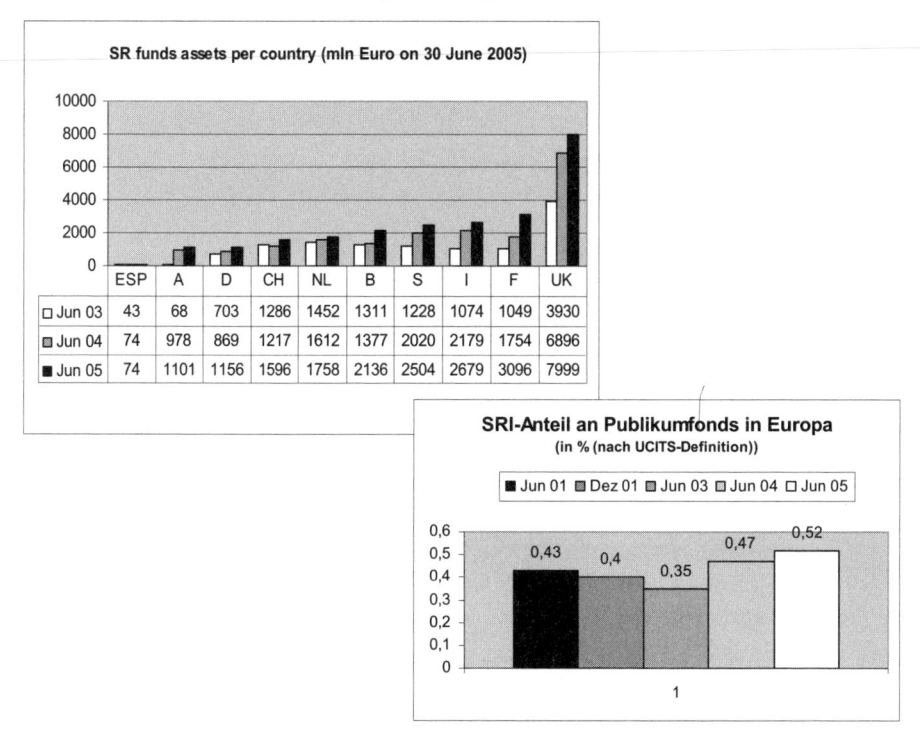

SR funds assets per country (mln Euro on 30 June 2005)

	ESP	A	D	CH	NL	B	S	I	F	UK
Jun 03	43	68	703	1286	1452	1311	1228	1074	1049	3930
Jun 04	74	978	869	1217	1612	1377	2020	2179	1754	6896
Jun 05	74	1101	1156	1596	1758	2136	2504	2679	3096	7999

SRI-Anteil an Publikumfonds in Europa
(in % (nach UCITS-Definition))

Jun 01: 0,43 Dez 01: 0,4 Jun 03: 0,35 Jun 04: 0,47 Jun 05: 0,52

Abb. 2: Vergleich von Triple Bottom Line Investing zwischen USA, EU und Deutschland[8]

Grundsätzlich lässt sich empirisch feststellen, dass in Ländern mit einem hohen Anteil privater und betrieblicher Altersvorsorge Triple Bottom Line Investings am

---

[5] Vgl. Social Investment Forum (2005).
[6] Vgl. Schäfer (2005a).
[7] Vgl. Bartolomeo/Familiari (2005).
[8] Vgl. Bartolomeo/Familiari (2005).

weitesten verbreitet sind. Pensionsfonds gelten denn auch als die eigentlichen Treiber der Markentwicklung.[9]

Die anhaltende Expansion in den Märkten des Triple Bottom Line Investings hat sowohl in der Praxis der Innovation von Anlageprodukten und des Asset Managements als auch in der Wissenschaft für wachsende Aufmerksamkeit gesorgt.[10] Wenn auch das ursprünglich in diesen Anlageformen beherrschende Moment normativ-ethischer Anlegermotive heute noch vorzufinden ist[11], hat sich doch über die Jahre immer mehr eine ausgesprochene Ökonomisierung und eine unterschiedliche Stilbildung in Anlageformen vollzogen. Im Vordergrund steht dabei die Aktienanlage.

Der folgende Beitrag hat das Ziel, das Wesensmerkmal dieser Anlageformen herauszuarbeiten, die Besonderheiten des Rating- und Asset Allocation-Prozesses aufzuzeigen und Zukunftsperspektiven zu skizzieren.

B. Paradigmatische Grundlagen

Triple Bottom Line Investing kann prinzipiell als Ansatz verstanden werden, Kapitalanlageentscheidungen nicht nur nach den herkömmlichen Parametern Rendite und Risiko (nebst Liquidität) auszurichten, sondern nicht-finanzielle, resp. soziale, ökologische und/oder ethische Kriterien den Kapitaldispositionen (Asset Allocation) zugrunde zu legen. Die Motivation von Anlegern für eine solche Vorgehensweise kann vielfältig sein[12]:

- Schaffung von Droh- und Druckpotenzial gegenüber Emittenten, um von ihnen die Einhaltung sozialer, ökologischer oder ethischer Grundsätze zu erwirken,
- Suche nach Konformität zwischen den Wertvorstellungen des Anlegers und ethischen Folgen der Handlungen von Unternehmen (Ansatz vor allem verbreitet bei Anlegern aus kirchlichen Kreisen),
- Suche nach Überrenditen von Aktien solcher Unternehmen, die soziale und/oder ökologische Ausrichtungen in ihrer Unternehmensführung als Kernkompetenzen verstehen und so Wettbewerbsvorteile generieren können.

Bei Triple Bottom Line Investings handelt sich im Allgemeinen also um Anlagestrategien, die zwar anlegerseitig unterschiedlich motiviert sein können, aber

---

[9] Vgl. Schumacher-Hummel (2004).
[10] Vgl. Scholand (2004).
[11] Vgl. Schäfer (2001b).
[12] Vgl. Schueth (2003).

heutzutage mit den Paradigmen der Corporate Sustainability oder der Corporate Social Responsibility (CSR) in Einklang stehen[13]:

- Grundlage des Nachhaltigkeitsbegriffs bildet das anthropogene Entwicklungskonzept des „Sustainable Development" wie es 1987 auf der Ebene der Vereinten Nationen von der „Brundtland-Kommission".
- (Brundtland Commission for Enviroment and Development) erarbeitet wurde. Kennzeichnend für diese Definition von Nachhaltigkeit ist die gleichzeitige Berücksichtigung zweier Gerechtigkeitsdimensionen: intragenerationelle Gerechtigkeit, insbesondere zwischen erster und dritter Welt und intergenerationelle Gerechtigkeit zwischen heutigen und zukünftigen Generationen.[14] Es ist deutlich humanzentriert.
- „Corporate Social Responsibility is the continuing commitment by business to behave ethically and contribute to economic development while improving the quality of life of the workforce and their families as well as of the local community and society at large".[15] Im Rahmen der Corporate Social Responsibility steht nicht der Beitrag einzelner Stakeholder zum finanziellen Erfolg des Unternehmens im Zentrum (Position der Corporate Governance), sondern das Handlungspotenzial, mit dem Stakeholder ein Unternehmen hinsichtlich dessen moralischen Verhaltens sanktionieren können. Im politischen Raum wird dem Konzept der Corporate Social Responsibility durch wichtige Initiativen internationaler Organisationen wie dem UN Global Compact (2006) oder dem CSR-Grünbuch der EU-Kommission (2001) Ausdruck verliehen.

Da sich mittlerweile in Praxi beide Paradigmen kaum mehr unterscheiden, wird im Folgenden ausschließlich auf den Begriff „CSR" abgestellt. Die Terminologie der Geldanlage nach der Triple Bottom Line ist im Gegensatz dazu in der Praxis sowohl begrifflich als auch inhaltlich nicht einheitlich. Im deutschsprachigen Raum finden sich bei entsprechenden Anlageprodukten häufig die Adjektive „ethisch", „grün", „sozialverträglich", „öko-effizent", „nachhaltig" oder „sozial". Sie werden im Allgemeinen synonym verwendet. Der in der Praxis oft verwendete Begriff „ethisch-ökologisches Investment" ist nicht ohne Kritik geblieben: Die Attribute „ethisch" und „ökologisch" stehen gleichberechtigt nebeneinander, obwohl das Präfix „ethisch" den Oberbegriff darstellt, denn der Umgang mit der Umwelt ist Teil der ethischen Reflexion.[16] Im Zuge des hohen Internationalisierungsgrads dieser Anlageform wird im Folgenden auf den Begriff Triple Bottom Line Investing abgestellt. Er wird im Angelsächsischen traditionell auch mit

---

[13] Vgl. Sparkes/Cowton (2004).
[14] Vgl. Hummel/Schmidt (1997).
[15] Holme/Watts (2000), S. 8.
[16] Vgl. Ott (1997), S. 218 ff.

Socially Responsible Investing bezeichnet. In den letzten Jahren ist verstärkt auch die Bezeichnung „Sustainable Investing" aufgekommen.[17]

Derartige Anlagestrategien setzen aus einer portfolio-technischen Sicht voraus, dass Aktien- und Anleiheemittenten auf die Einhaltung bestimmter investorrelevanter Sozial- und/oder Umweltkriterien hin analysiert werden. Es gilt hierbei eine typische Situation asymmetrischer Informationsverteilung zwischen Anlegern und den Emittenten sowie den daraus resultierenden Agency-Problemen zu überbrücken. Wie auch im konventionellen Anlage- und Kreditbereich, so haben sich im Bereich der Triple Bottom Line spezielle Finanzintermediäre etabliert, um Informationen zur emittentenspezifischen Triple Bottom Line zu erheben, auszuwerten und zu einem Gesamturteil zu verdichten. Derartige Rating-Institutionen kommunizieren und interagieren zudem nach beiden Seiten – Anleger wie Emittenten – und ermöglichen so eine Transmission von Anforderungen der Anleger hinsichtlich CSR und der Reaktion der Emittenten. Aus diesem Grund soll nachfolgend vor der Darstellung der Besonderheiten von Triple Bottom Line Investings aus Sicht der Asset Allocation auf die zentrale Rolle des CSR Ratings eingegangen werden.

C. Methodik des CSR Ratings – das Modell

Allgemein kann ein Rating als ein Verfahren zur Einschätzung oder Beurteilung von Personen, Gegenständen oder Situationen mit Hilfe von Skalen definiert werden. In einer umfassenden Definition "(...) ist Rating jedes durch ein Symbol bzw. ein Zeichen oder eine semantische Verkettung von Zeichen (Zeichenfolge) ausgedrückte Urteil einer Beurteilungsinstanz über ein bestimmtes Merkmal eines Finanzierungstitels resp. Wirtschaftssubjektes".[18] Der Ausdruck „Rating" bezeichnet zum einen den Vorgang der Bewertung und zum anderen dessen Ergebnis.[19] Meist beinhaltet der Begriff nur das Ergebnis eines Bewertungsprozesses – das durch Symbole einer Ratingskala ausgedrückte Gesamturteil.

Während es sich beim Credit Rating, d.h. dem finanzwirtschaftlich orientierten Ermitteln des Ausfallrisikos, um eine auf den Finanzmärkten etablierte und mittlerweile durch bankaufsichtsrechtliche Bestimmungen (Basel II) auch bei Kreditinstituten maßgebende Technologie zur Erfassung von Ausfallrisiken zur Fundierung von Kapitalvergabe-Entscheidungen handelt, stellt im Gegensatz dazu das CSR Rating ein vergleichsweise neues Konzept dar. Empirisch gesehen stellen die bei Weitem dominierenden Adressaten des CSR Ratings Kapitalmarktteil-

---

[17] Vgl. Giuseppi (2001), S. 96.
[18] Everling (1994), S. 1600.
[19] Vgl. Schäfer (2002), S. 222.

nehmer dar.[20] Die grundsätzlichen Vertragsbeziehungen zwischen den Beteiligten in einem CSR Rating lassen sich in Analogie zum Credit Rating wie in Abbildung 3 darstellen. Hierbei wird erkennbar, dass neben der direkten Beziehung zwischen Rating-Institution und beurteiltem Emittenten indirekt die Rating-Institution die Beziehung zwischen Anleger und Emittenten beeinflusst. Ein entscheidender Unterschied zum Credit Rating ist beim CSR Rating, dass derzeit das CSR Rating fast ausschließlich als Unsolicited Rating praktiziert wird: Auftraggeber ist demnach nicht der zu beurteilende Emittent selbst (wie beim Solicited Rating). Das CSR Rating wird demgegenüber fast überwiegend von der Rating-Institution auf eigene Initiative erstellt und abschließend an Interessierte veräußert. Die Rating-Information (das „Urteil") wird demzufolge ähnlich wie ein „Clubgut" für alle in Abbildung 3 aufgeführten Beteiligten verfügbar. Häufig geht das Rating nicht in die Dispositionen der Anleger direkt ein, sondern wird bei Finanzintermediären wie Fondsgesellschaften für deren Steuerung von Publikums- oder Spezialfonds zugrunde gelegt. Auf diese Weise gehen CSR Ratings mittelbar zu den finalen Anlegern.

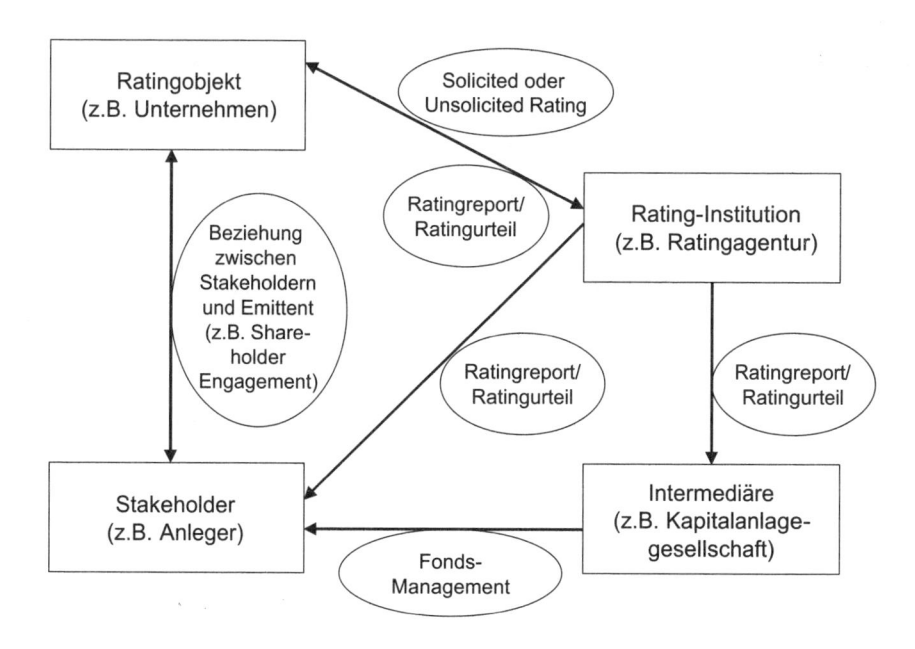

Abb. 3: Grundsätzliche Beziehungen beim CSR Rating

---

[20] Vgl. Schäfer (2005b).

Trotz wiederkehrender Elemente verbleibt in den derzeit vorfindbaren Messkonzepten von CSR und im Gegensatz zu ersten freiwilligen Harmonisierungs- und Qualitätsverbesserungsbestrebungen der Anbieter eine hohe Individualität und mangelnde Vergleichbarkeit praktizierter Methoden. Im Gegensatz zum Credit Rating, bei dem es einen hohen Konsens über methodische Modelle und Kriterien gibt[21], dürften die einzelnen Messkonzepte im CSR Rating von Natur aus divergieren, da sie individuellen Motiven der Anbieter und deren u.U. sehr unterschiedlichen Vorstellungen von Nachhaltigkeit bzw. CSR entstammen.[22] Hieraus ergeben sich auch unterschiedliche Rating-Kriterien und -Konzepte.

Unabhängig von solchen individuellen Ausgestaltungen und methodischen Analysepräferenzen lässt sich aufgrund bislang vorliegender Studien ein allgemeines Strukturmodell des CSR Ratings erkennen.[23] Abbildung 4 zeigt in einem Strukturmodell den stilisierten Prozess des Screening und Monitoring von Unternehmen bzw. deren Aktien oder Anleihen, die auf die Erfüllung bestimmter, von der Rating-Institution gesetzter Nachhaltigkeits-/CSR-Kriterien beurteilt werden.

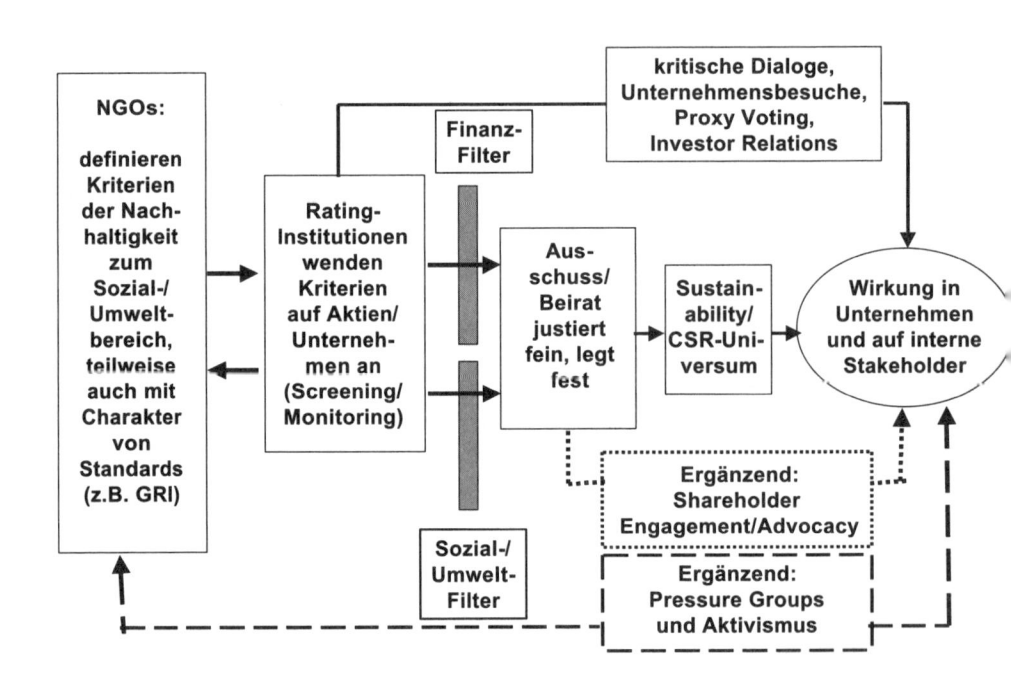

Abb. 4: Strukturmodell des CSR Ratings für Kapitalmarktakteure

---

[21] Vgl. Howe (1997), S. 377–403.
[22] Vgl. Schäfer (2005b).
[23] Vgl. SustainAbility/Mistra (2004).

Ausgangspunkt des Modells ist die Spezifikation, Qualifizierung und Quantifizierung relevanter Finanz-, Sozial- und Umweltkriterien. Hierbei finden bereits signifikante Prozesse statt, die das spätere Rating-Urteil prägen. Die Analysebasis für die nichtfinanziellen Kriterien besteht in fast allen CSR Ratings mittelbar oder unmittelbar aus Vorstellungen von NGOs. Sie verfügen über Erfahrungen im Umgang mit Unternehmen und anderen Emittenten auf ganz spezifischen Konfliktfeldern zwischen ihnen und der Gesellschaft als Ganzes oder einzelnen Stakeholdergruppen (Pressure Group-Funktion, Whistle Blowing, Aktivismus).

Rating-Institutionen zeichnen sich in diesem Prozess im Wesentlichen dadurch aus, dass sie eine bestimmte „Produktionstechnologie" entwickelt haben, mit der sie über einzelne Emittenten und Branchen Daten der Triple Bottom Line erheben und zu einem Gesamturteil verdichten. Je nach Ausgestaltung der Rating-Systeme kann die Auswahl von nachhaltigen Emittenten basiert werden auf Filtern, denen entweder ausschließlich Sozial- und Umweltkriterien (oder auch nur eine Kriteriengruppe) zugrunde gelegt werden, oder

zusätzlich zu Sozial- und Umweltkriterien auch Finanzkriterien Berücksichtigung finden (wobei hier noch unterschieden werden kann, ob der Finanzfilter dem Sozial- und Umweltfilter vor- oder nachgelagert ist bzw., ob eine gleichrangige Integration stattfindet).

Das endgültige Urteil hinsichtlich der Erfüllung der institutionenspezifisch gesetzten Anforderungen an Nachhaltigkeit bzw. CSR wird in den überwiegenden Rating-Systemen und -Institutionen durch ein Gremium erledigt, das als Beirat oder Ausschuss installiert ist. Die diesem Gremium eingeräumte Kompetenz kann in einigen Rating-Institutionen so weitreichend sein, dass es sich in seiner Entscheidung völlig von der dem Gesamturteil zugrunde liegenden Analyse entfernt. Resultat dieses Prozessschrittes ist dann ein Universum nachhaltiger Emittenten.

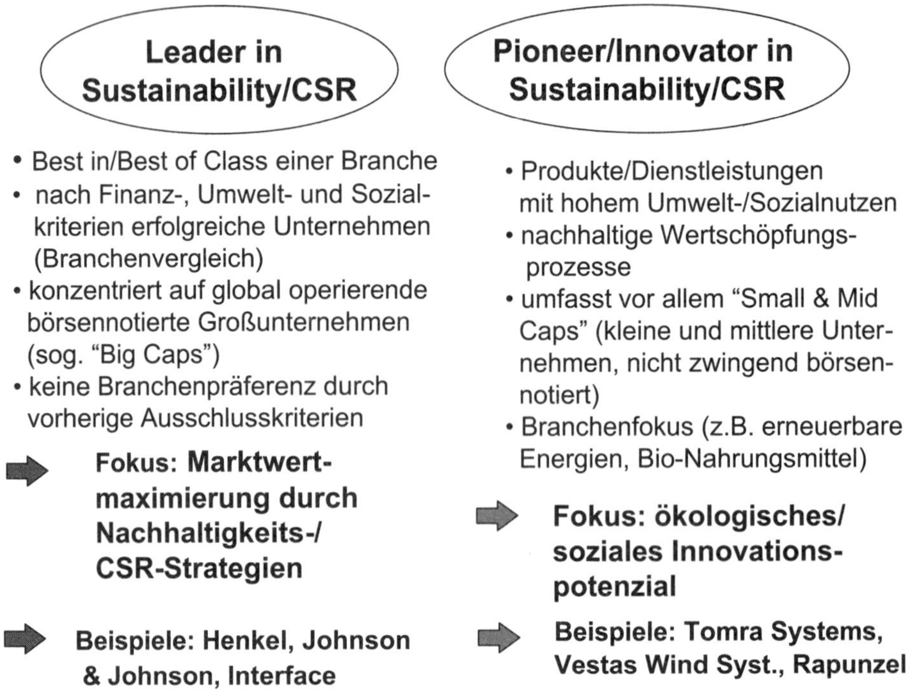

Leader in Sustainability/CSR

- Best in/Best of Class einer Branche
- nach Finanz-, Umwelt- und Sozialkriterien erfolgreiche Unternehmen (Branchenvergleich)
- konzentriert auf global operierende börsennotierte Großunternehmen (sog. "Big Caps")
- keine Branchenpräferenz durch vorherige Ausschlusskriterien

➡ **Fokus: Marktwertmaximierung durch Nachhaltigkeits-/CSR-Strategien**

➡ **Beispiele: Henkel, Johnson & Johnson, Interface**

Pioneer/Innovator in Sustainability/CSR

- Produkte/Dienstleistungen mit hohem Umwelt-/Sozialnutzen
- nachhaltige Wertschöpfungsprozesse
- umfasst vor allem "Small & Mid Caps" (kleine und mittlere Unternehmen, nicht zwingend börsennotiert)
- Branchenfokus (z.B. erneuerbare Energien, Bio-Nahrungsmittel)

➡ **Fokus: ökologisches/soziales Innovationspotenzial**

➡ **Beispiele: Tomra Systems, Vestas Wind Syst., Rapunzel**

Abb. 5: Unterscheidung der Merkmale von Sustainability/CSR Leader und Pioneer

CSR Ratings erstrecken sich in der Praxis am häufigsten auf Unternehmen und Branchen. Nachhaltigkeit eines Unternehmens ist in diesen Best in-/Best of Class-Ansätzen im Sinne einer relativen CSR/Nachhaltigkeit gegenüber der CSR/Nachhaltigkeit der gesamten Branche definiert. In den meisten Konzepten werden die zu untersuchenden Unternehmen daraufhin in Leader und Pioneer- bzw. Innovator-Unternehmen unterschieden. Sustainability Leader sind gereifte Unternehmen mit hoher Marktkapitalisierung, breiter Produktpalette und globaler Ausrichtung. Die Mehrheit der CSR Konzepte bezieht ihre Ratings auf solche börsennotierten (Groß)Unternehmen. Sie werden für den Analyseprozess danach ausgewählt, ob sie in einem der weltweit führenden Aktienindizes wie z.B. MSCI World oder DJ Stoxx 50 oder in einem Aktienindex eines wichtigen nationalen Aktienmarktes wie in Deutschland dem DAX enthalten sind.

Aus formaler Sicht unterscheiden sich derzeit eingesetzte CSR Ratings hinsichtlich Methodenkomplexität und Art der Quantifizierung ihrer Bewertungsergebnisse. Außer Ratingnoten können Ratings auch aus qualitativen Emittentenprofilen (Rating Reports), Ranglisten, die die relative Position einzelner Emittenten gegenüber ihren Wettbewerbern abbilden und absolute universelle CSR-Benotungen bestehen. Verbraucherorientierte Konzepte verzichten teilweise ganz auf eine differenzierte Benotung von Emittenten.

D. Einsatz des CSR Ratings im Asset Allocation-Prozess

Das vorgestellte stilisierte Strukturmodell des CSR Ratings wird auf Finanzmärkten derzeit fast ausschließlich zum Zweck der Fundierung einer Asset Allocation, die auf sozialverantwortliche Unternehmen abstellt, eingesetzt. CSR Ratings sind damit primäre Lieferanten von Informationsdienstleistungen für die Kapitalanlage. Im Rahmen dessen ist im Transformationsprozess zu unterscheiden, ob ein Wertpapierportfolio in Sachen Nachhaltigkeit/CSR (nicht im Sinne der Asset Allocation-Strategie!) aktiv oder passiv eingesetzt wird. Ausgangspunkt bildet das nachfolgend aufgezeigte allgemeine Modell der Asset Allocation im Bereich nachhaltiger Geldanlage. Neben den unterschiedlichen, anschließend erläuterten Formen einzelner Strategien wird in den Blöcken der letzten Zeile dargelegt, dass die Art des Asset Allocation-Ansatzes (aktiv oder passiv) auch Folgen für die Beurteilung der Anlage-Performance hat: entweder können herkömmliche Benchmarks wie Aktienindizes verwendet werden oder spezielle Benchmarks wie der Dow Jones Sustainability Growth-Aktienindex müssen zugrunde gelegt werden.

Das Verständnis von Aktiv- und Passiv-Management im Wertpapierportfolio bezieht sich dabei auf die Art und Weise, wie Kriterien der Nachhaltigkeit bzw. der CSR in die Portfolioselektion und -steuerung bestimmen.[24]

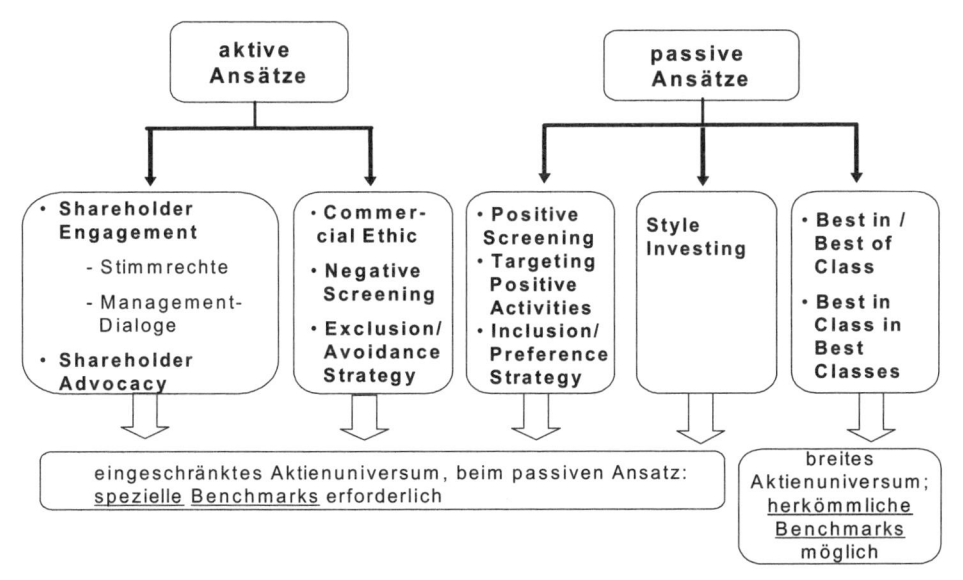

Abb. 6: Konzeptionen des Portfolio-Managements mittels CSR-Kriterien

---

[24] Vgl. auch Mackenzie (1998).

Klassische Form der an der Triple Bottom Line ausgerichteten Anlagestrategie stellt die Gruppe der Ansätze des sog. „Commercial Ethic", des „Negative Screenings" oder der „Exclusion bzw. Avoidance Strategy"[25] dar. Hierbei wird vom Anleger (oder der Rating-Institution) a priori eine Liste von Negativ- oder Ausschlusskriterien festgelegt. Sollte sich durch das CSR Rating ergeben, dass ein Emittent (oder eine ganze Branche) unter diese Kriterien fällt, so wird von einer Anlage in dessen Finanztitel entweder abgesehen (Avoidance) oder der Titel im Portfolio gewechselt, falls sich nach einem vormals akzeptablen Emittentenverhalten eines ergibt, das unter die Ausschlusskriterien fällt (Exclusion). Den Charakter eines reinen Negativkriteriums bekommt ein Triple Bottom Line-Merkmal dann zugewiesen, wenn es nicht zum Anlageausschluss führt, sondern nur negativ in das gesamte CSR Rating zum betreffenden Emittenten führt.[26]

Das Gegenstück zum Negative- stellt das Positive Screening dar. Dieser Ansatz wird in der Literatur auch als „Inclusion", „Targeting Positive Activities" oder „Preference Strategy" bezeichnet.[27] Die häufigste anzutreffende Ausprägungsform ist die gezielte Förderung von Unternehmen oder Branchen, (i.d.R.) in Hinblick auf ihre ökologische und (zu einem weit geringeren Teil) auf ihre soziale Innovationsstärke. Damit beabsichtigt wird eine bewusste Unterstützung von innovativen Formen des Wertschöpfungsprozesses und/oder des Outputs von Unternehmen. Ein Emittent, welches diese Anforderungen erfüllt, wird oftmals von Rating-Institutionen als „Sustainability/CSR Pioneer" bezeichnet.

---

[25] Vgl. McLahan/Gardner (2004).

[26] Die Literatur stellt bezüglich der Anwendung von Negativ- und Ausschlusskriterien als Ausgangspunkt i.d.R. die Anlagepolitik religiöser Gruppierungen (insb. Quäker und Methodisten) in den USA und Großbritannien zu Beginn des 20. Jahrhunderts heraus. (vgl. Homolka (1992), S. 91 f.) Diese schlossen aus religiöser Motivation heraus explizit bestimmte Branchen wie zum Beispiel die Tabakindustrie, die alkoholproduzierende Industrie, die Rüstungsindustrie und das Glücksspiel von der Kapitalanlage aus. Geläufig ist in diesem Zusammenhang die Bezeichnung „Sin Stocks". 1928 wurde in Boston mit dem Pioneer Fund ein erster Fond gemäß solchen Kriterien aufgelegt (vgl. Ulrich/Jäger/Waxenberger (1998), S. 10). Der Boykott der Rüstungsindustrie erreichte ihren vorläufigen Höhepunkt im Verlauf des Vietnamkrieges (1967-1973), als der Napalm–Produzent Dow Chemical aus zahlreichen Anlageempfehlungen und Portfolios gestrichen wurde (vgl. Rautenkranz (1992), S. 24). Dies ging einher mit einer Vertrauenskrise der amerikanischen Gesellschaft gegenüber Staat (z.B. Watergate-Affäre) und Wirtschaft (vgl. Enderle (1987), S. 446): Zunehmend beschränkte sich der Anlegerkreis nicht mehr auf religiöse Gruppen, sondern umfasste größere Gesellschaftskreise. In den späten 1970er Jahren und Anfang der 1980er Jahre führte das als ethisch nicht vertretbar empfundene Verhalten des Apartheidsystems in Südafrika zu einer Sanktionierung von mit dem Apartheid-Regime Handel treibenden US-Firmen durch Kapitalanleger. Heutzutage werden im führenden Markt für Triple Bottom Line Investings, den USA, in den entsprechend strukturierten Fonds zu 82% Tabakwarenhersteller ausgeschlossen, gefolgt von Alkoholproduzenten (62%) (vgl. Social Investment Forum (2005)). Für Europa ermittelte Kreander (2001), dass von 20 untersuchten Fonds des Triple Bottom Line Investings 19 Anlagetitel von Emittenten ausschlossen, die in die Herstellung von Tabakwaren, Alkohol und Waffen verwickelt sind.

[27] Vgl. McLahan/Gardner (2004).

Eine speziellere Form des Positive Screening ist das Style Investing. Hierbei handelt es sich im Kontext des Triple Bottom Line Investing um die Fokussierung einer Anlagestrategie auf bestimmte Themen des CSR-Spektrums. Sehr oft finden sich hierzu am Kapitalmarkt Fonds, die in Hersteller erneuerbarer Energien investieren. Eine alternative Ausprägungsform des Positive-Screening stellt der Best in/Best of Class-Ansatz dar.[28] Grundgedanke ist bei dieser Vorgehensweise, nicht von vornherein Aktien ganz bestimmter Unternehmen bzw. Branchen per se für die Kapitalanlage auszuschließen. Ziel ist es hingegen, innerhalb einer Branche alle Unternehmen nach ökologischen und sozialen Kriterien zu beurteilen und die Unternehmen hinsichtlich des Beurteilungsergebnisses im Vergleich zum „Branchenprimus in Sachdes Positive Screeningen Nachhaltigkeit" (Sustainability/CSR Leader) in eine Rangordnung zu bringen. Es erfolgt in diesen „Best in"-Grundmodellen also nicht von vornherein eine Beschränkung zu analysierender Unternehmen bzw. Branchen und Negative- sowie Positive-Screens können in den Ansatz integriert werden.

Eine aktive Vorgehensweise in der Asset Allocation des Triple Bottom Line Investings wird mit dem „Engagement-Ansatz" beschrieben, der auch als „Voice-Strategie" bekannt ist: In der Minimalversion nimmt ein Anleger oder der von ihm beauftragte Portfoliomanager Stimmrechte auf der Hauptversammlung einer Aktiengesellschaft wahr, um geschäftspolitische Entscheidungen mit Nachhaltigkeitswirkungen zu initiieren oder zu sanktionieren. Auf einer nächsten Intensitätsstufe kann der aktive Dialog mit dem Vorstand der Aktiengesellschaften, deren Aktien in das Portfolio eingekauft wurden, eingeordnet werden, z.B. mittels kritischer Anfragen oder Vorschläge zur Geschäftspolitik an den Vorstand. Diese Form des Engagement ist vor allem in Großbritannien über die dortigen Pensionsfonds und wertorientierten Publikumsfonds (z.B. Henderson, Jupiter) zu finden. Die Maximalform des Engagements ist im Rahmen der Shareholder Advocacy und Shareholder Engagement zu sehen. Sie zeichnet sich durch einen kontinuierlichen kritischen Dialog von Aktionären mit dem Vorstand aus.[29]

Mit der „Twin Track-Strategie" erfolgt eine Integration von CSR in die Auswahl der Anlagetitel, bei dem auf eine Exit und Voice-Strategie der Anleger abgestellt wird[30]: ergänzend zur aktiven Ausübung von Aktionärsrechten bis hin zum faktischen Einfordern einer Investor Relation mit CSR-Fokus zählt zum aktiven Portfolio-Management das Sanktionieren von Unternehmensverhalten durch Kauf und Verkauf von Aktien: ausreichende Aktien-Stückzahlen und Marktliquidität vorausgesetzt, kann mit dem Kauf eine „Belohnung" nachhaltiger Wirtschaftsweisen

---

[28] Stellenweise wird auch die Bezeichnung „Best in Sector"-Ansatz gewählt, was vom Verfahren her mit dem Best in Class-Ansatz identisch ist.
[29] Diese Form wird vor allem in den USA durch Pensionsfonds praktiziert (z.B. der Pensionsfonds der kalifornischen Angestellten des öffentlichen Dienstes, CalPERS).
[30] Vgl. hierzu Lewis/Mackenzie (2000).

des Emittenten stattfinden oder durch Verkauf eine „Abstrafung" erfolgen.[31] Die Twin Track-Strategie wird international am ausgeprägtesten und konfliktreichsten in den USA durchgeführt („Hard Engagement Approach"[32]). In Europa ist er bislang in Großbritannien vertreten. Hier dominiert allerdings im Gegensatz zu den USA ein Soft-Ansatz: Engagement wird eher mit Lobbyismus und konstruktiven Dialogen gleichgesetzt, denn mit „Strafaktionen".[33]

E. Kritik und Ausblick

Die Ausrichtung der Kapitalanlage an Kriterien der Triple Bottom Line hat in den vergangenen Jahren vor allem in den USA und Europa, aber zunehmend auch im pazifischen Raum (Australien, Neuseeland und Japan) ein stetiges, zeitweise zweistelliges Wachstum erzielt. Vor allem in den USA reicht der Anteil von Socially Responsible Investments an den gesamten „Assets Under Management" deutlich über die 10%-Marke. Wenn auch in Deutschland die vergleichbare Entwicklung wesentlich weniger stürmisch verlief, so scheint ein gewisses Beharrungsvermögen dieser Anlageform zu bestehen.[34]

Die Integration von sozialen und ökologischen Fragen, Aspekten und Ansatzpunkten der wirtschaftlichen Handlungen von Aktien- und Anleiheemittenten erfordert vor dem eigentlichen Asset Allocation-Prozess die Überwindung eines Informationsgefälles zwischen Anlegern und Emittenten. Ohne die Existenz und Arbeit von auf Corporate Social Responsibility und Corporate Sustainability spezialisierten Rating-Institutionen wäre das Wachstum dieses Finanzmarktsegments nicht möglich. Wie so oft in Kapitalmärkten sorgen erst Finanzintermediäre dafür, dass aus der Reduktion von Informationsdefiziten zwischen den Akteuren und damit dem Abbau von Opportunismusgefahren Marktbeziehungen entstehen und bestehen können.

Rating und Asset Allocation nach Grundsätzen der Triple Bottom Line stehen dadurch naturgemäß in einem engen Verhältnis und bedingen letztendlich einander. Mittlerweile hat sich neben dem traditionellen Ansatz des Negativ-Screenings das Positiv-Screening in Form des Best in Class-Ansatzes in einer Vielzahl von Rating-Modellen und Investmentfonds etabliert. Gerade aber für die sehr Anleger-individuell zusammengestellten Fonds für institutionelle Investoren sind Kombinationen dieser beiden Ansätze oft an den nationalen Finanzmärkten in

---

[31] Die Belohnung (Abstrafung) wird für das Unternehmen durch tendenziell steigende (sinkende) Aktienkurse und Reduktion (Anstieg) der Kosten der Beteiligungsfinanzierung wirtschaftlich wirksam.
[32] Vgl. Social Investment Forum (2005).
[33] Vgl. Sparkes (2002).
[34] Vgl. Schäfer (2005a).

Anlageprodukten vertreten. Die Kombinationsfreudigkeit von Anlegern hinsichtlich beider Ansätze resultiert zu einem nicht unerheblichen Teil auch aus dem Ziel, durch ausschließliche Anwendung von Negativkriterien nicht unnötig das Anlageuniversum zu reduzieren und damit suboptimale (im Sinne der Portfolio Selection Theorie) Anlageportfolios zu generieren. So wurde die praktische wie auch akademische Auseinandersetzung mit Triple Bottom Line Investings in den vergangenen gut 30 Jahren ganz erheblich von der Frage der relativen Performance dieser Anlageform gegenüber konventionellen Strategien ohne nichtfinanzielle Anlagefilter bestimmt.[35] Mittels des Best in Class-Ansatzes wird denn auch die Anlagefreiheit des Fondsmanagers bei weitem größer sein, als bei einer sehr restriktiv und ausschließlich gehandhabten Strategie mittels Ausschlusskriterien. Daneben sprechen aus dem für vor allem angelsächsische Anleger wichtigen Voice-Aspekt heraus einige Gründe gegen eine reine Ausschluss-Strategie: Es wird die Chance vertan, mittels Stimmrechten und anderer an den Besitz eines Eigentümer- oder Gläubigertitels gebundenen Rechtes Einflüsse auf das Management des Emittenten geltend zu machen. Ferner dürften boykott-artige Varianten des Ausschlussprinzips, die Aktien- oder Anleihekurs senkende Tendenzen unterstützen und damit das Management des Emittenten „abstrafen" oder für freindliche Übernahmen anfälliger machen wollen, angesichts der bislang noch zu geringen Anlagermacht kaum Aussicht auf Erfolg haben. Desweiteren stehen Emittenten von „Sin Stocks" ohnehin auf anderen Märkten (z.B. Tabakwarenhersteller auf Produktmärkten) und im öffentlichen Raum durch NGO-Aktivisten sowie strafrechtlichen Verfolgungen meistens unter Druck.

Es verspricht eine spannende Entwicklung in Sachen Zukunft des Triple Bottom Line Investings zu werden, in der sich herausstellen wird, ob es sich dabei um einen der mittlerweile zahllosen und vergänglichen Investmentstile in den schnelllebig gewordenen Finanzmärkten handelt, oder ob es sich um mehr als ein reines marketingstrategisches Thema der Finanzindustrie handelt. Bislang gibt es ernst zu nehmende Anzeichen etwa in der Corporate Governance-Diskussion, die Triple Bottom Line Investings das Potenzial zutrauen lassen, Beharrungsvermögen aufzuweisen.

---

[35] Vgl. Schäfer/Stederoth (2001).

Literaturverzeichnis

Bartolomeo, M./Familiari, G. (2006): Green, Social and Ethical Funds in Europe 2005, Avanzi SRI Research/SiRi Company, Milan 2005. http://www.siricompany.com/pdf/SRI-Funds_report2005.pdf, Zugriff: 03/2006.

Cowton, C.J. (1994): The Development of Ethical Investment Products. In: Prindl, A.R./Prodhan, B. (Hrsg.), ACT Guide to Ethical Conflicts in Finance, Oxford 1994, S. 213–232.

Elkington, J. (1998): Cannibals With Forks: The Triple Bottom Line of 21st Century Business, Stony Creek 1998.

Enderle, G. (1987): Ethik als unternehmerische Herausforderung. In: Die Unternehmung 1987, S. 433–450.

European Commission, Directorate-General for Employment and Social Affairs (2001): Promoting a European framework for corporate social responsibility. Green Paper, Brussels, Unit EMPL/D.1.

Everling, O. (1994): Rating. In: Gerke, W./Steiner, M. (Hrsg.), Handwörterbuch des Bank- und Finanzwesens, Stuttgart 1994, S. 1600–1615.

Giuseppi, J. (2001): Assessing the „Triple Bottom Line". Social and Environmental Practices in the European Banking Sector. In: Bourma J.J. et al. (Hrsg.), Sustainable Banking. The Greening of Finance, Sheffield 2001, S. 96–113.

Holme, R./Watts, Ph. (2000): Making Good Business Sense. The World Business Council for Sustainable Development. http://www.wbcsd.org/DocRoot/uDwvirSbdbMFmA1rlFNn/csr2000.pdf, Zugriff: 02/2006.

Homolka, W. (1992): Das Beziehungsgeflecht Ethik und Ökonomie. In: Roche, P./Hoffmann, J./Homolka, W. (Hrsg.), Ethische Geldanlagen: Kapital auf neuen Wegen, Frankfurt am Main 1992, S. 28–50.

Howe, J. (1997): Credit Analysis for Corporate Bonds. In: Fabozzi, F. (Hrsg.), The Handbook of Fixed Income Securities, 5. Aufl., Chicago et al., S. 371–404.

Hummel, J./Schmidt, J. (Hrsg.) (1997): Shareholder Value und Ökologie, Diskussionsbeitrag Nr. 44 des Instituts für Wirtschaft und Ökologie der Universität St. Gallen, St. Gallen 1997.

Kreander, N. (2001): An Analysis of European Ethical Funds. Certified Accountants Educational Trust, London 2001.

Lewis, A./Mackenzie, C. (2000): Support for Investor Activism among U.K. Ethical Investors. In: Journal of Business Ethics 2000, Vol. 24, Nr. 3, S. 215–222.

Mackenzie, C. (1998): The Choice of Criteria in Ethical Investment. In: Business Ethics 1998, Vol. 7, Nr. 2, S. 81–86.

McLahan, J./Gardner, J. (2004): A Comparison of Socially Responsible and Concentional Investors. In: Journal of Business Ethics 2004, Vol. 52, Nr. 1, S. 11–21.

Ott, K. (1997): Erläuterungen zum ethischen Status und zur Methodik des Frankfurt-Hohenheimer Leitfadens. In: Hoffmann, J./Ott, K./Scherhorn, G. (Hrsg.), Ethische Kriterien für die Bewertung von Unternehmen – Frankfurt Hohenheimer Leitfaden, Frankfurt/Stuttgart 1997, S. 207–261.

Rautenkranz, E. (1992): Umweltfonds – ethische Maßstäbe am Börsenparkett. In: Bank und Markt 1992, S. 24–31.

Schäfer, H. (2001a): Triple Bottom Line Investing – Ethik, Rendite und Risiko in der Kapitalanlage. In: Zeitschrift für das gesamte Kreditwesen 2001, S. 740 – 747.

Schäfer, H. (2001b): Triple Bottom Line Investing – Zukunft der „ethischen" Kapitalanlage. In: Sparkasse. Zeitschrift des Deutschen Sparkassen- und Giroverbandes 2001, S. 161 – 166.

Schäfer, H. (2002): Unternehmensfinanzen. Grundzüge in Theorie und Management, 2. Aufl., Heidelberg et. al. 2002.

Schäfer, H. (2005a): Wie nachhaltig ist die nachhaltige Geldanlage in Deutschland? In: Zeitschrift für das gesamte Kreditwesen 2005, S. 558 – 562.

Schäfer, H. (2005b): International Corporate Social Responsibility Rating Systems – Conceptual Outline and Empirical Results. In: Journal of Corporate Citizenship 2005, Vol. 20, S. 107 – 120.

Schäfer, H./ Stederoth, R. (2002): Performance von Screened Portfolios – Stand der empirischen Ergebnisse in der Kapitalmarktforschung. In: Kredit und Kapital 2002, S. 101 – 148.

Scholand, M. (2004): Triple Bottom Line Investing und Behavioral Finance. Investorenverhalten als Determinante der Entwicklung nachhaltiger Anlageprodukte, Frankfurt am Main/London 2004.

Schueth, S. (2003): Socially Responsible Investing in the United States. In: Journal of Business Ethics 2003, Vol. 43, Nr. 3, S. 189 – 194.

Schumacher-Hummel, I. (2004): Socially Responsible Investments Pensionskassen als aktive Aktionäre, Diss. St. Gallen, Deutscher Universitätsverlag 2004.

Social Investment Forum (2005): Report on Socially Responsible Investing Trends in the United States, SIF Industry Research program, Washington D.C. 2004, http://www.socialinvest.org/areas/research/trends/sri_trends_report_2004.pdf.

Sparkes, R. (2002): Socially Responsible Investment. A Global Revolution, Chichester 2002.

Sparkes, R./ Cowton, Chr. J. (2004): The Maturing of Socially Responsible Investment: A Review of the Developing Link with Corporate Social Responsibility. In: Journal of Business Ethics 2004, Vol. 52, S. 45 – 57.

Sustain/Ability/Mistra (2004): Values for Money. Reviewing the Quality of SRI Research, London/Stockholm 2004.

Ulrich, P./Waxenberger, B./Jäger, U. (1998): Prinzipiengeleitetes Investment I: Kritische Analyse der gegenwärtigen Praxis bei „ethisch-ökologischen" Geldanlagen, Beiträge und Berichte des Instituts für Wirtschaftsethik der Universität St. Gallen, Nr. 83, St. Gallen 1998.

UN Global Compact (2006): The Ten Principles, http://www.unglobalcompact.org/Portal/?NavigationTarget=/roles/portal_user/aboutTheGC/nf/nf/theNinePrinciples, Zugriff: 02/2006.

Zur Entwicklung der Unternehmensfinanzierung im Maschinen- und Anlagenbau

Josef Trischler[*]

A.	Das Ende der guten alten Zeit: Von der bankenzentrierten zur kapitalmarktorientierten Finanzierung	158
	I. Das Ende der Deutschland AG	158
	II. Die Krise des Kreditgeschäfts der Banken	158
B.	Finanzierungsbedarfe der Unternehmen des Maschinen- und Anlagenbaus	159
	I. Eine zyklische Branche mit Erfolgspotential	159
	II. Finanzierungsstruktur	161
C.	Basel II und bankinternes Rating	162
	I. Die große Debatte um Basel II	162
	II. Die Stunde der externen Ratinggesellschaften	163
	III. Grundlegende Vorbehalte gegen Basel II	163
	IV. Ein befriedigendes Endergebnis?	164
D.	Alternative Finanzierungsformen	166
	I. Kreditprobleme und das Verhältnis zu Banken	166
	II. Eigenkapital und eigenkapitalähnliche Mittel	166
	III. Börsengang nur bedingt tauglich	168
E.	Ausblick	168

---

[*] Dr. Josef Trischler, Mitglied der Hauptgeschäftsführung und Leiter der Abteilung Betriebswirtschaft des VDMA (Verband Deutscher Maschinen- und Anlagenbau e.V.) sowie Geschäftsführer der Gesellschaft zur Förderung des Maschinenbaus mbh (GzF), Frankfurt am Main.

A. Das Ende der guten alten Zeit: Von der bankenzentrierten zur kapitalmarktorientierten Finanzierung

I. Das Ende der Deutschland AG

Der Zeitpunkt, zu dem den deutschen Unternehmen signalisiert wurde, dass es mit den traditionellen Bankbeziehungen in der so genannten Deutschland AG zu Ende gehen würde, war günstig. Denn die Auflösung der engen Beziehung zu den Banken, die nicht nur mit Kreditfinanzierung zu Diensten waren, sondern durch vielfältige Beteiligungen, Aufsichts- und Beiratsmandate Einfluss ausübten, fiel in die Zeit eines anhaltenden Börsenaufschwungs. Die Kapitalmärkte standen offensichtlich bereit, das Fremdkapital der Banken durch Eigenkapital der Anleger zu ersetzen. Die Anleger wollten sich nicht mehr mit dem Spareckzins abspeisen lassen, sondern sich zu Investoren emanzipieren, die durch Übernahme höherer Risiken hohe Kapitalerträge einfordern konnten. Die Änderungen der Steuergesetzgebung 1999 stellten Gewinne aus der Veräußerung von Gesellschaftsanteilen versteuerungsfrei und erlaubten die Umorganisation von Beteiligungsstrukturen in größerem Umfang. Über Jahrzehnte gewachsene Beteiligungen der Banken und Versicherungen untereinander, aber auch an überwiegend großen Unternehmen, die teilweise auch durch krisenbedingte Umwandlungen von Fremd- in Eigenkapital entstanden waren, ließen sich ohne steuerliche Auswirkungen auflösen.

II. Die Krise des Kreditgeschäfts der Banken

Gleichzeitig sollten die Kreditinstitute der entwickelten Industriestaaten durch eine neue Eigenkapitalvereinbarung des Basler Ausschusses für Bankenaufsicht („Basel II") zu einer risikogerechten Bewertung von Krediten gezwungen werden, um zu verhindern, dass das weltweite Finanzsystem durch lokale Krisen in Gefahr geriet, insgesamt zusammen zu brechen. Die Entwicklung des deutschen Bankensystems verlief seit den 90er Jahren immer weniger rund. Im Wettbewerb der Institute der drei Säulen (Privatbanken, Genossenschaftsbanken, öffentlich-rechtliche Kreditinstitute) verfiel ihre Profitabilität fast kontinuierlich.[1] Insbesondere das Kreditgeschäft erbrachte immer weniger Erträge, die noch dazu immer stärker durch Wertberichtungen dezimiert wurden. Die Verstärkung des Investmentbanking konnte die Problematik überdecken, bis nach dem Platzen der extremen Überbewertungen an der Börse in 2001 auch hier eine Korrektur unausweichlich wurde.

---

[1] Deutsche Bundesbank (2001), S. 15–50.

Für die überwiegend mittelständischen Unternehmen des Maschinen- und Anlagenbaus wie auch für die mittelständische geprägte deutsche Wirtschaft schien dies wie das Ende der guten alten Zeit, in der man einmal im Jahr die Anpassung des Kreditrahmens vereinbarte und ansonsten darauf vertrauen konnte, dass die Hausbank das Auf und Ab des Geschäftsgangs mitmachte.

B. Finanzierungsbedarfe der Unternehmen des Maschinen- und Anlagenbaus

I. Eine zyklische Branche mit Erfolgspotential

Der deutsche Maschinen- und Anlagenbau stellt mit ca 860.000 Mitarbeitern den stärksten Industriezweig noch vor Elektrotechnik, Automobil- und Chemischer Industrie. Als wesentlicher Teil der Investitionsgüterindustrie verläuft die Entwicklung ihrer wesentlichen Indikatoren immer schon zyklisch. Dabei spielen die deutschen Ausrüstungsinvestitionen mit ihren Schwankungen auf immer niedrigerem Niveau schon lange nicht mehr den wesentlichen Auslöser.

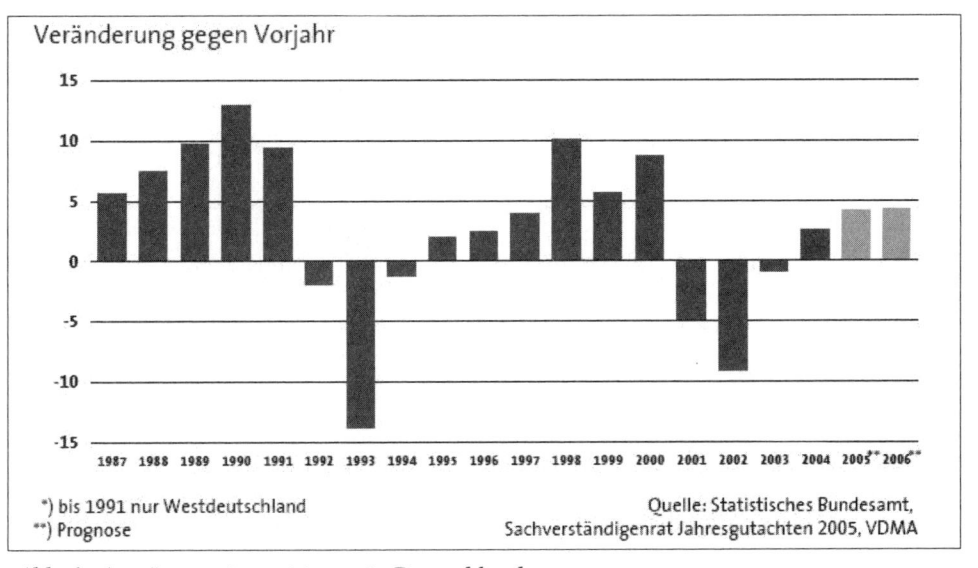

Abb. 1: Ausrüstungsinvestitionen in Deutschland

Mit einer Exportquote, gemessen durch das Verhältnis der Exporte an Produkten des Maschinen- und Anlagenbaus zur inländischen Produktion der Branche, von inzwischen nahezu 75 %, mussten sich die Unternehmen von der inländischen Nachfrage emanzipieren, um ihre Existenz und ihre Zukunftsperspektive zu sichern.

Die Länge und Amplitude der Zyklen insbesondere bei den Auftragseingängen zeigte in den letzten Jahrzehnten eine deutliche Veränderung.

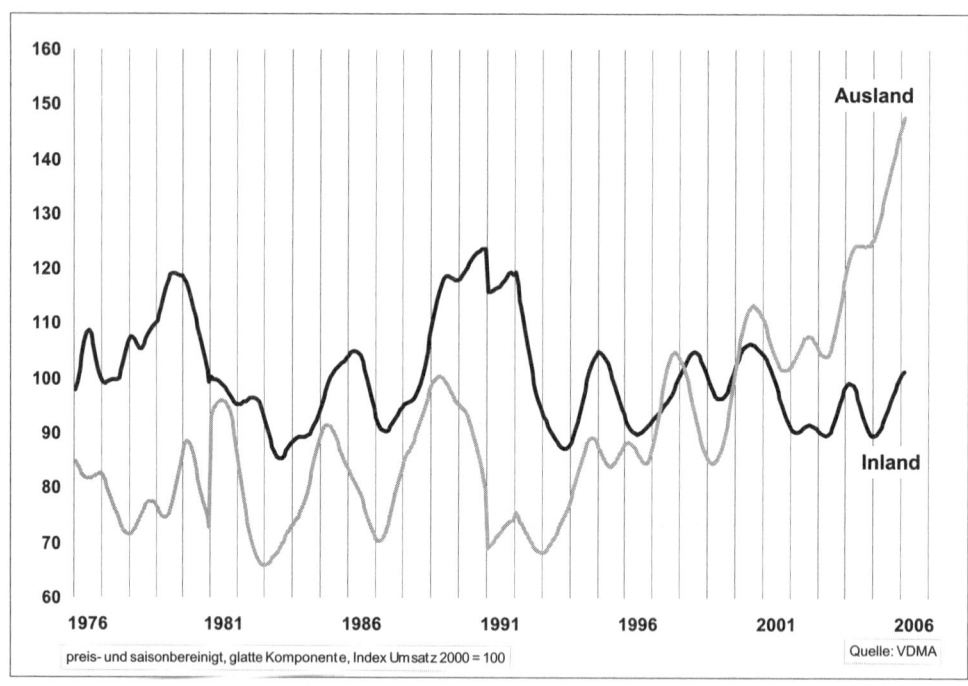

Abb. 2: Langfristige Entwicklung des Auftragseingangs im deutschen Maschinen- und Anlagebau

Im Ergebnis der deutschen Maschinenproduktion zeigte sich eine Verkürzung der Zyklen und teilweise eine Zersplitterung der Trends. Gerade in den 90er Jahren ergab sich nach dem deutlichen dreijährigen Abschwung zu Beginn kein Aufschwung mit den üblichen drei Jahren Dauer, sondern jeweils schon im dritten Jahr ein Aussetzer, der jeweils im folgenden Jahr durch ein positives Wachstum abgelöst wurde. Die Jahre 2004 bis 2006 werden erstmals wieder einen Aufschwung mit drei aufeinander folgenden Wachstumsjahren aufweisen (vgl. Abbildung 3).

Im Maschinenbau dominieren mittelständische Betriebs- und Entscheidungsstrukturen. Ca. 88% der Unternehmen beschäftigen weniger als 250, nur 2 % mehr als 1.000 Mitarbeiter. Mehr als 2/3 der Unternehmen haben sogar weniger als 100 Beschäftigte.

Unternehmensgrößenklasse nach der Zahl der Beschäftigten	Unternehmen %	Beschäftigte %	Umsatz %
20 - 49	42,3	9,1	6,4
50 - 99	26,0	11,6	9,2
100 - 249	19,6	20,0	17,8
250 - 499	7,4	16,4	17,5
500 - 999	2,8	12,4	13,6
1.000 und mehr	1,9	30,5	35,5

Tab. 1: Unternehmensgrößenklassen im deutschen Maschinen- und Anlagenbau (2003)

Viele Unternehmen, darunter oft selbst kleine und mittlere Anbieter, sind auf ihren Spezialgebieten weltweit führend. Überwiegend finden sie ihre wichtigsten Wettbewerber nicht im Ausland, sondern in Deutschland – manchmal in der gleichen Region.

II. Finanzierungsstruktur

Wesentliche Bestimmungsgründe für die Finanzierungserfordernisse ergeben sich aus der Fertigungsart mit überwiegend Einzelfertigern, aus der vergleichsweise geringen durchschnittlichen Anzahl der Aufträge pro Jahr, aus dem zyklischen Verlauf der Nachfrage, aus der hohen Exportquote, den üblichen Zahlungsbedingungen mit immer noch nennenswerten Anzahlungen und der im Vergleich zur verarbeitenden Industrie nur durchschnittlichen Eigenkapitalquote von je nach statistischer Basis zwischen 25 und 30 %. Auch wenn keine eindeutige Zuordnung von passiven Finanzierungsquellen zu den Aktiva möglich ist, lässt sich anhand der durchschnittlichen Bilanzrelationen bei den Unternehmen im Maschinen- und Anlagenbau Folgendes unterstellen: Überwiegend wird zur Auftragsfinanzierung ein Mix aus ungebundener Liquidität aus Eigenkapital, Rückstellungen, Anzahlungen und einer Kontokorrentlinie benutzt. Probleme ergeben sich durch den Zwang, den Kunden für einen großen Teil der geleisteten Anzahlungen Bankbürgschaften zu stellen. Da diese beim bürgenden Kreditinstitut in voller Höhe als Risikoaktiva Anrechnung finden, sind sie von der Kreditlinie abzuziehen oder aber in voller Höhe durch Einlagen abzusichern. Der Teil der Exporte, der nach außerhalb von EU- und OECD-Ländern geht, wird üblicherweise über Akkreditive abgewickelt. Für den Maschinen- und Anlagenbau spielt dabei die zusätzliche Absicherung über staatliche Exportgarantien eine wichtige Rolle, da die Exporte in nahezu jedes Land der Erde gehen und dabei Risiken entstehen, die einzelwirtschaftlich kaum tragbar sind.

Als bislang wichtigste Finanzierungsquelle gilt die Innenfinanzierung aus dem Cash-Flow, gefolgt von kurz- und langfristigen Bankkrediten, Leasing und Lieferantenverbindlichkeiten.[2]

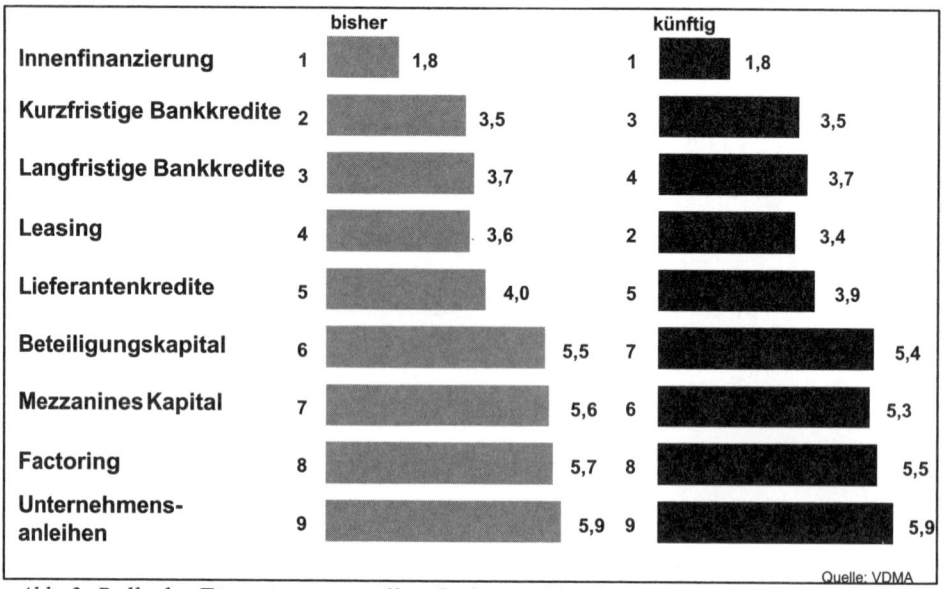

Finanzierungsquelle	bisher Rang	bisher Wert	künftig Rang	künftig Wert
Innenfinanzierung	1	1,8	1	1,8
Kurzfristige Bankkredite	2	3,5	3	3,5
Langfristige Bankkredite	3	3,7	4	3,7
Leasing	4	3,6	2	3,4
Lieferantenkredite	5	4,0	5	3,9
Beteiligungskapital	6	5,5	7	5,4
Mezzanines Kapital	7	5,6	6	5,3
Factoring	8	5,7	8	5,5
Unternehmensanleihen	9	5,9	9	5,9

Quelle: VDMA

Abb. 3: Rolle der Finanzierungsquellen (bisher und künftig)

C. Basel II und bankinternes Rating

I. Die große Debatte um Basel II

Mit der Veröffentlichung des ersten Entwurfs neuer Eigenkapitalrichtlinien für Banken durch den Baseler Ausschuss für Bankenaufsicht im Sommer 1999[3] begann in Deutschland eine teilweise sehr erregt geführte Debatte um den Einfluss der Bankenaufsicht über die Finanzierungsmöglichkeiten insbesondere kleiner und mittelgroßer Unternehmen. Dass diese Debatte bis in die aktuelle Situation hinein Spuren hinterlassen hat, zeigt sich unter anderem in folgendem Passus der Koalitionsvereinbarung der derzeitigen Bundesregierung: „Zur Erleichterung der Kreditvergabe durch die Banken werden wir auch die Regulierung der Finanzaufsicht auf das notwendige Maß zurückführen."[4]

---

[2] Vgl. Trischler (2005), S. 27
[3] Basel Committee on Banking Supervision (1999).
[4] Vgl. Gemeinsam für Deutschland – Mit Mut und Menschlichkeit, Koalitionsvertrag zwischen CDU, CSU, SPD, 11.11.2005, http://www.bundesregierung.de/Anlage920135/Koalitionsvertrag.pdf.

Der Kern der Debatte verschob sich in ihrem Verlauf deutlich. Nicht immer wurden in der öffentlichen Diskussion die Ausführungen des Ausschusses korrekt verstanden oder wieder gegeben. Die grundlegende Intention des Papiers, die Unterlegung von Bankenforderungen mit Eigenkapital nicht mehr pauschal („Basel I"), sondern abgestuft nach dem jeweiligen Risiko des Schuldners vorzunehmen, wurde nur teilweise angegriffen. Im Zentrum der Kritik stand die erwartete Unterwerfung der deutschen Unternehmen unter ein bislang nur für Teilnehmer am Markt für Anleihen vorhandenes System der externen Ratings. Überwiegend wurde dabei vernachlässigt, dass gemäß den Vorschlägen des ersten Konsultationspapiers ein externes Rating nur für Kredite an Unternehmen mit höchster Qualität in Frage kommen konnte [5], und dass sich Unternehmen ohne externes Rating nicht schlechter stellen sollten als bislang. Im ersten Konsultationspapier angekündigt wurde die Ausarbeitung von Regeln für die Nutzung des internen Ratings der Kreditqualität durch die Banken selbst.

II. Die Stunde der externen Ratinggesellschaften

Im Gefolge des ersten Konsultationspapiers wurden in Deutschland neue Ratinggesellschaften gegründet, die die erwartete steigende Nachfrage nach externen Ratings befriedigen wollten. Darüber hinaus boten sie sich aber auch an, gerade den weniger großen Unternehmen den Weg an den Kapitalmarkt zu erleichtern. Mit dem Niedergang der Börsenbewertungen und dem durch das zweite Konsultationspapier vom Januar 2001 auf das interne Rating der Banken verlagerten Fokus mussten die dahinter stehenden Geschäftsmodelle wesentlich revidiert werden. In der Zwischenzeit beschäftigen sich diese Gesellschaften stärker mit dem Rating bei der Aufnahme in Genussscheinfonds.

III. Grundlegende Vorbehalte gegen Basel II

War der Umfang des ersten Konsultationspapiers noch auf 62 Seiten beschränkt, so explodierte der Umfang des zweiten Papiers mit Anhängen auf ein Mehrfaches.[6] Eine fachliche Würdigung aller Einzelheiten benötigte mindestens den gleichen Platz. In der Stellungnahme des VDMA, die flankierend zu den Ausführungen des BDI an das Bundesaufsichtsamt für das Kreditwesen gerichtet wurde,

---

[5] Basel Committee on Banking Supervision (1999), S. 30, Ziffer 19.
[6] Die Neue Basler Eigenkapitalvereinbarung, Konsultationspapier in der Übersetzung der Deutschen Bundesbank (2001).

wird die Kritik am erreichten Diskussionstand des Basler Ausschusses auf folgende Punkte konzentriert:
- Die Gefahr, dass bei der raschen Entwicklung anerkennungsfähiger bankinterner Ratings, der Fehler 2. Art (Aberkennung der Bonität trotz vorhandener Stabilität) gegenüber dem Fehler 1. Art (Zuerkennung einer guten Bonität trotz fehlender Stabilität) zu sehr vernachlässigt werden könnte.
- Die Gefahr einer hohen Prozyklizität der Ratingbeurteilungen im Konjunkturverlauf und damit einer Verstärkung der Amplituden des konjunkturellen Verlaufs.
- Der zu rasche Übergang auf letztlich vom Kapitalmarkt gesteuerte Mechanismen der Unternehmensfinanzierung, die ihre Tauglichkeit im Umfeld der deutschen Unternehmensstrukturen nicht beweisen konnten.
- Die Gefahr, dass die veränderte Austarierung des Verhältnisses zwischen Stabilität des Finanzsektors und ausreichender Kreditversorgung der deutschen überwiegend mittelständischen Unternehmen der Investitionsgüterindustrie sich als kontraproduktiv erweisen könnte.

IV. Ein befriedigendes Endergebnis?

Weitere Forderungen aus Deutschland [7] betrafen unter anderem die Beschränkung der Eigenkapitalunterlegung auf den sog. unerwarteten Verlust, den Verzicht auf die Berücksichtigung der Laufzeit von Krediten, die Erweiterung der im Katalog zulässiger Sicherheiten genannten Vermögenswerte um solche, die in Deutschland bislang traditionell Anerkennung fanden (z.B. Forderungsabtretungen), und die Einführung einer Mittelstandskomponente, die die Eigenkapitalunterlegung für Kredite an Unternehmen mit Umsätzen unter 50 Mio € geringer ansetzte, als für größere Unternehmen. Deren Wirkung in der endgültigen Regelung zeigt das folgende Schaubild.

---

[7] Vgl. z.B. Stellungnahme des Zentralen Kreditausschusses (2001).

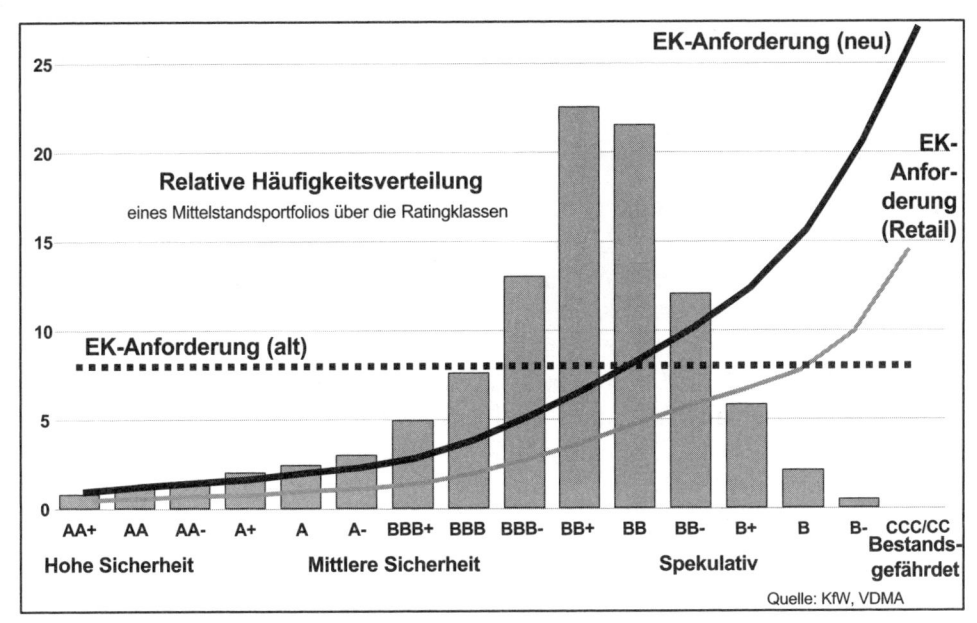

Abb. 4: Eigenkapitalanforderungen und Ratingklassen

Danach würde im Retailbereich erst ab einer Ratingstufe von B nach Standard & Poor's die neue Eigenkapitalanforderung die alte pauschale Deckungsrate von 8 % erreichen.

In der letztlich gefundenen Neuen Basler Eigenkapitalvereinbarung von 2004 wurden eine ganze Reihe der genannten Änderungen berücksichtigt. Gleichzeitig hatten EU-Kommission und das Europäische Parlament das Konsultationsverfahren parallel durch die Entwicklung und Beratung einer entsprechenden „Capital Requirements Directive" (CRD) begleitet, die Ende 2005 in Kraft trat. In der Zwischenzeit wurden die neuen MaRisk, die Mindestanforderungen an das Risikomanagement der Banken, von der Bundesanstalt für Finanzdienstleistungsaufsicht veröffentlicht. Bis spätestens zum Jahresbeginn 2007 wird eine neue Solvabilitätsverordnung in Kraft treten, die einen Teil der Vorgaben der CRD in deutsches Recht umsetzt und den bisherigen Grundsatz I zur Eigenkapitalunterlegung für Kreditinstitute in Deutschland ersetzen wird.[8]

Trotz Streckung des zeitlichen Ablaufs bei der Umsetzung wird ab 2008 eine volle Umsetzung des Programms von Basel II erfolgt sein. Interessanterweise ergeben sich in der Zwischenzeit Verzögerungen bei der Umsetzung in den USA, die ursprünglich Treiber der Entwicklung waren. Weiterhin scheinen sich die erwarteten Vorteile für Kreditinstitute, die komplexere Ansätze in der Risikomes-

---

[8] Vgl. Meister (2005).

sung anwenden, nicht überall einzustellen, so dass eventuell eine Nachkalibrierung erfolgen muss. [9]

D. Alternative Finanzierungsformen

I. Kreditprobleme und das Verhältnis zu Banken

Nach inzwischen vorliegenden Zahlen wurden seit dem ersten Quartal 2002 ununterbrochen weniger neue Kreditmittel an Unternehmen und Selbständige in Deutschland ausgereicht.[10] In den Ergebnissen einer Unternehmensbefragung zwischen 2002 und 2005 waren im Durchschnitt mehr als 40 % der beteiligten Unternehmen aus dem Maschinen- und Anlagenbau der Auffassung, die Kreditaufnahme hätte sich im Vergleich zum jeweiligen Vorjahr schwieriger gestaltet.[11] Ungeachtet der unterschiedlichen Auffassungen darüber, ob oder mit welchem Gewicht dieser Rückgang durch mangelnde Nachfrage oder beschränktes Angebot verursacht wurde, stellt sich für immer mehr Unternehmen die Frage, inwieweit sie die Finanzierung ihrer Geschäfte über Bankkredite fortsetzen sollten. Nach wie vor sieht die Mehrheit der überwiegend kleinen und mittelgroßen Unternehmen ein gutes Verhältnis zu ihrer Hausbank als Basis ihrer Finanzierung an und muss dieses Verhältnis systematisch pflegen. Bei den dabei wichtigen Aktivitäten, die von einer besseren Vermittlung des eigenen Geschäftsmodells bis zur Erhöhung der Transparenz des eigenen Zahlenwerks reichen, können Unternehmen des Maschinen- und Anlagenbaus auf umfassende Leistungen ihres Verbandes aufbauen. Hierfür stehen Checklisten, Broschüren, Beratungsbesuche, Workshops zu allen wesentlichen Themen im Umfeld der Finanzierung bis hin zur Vorbereitung und zur Begleitung von Bankgesprächen zur Verfügung. [12] Darüber hinaus werden regelmäßig Finanzierungstage in den Regionen veranstaltet, in denen den Vertretern von Kreditinstituten, Kapitalbeteiligungsgesellschaften und anderen interessierten Finanziers detaillierte Informationen über die Branche präsentiert werden.

II. Eigenkapital und eigenkapitalähnliche Mittel

Welche Möglichkeiten alternativer Finanzierungsformen stehen dafür offen? Die Unternehmen der Investitionsgüterindustrie haben in dieser Situation verschie-

---

[9] Vgl. Gassmann (2006).
[10] Engel/Kohlberger/Paffenholz/Plattner (2006), S. 151.
[11] Vgl. Trischler (2005), S. 27.
[12] Z.B. Bauer/Scholtka (2004).

dene Lösungswege beschritten. Zum einen stellt bei den Unternehmen, deren Eigenkapitalquote unterdurchschnittlich ist, der Aufbau von Eigenkapital eine wichtige Handlungsoption dar.

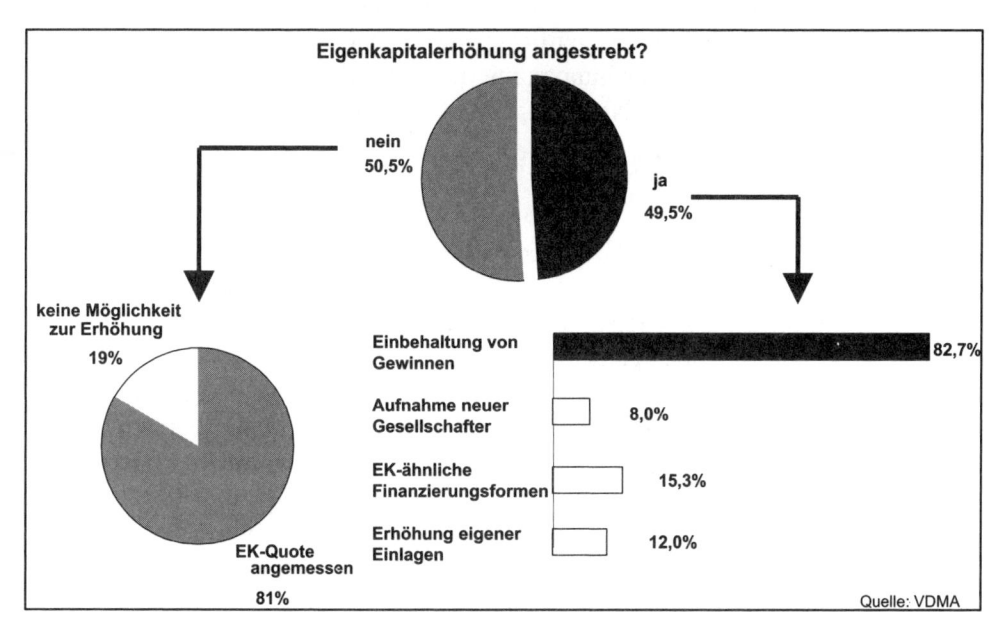

Abb. 5: Absichten und Formen der Erhöhung des Eigenkapitals

Nur eine Minderheit denkt dabei an Kapitalbeteiligungen von außen oder an eigenkapitalähnliche Mittel, die überwiegend unter dem Sammelbegriff Mezzanin-Kapital zusammengefasst werden. Kapitalbeteiligungen von außen werden überwiegend bei der Unternehmernachfolge oder bei Wachstumsfinanzierungen erwogen, die den Rahmen üblicher Kredithöhen ohnehin weit übersteigen. Zur Einwerbung von Mezzanin-Kapital z.B. in Form von Genussrechten [13] bedarf es ohnehin einer gesunden Finanzierungsbasis, da sonst das üblicherweise praktizierte Rating einer Ratingagentur oder durch standardisierte Verfahren wie Moody's RiskCalc für die Geldgeber nicht ausreichend Sicherheit signalisiert. Weniger häufig als in konsumnahen Branchen können Maschinenbauer darauf vertrauen, dass ein eingeführter Markenname die Basis für selbst eingeworbenes Mezzaninkapital darstellt. Dennoch ist dies bei einer konsistenten Erfolgsgeschichte durchaus möglich, wie sich im Fall eines ostwestfälischen Landtechnikherstellers gezeigt hat. [14]

---

[13] Die seit 2004 aufgelegten Genussschein-Fonds haben nach Berichten der Arrangeure über 2 Mrd. € an Investorengeldern aktiviert.

[14] Vgl. FAZ Nr. 74 vom 28.März 2006, S.27 „Claas mit einer weiteren Innovation".

In den meisten Fällen von zu geringem Eigenkapital bauen mittelständische Unternehmen auf die Thesaurierung von Gewinnen bei konstanter Bilanzsumme oder aber auf die Reduzierung der Bilanzsumme durch den Abbau von Verbindlichkeiten. Sie wollen damit ihre unternehmerische Selbständigkeit als wesentlichen Eckpfeiler ihrer wirtschaftlichen Betätigung erhalten und nicht in den Sog einer auf kurzfristige Gewinnmaximierung orientierten Geschäftspolitik geraten, die ihnen für eine auf langfristiges Wachstum ausgerichtete Strategie als unangemessen erscheint.

III. Börsengang nur bedingt tauglich

Ähnliches gilt für den Börsengang, der nach der Flaute von 2002 bis 2005 derzeit wieder stärker in den Fokus gerät. Doch sind hier für kleinere Unternehmen nur dann günstige Voraussetzungen vorhanden, wenn das eigene Marktsegment in einem engen, positiven Zusammenhang zu wachstumsstarken Abnehmermärkten steht. Eher wird der Börsengang dann in Frage kommen, wenn im Zuge einer Fokussierung bisher auch im Maschinenbau diversifizierte Großunternehmen erfolgreiche Unternehmensteile sofort oder über den Umweg eines Verkaufes an eine Kapitalbeteiligungsgesellschaft verselbstständigen wollen. Eine Reihe erfolgreicher Maschinenbauunternehmen haben den Weg zur Börse allerdings unter Beibehaltung des maßgeblichen Einflusses der Altgesellschafter vollzogen, um den Vorteil des Zugangs zum Kapitalmarkt mit dem Erhalt der Kontrolle über die langfristige Unternehmensentwicklung zu verbinden.

Auf der Suche nach Fremdkapital außerhalb einer engen Bankbeziehung schaffen es nur große Unternehmen, auf dem Markt für Unternehmensanleihen Fuß zu fassen. Auch hier ist eine konsistente Erfolgsgeschichte unabdingbar, wobei im Investitionsgüterbereich Privatplatzierungen bei institutionellen Investoren unter anderem in den USA einen möglichen Weg darstellen.

E. Ausblick

Aus der Sicht eines Verbandes, der überwiegend mittelständisch geprägte Unternehmen der Investitionsgüterindustrie vertritt, stellt die Unternehmensfinanzierung heute ein deutlich wichtigeres und auch differenzierteres Beratungs- und Interessenvertretungsthema dar als noch vor zehn Jahren. Zwar wurde das Verhältnis zwischen der Branche Maschinenbau und den Banken in den Jahren 1994/94 durch starke Nachfrageeinbrüche und nachfolgende Unternehmensaufgaben schon einmal auf eine harte Bewährungsprobe gestellt. Doch hatten viele Unternehmen sich in den Folgejahren auf einer konsolidierten Basis daran gemacht, gefährliche Strukturen zu transformieren und ihre Abhängigkeit von hohen

Auslastungsgraden zu reduzieren. Vernetzung mit Forschungseinrichtungen, Schlüssellieferanten und -kunden, Modularisierung des Produktionsprogramms auch in der
Auftragsfertigung, Beschleunigung der Durchlaufzeiten statt gefährlich hohe Lagerhaltung von Fertigprodukten, Segmentierung und prozessorientierte Organisation der Wertschöpfung, konsequente Entwicklung eigener Entwicklungsstrategien sowie die Internationalisierung des Vertriebs stellen neben anderen die wichtigen Themen in den letzten zehn Jahren dar.[15] Mit ihrem hohen Technologiebezug, der erwiesenen Kompetenz zur Systemintegration und dem weiter steigenden Exportanteil können erfolgreiche Maschinenbauunternehmen heute wieder verstärkt das Interesse von Kreditinstituten und anderen Kapitalgebern auf sich ziehen. Aktuelle Ergebnisse zeigen, dass sich für diese Unternehmen das Verhältnis zu den Banken deutlich entspannt hat. Alle anderen Unternehmen müssen dem Beispiel dieser Unternehmen folgen und werden dann auch die Chance haben auf der Basis eigener Stärke den für ihre Situation optimalen Finanzierungs-Mix zu erlangen.

---

[15] o. V. (1993); o. V. (1995); o. V. (1997).

Literaturverzeichnis

Basel Committee on Banking Supervision (1999): A New Capital Adequacy Framework, Consultative paper, Juni 1999.

Bauer, M. /Scholtka, J. (2004): Fremdkapitalbeschaffung und Rating für mittelständische Unternehmen, Empfehlungen für kleine und mittelgroße Unternehmen in der Investitionsgüterindustrie, Frankfurt am Main 2004.

Deutsche Bundesbank (2001): Die Ertragslage der deutschen Kreditinstitute im Jahre 2000. In: Monatsbericht September, Frankfurt am Main 2001, S. 15 – 50.

Engel, D./Kohlberger, K./Paffenholz, G./Plattner, D. (2006): Mittelstandsfinanzierung im Lichte des Finanzmarktwandels: Probleme, Herausforderungen und Möglichkeiten. In: KfW, Creditreform, IfM, RWI, ZEW (Hrsg.), Konjunkturaufschwung bei anhaltendem Problemdruck – Mittelstandsmonitor 2006 Jährlicher Bericht zu Konjunktur- und Strukturfragen kleinerer und mittlerer Unternehmen, Frankfurt am Main, S. 139 – 196.

Gassmann, P. (2006): Best Practice Risk Management - Basel II and beyond, Vortrag CFScolloquium: „Basel II und die Konsequenzen für das Risikomanagement", Frankfurt am Main, 29.März 2006.

Meister, E. (2005): Basel II - Aktuelle Fragen, Verhandlungsstand und Implementierung, Vortrag auf der DSGV-Fachtagung „Risikocontrolling und -management", Berlin, 7. Dezember 2005.

o. V. (1993): Maßnahmen zur Neu-Strukturierung im Maschinenbau, Frankfurt am Main 1993.

o. V. (1995): Erfolgreich Unternehmen verändern – Instrumente allein reichen nicht!, Frankfurt am Main 1995.

o. V. (1997): TPM – Total Profit Management, Frankfurt am Main 1997.

Trischler, J. (2005): Verhältnis zu Banken weiterhin gespalten, Ergebnisse der Unternehmensbefragung von Wirtschaftsverbänden und KfW. In: VDMA-Nachrichten 10/2005, S. 27.

Zentralen Kreditausschusses (2001): Stellungnahme des Zentralen Kreditausschusses zum Konsultationspapier des Baseler Ausschusses zur Neuregelung der angemessenen Eigenkapitalausstattung von Kreditinstituten vom 16. Januar 2001 („Basel II") vom 10. Mai 2001.

D. Betriebswirtschaftslehre und Marketing

Betriebswirtschaftslehre und Marketing

Klaus P. Kaas[*]

A.	Marketing – das ungeliebte Kind der BWL?..174	
B.	Drei Paradigmata des Marketing..175	
	I. Das neoklassische Paradigma im Marketing..176	
	II. Das verhaltenswissenschaftliche Paradigma im Marketing................176	
	III. Das institutionenökonomische Paradigma im Marketing...................177	
C.	Marketing in institutionenökonomischer Sicht...178	
	I. Die Unvollkommenheiten des Marktes...178	
	II. Marketing als Leistungsfindung und Leistungsbegründung...............179	
	III. Austauschgüter, Kontraktgüter und Geschäftsbeziehungen................180	
	IV. Informationsasymmetrie und der Spielraum für Opportunismus........182	
D.	Austauschgüter-, Kontraktgüter- und Beziehungsmarketing........................185	
	I. Austauschgütermarketing..185	
	II. Kontraktgütermarketing..186	
	III. Beziehungsmarketing..187	
E.	Ausblick..188	

---

[*] Prof. Dr. Klaus P. Kaas, Professur für Betriebswirtschaftslehre, insbesondere Marketing I, Johann Wolfgang Goethe-Universität, Frankfurt am Main.

A. Marketing – das ungeliebte Kind der BWL?

Das betriebswirtschaftliche Fach, das heute Marketing heißt, ist kaum ein halbes Jahrhundert alt. Bis in die fünfziger Jahre des vorigen Jahrhunderts hinein gab es kein eigenständiges betriebswirtschaftliches Fach, das sich mit der Absatzwirtschaft des Unternehmens befasste. Phänomene des Absatzes wurden von der Betriebswirtschaftslehre des Warenhandels mitbehandelt.[2] Einzelne Fragen mit absatzwirtschaftlichem Bezug wurden auch im Rechnungswesen thematisiert, etwa solche der Vertriebskostenrechnung und der (kostenbasierten) Preiskalkulation.

Erst 1955 hat Erich Gutenberg mit dem zweiten Band seiner „Grundlagen der Betriebswirtschaftslehre" die erste Monographie vorgelegt, die sich auf umfassende und theoretisch anspruchsvolle Art und Weise mit dem Absatz auseinandersetzte.[3] Während die Handelsbetriebslehre eher ordnend und beschreibend als erklärend und gestaltend geprägt war, suchte Erich Gutenberg in seiner Absatztheorie nach theoretischen Erklärungen der Absatzwirtschaft und nach dem optimalen Einsatz des „absatzpolitischen Instrumentariums" der Unternehmung. Er tat dies auf der Grundlage sorgfältig dargelegter Prämissen und mittels schlüssiger verbaler Deduktionen und formalmathematischer Modelle. Der zweite Band seiner „Grundlagen" enthält die erste Theorie des Absatzes, die als solche konzipiert war und diesen Namen verdient.

Dennoch blieb Gutenbergs Einfluss auf die weitere Entwicklung der Lehre von der Absatzwirtschaft begrenzt. Zum einen stand der zweite Band seiner „Grundlagen der Betriebswirtschaftslehre" ganz im Schatten des ersten Bandes, der der Produktionstheorie gewidmet war und in der Fachwelt großes Aufsehen erregte. Zum anderen wandte sich das Interesse der an Absatzfragen interessierten Fachvertreter schon bald einer Innovation zu, die aus Amerika kam: dem Marketing. Das schien zunächst nur ein neuer Name für „Absatz" zu sein, dahinter verbarg sich aber auch ein neuer Ansatz, der, anders als der Gutenbergsche, nicht in der mikroökonomischen Theorie verankert, sondern interdisziplinär angelegt war. Die Marketinglehre machte Anleihen in der Managementliteratur, in der Psychologie, der Soziologie, der Kommunikationswissenschaft. Es dauerte nicht lange, und in Deutschland entstand der erste Lehrstuhl für Marketing (Münster 1968), weitere folgten, und zahlreiche der bis dahin dem Absatz und Handel gewidmeten Lehrstühle wurden umbenannt.

Viele Fachvertreter der Betriebswirtschaftslehre sahen mit Skepsis auf das neue Fach Marketing (manchmal mit milder Ironie auf der zweiten Silbe betont und mit geschlossenem e ausgesprochen). Musste man nicht befürchten, dass hier das, was offenkundig die Leitidee des Marketingdenkens war, nämlich das Beschönigen und Umetikettieren einer Sache zu Verkaufszwecken, als erstes auf die

---

[2] Vgl. Gümbel (1985).
[3] Vgl. Gutenberg (1955).

neue Disziplin selbst angewendet wurde, indem sie umbenannt und modisch – angelsächsisch, verhaltenswissenschaftlich, interdisziplinär – herausgeputzt wurde? Entstand hier nicht ein Fach, das immer weniger theoretische und methodische Gemeinsamkeiten mit der Betriebswirtschaftslehre hatte?

Waldemar Wittmann beschließt in seinem Werk „Betriebswirtschaftslehre" das lange Kapitel über den Absatz (in dem er, ganz im Geiste Gutenbergs, die neoklassische Preistheorie behandelt) mit einer kurzen Betrachtung zu dem „seit einiger Zeit aus den USA übernommenen Marketing". Er beurteilt den von der neuen Lehre betonten „Primat einer totalen Marktorientierung" eher skeptisch und meint, ihre Entwicklung werde vor allem davon abhängen, „wieweit sie über bisheriges hinaus solide Erkenntnisse vorzuweisen haben wird."[4] Notabene: Solides gab es, gut 15 Jahre, nachdem die neue Lehre Einzug gehalten hatte, für Wittmann noch nicht zu vermelden!

Dieter Schneider war weniger zurückhaltend, als er in seinem Aufsatz „Marketing als Wirtschaftswissenschaft oder Geburt einer Marketingwissenschaft aus dem Geiste des Unternehmerversagens?" mit der neuen Lehre ins Gericht ging.[5] Mit der ihm eigenen Lust an der Provokation sprach er von der „Marketingwissenschaft als einer betriebswirtschaftlichen Tragödie" und von der „Flucht der Marketingwissenschaftler aus der Wirtschaftstheorie".[6] Schneiders Kritik dürfte von vielen Betriebswirten geteilt worden sein, von den Vertretern der neuen Lehre wurde sie umgehend zurückgewiesen.[7] Es fällt allerdings auf, dass die Repliken sich auf die Verteidigung des von Schneider angeprangerten verhaltenswissenschaftlichen Ansatzes der Marketinglehre beschränkten. Schneiders konstruktiver Vorschlag, die neueren marktprozessorientierten Ansätze der mikroökonomischen Theorie für das Marketing nutzbar zu machen,[8] wurde dagegen ignoriert.

B. Drei Paradigmata des Marketing

Wie immer man die Irritationen jener Jahre bewerten mag, sie waren Ausfluss eines Prozesses der Selbstfindung des Fachs Marketing, in dessen Verlauf eine Vielzahl theoretischer und methodischer Ansätze probiert und entweder adaptiert oder verworfen worden sind. Heribert Meffert zählt allein acht verschiedene Paradigmen der Marketingforschung auf, die er für bedeutsam hält.[9] Darunter

---

[4] Wittmann (1984), S. 247.
[5] Vgl. Schneider (1983).
[6] Schneider (1983), S. 198, 216.
[7] Vgl. Dichtl (1983), Müller-Hagedorn (1983), Elschen (1983).
[8] Etwa informationsökonomische Ansätze und die Wettbewerbstheorie der Wiener Schule, vgl. Schneider (1983), S. 214 – 216.
[9] Vgl. Meffert (1999).

befinden sich so seltsame wie der sytemtheoretische Ansatz, dem wir die Einsicht verdanken, dass Marketing als komplexes System anzusehen ist, oder der situative Ansatz, der auf generalisierbare theoretische Ergebnisse verzichten zu können glaubt.[10]

Sieht man von den Erfindungen ab, die sich nicht durchsetzen konnten, so kann man drei Forschungsrichtungen erkennen, die das Fach Marketing bis heute prägen. Sie unterscheiden sich durch ihre bevorzugten Theorien, Modelle, Analogien und Metaphern und legen unterschiedliches Gewicht auf theoretische und empirische Forschung, auf ökonomische und nichtökonomische Ansätze, auf Grundlagenforschung und angewandte Forschung. Insofern kann man sie als „Paradigmen" der Marketinglehre im Sinne von Kuhn bezeichnen.[11] Es sind: der neoklassische, der verhaltenswissenschaftliche und der institutionenökonomische Ansatz.

I. Das neoklassische Paradigma im Marketing

Der neoklassische Ansatz ist die eingangs erwähnte, von Erich Gutenberg begründete Lehre von der Absatzwirtschaft, die sich stark auf die neoklassische mikroökonomische Theorie gründet. Sie beeinflusst bis heute weite Teile der betriebswirtschaftlichen Preistheorie, und sie hat viele andere Konzepte hervorgebracht, die die heutige Marketingforschung prägen, z. B. das Denken in Marktreaktionsfunktionen und die Idee der Optimierung des Marketing-Mix. Die Stärke des neoklassischen Paradigmas der Marketingtheorie liegt in seiner Verwurzelung in der mikroökonomischen Markt- und Preistheorie, in seiner theoretischen Stringenz und in den Vorzügen der quantitativen Analyse. Eine Schwäche dieses Paradigmas liegt in den sehr restriktiven Prämissen der neoklassischen Markttheorie: Die Unvollkommenheiten der Märkte werden ausgespart, insbesondere Informationsprobleme, und es werden rationale, gewinn- und nutzenmaximierende Anbieter und Nachfrager unterstellt.[12]

II. Das verhaltenswissenschaftliche Paradigma im Marketing

Der verhaltenswissenschaftliche Ansatz hat, wie eingangs erwähnt, die neoklassische Absatztheorie ab Mitte der sechziger Jahre verdrängt, weil diese mit ihren unrealistischen Prämissen einer positiven Theorie des Marketing, die empirisch überprüft und für die Anwendung nutzbar gemacht werden konnte, im Wege

---

[10] Vgl. Tomczak (1992).
[11] Vgl. Kaas (2000); Kuhn (1999).
[12] Vgl. Kaas (2000).

stand. Die verhaltenswissenschaftliche Marketingforschung versteht sich als eine empirische, anwendungsorientierte Disziplin, die nach der Erklärung und Prognose der Reaktion des Marktes auf den Einsatz des Marketing-Mix sucht und Empfehlungen für seine optimale Gestaltung ableitet. Die Stärke des verhaltenswissenschaftlichen Paradigmas liegt darin, dass es viele Hypothesen und Theorien über die Wirkung des Marketing-Mix auf Meinungen und Einstellungen der Kunden, auf Variablen wie Kundenzufriedenheit und Markentreue sowie auf Umsätze und Marktanteile hervorgebracht hat. Gleichzeitig hat es das Entstehen einer umfangreichen empirischen Forschung gefördert, mittels der die Hypothesen getestet wurden. Wenn die Marketingforschung heute stark methodisch geprägt ist, wenn multivariate Verfahren der Datenanalyse (wie Faktorenanalyse, Kausalanalyse oder Conjointanalyse) heute einen hohen Stellenwert und einen hohen Entwicklungsstand im Marketing haben, dann ist dies dem verhaltenswissenschaftlichen Paradigma zu danken. Die Schwäche des verhaltenswissenschaftlichen Ansatzes liegt in einer gewissen Beliebigkeit der Theoriebildung, die eine Integration der vielen Einzelerkenntnisse erschwert. Wenn, überspitzt formuliert, jedes neue Phänomen mit einer neuen Theorie erklärt wird, dann fehlt es einer Disziplin an Kohärenz und Parsimony.[13]

III. Das institutionenökonomische Paradigma im Marketing

Das institutionenökonomische Paradigma der Marketingtheorie stützt sich auf die Neue Institutionenökonomik der Volkswirtschaftslehre. Das ist eine Theorie des unvollkommenen Marktes, welche die Komplikationen der Realität, die die neoklassische Markttheorie ausblendet, zum Gegenstand der Analyse macht: die Unvollkommenheit des Marktes, insbesondere unvollkommene Information der Marktteilnehmer, die Ursachen und Konsequenzen von Transaktionskosten und Institutionen.[14] In institutionenökonomischer Sicht ist Marketing ein Element des Marktprozesses, das die Schnittstelle zwischen den Institutionen Markt und Unternehmung bildet und der Überwindung von Informations- und Unsicherheitsproblemen dient. Marketing hilft, durch eine effiziente Gestaltung und Nutzung von Institutionen, Produktions- und Transaktionskosten zu reduzieren.[15] Die Stärke des institutionenökonomischen Paradigmas liegt darin, dass es Marketingphänomene aus der mikroökonomischen Markt- und Wettbewerbstheorie heraus erklärt – das unterscheidet es vom verhaltenswissenschaftlichen Ansatz. Dieser ökonomische Ansatz geht von realistischen Prämissen aus, die eine anwendungsorientierte Marketingforschung nicht behindern – das unterscheidet ihn vom neo-

---

[13] Vgl. Kaas (2000).
[14] Vgl. Richter/Furubotn (1999).
[15] Vgl. Kaas (1990); Kaas (1995); Kaas/Posselt (2006).

klassischen Paradigma. Im Folgenden wird dieser Ansatz in seinen Grundzügen dargestellt.

C. Marketing in institutionenökonomischer Sicht
I. Die Unvollkommenheiten des Marktes

Nach einer weithin akzeptierten Definition von Philip Kotler dient Marketing der Förderung von Austauschprozessen auf Märkten.[16] Dies ist eine Aufgabe, die auf dem vollkommenen Markt der neoklassischen Theorie gar nicht definiert werden kann, weil er sich immer im Gleichgewicht befindet.[17] Anders die Märkte der Realität. Dort arbeit die „unsichtbare Hand" nicht kostenlos und nicht ohne Friktionen. Es gibt „Sand im Getriebe" des Marktes, es müssen Schwierigkeiten und Widerstände überwunden werden, damit Transaktionen zustande kommen. Erst dadurch wird Marketing nötig und möglich.

Im Wesentlichen handelt es sich dabei um Informations- und Unsicherheitsprobleme und deren Folgen. Alle Akteure haben nur unzureichende Informationen über den Markt, insbesondere über die jeweils andere Seite: Anbieter kennen ihre eigene Kompetenz und Zuverlässigkeit, die Qualitäten und Preise ihrer Produkte – sie haben aber nur unvollkommene Informationen über die andere Marktseite, über die Bedürfnisse, Zahlungsbereitschaften und Zahlungsfähigkeiten der Nachfrager. Bei den Nachfragern ist es umgekehrt. Bei einer Transaktion haben deswegen beide Partner, verglichen mit ihrem jeweiligen Gegenüber, immer zugleich Informationsvorsprünge und Informationsdefizite. Die Informationsvorsprünge eröffnen ihnen einen Spielraum für opportunistisches Verhalten, d.h. zur „Verfolgung des Eigeninteresses unter Zuhilfenahme von List.[18] Wer besser informiert ist, kann dies zum eigenen Vorteil und zum Nachteil seines Partners ausnutzen. Die Informationsdefizite können durch die Aufwendung von Transaktionskosten, etwa für Informationsbeschaffung (z. B. Marktforschung auf der einen und Shopping auf der anderen Seite) gemildert, aber kaum ganz beseitigt werden. Es bleibt ein Restrisiko, das weitere Transaktionskosten verursachen kann, z. B. für die Aushandlung von Verträgen, den Abschluss von Versicherungen oder für die Streitschlichtung.

---

[16] Vgl. Kotler/Blimel (2001), S. 24.
[17] Vgl. Schneider (1983).
[18] Vgl. Williamson (1990), S. 54.

II. Marketing als Leistungsfindung und Leistungsbegründung

Auf so charakterisierten Märkten hat das unternehmerische Marketing zwei Aufgaben (vgl. Abbildung 1). Die erste Aufgabe, hier als Leistungsfindung bezeichnet, besteht darin, ein Leistungsangebot zu konzipieren und zu realisieren, das den Nachfragern einen höheren Nutzen oder einen günstigeren Preis als Konkurrenzangebote bietet.[19] Erfolgreiche Leistungsfindung setzt voraus, dass ein Unternehmen bessere Informationen über die (zukünftigen) Bedürfnisse der Nachfrager und/oder über effiziente Wertschöpfungsprozesse als die Konkurrenz erlangt. Im ersten Fall sucht es seinen Wettbewerbsvorteil in einem höheren Kundennutzen (Produktnutzen oder Transaktionsnutzen). Das setzt konsequente Kundenorientierung, permanente Marktbeobachtung, kreative Forschung und Entwicklungsarbeit voraus, um ständige Produktverbesserungen und Produktinnovationen zu schaffen. Im zweiten Fall nutzt ein Unternehmen Informationsvorsprünge über günstigere Ressourcen, neue Technologien und effiziente Organisationsprozesse, um seinen Kunden niedrigere Preise als die Konkurrenz bieten zu können.[20] Diese Strategie erfordert die Ausnutzung von Economies of Scale, von Lerneffekten und das Finden von Prozessinnovationen im Beschaffung, Produktion und Logistik.

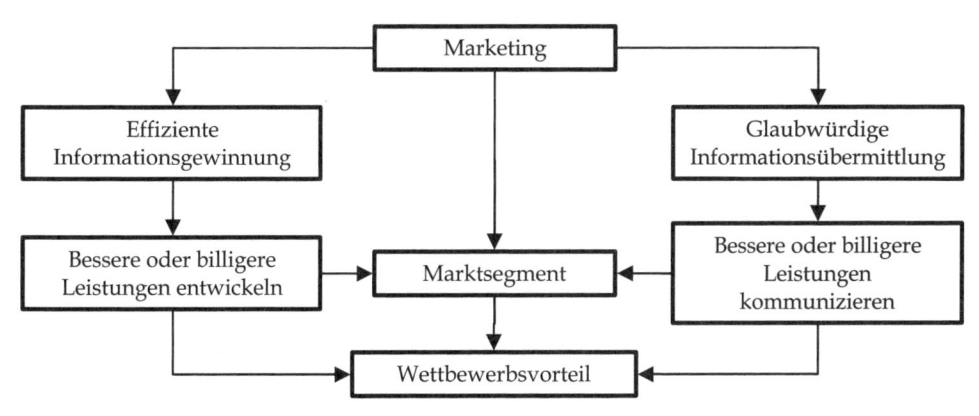

Abb. 1: Marketing als Leistungsfindung und Leistungsbegründung

Die zweite Aufgabe des Marketing, hier als Leistungsbegründung bezeichnet, besteht darin, das überlegene Leistungsangebot im Markt glaubhaft zu kommunizieren. Es genügt nicht, ein besseres Produkt oder einen günstigeren Preis zu haben, der Markt muss auch davon überzeugt werden. Auf den unübersichtlichen, in ständiger Bewegung befindlichen Märkten ist dies häufig die schwierigere Aufgabe. Nachfrager wissen, dass die Anbieter opportunistisch handeln, d.h. die positiven Seiten ihres Angebots hervorheben und die negativen übergehen. Sie sind deswegen zunächst einmal misstrauisch.

---

[19] Dabei sind die Transaktionskosten der Kunden mit einzubeziehen, vgl. Picot (1986).
[20] Porter spricht hier von Produktdifferenzierung und Preisführerschaft, vgl. Porter (1988).

Bei beiden Aufgaben des Marketing – Leistungsfindung und -begründung – ist schließlich zu beachten, dass die Bedürfnisse, Lebenslagen und Restriktionen der Nachfrager heterogen und veränderlich sind. Es ist deswegen meist nicht möglich, ein für alle Nachfrager überlegenes Angebot zu finden und glaubwürdig zu kommunizieren. Erst die Heterogenität der Nachfrage eröffnet einem Unternehmen die Chance, sich einen Wettbewerbsvorteil gegenüber der Konkurrenz zu erarbeiten, indem es sein Angebot an den Besonderheiten eines Marktsegments ausrichtet.

Marketing heißt demnach, auf Märkten mit Informationsasymmetrie, Transaktionskosten und Opportunismus Wettbewerbsvorteile auf einzelnen Marktsegmenten zu entwickeln (Leistungsfindung), diese glaubhaft am Markt zu kommunizieren (Leistungsbegründung) und daraus Gewinn zu ziehen.[21]

III. Austauschgüter, Kontraktgüter und Geschäftsbeziehungen

Die so definierte Aufgabe des Marketing kann ganz unterschiedlich ausfallen, je nachdem, um welche Art von Transaktion es sich handelt.[22] Im Folgenden werden in Anlehnung an Williamson (1985) und Alchian/Woodward (1988) drei für eine Differenzierung des Marketing wichtige Transaktionstypen beschrieben.

„An exchange is a transfer of property rights to resources that involves no promises or latent future responsibility".[23] Bei diesem Typ von Transaktionen geht es um fertige Produkte, „auf deren Charakteristika und Qualität im Moment der Übergabe an den Kunden niemand mehr Einfluss nehmen kann, weder der Käufer noch der Verkäufer".[24] Es sind Produkte, für die der von Macneil beschriebene „klassische Vertragstyp" am besten geeignet ist, in dem alle mit einer Transaktion verbundenen Folgen vorweggenommen und abschließend geregelt werden: „sharp in by clear agreement, sharp out by clear performance".[25] Güter, für die dieser Transaktionstyp zutrifft, seien „exchange goods" oder „Austauschgüter" genannt. Sie können aufgrund ihrer Standardisierung prinzipiell für den anonymen Markt und auf Vorrat hergestellt werden. Beispiele für Austauschgüter sind Produkte wie Zigaretten oder Autos, aber auch Drehbänke oder Textverarbeitungsprogramme. Wenn es um solche Güter geht, soll von „Austauschgütermarketing" gesprochen werden.

„In contrast, a contract promises future performance, typically because one party makes an investment, the profitability of which depends on the other party's

---

[21] Vgl. Kaas (1995), S. 22.
[22] Vgl. Alchian/Woodward (1988).
[23] Alchian/Woodward (1988).
[24] Schade/Schott (1993), S. 16.
[25] MacNeil (1974), S. 738.

future behaviour".[26] Bei diesem Typ von Transaktionen geht es nicht um fertige Produkte, sondern um Leistungsversprechen, wie sie bei bestimmten Dienstleistungen und Sachgütern die Regel sind. Es sind Leistungen, für die der von Macneil beschriebene „neoklassische Vertragstyp" am besten geeignet ist, der auf eine vollständige Vorwegnahme aller Eventualitäten verzichtet und stattdessen bewusst Lücken lässt und Flexibilität vorsieht.[27] Güter, für die dieser Transaktionstyp zutrifft, seien „contract goods" oder „Kontraktgüter" genannt. Es sind hochwertige und komplexe Dienstleistungen und Sachgüter, die auf die spezifischen Bedürfnisse des Nachfragers zugeschnitten sind. Beispiele sind Dienstleistungen wie Unternehmensberatung oder medizinische Leistungen, die Errichtung von Bauwerken und die Lieferung von Industrieanlagen. Unter bestimmten Umständen kann auch die Lieferung von Austauschgütern in eine Transaktion mit Kontraktcharakter umschlagen. Wenn ein Textilhersteller für ein Versandhandelsunternehmen eine Modekollektion einer bestimmten Qualität und Ausstattung zu einem bestimmten Termin liefern soll, dann handelt es sich auch hier um ein Leistungsversprechen, das ganz ähnlich dem ist, das ein Maschinenbauer abgibt, der eine Spezialmaschine nach den Wünschen eines industriellen Abnehmers fertigt. Wenn es um solche Güter geht, soll von „Kontraktgütermarketing" gesprochen werden.

Neben Austauschgütern und Kontraktgütern sind Transaktionen im Rahmen einer dauerhaften Geschäftsbeziehung zu unterscheiden. Gemeint sind Geschäftsbeziehungen, wie sie sich etwa zwischen Automobilfirmen und ihren Zulieferern oder zwischen Banken und ihren Privatkunden herausbilden. Solche Beziehungen bestehen aus einer Folge von Transaktionen, die in einem inneren Zusammenhang stehen.[28] Unter diesen Umständen verlagert sich die ökonomische Analyse von der einzelnen Transaktion auf „die gesamte Beziehung, so wie sie sich mit der Zeit entwickelt hat. Dazu kann eine ‚ursprüngliche Vereinbarung' gehören oder auch nicht".[29] Die einzelne Transaktion innerhalb einer solchen Beziehung kann Austauschgüter (z. B. Einbauteile), aber auch Kontraktgüter (z. B. Werbekampagnen) zum Gegenstand haben. Entscheidend ist, dass sie aus den Erfahrungen mit der bisherigen und aus den Erwartungen an die zukünftige Geschäftsbeziehung heraus erklärt und gestaltet werden muss. Wenn es um Geschäftsbeziehungen geht, in denen wiederholte Transaktionen stattfinden, soll von „Beziehungsmarketing" gesprochen werden.[30]

---

[26] Alchian/Woodward (1988).
[27] MacNeil, (1978), S. 865, zitiert nach Williamson (1990), S. 78-80.
[28] Vgl. Plinke (1989).
[29] MacNeal (1978), S. 890, zitiert nach Williamson (1990), S. 81.
[30] Vgl. Diller (1991), S. 161-162; Diller/Kusterer (1988).

IV. Informationsasymmetrie und der Spielraum für Opportunismus

Austauschgüter, Kontraktgüter und Geschäftsbeziehungen unterscheiden sich vor allem im Ausmaß der Informationsasymmetrie zwischen den Transaktionspartnern und damit im Spielraum für opportunistisches Verhalten. Das hat Konsequenzen für die Ausgestaltung des Marketing und für den Stellenwert einzelner Marketinginstrumente zur Überwindung der Informationsasymmetrien.

Dazu muss man sich zunächst klar machen, welche dramatischen Konsequenzen die Informationsasymmetrie für den Marktmechanismus hat, selbst dann, wenn es nur wenige „schwarzen Schafe", nämlich Anbieter schlechter oder überteuerter Produkte, gibt, die Gewinne zu Lasten der schlecht informierten Nachfrager machen. Viel bedeutsamer sind die Kosten, welche den Anbietern überlegener Qualitäten und günstiger Preise und ihren Kunden entstehen.[31] Erstere müssen einen Weg finden, sich als die besseren Anbieter glaubhaft in Szene zu setzen. Sie müssen sich von den „schwarzen Schafen" diskriminieren und das Misstrauen der Nachfrager beseitigen, das verursacht Transaktionskosten. Letztere müssen ihrerseits Transaktionskosten aufwenden, um die guten von den schlechten Angeboten zu unterscheiden. Je größer die Qualitätsunsicherheit, je weiter der Spielraum für opportunistisches Verhalten, desto größer ist das Problem und der Anreiz der Nachfrager, die Anbieter mit den wirklich guten Leistungen herauszufinden, desto größer ist aber auch das Problem und der Anreiz dieser Anbieter, dafür zu sorgen, dass sie als solche für die Nachfrager diskriminierbar sind.

In Anlehnung an eine Einteilung von Arrow (1985), die von Alchian/Woodward (1988) erweitert worden ist, lassen sich drei Fälle opportunistischen Verhaltens unterscheiden: Die Ausnutzung von „hidden characteristics", von „hidden intention" und die von „hidden action".[32]

Die Ausnutzung von „hidden characteristics" liegt vor, wenn ein Anbieter Informationen über Merkmale der Transaktion zurückhält, um sich dadurch einen Vorteil zu verschaffen. Sie unterscheidet sich von den anderen beiden Formen des Opportunismus dadurch, dass der Anbieter diese Merkmale nicht beeinflussen kann, zumindest nicht kurzfristig und nicht mehr nach Abschluss des Vertrages. „Hidden intention" liegt vor, wenn ein Vertragspartner dem anderen transaktionsrelevante Absichten verheimlicht. Dies ist zum Beispiel der Fall, wenn er auf vertragliche Regelungen setzt, die der Partner nicht durchschaut oder mit deren Einforderung er nicht rechnet. „Hidden action" schließlich liegt vor, wenn der Anbieter im Zuge der Transaktion heimlich Maßnahmen ergreift oder unterlässt, die ihm selbst auf Kosten des Vertragspartners einen Vorteil einbringen oder einen Nachteil ersparen. Der Unterschied zur „hidden intention" liegt darin, dass

---

[31] Vgl. Akerlof (1970).
[32] Vgl. zu diesen Begriffen Alchian/Woodward (1988); Arrow (1985); Spremann (1990).

diese irgendwann während der Transaktion offenbar wird, während jene unentdeckt bleibt.
Es ist nun interessant, dass diese Formen des Opportunismus ganz unterschiedliche Bedeutung haben, je nachdem, um welchen Transaktionstypen es sich handelt. Daraus wieder ergeben sich Konsequenzen für das Marketing.

	Austauschgüter	Kontraktgüter	Geschäftsbeziehungen Erstgeschäft	Folgegeschäft
Adv. Selection	ja	Ja	ja	nein
Hold up	nein	Ja	ja	möglich
Moral Hazard	nein	Ja	ja	möglich

Abb. 2: Transaktionstypen und Spielarten des Opportunismus

Bei Austauschgütern hat der Anbieter einzig und allein in der Vorvertragsphase Gelegenheit, Informationsvorsprünge auszunutzen. Er kann auf „hidden characteristics" setzen, nämlich für den Käufer nicht ohne weiteres erkennbare Qualitätsdefizite seiner Produkte verschweigen. Mit anderen Worten, er kann eine geringere als die versprochene oder suggerierte Qualität liefern. Für die anderen beiden Formen des Opportunismus ist kein Raum, da fertige Produkte in einer punktuellen und abgeschlossenen Transaktion ohne Nachwirkungen irgendwelcher Art ausgetauscht werden. Diese Form des Opportunismus kann zu dem von Akerlof beschriebenen Phänomen der „adverse selection" führen.[33]

Bei Kontraktgütern sind dagegen alle drei Formen des Opportunismus möglich. Es ist zweckmäßig, dabei zwischen der Leistungsfähigkeit eines Anbieters („skill", Qualifikation) und seinem Leistungswillen („effort", Einsatz) zu unterscheiden. Der „skill" eines Anbieters ist, zumindest kurzfristig, von ihm nicht beeinflussbar. Ein Unternehmensberater kann sein Fachwissen, seine Kreativität und seine Erfahrung nicht kurzfristig verändern, er kann sich diesbezüglich aber in ein besseres Licht setzen und damit „hidden characteristics" ausnutzen. Darüber hinaus kann es, in Bezug auf den „effort", auch die anderen beiden Formen des Opportunismus geben. „Hidden intention" kann vorkommen, wenn der Nachfrager vertraglich oder ökonomisch gebunden ist. Der Anbieter kann z. B. Kostensteigerungen geltend machen und nachträglich Preiserhöhungen durchsetzen, durch Drohung mit Projektverzögerungen und Projektgefährdungen (z. B. durch seinen eigenen Konkurs). Alchian/Woodward nennen dieses Verhalten „hold up".[34] „Hidden intention" und „hold up" resultieren daraus, dass Verträge oft bewusst unbestimmt und offen gehalten werden, um den Partnern ein flexibles Reagieren auf unvorhergesehene, transaktionsrelevante Entwicklungen zu ermöglichen.[35] Dabei wird stillschweigend unterstellt, dass keine der Parteien einen ihr

---

[33] Vgl. Akerlof (1970).
[34] Der Ausdruck verweist auf die offene Nötigung, auf die überfallartige Dreistigkeit, die in dieser Spielart des Opportunismus liegt, vgl. Alchian/Woodward (1988); Spremann (1990).
[35] Vgl. z. B. Richter (1991), S. 406; Schmidt/Wagner (1985); Williamson (1990), S. 203.

formaljuristisch gegebenen oder durch die Umweltentwicklung zufallenden Spielraum der Vertragsauslegung ohne Rücksicht auf Verluste des Partners für sich ausnützt. Der opportunistische Anbieter mit einer „hidden intention" dagegen legt es genau darauf an. Er kommt nur den Verpflichtungen nach, denen er sich nicht ohne Schaden entziehen kann, er hält Zusagen nur ein, wenn es billiger als ihre Aufkündigung ist, er weckt beim Partner Erwartungen, die er nicht zu erfüllen gedenkt. Das Risiko des „hold up" ist für den Nachfrager umso größer, je mehr er durch spezifische Ressourcen gebunden und ausbeutbar ist.

Bei Kontraktgütern kann es, ebenfalls begrenzt auf den „effort", schließlich „hidden action" geben. Der Anbieter einer Leistung kann, für den Nachfrager nicht oder nur unter hohem Kostenaufwand erkennbar, weniger Input leisten, als er versprochen hat, oder auf sonstige Weise seinen eigenen Vorteil auf Kosten des Nachfragers suchen. „Hidden action" ist immer dann möglich, wenn keine eindeutige, dem Nachfrager bekannte Beziehung zwischen dem Einsatz des Anbieters und dem Ergebnis besteht. Das kann zwei Ursachen haben, exogene Unsicherheit bei der Erstellung des Kontraktgutes und Schwierigkeiten der Ergebniszurechnung. In der Prinzipal-Agenten-Theorie wird dieses Risiko der jeweils anderen Partei „moral hazard" genannt. Es ist umso größer, je größer die Plastizität der Transaktion ist. Darunter verstehen Alchian/Woodward das Ausmaß an technisch-organisatorischer Flexibilität und Substitutionalität, an Unstrukturiertheit, an „Weichheit", das in der Transaktion gegeben ist.[36] Beispielsweise ist die Leistung eines Marktforschungsinstituts „plastischer" als die einer Spedition.

In Geschäftsbeziehungen ist opportunistisches Verhalten begrenzt – darin liegt eines der Hauptmotive für ihre Entstehung. In einer Geschäftsbeziehung, die sich allmählich etabliert, ist das Ausnutzen von „hidden characteristics" kaum lohnend, denn derjenige, der es darauf anlegte, müsste damit rechnen, dass sein Verhalten früher oder später offenbar wird. Wenn dagegen einer der Partner gleich zu Beginn eine spezifische Investition tätigt, die ihn hinterher bindet, dann kann es sich für den anderen lohnen, auf „hidden characteristics" zu setzen und seine mangelnde Leistungsfähigkeit zu verbergen. Der Spielraum für „hidden intention" ist bei auf Dauer angelegten Geschäftsbeziehungen grundsätzlich sehr groß, da es in der Praxis häufig um beträchtliche spezifische Ressourcen geht. Es gibt aber verschiedene Kooperationsdesigns, die das Risiko dieser Form des Opportunismus begrenzen. Der Spielraum für „hidden action" dürfte, verglichen mit einmaligen Transaktionen bei Kontraktgütern, gering sein, weil beide Partner im Laufe der Zeit Erfahrungen miteinander machen und die Handlungsspielräume sowie die Verhaltensweisen des jeweils anderen immer besser kennen lernen. Insgesamt gilt, dass die Anreize zu opportunistischem Verhalten in einer Geschäftsbeziehung geringer sind als bei isolierten Transaktionen, darin liegt ja eine der Ursa-

---

[36] Nach Alchian/Woodward (1988) begünstigt Spezifität „hold up", während Plastizität den Spielraum für „moral hazard" weitet.

chen, warum sich stabile Geschäftsbeziehungen als unsicherheitsreduzierende Institutionen herausbilden.

D. Austauschgüter-, Kontraktgüter- und Beziehungsmarketing

I. Austauschgütermarketing

Die Möglichkeiten und Grenzen des Austauschgütermarketing hängen vor allem davon ab, wie gut die Qualität eines Produkts oder einer Dienstleistung von den Kunden überprüft und damit „hidden characteristics" ausgeschlossen werden können. In der Informationsökonomik werden hierzu drei Typen von Produkteigenschaften unterschieden.[37] Inspektionseigenschaften können ohne große Kosten durch einfache Inspektion geprüft werden. Beispiele sind der Preis oder das Design eines Produktes. Bei ihnen sind Informationsasymmetrien und die Transaktionskosten zu ihrer Beseitigung gering. Dagegen kann der Kunde bei Erfahrungseigenschaften erst durch den Gebrauch oder Verbrauch des Produktes feststellen, ob das Produkt seinen Qualitätserwartungen entspricht. Beispiele sind der Geschmack eines Lebensmittels oder die Langlebigkeit eines Gebrauchsgutes. Bei Vertrauenseigenschaften schließlich hat der Kunde keine Möglichkeit, sich zu vertretbaren Kosten ein Qualitätsurteil zu bilden, auch nicht durch die Nutzung des Produkts. Ein Beispiel sind zugesicherte Eigenschaften wie die umweltverträgliche Herstellung eines Produkts.

Es liegt auf der Hand, dass die Herausforderungen an das Marketing, insbesondere an die Leistungsbegründung, ganz unterschiedlich sind, je nachdem, welcher Eigenschaftstyp für die Kaufentscheidung maßgebend ist.[38] Bei Inspektionseigenschaften hat das Marketing die geringste Bedeutung, die Produkte „sprechen für sich". Um die Kunden vom Design oder der Größe eines Möbelstücks zu überzeugen, bedarf es keiner raffinierten Werbe- und Verkaufsanstrengungen. Ganz anders bei Erfahrungseigenschaften, hier hat die Kommunikationspolitik grundsätzliche Glaubwürdigkeitsprobleme. Marketing muss hier auf Signale im Sinne von Spence setzen, mit denen sich ein Anbieter entweder ökonomisch oder rechtlich selbst bindet.[39] Ökonomische Bindungen entstehen durch irreversible Investitionen, etwa in einen Markennamen, dessen Aufbau hohe Investitionen in Forschung und Entwicklung, Qualitätssicherung, Werbung usw. erfordert, Investitionen, die durch schlechte Qualität gefährdet werden. Rechtliche Bindungen entstehen durch kontingente Verträge wie etwa eine Garantie. Bei Vertrauens-

---

[37] Vgl. zum folgenden Darby/Karni (1973); Kaas/Busch (1996); Nelson (1970).
[38] Vgl. Kaas (1995).
[39] Vgl. Spence (1974).

eigenschaften ist es für das Marketing noch schwieriger, ein überlegenes Angebot glaubhaft am Markt zu kommunizieren. Auf Märkten für Vertrauensgüter, ein Beispiel ist der für ökologische Lebensmittel, müssen Institutionen des kollektiven Handelns (z. B. Erzeugervereinigungen wie „Bioland") und Regelungen des Staates (z. B. Kennzeichnungspflichten für bestimmte Inhaltsstoffe) das Marketing einzelner Anbieter ergänzen, damit ein funktionierender Markt zustande kommt.

II. Kontraktgütermarketing

Kontraktgüter sind meist komplexe Leistungen, die auf die spezifischen Bedürfnisse oder Anforderungen des Kunden zugeschnitten und in mehr oder weniger enger Zusammenarbeit mit diesem erstellt werden. Aufgrund ihrer Spezifizität und Integrativität können sie nur in Auftragsfertigung erstellt werden. Das bedeutet unter anderem, dass vor der Leistungserstellung ein mehr oder weniger förmlicher Vertrag zwischen Auftragnehmer und Auftraggeber geschlossen wird, in dem die gegenseitigen Rechte und Pflichten während des Projekts geregelt werden. Im Grunde handelt es sich um eine Prinzipal-Agenten-Beziehung, wobei Kunde und Lieferant sowohl die Rolle des Prinzipals als auch die des Agenten einnehmen können.[40] In Bezug auf die Qualität der Leistung ist der Kunde der Prinzipal und der Lieferant der Agent. Betrachtet man hingegen die Leistungen, die der Kunde erbringen muss – Bereitstellung von Informationen, Zahlung des Kaufpreises, gegebenenfalls auch ein Mindestmaß an Kooperation – so werden die Rollen vertauscht.

Aus der Perspektive des Marketings liegt die Initiative beim Anbieter eines Kontraktgutes in der Rolle des Agenten. Er muss versuchen, attraktive Prinzipale zu finden und ihnen Angebote machen, die deren begründete Sorge vor Moral Hazard und Hold up gegenstandslos machen. Eine Möglichkeit dazu ist die Bereitschaft, sich auf eine erfolgsabhängige Vergütung oder auf Vertragsstrafen bei Lieferverzug einzulassen und auf diese Weise eine hohe Leistungsqualität zu signalisieren. Ein anderer Weg ist das Angebot an den Kunden, ihm Einblick in interne Wertschöpfungsprozesse zu gewähren und sich auf diese Weise kontrollieren zu lassen.

---

[40] Vgl. Arrow (1985); Bergen/Dutta/Walker (1992); Kaas (1992).

III. Beziehungsmarketing

Geschäftsbeziehungen sind eine „hybride" Form der Koordination ökonomischer Aktivitäten, die in der Sprache von Williamson Elemente des Marktes und der Hierarchie haben.[41] Bei Geschäftsbeziehungen sind immer spezifische Investitionen im Spiel, d.h. Investitionen, welche die Transaktions- und Produktionskosten innerhalb der Geschäftsbeziehung senken, die aber für Transaktionen mit anderen Partnern wertlos sind. Ein Beispiel wäre die Investition eines Zulieferers in eine Spezialmaschine, mit deren Hilfe er seinem industriellen Abnehmer kostengünstigere Bauteile liefern kann. Hier entsteht ein „lock in"-Effekt, der die beiden Partner aneinander bindet.[42] Der Zulieferer kann seine Spezialmaschine, wenn sie einmal angeschafft ist, nur in der Kooperation mit diesem einen Kunden nutzen und seine Investition amortisieren, der Kunde wiederum kann – zumindest kurzfristig - von keinem anderen Zulieferer so günstige Preise (oder so gute Qualitäten) erhalten. Spezifische Investitionen sind keineswegs auf das Industriegütermarketing beschränkt, auch ein Konsument, der einer bestimmten Marke treu ist, weil er von ihrer Qualität überzeugt ist und Gebrauchserfahrungen gesammelt hat, hat spezifische Investitionen an Zeit und Mühe getätigt, die ihn an einem Markenwechsel hindern. Auch bei Dienstleistungen entstehen derartige spezifische Investitionen, etwa in den Geschäftsbeziehungen zwischen Banken, Telekommunikationsunternehmen, Restaurants und ihren jeweiligen Kunden, und zwar auf beiden Seiten.

Aus diesen Überlegungen folgt, dass das Beziehungsmarketing versuchen muss, durch spezifische Investitionen die Transaktionen zwischen den Partnern effizienter zu machen. Auf diese Weise sollen die Bindung des Kunden gefestigt und Wettbewerber ferngehalten werden. Dies setzt voraus, dass der Kunde in Form einer besseren Qualität und/oder niedrigeren Preisen an der Rendite der spezifischen Investitionen, an der „Quasi-Rente", beteiligt wird.[43] So gesehen ist das Beziehungsmarketing eine schwierige Gratwanderung. Der Anbieter muss darauf achten, dass sich seine Investitionen für ihn selbst auszahlen, aber auch seinem Kunden soviel von der Quasi-Rente zukommen lassen, dass er in der Beziehung bleibt. Anders gewendet: er muss eine optimale Balance finden zwischen dem kurzfristigen Ausnutzen und dem langfristigen Erhalten der Geschäftsbeziehung.

---

[41] Vgl. Williamson (1990), S. 96 –107.
[42] Vgl. Williamson (1990), S. 61, 105.
[43] Vgl. Williamson (1990), S. 64.

E. Ausblick

Die institutionenökonomische Sichtweise des Marketing ist wie die neoklassische Absatzlehre in der ökonomischen Markttheorie verankert. Im Unterschied zu dieser arbeitet sie jedoch nicht mit restriktiven Prämissen, sondern geht von unvollkommenen Märkten aus, auf denen Akteuren unter unvollkommener Information und mit „unvollkommener Moral" handeln.

In gewisser Weise wird durch den institutionenökonomischen Ansatz die Forderung Dieter Schneiders an die Marketinglehre eingelöst, Marketingphänomene eher im Lichte der neueren Marktprozesstheorien zu erklären als verhaltenswissenschaftliche Anleihen zu machen. Wenn sich die Marketinglehre in den sechziger Jahren den Verhaltenswissenschaften zuwandte mit dem Argument, die mikroökonomische Markttheorie mit ihren realitätsfernen Prämissen stehe einer positiven, empirisch prüfbaren Marketingtheorie im Wege, dann traf dies auf die Neoklassik zu, nicht aber auf die neueren mikroökonomischen Theorien des unvollkommenen Marktes. Mit anderen Worten: Nachdem sich die Marketinglehre durch ihre verhaltenswissenschaftliche Orientierung von der ökonomischen Theorie entfernt hat, dann ist die Adaption institutionenökonomischer Ideen geeignet, sie wieder näher an die ökonomischen Theorie heranzuführen. Damit wird auch ihre Integration in die Betriebswirtschaftslehre gefördert. Denn in der Betriebswirtschaftslehre hat der institutionenökonomische Ansatz großen Einfluss, wie die neuere Entwicklung im Rechnungswesen, in der Organisationstheorie und in der Kapitalmarkttheorie zeigt.[44]

---

[44] Vgl. Ordelheide/Rudolph/Büsselmann (1991).

Literaturverzeichnis

Akerlof, G.A. (1970): The Market for Lemons: Quality Uncertainty and the Market Mechanism. In: Quarterly Journal of Economics 1970, Vol. 84, S. 488 – 500.

Alchian, A.A./Woodward, S.L. (1988): "The Firm Is Dead; Long Live the Firm". In: Journal of Economic Literature 1988, Vol. 26, S. 65 – 79.

Arrow, K.J. (1985): The Economics of Agency. In: Pratt, J.W./Zeckhauser, R.J. (Hrsg.), Principals and Agents: The Structure of Business, Cambridge 1985, S. 37 – 51.

Bergen, M./Dutta, S./Walker, O.C. (1992): "Agency relationships in marketing: A review of the implications and applications of agency and related theories". In: Journal of Marketing, 1992, S. 1 – 24.

Darby, M.R./Karni, E. (1973): Free Competition and the Optimal Amount of Fraud. In: Journal of Law and Economics 1973, S. 67 – 88.

Dichtl, E. (1983): Marketing auf Abwegen? In: Zeitschrift für betriebswirtschaftliche Forschung 1983, S. 1066 – 1077.

Diller, H./Kusterer, M. (1988): Beziehungsmanagement. Theoretische Grundlagen und empirische Befunde. In: Marketing – Zeitschrift für Forschung und Praxis 1988, S. 211 – 220.

Diller, H. (1991): Entwicklungstrends und Forschungsfelder der Marketingorganisation. In: Marketing – Zeitschrift für Forschung und Praxis 1991, S. 161 – 162.

Elschen, R. (1983): Bietet eine verhaltenswissenschaftlich fundierte Marketingwissenschaft eine Lehre von den Absatzentscheidungen der Unternehmung? In: Marketing – Zeitschrift für Forschung und Praxis 1983, S. 59 – 63.

Gümbel, R. (1985): Handel, Markt und Ökonomik, Wiesbaden 1985.

Gutenberg, Erich (1955): Grundlagen der Betriebswirtschaftslehre, Band 2: Der Absatz, 1. Aufl., Berlin 1955.

Kaas, K.P. (1992): „Kontraktgütermarketing als Kooperation zwischen Prinzipalen und Agenten". In: Zeitschrift für betriebswirtschaftliche Forschung 1992, S. 884 – 901.

Kaas, K.P. (1995): Marketing zwischen Markt und Hierarchie. In: Kaas, K.P. (Hrsg.), Kontrakte, Geschäftsbeziehungen, Netzwerke – Marketing und Neue Institutionenökonomik. Sonderheft 35 der Zeitschrift für betriebswirtschaftliche Forschung, 1995, S. 19 – 42.

Kaas, K. P. (2000): Alternative Konzepte der Theorieverankerung. In: Backhaus, K. (Hrsg.), Deutschsprachige Marketingforschung. Bestandsaufnahmen und Perspektiven, Stuttgart 2000, S. 55 – 78.

Kaas, K.P./Busch, A. (1996): Inspektions-, Erfahrungs- und Vertrauenseigenschaften von Produkten. In: Marketing - Zeitschrift für Forschung und Praxis 1996, S. 243 – 252.

Kaas, K. P./Posselt, T. (im Druck): Institutionenökonomische Ansätze im Marketing. In: Köhler, R./Küpper, H.-U./Pfingsten, A. (Hrsg.), Handwörterbuch der Betriebswirtschaft. Im Druck.

Kotler, P./Bliemel, F. (2001): Marketing Management: Analyse, Planung und Verwirklichung, 10. Aufl., Stuttgart 2001.

Kuhn, T.S. (1999): Die Struktur wissenschaftlicher Revolutionen, 15. Aufl., Frankfurt 1999.

MacNeil, I.R. (1974): The Many Futures of Contracts. In: Southern California Law Review, 1974, S. 691 – 816.
MacNeil, I.R. (1978): Contracts: Adjustment of Long-Term Economic Relations under Classical, Neoclassical and Relational Contract Law. In: Northwestern University Law Review 1978, S. 854 – 901.
Meffert, H. (1999): Marketingwissenschaft im Wandel – Anmerkungen zur Paradigmendiskussion. In: Meffert, H. (Hrsg.), Marktorientierte Unternehmensführung im Wandel, Wiesbaden 1999, S. 34 – 66.
Müller-Hagedorn, L. (1983): Marketing ohne verhaltenswissenschaftliche Fundierung? In: Marketing – Zeitschrift für Forschung und Praxis 1983, S. 205 – 211.
Nelson, P. (1970): Information and Consumer Behavior. In: Journal of Political Exonomy 1970, S. 311 – 329.
Ordelheide, D./Rudolph, B./Büsselmann, E. (Hrsg.) (1991): Betriebswirtschaftslehre und ökonomische Theorie, Stuttgart 1991.
Picot, A. (1986): Transaktionskosten im Handel. Zur Notwendigkeit einer flexiblen Strukturentwicklung in der Distribution. In: Betriebs-Berater Beilage 13/1986 zu Heft 27/1986, S. 1 – 16.
Plinke, W. (1989): Die Geschäftsbeziehung als Investition. In: Specht, G./Silberer, G./ Engelhardt, W.H. (Hrsg.), Marketing-Schnittstellen, Festschrift für Hans Raffée, Wiesbaden 1989, S. 305 – 326.
Porter, M. (1988): Wettbewerbsstrategie, 5. Aufl., Frankfurt 1988.
Richter, R. (1991): Institutionenökonomische Aspekte der Theorie der Unternehmung. In: Ordelheide, D./Rudolph, B./Büsselmann, E. (Hrsg.), Betriebswirtschaftslehre und ökonomische Theorie. Stuttgart 1991, S. 395 – 429.
Richter, R./Furubotn, E. G. (1999): Neue Institutionenökonomik, 2. Aufl., Tübingen 1999.
Schade, Ch./Schott, E. (1993): Kontraktgüter im Marketing. In: Marketing – Zeitschrift für Forschung und Praxis 1993, S. 15 – 25.
Schneider, D. (1983): Marketing als Wirtschaftswissenschaft oder Geburt einer Marketingwissenschaft aus dem Geiste des Unternehmerversagens?. In Zeitschrift für betriebswirtschaftliche Forschung 1983, S. 197 – 223.
Schmidt, R.H./Wagner, G.R. (1985): Risk distribution and bonding mechanisms in industrial marketing. In: Journal of Business Research 1985, S. 421 – 433.
Spence, M. A. (1974): Market Signaling: Informational Transfer in Hiring and Related Screening Processes, Cambridge 1974.
Spremann, K. (1990): Asymmetrische Information. In: Zeitschrift für Betriebswirtschaft 1990, S. 561 – 586.
Tomczak, T. (1992): Forschungsmethoden in der Marketingwissenschaft. Ein Plädoyer für den qualitativen Forschungsansatz. In: Marketing – Zeitschrift für Forschung und Praxis 1992, S. 77 – 87.
Williamson, O.E. (1990): Die Ökonomischen Institutionen des Kapitalismus – Unternehmen, Märkte, Kooperationen, Tübingen 1990.
Wittmann, W. (1982): Betriebswirtschaftslehre Band I, Tübingen 1982.
Wittmann, W. (1985): Betriebswirtschaftslehre Band II, Tübingen 1984.

Marketing von Anlagegütern mit Hilfe von Referenzen

Matthias Schmieder[*]

A.	Einleitung	192
B.	Grundlagen des Referenz-Selling	192
C.	Untersuchungen zum Referenzselling in der Zementanlagenindustrie	193
	I. Charakteristiken der Zementanlagenindustrie	193
	II. Ergebnisse der Befragung	194
	1. Bedeutung von Referenzen	194
	2. Elemente der Referenzanlage	197
	3. Marketing-Mix von Herstellern des Zementanlagenbaus	203
D.	Gestaltung von Referenzen zur Akquisition von Anlagen in der Zementanlagenindustrie	204
E.	Zusammenfassung	207

---

[*] Prof. Dr. Matthias Schmieder, Fachhochschule Köln, Fakultät für Fahrzeugsysteme und Produktion, Lehrstuhl für Unternehmensführung, Köln.

A. Einleitung

Die außerordentliche Bedeutung von Weiterempfehlungen zur Gewinnung von Neukunden wird in der vertrieblichen Praxis durch Sprichwörter wie "Zufriedene Kunden sind die beste Werbung" und "Ein gut funktionierendes Produkt ist der beste Verkäufer eines Unternehmens" untermauert. Werbekampagnen von SAP, „HP runs SAP", aber auch von anderen Investitionsgüteranbietern nutzen diese Erkenntnisse. Während sich die Praxis der Bedeutung des Verkaufes mit Referenzen bewusst ist, wird die wissenschaftliche Auseinandersetzung mit dem Thema Kundenempfehlungen und speziell zur Referenzvermittlung von Elm als mosaikhaft charakterisiert.[1]

Schon die Definition des Begriffs Referenzselling erscheint schwierig, ganz zu schweigen von der Wirkungskontrolle. Schon in den späten sechziger Jahren betont Arndt, dass der State of the Art des Marketing diesbezüglich während der letzten Dekaden nur wenig vorangeschritten ist.[2] Obwohl der Verkauf mit Referenzen in der Praxis eine zentrale Rolle spielt, ist wenig über die Erfolgskriterien von Referenzen erforscht. Weder die Wichtigkeit der Referenzen für das Image des Unternehmens noch für den Verkauf mit Referenzen ist bekannt. In welchen Phasen werden Informationen über Referenzanlagen an die Kunden weitergegeben? Wie wird von den Anbietern das Verhältnis von Kosten und Nutzen von Referenzanlagen eingeschätzt?

B. Grundlagen des Referenz-Selling

Im allgemeinen Sprachgebrauch ist eine Referenz "die von einer Vertrauensperson gegebene Auskunft, die man als Empfehlung verwenden kann."[3] Im Marketing sind Referenzen Auskünfte, von gegenwärtigen oder ehemaligen Kunden über die Leistungen des Anbieters, die von Anbietern initiiert werden. Referenzen sind Kundenempfehlungen, die aufgrund der vermuteten Neutralität des Referenzgebers besonders wirkungsvoll sind. Vor allem bei Erfahrungs- und Vertrauensgütern, die eine Qualitätsprüfung vor dem Kauf nicht zulassen, helfen sie, das Risiko des Käufers zu reduzieren. Sie spielen vor allem beim Kauf von Investitionsgütern und Dienstleistungen, bei denen der Anbieter das Angebot nicht direkt im Verkaufsgespräch zeigen kann, eine bedeutende Rolle. Im Anlagegeschäft ist die Nutzung von Referenzanlagen essenziell. Als Referenzanlagen dienen Anla-

---

[1] Vgl. Helm (2000), S. 19.
[2] Vgl. Arndt (1967), S. 1 f.
[3] Wissenschaftlicher Rat der Dudenredaktion (1998), S. 667.

gengüter, wie Maschinen, Vorrichtungen, Großanlagen und Systeme, die nach Inbetriebnahme in weiteren Vertriebsprozessen als Bezugsobjekt dienen.[4]

C. Untersuchungen zum Referenzselling in der Zementanlagenindustrie[7]

In einer repräsentativen Befragung wurden 2003 die Anbieter und Kunden im Zementanlagenbau schriftlich befragt. Die empirische Untersuchung umfasst alle Marktteilnehmer der deutschen Zementanlagenbranche. Von den 116 Anbietern haben 26 geantwortet.

I. Charakteristiken der Zementanlagenindustrie[8]

In der Zementanlagenindustrie werden – je nach Projektart und -größe – Anbieterkoalitionen geknüpft, aber auch das komplette Projekt durch nur einen der weltweit etwa 4 Anbieter, die komplette Zementanlagen realisieren können, erstellt.
Es entstehen keine zeitlichen Kaufverbunde, da die Nutzungsdauer einzelner Aggregate mehrere Jahrzehnte betragen kann. Dabei werden kundenindividuelle Leistungen (Projekte) angeboten, die häufig zu einem produktspezifischen Knowhow Gefälle zwischen Anbieter und Nachfrager führen. In der Regel gibt es zu jedem Projekt auch eine Alternativlösung. Dies führt zu einer hohen Variabilität des Auftragsinhaltes. In Deutschland hat die Zementproduktionskapazität (mit 16 Zementanlagenbetreibern) die Sättigungsgrenze erreicht. Für alle Marktteilnehmer besteht eine hohe Markttransparenz; die Internationalität des Geschäftes hat mit 80 % Exportanteil ein hohes Ausmaß erreicht. Aufgrund der spezifischen Merkmale tragen die Marktteilnehmer (Kunden und Anbieter) ein hohes Risiko bei Transaktionen. Daraus ergibt sich die Notwendigkeit einer engen Beziehung zwischen Anbieter und Nachfrager.

---

[4] Vgl. Günter (1979), S. 145.
[7] Die Befragung wurde im Rahmen einer Diplomarbeit am Institut für Produktion im Jahre 2003 durchgeführt, vgl. Plattmann und Schmieder (2003).
[8] Vgl. Plattmann (2003), S. 16 – 19.

II. Ergebnisse der Befragung

1. Bedeutung von Referenzen

Beim Anlagengeschäft werden durch einen oder mehrere Anbieter in einer abgeschlossenen Einzeltransaktion komplette Projekte verkauft (bspw. Zementanlagen, Ölraffinerien etc.). Durch die hohe Kundenspezifität gibt es keine Märkte für gebrauchte Anlagen. Die Abhängigkeit von Lieferanten ist deshalb sehr hoch.[9] Im Anlagengeschäft ist deshalb das Referenz-Selling das wichtigste Marketinginstrument. Besonders bei Auftrags- bzw. Einzelfertigung hat der Kunde meistens keine ausreichenden Informationen über den Beschaffungsgegenstand.[10] Bei komplexen Anlagen, die nur selten beschafft werden, entsteht Unsicherheit im Hinblick auf die Umsetzungsfähigkeit des anbietenden Unternehmens. Um diese zu reduzieren, können folgende Maßnahmen ergriffen werden[11]:

- Umfangreichere Informationssuche
- Beauftragung von Beratungsfirmen
- Rechtliche Absicherung durch verschärfte Haftungs- und Gewährleistungsvereinbarungen
- Referenzprojekte

Für das Marketing von Großanlagenanbietern ist der Nachweis mind. einer Referenzanlage essenziell, um einen nachhaltigen Eintritt in den Markt bewirken zu können[12]. Bereits abgewickelte Projekte, die nicht den Erwartungen der Kunden entsprechen, haben auch negative Wirkungen, die die informelle Kommunikationsbeziehung zwischen Abnehmern und Konkurrenzanbietern betrifft[13].

Die Referenzen dienen zur Reduktion von Risiken der Kunden. Sie spielen deshalb bei Neuakquisitionen eine zentrale Rolle. Bei bestehenden Geschäftsbeziehungen ist das Risiko durch den Kunden durch die bisherige Geschäftsbeziehung einschätzbar.[14] So betrachten alle Kunden die Referenzen nach dem Kaufklassenansatz bei Neuakquisitionen für bedeutsamer, während bei den Anbietern 7% auch bei bestehender Geschäftsbeziehung Referenzen für wichtig halten. In homogenen Märkten mit hoher Transparenz und Vergleichbarkeit der Produkte und Leistungen wird die Wirkung von Referenzen sehr hoch eingeschätzt: Kunden (Anbieter) sehen den Stellenwert von Referenzen zu 57% (43%) hoch und 43% (27%) sehen ihn eher hoch. In heterogenen intransparenten Märkten wird die Bedeutung erheblich geringer eingeschätzt. Vor allem bei Oligopolen mit hoher Transparenz sehen die Anbieter (Kunden) einen hohen Stellenwert von Referen-

---

[9] Vgl. Richter (2001), S. 123 sowie Schmieder (2002), S. 18.
[10] Vgl. Günter (1975), S. 145.
[11] Günter (1975), S. 146.
[12] Günter (1975), S. 147.
[13] Vgl. Wimmer (1974), S. 217.
[14] Vgl. Helm, u.a. (2000), S. 117–122.

zen zu 35% (43%) hoch und zu 57% (43%) als eher hoch. Ein weiteres Merkmal zur Untergliederung organisationaler Kaufprozesse ist der Kaufklassenansatz zu den traditionellen Modellen im Business-to-Business-Marketing. Der Beschaffungsprozess wird dadurch determiniert, ob ein Kaufprozess erstmalig oder wiederholt durchlaufen wird. Ob also ein vertrautes Feld oder neue Wege beschritten werden müssen.

Bewerten Sie bitte die jeweilige Relevanz einer Referenz bei den folgenden Transaktionsbeispielen (Kundensicht).

Kaufklasse	sehr relevant	relevant	weniger relevant	nicht relevant
Erweiterungsinvestition	29%	57%	14%	
Ersatzinvestition	43%	57%		
identischen Wiederholungskauf		57%	43%	
modifizierten Wiederholungskauf	14%	43%	43%	
Neukauf	86%		14%	

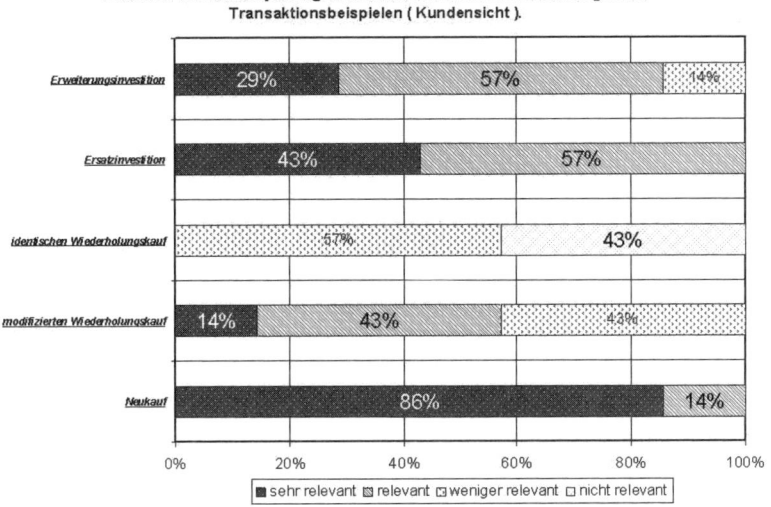

Abb. 1: Relevanz nach dem Kaufklassenansatz (Kundensicht)

- Beim Neukauf stufen 86% der Kunden und 84% der Anbieter die Referenzlage als sehr relevant ein und betonen die außerordentliche Wichtigkeit einer Referenz bei dieser Situation.
- Geringer wird die Referenz beim modifizierten Wiederholungskauf auf Anbieterseite mit 57% als sehr relevant und auf Kundenseite mit 43% als relevant bezeichnet.
- Nahezu bedeutungslos ist die Referenzanlage beim identischen Wiederholungskauf, denn 57% respektive 43% der Kunden sehen Referenzen dabei als weniger oder nicht relevant. Auch die Anbieter teilen diese Einstellung mit 73%.
- Anders sehen dies die Kunden bei einer Ersatzinvestition. Dort wollen alle Kunden eine Referenz, während die Anbieter nur zu 65 % eine Referenz für wichtig erachten.
- Bei Erweiterungsinvestition ist die Referenz für die Kunden etwas weniger bedeutsam, während die Anbieter die Wichtigkeit ähnlich sehen wie bei Ersatzinvestitionen.

Bewerten Sie bitte die jeweilige Relevanz einer Referenz bei den folgenden Transaktionen (Anbietersicht).

[Balkendiagramm mit folgenden Werten:
- Erweiterungsinvestition: 19% sehr relevant, 46% relevant, 27% weniger relevant, 8% nicht relevant
- Ersatzinvestition: 11% / 54% / 27% / 8%
- identischen Wiederholungskauf: 11% / 17% / 55% / 17%
- modifizierten Wiederholungskauf: 58% / 11% / 27% / 4%
- Neukauf: 85% / 11% / 4%]

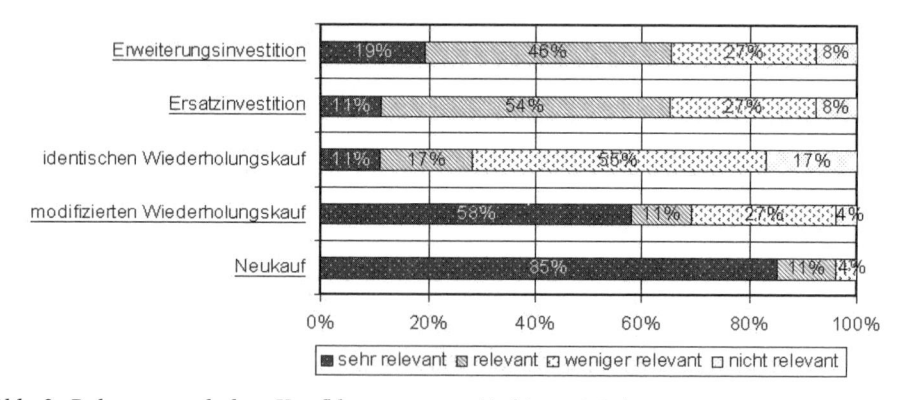

Abb. 2: Relevanz nach dem Kaufklassenansatz (Anbietersicht)

Diller differenziert ein aktives und passives Empfehlungsverhalten. Eine aktive Empfehlung ist eine durch den Kunden initiierte Weiterempfehlung eines Produktss bzw. dessen Anbieter - i.d.R. nach dem Kauf. Eine passive Kundenempfehlung ist entweder durch einen potenziellen Kunden oder eine vom Anbieter initiierte Weiterempfehlung, i.d.R. vor dem Kauf.[15] Eine Kommunikation unter Kunden ist somit aus Anbietersicht sowohl im Pre-Sales- als auch im After-Sales-Bereich von Interesse.

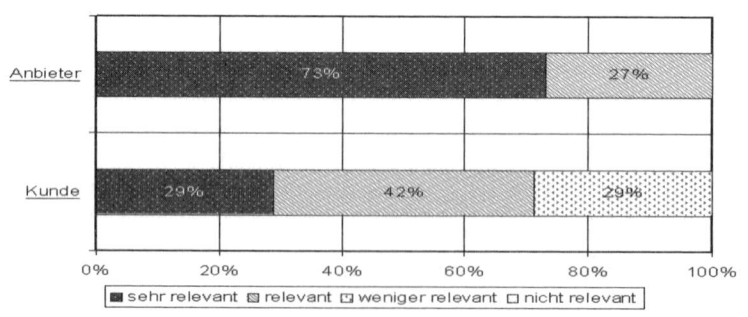

[Balkendiagramm:
- Anbieter: 73% sehr relevant, 27% relevant
- Kunde: 29% / 42% / 29%]

Abb. 3: Initiierte Weiterempfehlung

Der Anbieter nutzt gezielt die Referenzanlage, um seine Chancen im Wettbewerb zu erhöhen. Insofern halten sie selbst initiierte Informationen über Referenzen zu 73% für sehr relevant und zu 27% für relevant. Die Kunden sehen nicht veranlasste Weiterempfehlungen für bedeutsamer. Steht die Risikominderung in der Anbahnungsphase einer Transaktion im Vordergrund, soll die gezielte Verwendung einer aktuellen Referenzanlage in der Pre-Sales-Phase, d.h. bis zum (Ver-) Kauf der Anlage beurteilt werden.

---

[15] Vgl. Diller (1995), S. 42.

Marketing von Anlagegütern

Bei der Frage nach dem Einsatz von Referenzen in verschiedenen Vertriebssituationen beurteilen sowohl Anbieter als auch Kunden ihren Einsatz in der Pre-Sales-Phase zu 65% als sehr relevant und zu 35% als relevant. In der After-Sales-Phase sehen Kunden Referenzen zu 50% als weniger relevant an, denn in dieser Phase können sie nicht mehr zur Entscheidungsfindung dienen.

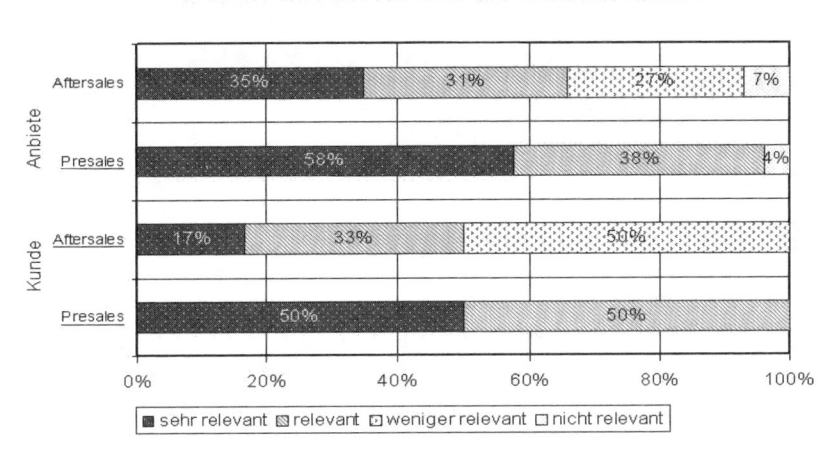

Abb. 4: Weiterempfehlung nach Vertriebsphasen

2. Elemente der Referenzanlage

Die Anlagen im Zementanlagenbau werden spezifisch auf den Kunden zugeschnitten, die Spezifizierung nach Art und Umfang erfolgt im Laufe des Akquisitionsprozesses. Die Anlagen sind somit nur schwer vergleichbar.[16] Insofern könnte bei der Auswahl der Referenzanlagen der Individualisierungsgrad bedeutsam sein. Mehr als die Hälfte (54%) der Anbieter sagt, dass die Referenzanlage nicht spezifisch mit der anzuschaffenden Anlage übereinstimmen muss, bei den Kunden sagen sind dies sogar 100%.

Die Betreiberzufriedenheit ist der entscheidende Punkt für die Wirksamkeit einer Referenz. Die Wirkung der Betreiberzufriedenheit ist eine vorteilhafte Kommunikation in den Markt durch den Betreiber. Dadurch erhöht sich langfristig die Kundenbindung und erleichtert die Akquise potenzieller Kunden. Die befragten Anbieter haben aus Anbietersicht (Sicht der potenziellen Kunden) die Zufriedenheit eines Referenzanlagenbetreibers komplett (96%) als relevant und sehr relevant eingestuft. Die befragten Kunden sehen aus der Sicht der potenziellen Kunden (Anbietersicht) noch eindeutiger (mit 14% weniger relevant) die Wichtigkeit der Betreiberzufriedenheit.

---

[16] Vgl. Backhaus (1997), S. 429; Selm (2000), S. 340.

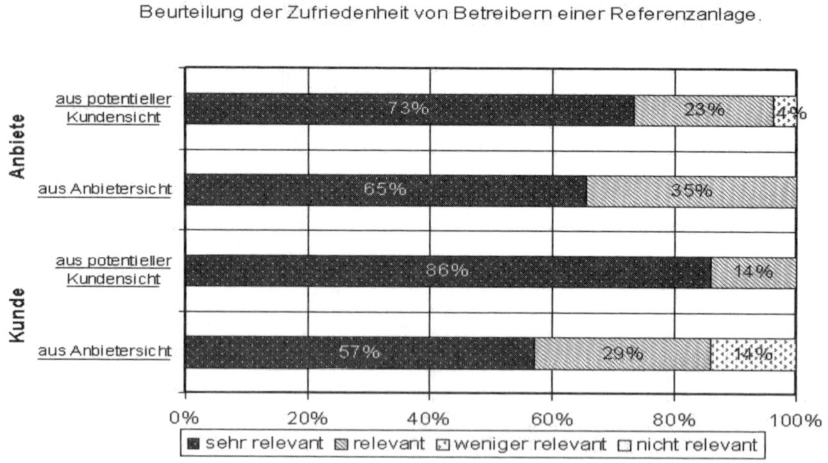

Beurteilung der Zufriedenheit von Betreibern einer Referenzanlage.

Anbiete	aus potentieller Kundensicht	73% / 23% / 4%
	aus Anbietersicht	65% / 35%
Kunde	aus potentieller Kundensicht	86% / 14%
	aus Anbietersicht	57% / 29% / 14%

■ sehr relevant ▨ relevant ▨ weniger relevant ☐ nicht relevant

Abb. 5: Zufriedenheit der Betreiber

Eine zentrale Frage bei der Auswahl der Referenz ist der Novitätsgrad einer Referenzanlage. Hierbei spielen widersprüchliche Aspekte eine Rolle: Zum einen wird der Innovationsgrad in den Vordergrund gestellt, dies spricht für eine relativ "junge", d.h. erst kürzlich installierte Referenz. Anderseits ist der Anspruch von Kontinuität einer erbrachten Leistung wichtig, diese Anforderung spricht für eine länger installierte Referenzanlage. Obwohl eine "Referenz"-Anlage (first reference) installiert ist, wird sie häufig von Kunden erst nach einer bestimmten Betriebsdauer als Referenz akzeptiert. Salmimen geht für den Anlagenbau von 2 Jahren Betriebsdauer aus, dies gilt jedoch nicht für die erste Referenz. "This means that in practice the reference cannot be utilized for two years from the moment when the order was placed and if we only consider the aspect of establishing credibility by the first reference, the first deal must become a reference that can be utilized rapidly."[18]

Wir haben bei der Untersuchung der Eignung der Referenzanlage nach der Betriebsdauer nach zwei Kriterien der Referenzanlage differenziert: nach Innovationsgrad und Qualität der Anlage. Wie erwartet ist die Betriebsdauer als Kriterium des Innovationsgrades erheblich kürzer als bei der Qualität. Steht der Innovationsgrad im Vordergrund, werden Referenzen von Kunden und Lieferanten mit einer Betriebsdauer von unter einem Jahr bevorzugt. Steht die Qualität der Anlage im Vordergrund, wurde von beiden Seiten zu 100% eine längere Betriebszeit präferiert. Bemerkenswert sind die präferierten Zeiträume von überwiegend (66%) 3 Jahren auf Kundenseite und ein etwas differenzierteres Ergebnis (46%) für 2 Jahre bzw. (27%) für 5 Jahre und mehr, auf der Anbieterseite.

---

[18] Salminen (1997), S. 62.

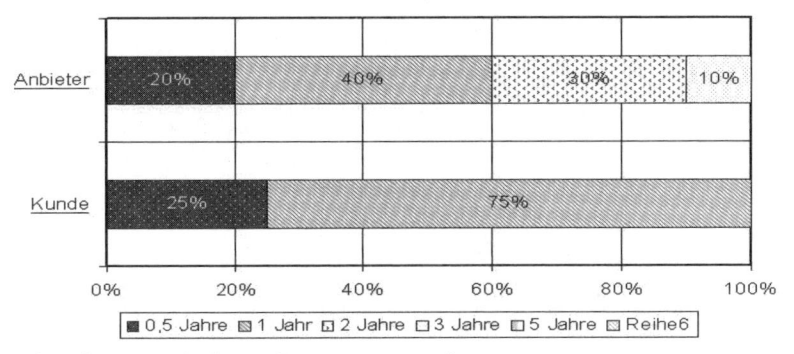

Abb. 6: Alter der Betriebsdauer (Innovationsgrad)

Dass die Reputation eines Unternehmens in direkter Korrelation mit der Nutzung von Referenzen steht, unterstreicht auch die Aussage von Salminen: "This dual use of reputation is based on the assumption that a supplier's existing reputation (if any), except affecting a supplier's reference behaviour, can also be a result of the process utilizing references."[19]

Die Einbeziehung des potenziellen Kunden in die Technik der zu installierenden Anlage könnte auch einen bedeutenden Einfluss auf die Effektivität einer Referenz haben. Gerade im Anlagengeschäft besteht i.d.R. ein großes Know-how-Gefälle zwischen Anbieter und Kunden, da durch die sukzessive Beschaffung kein produktspezifisches Know-how aufgebaut wird.[20] Die Untersuchung zeigt, dass das technische Verständnis des Betreibers wichtig für die Beurteilung der Referenz ist, nur 14 % (15 %) der Kunden (der Anbieter) sehen es als weniger relevant. Um komplexe System-Referenzanlagen oder komplizierte Prozessproblemlösungen technisch einschätzen zu können, ist entsprechendes technisches Wissen notwendig im Hinblick technische Elemente der Referenzanlagen wie Komplexität der Anlage, Flexibilität der Einsatzmöglichkeiten der Anlage und der Prozesseinordnung.

Während alle drei technischen Elemente für die Anbieter relevant sind, ist vor allem die Flexibilität der Einsatzmöglichkeiten für die Anbieter sehr relevant. Hingegen für die Kunden sind diese Elemente nur relevant.

---

[19] Salminen (1997), S. 23.
[20] Vgl. Backhaus (1999), S. 430.

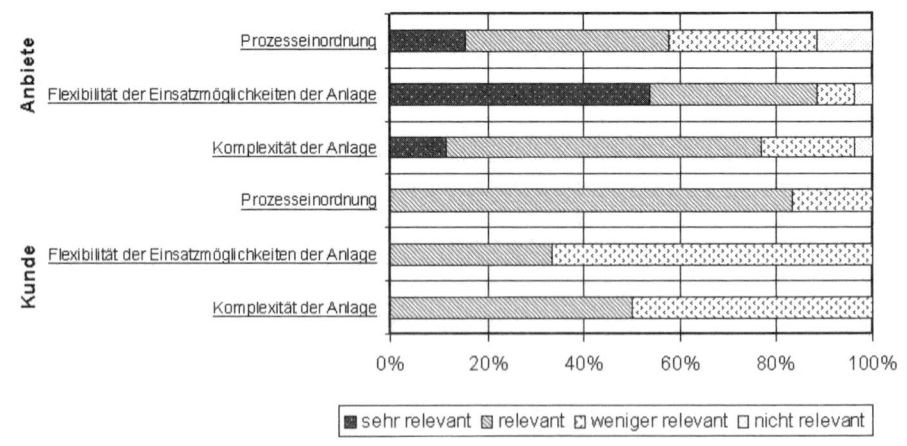

Abb.7: Relevanz von technischen Kriterien

Neue Anlagen stellen in Abhängigkeit von den technischen Elementen unterschiedliche Anforderungen an das Personal, wie
- Know-how-Intensität bei der Installation,
- Anforderung an das Personal bei der Bedienung.

Alle beiden Kriterien werden von der der Hälfte der Befragten als nicht oder als nicht sehr relevant betrachtet.

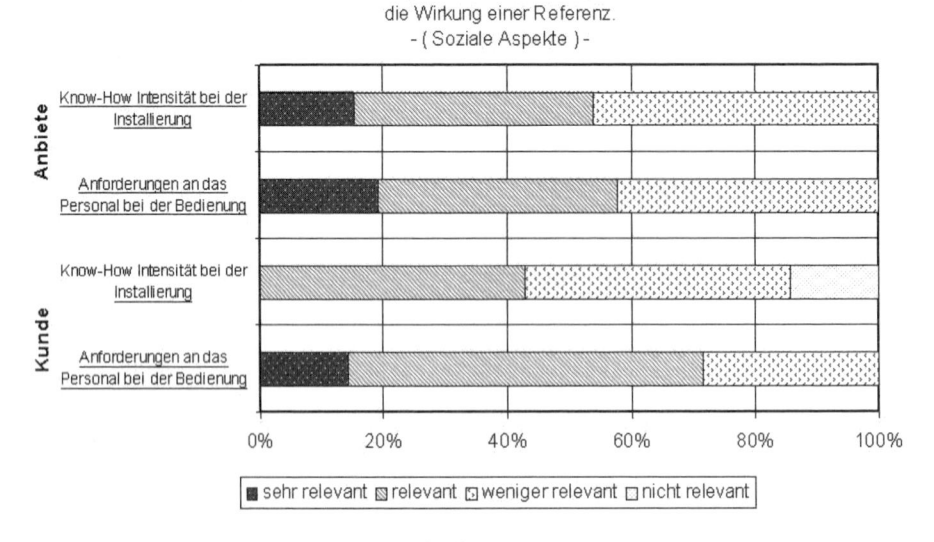

Abb. 8: Relevanz von personellen Anforderungen

Von vertraglichen Elementen der Referenzen wie Garantien, Finanzierungsangebote und Abschreibungen und Steuererleichterungen spielen für beide Gruppen nur die Garantien eine wichtige Rolle. Die beiden anderen Elemente sind für die Anbieter und Kunden nicht so bedeutsam.

Bewertung des Zusammenhangs für die Relevanz folgender Faktoren im Hinblick auf die Wirkung einer Referenz.
- (Vertragliche Kriterien) -

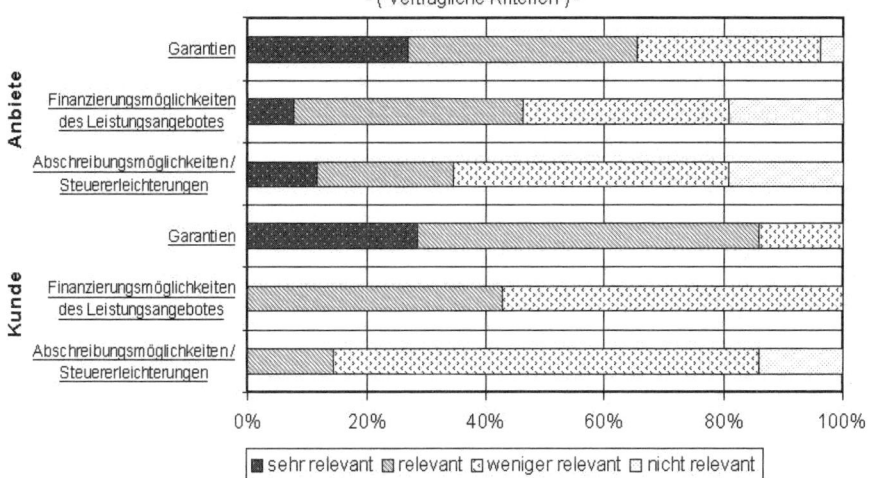

Abb. 9: Relevanz von vertraglichen Elementen

Bewertung des Zusammenhangs für die Relevanz folgender Faktoren im Hinblick auf die Wirkung einer Referenz. - (Monetäre Kriterien) -

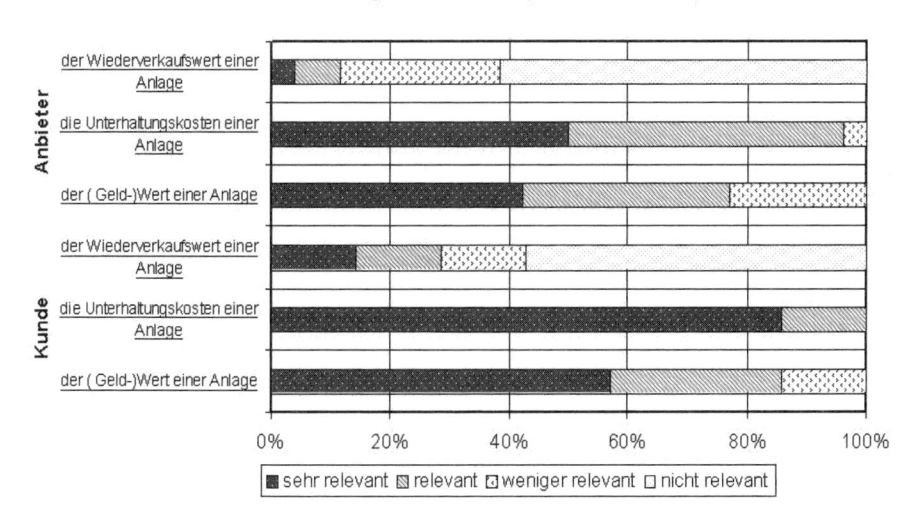

Abb. 10: Relevanz von monetären Kriterien

Monetäre Kriterien, die die Gesamtkosten der Produktion erheblich beeinflussen, sind
- der Wiederverkaufswert der Anlage,
- die Unterhaltskosten der Anlage,
- der Geldwert der Anlage.

Vor allem die Unterhaltskosten und der Wert der Anlage betrachten sowohl Kunden und Anbieter mit Mehrheit als sehr relevant. Der Wiederverkaufswert ist für die beiden Gruppen nicht sehr von Bedeutung. Die Unterhaltskosten beeinflussen bei diesen Großanlagen die Kostenposition während der gesamten Standzeit der Anlage.

Wichtig sind weiterhin Kriterien, die den Betrieb und die Kosten der Anlage während der gesamten Betriebsdauer bestimmen wie
- Haltbarkeit/Standzeit,
- Ersatzteilverbrauch,
- Service.

Alle drei Kriterien sind für die Anbieter und Kunden mit Mehrheit sehr relevant. Alle Kriterien haben einen sehr starken Einfluss auf die Auslastung der Anlagen und die laufenden Kosten der Anlage. Die Kunden ziehen folglich für ihre Entscheidung nicht nur die Anschaffungskosten der Anlage in Betracht, sondern die Kosten während der gesamten Lebensdauer.

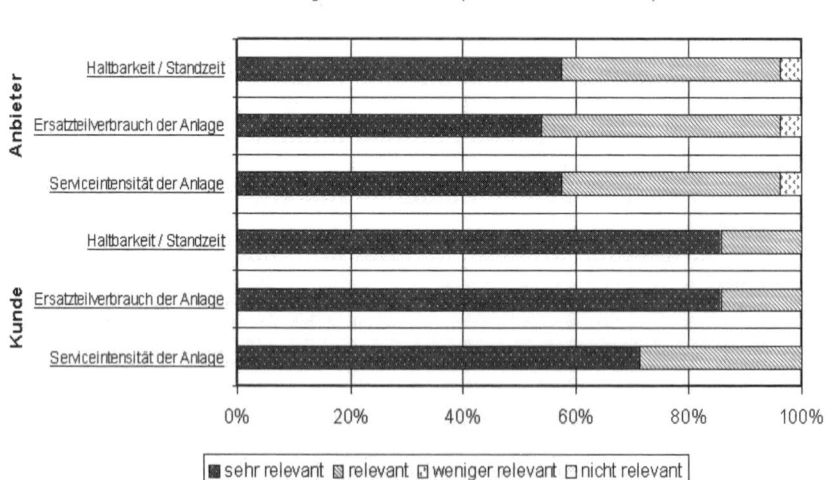

Abb. 11: Relevanz von Service und Haltbarkeit

Der Wert einer Referenzanlage hängt auch von dem Unternehmen, das die Referenzanlage betreibt und dessen Reputation ab. Relevant sind damit
- Reputation des Unternehmens,
- Mitbewerber pro Transaktion,
- Anzahl der Referenzen.

Marketing von Anlagegütern 203

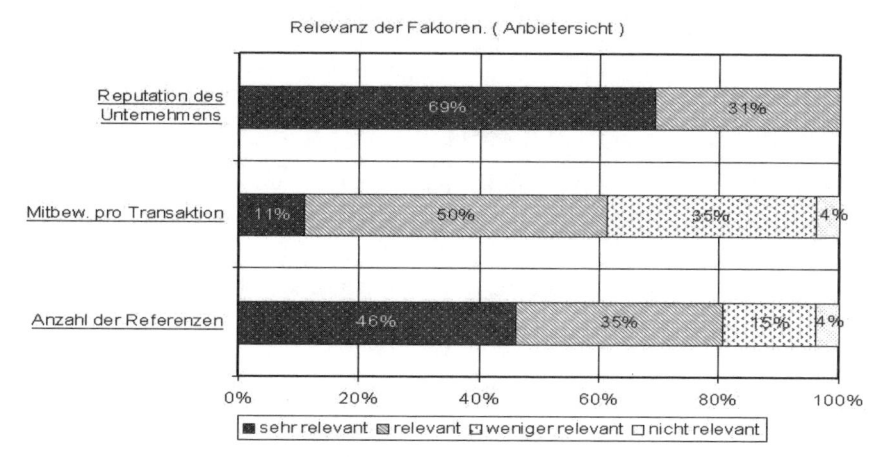

Abb. 12: Relevanz von Reputation und Anzahl der Referenzen

Nach Anbietermeinung ist vor allem die Reputation des Betreiberunternehmens sehr relevant, im Idealfall ist es ein Lead-User, der in der Branche führend ist. Auch die Anzahl der Referenzen sehen die Anbieter als sehr relevant (46%) und mit 35% als relevant.

3. Marketing-Mix von Herstellern des Zementanlagenbaus

Vergleichbar mit der Mund zu Mund Propaganda in den Konsumgütermärkten sind Referenzen in den Investitionsgütermärkten[21].
Prinzipiell ermöglichen Referenzen, im Sinne einer Sachkapitalinvestition, die Absicherung nachfrageseitiger Unsicherheit dadurch, dass Leistungs- und damit auch die Vertrauenswürdigkeit (Reputation) des Anbieters nachgewiesen werden können[22]. Der Anbieter mindert dadurch sein Risiko des Auftragverlustes. Da die Kunden den Referenzgeber als neutrale Informationsquelle betrachten, ist die Glaubwürdigkeit erheblich höher als bei Anbieterinformationen[23]. Die Kosten der Leistungen zur Nutzung von Referenzen sind allerdings sehr bedeutsam. Zum einen müssen Kunden dazu bewegt werden, alle Referenzen zu nutzen. Dies geschieht häufig in Form von Preisnachlässen oder Entwicklungskooperationen. Als wichtiger wird allerdings der Aufwand nach Etablierung der Referenzen durch die Anbieter eingeschätzt.

---

[21] Vgl. Titzkus (2005), S. 47.
[22] Vgl. Backhaus (1997), S. 634; Weiber (1996), S. 68.
[23] Vgl. Titzkus (2005), S. 48.

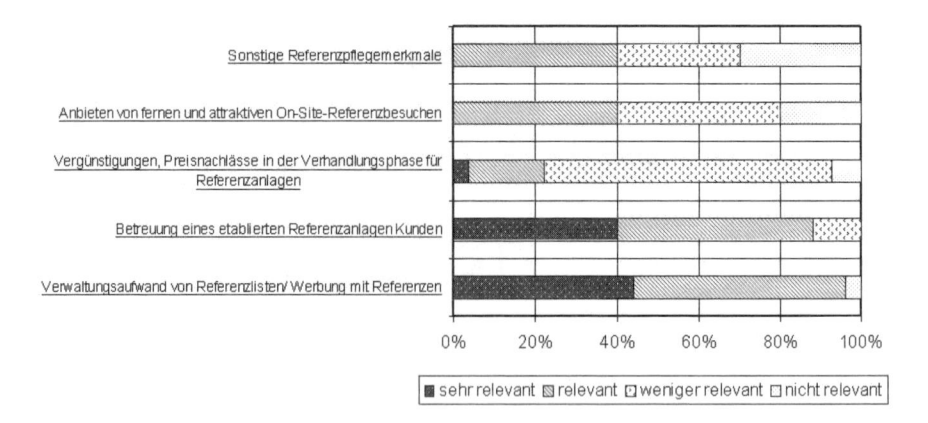

Abb. 13: Kosten/Nutzen einzelner Leistungen bei Referenzanlagen

Als besonders relevant wird vor allem die Betreuung der Referenz Kunden und der Aufwand für die Pflege der Referenzlisten und die Werbung mit Referenzen eingeschätzt. Die Pflege der Referenzkunden ist notwendig, um die Betreiberzufriedenheit sicherzustellen. Nur zufriedene Betreiber von Referenzanlagen haben positiven Einfluss auf potenzielle Kunden. In Abhängigkeit von der Empfehlungsbereitschaft lassen sich Referenzkunden in aktive Referenzen, unsichere Referenzen und inaktive Referenzen untergliedern.[24] Je stärker der Referenzkunde an das Unternehmen gebunden werden kann, umso eher wird er aktiv Empfehlungen abgeben und die Rat suchenden potenziellen Kunden betreuen.[25] Die Pflege und Führung der Referenzlisten ist in den frühen Phasen des Vertriebs bedeutsam, nur so hat der Anbieter die Chance in die engere Wahl einbezogen zu werden.

D. Gestaltung von Referenzen zur Akquisition von Anlagen in der Zementanlagenindustrie

Referenzen werden im Vertriebsprozess gezielt zur Reduktion der Risiken des Kunden bereits in sehr frühen Vertriebsphasen eingesetzt.

---

[24] Vgl. Helm (2004), S. 326.
[25] Vgl. Helm (2005), S. 128.

Marketing von Anlagegütern 205

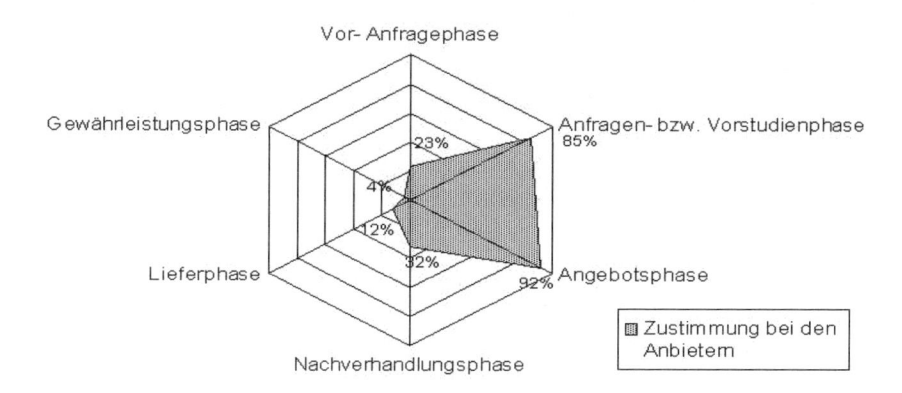

Abb. 14: Weitergabe der Referenzen an die Kunden

Fast alle Anbieter setzen in der Angebots- (92%) und in der Anfrage- und Vorstudienphase (85%) Informationen über Referenzanlagen ein. In späteren Phasen sind Referenzen dann bedeutungslos, da sie dem Kunden aufgrund der Aktivitäten in den frühen Phasen bekannt sind. Die Referenzen werden im Marketing der Anlagenbauer in Form von Referenzlisten als Flyer verwendet. Dazu werden Case-Studies zu den einzelnen Referenzkunden erstellt, um den potentiellen Kunden die Vorteile der Anlage zu erläutern.

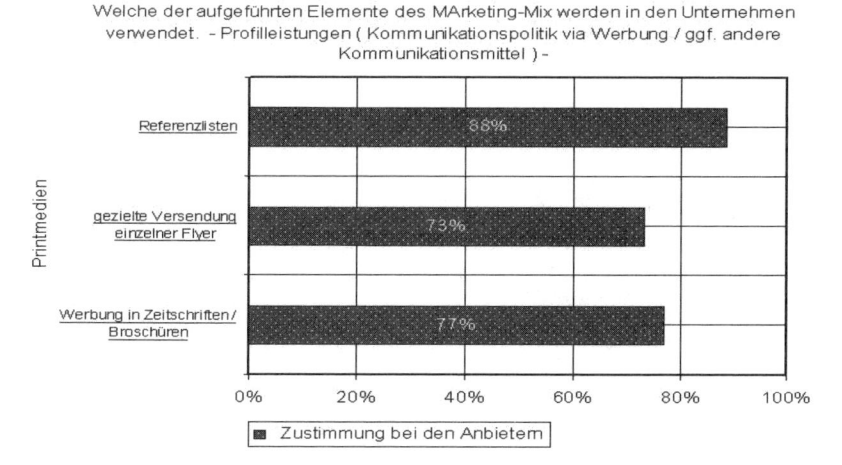

Abb. 15: Marketing-Mix in Printmedien

Daneben werden die Referenzen in Form von Werksbesuchen bei den Referenzanlagenbetreibern mit den Kunden genutzt, um im Gespräch mit den Referenzanlagenbetreibern detaillierte Fragen durch den Kunden von neutraler Stelle zu klären. Dies hat einen sehr hohen Glaubwürdigkeitsgrad.

Welche der aufgeführten Elemente des Marketing-Mix werden in den Unternehmen verwendet. - Profilleistungen (Kommunikationspolitik via Werbung / ggf. andere Kommunikationsmittel) -

Veranstaltungen / Dienstleistungen:
- Werksbesuche / On-Site Anlagenbegutachtung: 95%
- Persönliche Gespräche mit den Kunden: 100%
- Seminare: 58%
- Messen / Symposien: 77%

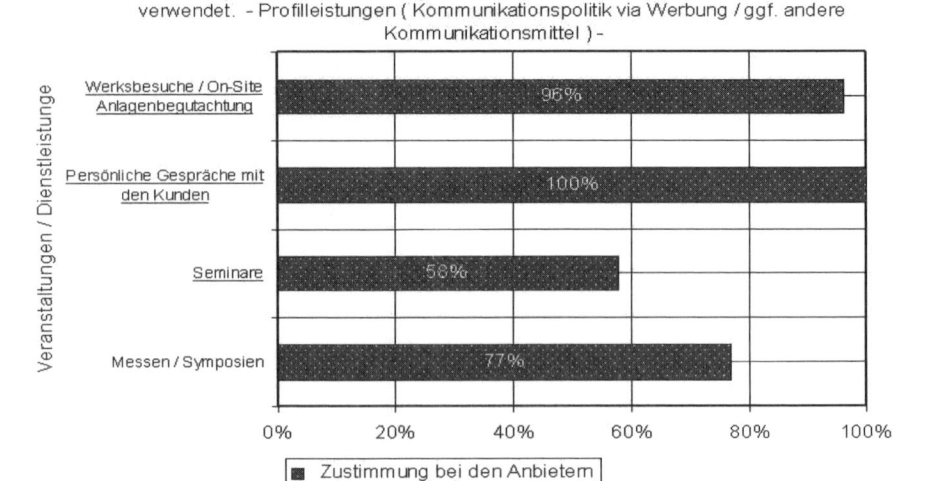

■ Zustimmung bei den Anbietern

Abb. 16: Marketing-Mix Veranstaltungen/Dienstleistungen

Entscheidend für die Risikominderung der Kunden ist allerdings die Glaubwürdigkeit des Lieferanten, die in der Glaubwürdigkeit der Referenz, in der positiven Mund zu Mund Propaganda zum Ausdruck kommt.

Alle Kunden sehen das Servicenetz des Anbieters als zentraler Punkt zur Reduktion ihrer Risiken, neben einem Kompetenzteam (43%) und einer Testinstallation (57%). In den Kundenunternehmen selbst werden zusätzlich eingesetzt:
- Vertragliche Absicherung (100%),
- Überwachte Projektabwicklung (100%),
- Claim Management (86%) und
- Versicherungen (57%).

Welche Instrumente der Risikominderung werden in den Unternehmen eingesetzt. (Reputatives Kapital)

Image / Mundpropaganda Dritter:
- 71%
- 29%

Referenzen durch Glaubwürdigkeit:
- 86%
- 100%

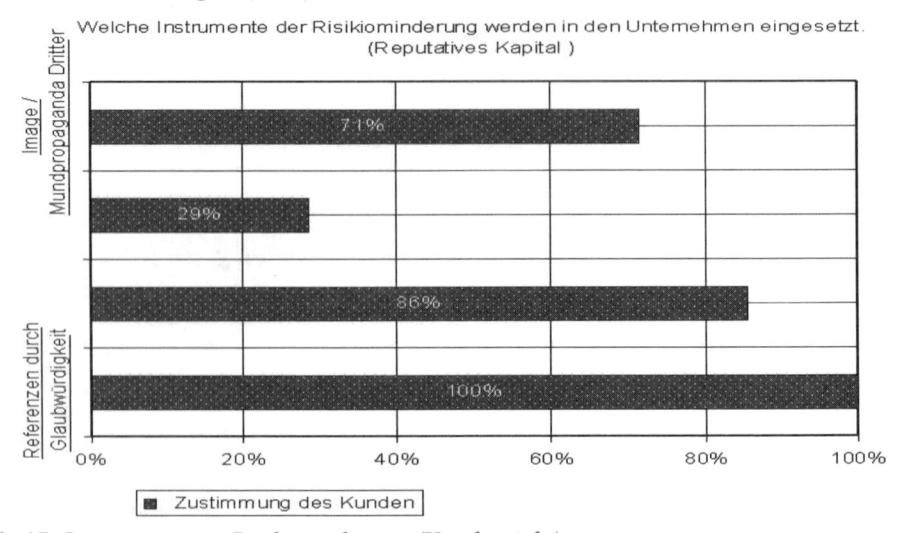

■ Zustimmung des Kunden

Abb. 17: Instrumente zur Risikominderung (Kundensicht)

E. Zusammenfassung

Referenzen sind eines der wichtigsten Instrumente der Anbieter zur Neuakquise, denn sie dienen der Risikominderung für die Nachfrager. Entscheidend für die Wirksamkeit einer Referenzanlage ist die Zufriedenheit des Betreibers mit der Anlage. Das Alter der Anlage ist bei Priorität des Innovationsgrads bis zu einem Jahr, wenn die Qualität der Anlage im Vordergrund steht, länger.
Der Individualisierungsgrad der Referenzanlage ist für die Kunden vollständig nicht oder wenig relevant. Bei der Frage nach der Betriebsdauer der Referenzanlage hängt die Antwort von der Frage nach dem Innovationsgrad der Anlage bzw. nach deren Qualität ab. Die Zahl der Referenzen im Markt hat nicht die positive Wirkung, die von den Anbietern angenommen wird. Die Referenzen werden bereits in sehr frühen Vertriebsphasen genutzt, um in die engere Wahl einbezogen zu werden. Sie sind das Herzstück der Marketingaktivitäten bei Anlagenherstellern im Zementanlagenbau.
Die Kunden sichern sich neben der Information über Referenzanlagen auch vertraglich über Pönale, mit überwachter Projektabwicklung und mit Claim Management im Hinblick auf mögliche Umsetzungsrisiken ab. Die Einschätzung von Anbietern und Kunden von Zementanlagen weicht deutlich bei dem Hauptentscheidungskriterium für den Kauf ab. Während die Lieferanten im Leistungsvorteil (90%) das entscheidende Auswahlkriterium der Kunden sehen, betrachten die Kunden den Preisvorteil (70%) als entscheidend. Ähnlich unterschiedlich ist die Einschätzung von Buying und Selling Centern: Für Kunden ist das Buying Center wichtig (75%), während für Lieferanten es mit 15% als nahezu bedeutungslos erscheint.

Literaturverzeichnis

Anderson, J. u.a. (2006): Customer Value Propositions in Business Markets. In: Harvard Business Revue March 2006, S. 91 – 99.

Arndt, J. (1967): Word-of-Mouth Advertising and Informal Communication. In: Cox, D. (Hrsg.): Risk Taking and Information Handling in Consumer Behaviour, Boston 1967.

Backhaus, K. (1997): Industriegütermarketing, 5. Aufl., München 1997.

Diller, H. (1996): Kundenbindung als Marketingziel. In: Marketing ZFP 1996, Nr. 2.

Engelhardt, W./Günter, B. (1981): Investitionsgüter-Marketing, 1981.

Günter, Bernd (1979): Die Referenzanlage als Marketinginstrument. In: zfbf-Kontaktstudium 1979, S. 145 – 151.

Helm, S. (2000): Kundenempfehlungen als Marketinginstrument, Wb. 00.

Helm, S. (2003): Calculating the Value of Customers` Referrals. In: Managing Service Quality, Vol. 13 Nr. 2, S. 124 – 133.

Helm, S. (2004): Kundenbindung und Kundenempfehlungen. In: Bruhn, M./Homburg, Ch. (Hrsg.), Handbuch Kundenbindungsmanagement, 5. überarb. Aufl., Wiesbaden 2005, S. 126 – 142.

Helm, S. (2005): Kundenempfehlungen als Baustein des Kundenwerts. In: von Hippner, H./Wilde, K. (Hrsg.), Grundlagen des CRM, Konzepte und Gestaltung, Wiesenbaden 2004, S. 320 – 336.

Plattmann, U./Schmieder, M. (2003) Empirische Untersuchung zu den Kriterien von Referenzprojekten in der Zementanlagebranche, unveröffentlichte Diplomarbeit an der FH Köln

Plinke, W. (2000): Grundlagen des Geschäftsbeziehungsmanagements. In: Kleinaltenkamp, M./Plinke, W., Geschäftsbeziehungsmanagement, Berlin 2000.

Salminen, R. (1997): Role of References in International Industrial Marketing, Research Paper Nr. 66, Lappeenranta University of Technology, Lappeenranta 1997.

Schmieder, M. (2002): Marketing-Controlling im Industriegütermarkt. In: Ebert, G. (Hrsg.), Grundwerk Investitionsgüter-Controlling, Landsberg/Lech 2002, S. 1-31

Schütze, R. (1992): Kundenzufriedenheit in Geschäftsbeziehungen, 1992.

Titzkus, Th. (2005): Reaktive Preispolitik in industriellen Kundenbeziehungen, Diss., Wiesbaden 2005.

Weiber, R. (1996): Was ist Marketing? Ein informationsökonomischer Erklärungsansatz, Arbeitspapier zur Marketingtheorie Nr. 1, 1996.

Wimmer, L. (1974): Marketing für industrielle Großanlagen, Möglichkeiten und Grenzen des Einsatzes absatzpolitischer Instrumente im Großanlagengeschäft, Diss., 1974.

E. Ökonomie und Recht

Ökonomische Erwägungen im Kreditwesengesetz
Banken zwischen unternehmerischer Freiheit
und volkswirtschaftlicher Sonderrolle

Yvette Bellavite-Hövermann[*]

A. Einleitung 212
B. Entwicklung des KWG...214
C. Unternehmerische Freiheit und Wettbewerb..218
D. Ökonomische Einzelaspekte im KWG 220
    I. Eigenmittelausstattung 220
    II. Liquidität...223
    III. Großkredite 225
    IV. Risiken..225
    V. Geschäftsstrategie und Gesamtbanksteuerung 229
E. Fazit...233

---

[*] Dr. Yvette Bellavite-Hövermann, Generalbevollmächtigte, Sachsen LB, Leipzig.

A. Einleitung

Obwohl die ökonomische Analyse des Rechts in Deutschland seit den 1970er Jahren betrieben wird, umweht sie noch immer der „Hauch des Exotischen"[1]. Die Disziplin beschäftigt sich mit der Wirkung von rechtlichen Normen, gerichtlichen Entscheidungen oder Verwaltungsakten auf die Wirtschaft. Um diese zu bewerten und Empfehlungen abzuleiten, wendet sie Theorien und Methoden der Ökonomie auf das Rechtssystem an, getreu ihrer Leitfrage: „Wie [ist] Recht zu gestalten [...], damit ökonomisch effiziente Ergebnisse erzielt werden"?[2] Wirtschaftliche Analyse des Rechts und rechtliche Analyse der Wirtschaft lassen sich dabei nicht strikt trennen.[3]

Das Kreditwesen nimmt innerhalb der Wirtschaft eine Sonderstellung ein, weil Fehlentwicklungen hier sehr viel weitere Kreise ziehen und gravierendere Folgen haben als die Schieflage beispielsweise eines Lederwarenproduzenten. Deswegen stehen Banken und Finanzdienstleister unter staatlicher Aufsicht, was natürlich ihre unternehmerischen Freiräume einschränkt. Es wird in diesem Beitrag zu zeigen sein, dass sich durch die neueren Entwicklungen die rechtlichen Vorgaben immer stärker auf ökonomische Modelle stützen und damit zugleich die Entscheidungsfreiheit von Kreditinstituten wieder wächst. Die ökonomische Analyse des Rechts ist für diesen Sektor gleichfalls relevant.

Zentrale Grundlage für die Finanzaufsicht in Deutschland ist das Kreditwesengesetz (KWG). Wie und an welchen Stellen haben sich ökonomische Erwägungen darin niedergeschlagen, wenn man weniger auf die Auswirkungen der Regelungen schaut als auf die Einwirkungen?[4] Dieses Thema wurde in der Literatur bisher selten und zumeist nur am Rande behandelt. Und doch berührt es einige der zentralen Nervenstränge des Bankgeschäfts. Derzeit ist es besonders aktuell wegen der geplanten 7. KWG-Novelle, ausgelöst von den EU-Vorgaben bei den Eigenkapitalbestimmungen für Wertpapierfirmen und Kreditinstitute (kurz: Brüssel-

---

[1] Kirstein (2004), S. 2.
[2] Kirstein/Schmidtchen (2003), S. 1. Grundlegend zur Entwicklung dieser Disziplin sind Arbeiten von Ronald H. Coase, Guido Calabresi oder Richard A. Posner. Für wichtige Beiträge in deutscher Übersetzung vgl. Assmann/Kirchner/Schanze (1978).
[3] So auch aus rechtswissenschaftlicher Perspektive Großfeld (2002), S. 386, 403. Auch der mit dieser Festschrift geehrte Jubilar wies schon vor knapp 20 Jahren auf die enge Verbindung von Betriebswirtschaft und Recht hin und stellte bei der Darstellung finanzieller und betriebswirtschaftlicher Zielsetzungen von Aktiengesellschaften heraus: „In Anbetracht der eingangs geschilderten Wichtigkeit von Zielsetzungen kann es der Rechtsordnung nicht gänzlich egal sein, welche Zielsetzung angewendet wird. Das ist auch nicht der Fall, denn man kann weite Teile des Rechts [...] zumindest als Legitimation für alternative Ziele oder gar als Zielverbote auffassen," vgl. Bartels, in: Bartels/Beuermann/Thome (1987), S. 35, 41.
[4] Zum Zusammenhang von ökonomischen Ansätzen und staatlicher Beaufsichtigung und Regulierung von Banken vgl. Burghof/Rudolph (1996), S. XV.

neu[5]). Sie weisen in dieselbe Richtung wie die überarbeitete „Rahmenvereinbarung zur internationalen Konvergenz der Kapitalmessung und der Eigenkapitalanforderungen", bekannt als Basel II. Sie wirkt sich nicht nur auf internationale Bankkonzerne aus, sondern geht durch die zeitnahe Adaption in den bankaufsichtsrechtlichen EU-Regelungen unmittelbar ins KWG ein und wird ab 2007 schrittweise für alle Institute zwingend. Auf eine ökonomische Folge wird noch zurückzukommen sein: verringerte Wettbewerbsverzerrungen.

Basel II ist eines der ehrgeizigsten Reformprojekte der letzten Jahre. Die Neuregelungen gelten als „Revolution der Bankenaufsicht"[6] und verändern die rechtlichen Rahmenbedingungen viel mehr als frühere KWG-Novellen. Sie werden sich nachhaltig auf die Geschäftsstruktur nicht nur der großen Banken auswirken: Ratings und risikoadjustierte Bepreisung von Krediten zwingen gerade mittelständische Unternehmen zum Umdenken, alles mit dem Ziel, Sicherheit und Solidität des Kreditwesens zu stärken.

Der Baseler Akkord setzt nicht anders als das KWG seit seinen Anfängen bei der Eigenkapitalunterlegung der Risiken des Bankgeschäfts an, will jedoch über ein realistischeres Verhältnis zwischen beiden eine effizientere Kapitalallokation und Preispolitik erlauben. Dabei bleiben wesentliche, durch Basel I 1988 implementierte Regelungen unangetastet, unter anderem die Definition des anerkannten aufsichtsrechtlichen Eigenkapitals. Die Gesamteigenkapitalquote darf weiterhin 8% nicht unterschreiten, und das Ergänzungskapital ist nach wie vor auf 100% des Kernkapitals begrenzt.[7] Aber die bisher im Wesentlichen rein quantitativen Beurteilungsmaßstäbe werden nicht nur methodisch erheblich verfeinert und um operationelle Risiken erweitert, sondern um eine qualitative Bankenaufsicht ergänzt. Zudem erhofft man sich von zusätzlichen Veröffentlichungsvorschriften, dass auch die Marktkräfte eine Kontrolle ausüben.[8]

Ermöglicht wird die qualitative Komponente durch die oben kurz erwähnten Ratings, also anerkannten Bewertungsverfahren zur Bonitätsbeurteilung, mit denen die bisher pauschale Eigenkapitalunterlegung nach tatsächlichem Risiko differen-

---

[5] Im Folgenden ist mit Basel II zugleich auch Brüssel-neu gemeint, das vom EU-Parlament am 28. September 2005 angenommen wurde; die förmliche Beschlussfassung durch den EU-Rat folgt Anfang 2006. Vgl. Vorschlag für Richtlinien des Europäischen Parlaments und des Rates zur Neufassung der Richtlinie 2000/12/EG des Europäischen Parlaments und des Rates vom 20. März 2000 über die Aufnahme und Ausübung der Tätigkeit der Kreditinstitute und der Richtlinie 93/6/EWG des Rates vom 15. März 1993 über die angemessene Eigenkapitalausstattung von Wertpapierfirmen und Kreditinstituten.

[6] Vgl. Bellavite-Hövermann (2004), S. 445, 457 mit Hinweis auf Lebert, R., „Sanio sagt Revolution der Bankenaufsicht voraus", in: Financial Times Deutschland vom 18.01.2001.

[7] Vgl. Bellavite-Hövermann (2004), S. 445, 457.

[8] Basel II fundiert im Rahmen eines „Drei-Säulen-Konzeptes":
Säule 1: Mindestanforderungen (Kreditrisiko, Marktpreisrisiko, Operationelles Risiko) – Quantitative Eigenkapitalnormen;
Säule 2: Aufsichtsrechtliche Überprüfungsanforderungen – Qualitative Aufsicht;
Säule 3: Marktdisziplin – Transparenzvorschriften.

ziert werden soll (vgl. Abbildung 1). Das wird nicht für alle Institute positiv sein: Je nach Art der Risiken kann sich eine Bank nach der Neuregelung deutlich schlechter stehen.

Rating	AAA bis AA–	A+ bis A–	BBB+ bis BB–	unter BB–	nicht beurteilt
Risikogewicht	20%	50%	100%	150%	100%

Abb. 1: Rating

Gewissermaßen im Kielwasser von Basel II kristallisieren sich bei anderen ökonomischen Aspekten Tendenzen heraus, auf die Bankpraxis und Bankbetriebslehre zunehmend ihr Augenmerk richten, etwa die ausdrückliche Festschreibung der Geschäfts- und Risikostrategie oder die fortschrittlichere Handhabung unterschiedlicher Risikoarten. Es gibt also genug Gründe, ökonomische Erwägungen im KWG genauer zu betrachten. Dafür sei zunächst seine Entwicklung skizziert (Abschnitt B). Dann werden die Aspekte unternehmerische Freiheit und Wettbewerb herausgehoben (Abschnitt C) und anschließend einige ausgewählte Einzelaspekte beispielhaft vertieft (Abschnitt D). Ein Fazit fasst die wesentlichen Ergebnisse zusammen (Abschnitt E).

B. Entwicklung des KWG

Dem KWG, der wichtigsten gesetzlichen Grundlage für die deutsche Bankaufsicht, liegt das Prinzip zugrunde, durch vorbeugende Überwachung Schäden im Kreditwesen und Verluste der Institutsgläubiger im Ansatz zu verhindern.[9] Aufsicht bedeutet damit zuvorderst Gefahrenabwehr zum Schutze der Anleger und des Finanzsystems. Organisatorisch obliegt sie (§ 1 Abs. 1b KWG) der Bundesanstalt für Finanzdienstleistungsaufsicht (BaFin; § 6 KWG), die eng mit der Deutschen Bundesbank zusammenarbeitet (§ 7 Abs. 1 KWG). Inhaltlich hat die BaFin vor allem den Missständen im Kredit- und Finanzdienstleistungswesen entgegenzutreten, welche die Sicherheit der den Instituten anvertrauten Vermögenswerte gefährden, die ordnungsgemäße Durchführung der Bankgeschäfte oder Finanzdienstleistungen beeinträchtigen oder erhebliche Nachteile für die Gesamtwirtschaft bergen (§ 6 Abs. 2 KWG).

An dieser Kernfunktion der Aufsicht hat sich über die Jahrzehnte nichts geändert[10] – im Gegensatz zum KWG selbst. Es präsentiert sich heute in ganz anderer Form als bei seinem Erlass im Jahre 1961. Zum einen hat sich das Finanzwesen

---

[9] Vgl. RegBegr. zum Entwurf des KWG von 1961, BT-Drucksache III/114.
[10] Zur Geschichte von Bankaufsicht und KWG ab dem 19. Jahrhundert vgl. etwa Fischer, in: Boos/Fischer/Schulte-Mattler (2004), Einf. Rdn. 1 ff.

gewandelt und zum anderen will der Gesetzgeber diesem Wandel und der damit einhergehenden Internationalisierung des Bankgeschäfts mit einer Harmonisierung der gesetzlichen Vorschriften in Europa, aber auch weltweit entsprechen.

Eins sei hier schon angemerkt: Ursache und Wirkung lassen sich in diesem Prozess nicht immer trennen. Einerseits reagiert das Aufsichtsrecht auf Tendenzen wie Globalisierung und Konzentrationsbewegungen, andererseits haben neue aufsichtliche Regelungen Fortschritten im Finanzsektor die Tür geöffnet. Die größere Regelungsdichte aufgrund der Harmonisierungsbestrebungen bedeutet nicht unbedingt auch eine strengere Aufsicht. Im Gegenteil: Liberalisierung und Deregulierung der Märkte haben sich im KWG niedergeschlagen. Der Weg dorthin war oft steinig und durch teils spektakuläre Bankzusammenbrüche nicht immer schmerzfrei.

Die rasante Entwicklung des Finanzsektors in den letzten Jahrzehnten wäre ohne die Fortschritte in der Informationstechnologie nicht denkbar gewesen. Diese haben den Handel in einem bis dahin unvorstellbaren Ausmaß räumlich und zeitlich entgrenzt, die Volatilität der Märkte und damit auch die Zins- und Kursänderungsrisiken erhöht. Das schuf eine steigende Nachfrage nach Produkten zur Risikoabsicherung.[11] Es entstanden innovative, immer komplexere Finanzinstrumente mit einem ganz neuen Gefahrenpotenzial. Das wurde schlagartig am Fall von Nick Leeson und der Barings-Bank sichtbar. Niemand hatte sich rechtzeitig die Implikationen von Derivaten, Hedgefonds oder die Größenordnung dieser Transaktionen vor Augen geführt.

Die Ausgangsbedingungen – Globalisierung, Innovationen bei Information und Kommunikation, zunehmende Komplexität der Finanzprodukte und innerhalb der EU die Einführung des Euro – erforderten neue Konzepte zur Regulierung, die die Wettbewerbssituation berücksichtigten. Und diese neuen aufsichtlichen Konzepte setzten umgekehrt neue Impulse im Finanzsektor.

Die Entwicklung des deutschen Aufsichtsrechts wurde seit 1977 deutlich durch europarechtliche Einflüsse geprägt. Die Europäische Kommission legte immer mehr bankaufsichtliche Standards fest, oft motiviert von dem Wunsch, gleiche Voraussetzungen für alle europäischen Kreditinstitute und Wertpapierfirmen zu schaffen. Überhaupt kann man die Wettbewerbssituation ohne Übertreibung als Richtschnur für die Entwicklung identifizieren. Schon der Vertrag zur Gründung der Europäischen Wirtschaftsgemeinschaft vom 25. März 1957 nennt vier persönliche und ökonomische Freiheiten als Grundlage eines gemeinsamen Binnenmarktes: freier Warenverkehr, persönliche Freizügigkeit, freier Dienstleistungsverkehr, freier Kapitalverkehr. Dabei konnten, wollten und sollten Finanzdienstleistungen natürlich nicht ausgeklammert werden.[12] Es war nur konsequent, den Kapitalverkehr zu liberalisieren und die bankaufsichtlichen Bestimmungen innerhalb der Mitgliedsländer zu harmonisieren.

---

[11] Vgl. Krumnow, in: Krumnow (1996), S. 1.
[12] Vgl. Burghof/Rudolph (1996), S. 187.

Die Idee von einem einzigen Bankgesetz und einer einzigen Aufsichtsbehörde innerhalb der EU stieß auf Widerstand und konnte bis heute nicht durchgesetzt werden.[13] Trotzdem ist – knapp ein halbes Jahrhundert nach Gründung der EWG und gut ein Vierteljahrhundert nach den ersten Harmonisierungsschritten des Aufsichtsrechts – ein gutes Stück des Weges zurückgelegt. Es ist ein schwieriger Weg, denn jede Harmonisierung muss den gewachsenen Strukturen – besonders dem Unterschied zwischen Trenn- und Universalbankensystem oder dem so nur in Deutschland gegebenen Drei-Säulen-System mit öffentlich-rechtlichen, Genossenschafts- und Privatbanken – Rechnung tragen.[14] Auch ist der Binnenmarkt seit 1957 nicht nur räumlich gewachsen, sondern umfasst inzwischen Mitgliedstaaten, die von einem anderen Wirtschaftssystem geprägt wurden.

Doch die Zeichen stehen auf Vereinheitlichung, und Akzeptanz und Umsetzung einer Vielfalt an EG-Richtlinien trugen ebenso zur europäischen Integration bei[15] wie die gesamtwirtschaftlichen Trends. So verstärkten sich in den letzten Jahren Fusionen und Übernahmen. Dieser Wandel kommt nirgendwo anschaulicher zum Ausdruck als im Banksektor, insbesondere im deutschen Kreditwesen mit seiner traditionell hohen Bestandsdichte an Instituten. Nach einer Studie sank deren Anzahl zwischen 1997 und 2003 um nahezu 35% von 3420 auf 2225 Institute. Das ist der stärkste Rückgang im europäischen Vergleich.[16]

Die Strategie der Europäischen Kommission stellte anfangs vereinfachte Zugangsmöglichkeiten zu den nationalen Märkten in den Vordergrund, später mehr und mehr eine einheitlichere Gesetzgebung in den Mitgliedstaaten. Als größte Hürde erwiesen sich deren Marktschranken. Da das große Ziel mit einer Politik der „kleinen Schritte" auf absehbare Zeit nicht erreicht werden konnte, entschloss sich die Kommission zu einem Strategiewechsel, der sich 1985 im Weißbuch „Vollendung des Binnenmarktes" manifestierte. Die Maxime lautete: Mindestharmonisierung unter Wahrung nationaler Gestaltungsspielräume. Zunächst sollten die Bankaufsichtssysteme in ihren Grundzügen angeglichen werden. Dieser Ansatz war nicht nur politisch notwendig, sondern auch ökonomisch rational. Eine der ersten Maßnahmen betraf die Überwachung der laufenden Geschäftstätigkeit der Kreditinstitute, sie wurde der jeweiligen Heimatbehörde anvertraut.[17]

Doch so bescheiden das Ziel einer „Mindestharmonisierung" klingt, es begrenzt die nationalen Gestaltungsspielräume bereits erheblich und birgt Risiken, konkret die Gefahr der Überregulierung: Der Prozess sei, wie in der Literatur gefordert wurde, „vor überzogenem Regelungseifer der nationalen Aufsichtsbehörden zu schützen"[18]. Insofern hat sich das „Werkzeug" der Richtlinie, die anders als etwa

---

[13] Vgl. Burghof/Rudolph (1996), S. 189.
[14] Vgl. Burghof/Rudolph (1996), S. 187.
[15] Vgl. hierzu und zum Folgenden Burghof/Rudolph (1996), S. 187 ff.
[16] Vgl. Walkner/Raes (2005), S. 16.
[17] Vgl. Burghof/Rudolph (1996), S. 190.
[18] Burghof/Rudolph (1996), S. 207.

eine EU-Verordnung nicht direkt in den Mitgliedstaaten gilt, als probates Mittel erwiesen.

Einen neuen Schub gab 1999 der „Aktionsplan Finanzdienstleistungen".[19] Darin konstatierte die Europäische Kommission, die Einführung des Euro hätte strukturelle Änderungen bewirkt und zwinge zu raschem Handeln. Vor allem müssten die Vorteile eines wettbewerbsfähigen, integrierten Marktes für Finanzdienstleistungen regional ausgeglichen verteilt werden.

Die damals geplanten Vorhaben sind mittlerweile zu einem Großteil umgesetzt worden. Die Kommission konzentriert sich bereits auf die nächsten Schritte. Der Konsultationsprozess ist abgeschlossen, ein Weißbuch zur Finanzdienstleistungspolitik am 5. Dezember 2005 erschienen, die konkreten Projekte sind bekannt, darunter die Integration der Privatkundenmärkte oder der Ausbau des Wettbewerbs zwischen Finanzdienstleistern bis 2010, insbesondere im Retailmarkt.

Die Ära der europäischen Vorgaben hatte 20 Jahre zuvor mit der 3. KWG-Novelle 1985 begonnen. Schon rein vom Umfang der Änderungen her – rund die Hälfte der Paragraphen wurde modifiziert – war sie ein Riesenschritt hin zur europäischen Einigung. Damals wurde im Wege der Gruppenregelung des § 10a KWG ein bankaufsichtliches Zusammenfassungsverfahren eingeführt,[20] das unter anderem die Mehrfachausnutzung des haftenden Eigenkapitals verhindern sollte.[21] Ohne die Konsolidierung hatten Kreditinstitute über verbundene Tochterinstitute so genannte Kreditpyramiden aufbauen und die an das Eigenkapital anknüpfenden Geschäftsbegrenzungsregeln unterlaufen können.

Die 4. KWG-Novelle 1993 ermöglichte Banken zum einen, nach dem Grundsatz der Heimatlandkontrolle EG-weit tätig zu sein, ohne nationale Aufsichtsbestimmungen in den Gastländern beachten zu müssen. Das war die rechtliche Voraussetzung für den freien Verkehr mit Finanzdienstleistungen und ein wichtiger Schritt zur Harmonisierung des Bankaufsichtsrechts im Europäischen Wirtschaftsraum (EWR).[22] Die Novelle führte zum anderen vergleichbare „Regulierungskosten" der Kreditinstitute durch ein wechselseitiges Anerkennen der bestehenden Aufsichtssysteme herbei.[23] In Übereinstimmung mit Basel I wurden die Eigenkapitalvorschriften grundsätzlich neu gestaltet. Die 5. KWG-Novelle 1994 erweiterte den Konsolidierungskreis auf Finanzinstitute und Unternehmen mit bankbezogenen Hilfsdiensten. Zudem schloss der Gesetzgeber eine Lücke in der Konsolidierungspflicht und unterstellte zusätzlich Finanzholding-Gruppen der Bankaufsicht.

---

[19] Vgl. Mitteilung der Kommission, „Finanzdienstleistungen: Umsetzung des Finanzmarktrahmens: Aktionsplan", KOM (1999) 232, 11.05.1999.
[20] Zur Unterscheidung von bankaufsichtlicher (§ 10a KWG) und bilanzieller Konsolidierung (§ 290 HGB) vgl. Bellavite-Hövermann/Hintze/Luz/Scharpf (2001), S. 384 f.
[21] Vgl. Fischer, in: Boos/Fischer/Schulte-Mattler (2004), Einf. Rdn. 26.
[22] Zum hier relevanten Prinzip „gleiches Geschäft bedeutet gleiches Risiko und bedingt damit gleiche Aufsichtsregeln", vgl. Arnold (1991), S. 13.
[23] Zu Konsolidierung vgl. Bellavite-Hövermann/Hintze/Luz/Scharpf (2001), S. 384 f. m. w. N.

Mit all diesen Überarbeitungen innerhalb der bestehenden Systematik war das KWG zu einem wenig lese- und anwenderfreundlichen Text mit zahlreichen numerischen und alphabetischen Untergliederungen angeschwollen. Die Branche, die mit dem „Paragraphenwust" in der Praxis fertig werden musste, drängte auf eine Entschlackung, ein Ende der Unübersichtlichkeit und auf Deregulierung. Die Vorschriften erzwangen zum Teil Arbeiten (und verursachten damit Kosten), deren Nutzen in keinem vernünftigen Verhältnis mehr zum Aufwand stand. Die 6. und bisher letzte KWG-Novelle erfüllte diese Forderungen, soweit das angesichts der explosionsartigen Entwicklung komplexer Finanzprodukte und der korrespondierenden EU-Vorgaben möglich war,[24] und setzte neue Schwerpunkte. Zwei Paragraphen, § 10 und § 12, wurden vollständig neu konzipiert, der Begriff der Eigenmittel eingeführt, Handelsbuch und Anlagebuch getrennt und entsprechend zwischen Handelsbuchinstituten und Nichthandelsbuchinstituten unterschieden.

Mit der 6. KWG-Novellierung beginnt auch die Annäherung von ökonomischen und aufsichtlichen Anforderungen. Exemplarisch genannt seien die weitgehende Abschaffung der nicht mehr effizienten Eigenmittel-Anlagen-Relation (damals § 12 KWG)[25], die Eigenkapitalunterlegung von Marktpreisrisiken und damit die Zulassung interner Modelle für das Marktrisiko[26] sowie die Einteilung in dynamische und statische Eigenkapitalkomponenten.

2002 schließlich wurde die Bankenaufsicht neu organisiert und in einer Allfinanzaufsicht integriert. Das Vierte Finanzmarktförderungegesetz und das Gesetz über die integrierte Finanzdienstleistungsaufsicht veränderten den bankaufsichtlichen Rahmen und die Finanzdienstleistungsbranche insgesamt, sollten die Leistungsfähigkeit des deutschen Finanzsystems erhalten und die Wettbewerbsfähigkeit des Finanzplatzes Deutschland weltweit stärken. Zugleich wird das Bankaufsichtsrecht – infolge der Terroranschläge vom 11. September – stärker im Dienst der Geldwäscheprävention genutzt. Die Bedeutung der europäischen Vorgaben, sieht man einmal von der Umsetzung der E-Geld-Richtlinie oder auch der Finanzkonglomerate-Richtlinie ab, nahm hingegen ab.[27]

C. Unternehmerische Freiheit und Wettbewerb

Bei der kursorischen und viele Einzelheiten beiseite lassenden Schilderung, wie sich die Bankaufsicht und ihre rechtliche Grundlage entwickelt haben, ist der ökonomische Hintergrund der Veränderungen oft ohne große Erläuterung evident.

---

[24] Vgl. Fischer, in: Boos/Fischer/Schulte-Mattler (2004), Einf. Rdn. 47.
[25] Vgl. im Einzelnen Bellavite-Hövermann (2001), S. 451 ff.; zu weiteren Deregulierungsmaßnahmen Fischer, in: Boos/Fischer/Schulte-Mattler (2004), Einf. Rdn. 47.
[26] Anstelle der Eigenmittelunterlegung nach dem Standardverfahren können die Institute mit Zustimmung der Aufsicht sie auch anhand eigener Risikomodelle ansetzen.
[27] Vgl. Fischer, in: Boos/Fischer/Schulte-Mattler (2004), Einf. Rdn. 48.

Vielleicht tritt die ökonomische Analyse des Rechts deshalb vergleichsweise spät auf: Das Bedürfnis nach einer wissenschaftlichen Durchleuchtung des Themas entstand erst mit der wachsenden Komplexität der Phänomene.

Die Ökonomie ist als Wissenschaft ohnehin eine verhältnismäßig junge Disziplin, auch wenn ihr Gegenstand – um es ganz allgemein zu formulieren: Aufgaben mit geringstmöglichem Aufwand bei größtmöglichem Ertrag erledigen – so alt wie die Menschheit ist. Eine nennenswerte Spezialisierung lässt sich hierzulande seit den 1970er Jahre erkennen und hat zu funktional oder institutionell abgegrenzten Betriebswirtschaftslehren geführt,[28] darunter auch zur Bankbetriebslehre. Heute wäre also nicht mehr allgemein von Ökonomie, sondern besser von einzelnen Ausprägungen der Ökonomie zu sprechen.

Betriebswirtschaftliche Forschung ist zwangsläufig interdisziplinär, hat jedoch einen ganz bestimmten Blickwinkel, der sich beispielsweise von dem der Rechtswissenschaft unterscheidet. Fülbier hebt den Unterschied pointiert hervor: Die Betriebswirtschaftslehre begründe „Reformvorschläge zur Verbesserung des Bilanzrechts durch wie auch immer gemessene Effizienzvorteile", während die Rechtswissenschaft „stärker mit vermeintlich übergeordneten gesellschaftlichen Grundwerten wie Gerechtigkeit, Fairness oder Solidarität arbeitet".[29]

Als praktisch angewandte Wissenschaft[30] untersucht die Betriebswirtschaftslehre zielgerichtete, rationale Entscheidungen unter Berücksichtigung bestimmter Nebenbedingungen. Entscheidungen setzen Freiheit voraus, ohne Freiheit ist wirtschaftliches Handeln unmöglich. Freiheit ist jedoch kein absolutes, sondern ein relatives Phänomen und findet an der Freiheit der anderen ihre Grenze. Mit dem Kapital eines Anlegers vernichtet ein Bankenzusammenbruch auch ein Stück weit dessen Handlungsfreiheit. Da Banken überwiegend mit Fremdkapital arbeiten, ist der Anlegerschutz wichtig und lässt sich gut begründen, zumal ein Marktversagen im schlimmsten denkbaren Fall einen „Run" auslösen kann.[31] Im Zusammenhang mit diesem Primärzweck des KWG sind alle ökonomischen Erwägungen zu sehen, die in das Gesetz eingeflossen sind.

Hinsichtlich der europäischen Einigung und der Globalisierung ist ein zweiter Zweck unverkennbar. Er klang bereits mehrfach an und stand auch bei den deutschen Vertretern während der Verhandlungen zu den EU-Richtlinien, deren Umsetzung die KWG-Novellierungen jeweils ausgelöst haben, ganz oben auf der Agenda: gleiche Wettbewerbsbedingungen für alle Marktteilnehmer.

---

[28] Vgl. Horsch/Meinhöfel/Paul, in: Horsch/Meinhöfel/Paul (2005), S. 1, 6.
[29] Fülbier, in: Horsch/Meinhöfel/Paul (2005), S. 15, 20.
[30] Vgl. Fülbier, in: Horsch/Meinhöfel/Paul (2005), S. 15, 18.
[31] Burghof/Rudolph haben die staatliche Beaufsichtigung und Regulierung von Kreditinstituten bereits vor zehn Jahren unter ökonomischem Blickwinkel betrachtet und auch die Frage nach den Gründen, die einen staatlichen Eingriff überhaupt rechtfertigen, aufgeworfen. Traditionell wird sie mit der Möglichkeit beantwortet, dass bei Versagen der Marktkräfte ein „Run" ausgelöst werden kann: Zu viele Menschen wollen ihr Geld gleichzeitig abheben und überfordern damit die Barmittel der Bank(en). Vgl. Burghof/Rudolph (1996), S. XV f.

Bereits bei Erlass des KWG 1961 war darauf Wert gelegt worden, Rahmenbedingungen für einen fairen Wettbewerb innerhalb der Kreditwirtschaft zu schaffen. Zu diesem Zweck präsentierte die Bundesregierung dem Deutschen Bundestag im Januar 1968 mit der „Wettbewerbs-Enquête" einen Bericht über die Untersuchung der Wettbewerbsverschiebungen im Kreditgewerbe und über eine Einlagensicherung. Die Konsequenz daraus war unter anderem die Abschaffung steuerlicher Begünstigungen der öffentlich-rechtlichen Kreditwirtschaft.[32]

Wettbewerb ist ein unverzichtbarer Bestandteil der Marktwirtschaft. Er setzt Kräfte frei, die technischen und ökonomischen Fortschritt bewirken, und bildet damit den Kern jeder freiheitlichen Wirtschafts- und Gesellschaftsordnung. Alfred Herrhausen, der 1989 bei einem Anschlag der RAF ermordete Vorstandssprecher der Deutschen Bank, betonte bereits 1983 einen wichtigen Zusammenhang: Es gibt eigentlich nur zwei Fälle, die Wettbewerbsbeschränkungen in einer Marktwirtschaft rechtfertigen. Im ersten Fall steht der Wettbewerb bestimmten, als höherrangig angesehenen gesamtwirtschaftlichen, politischen oder gesellschaftlichen Zielen entgegen, im zweiten würde er wegen bestimmter Besonderheiten in einer Branche ohnehin nicht oder nur unzureichend funktionieren und höhere Kosten verursachen als Nichtwettbewerb. Heute wie damals gilt es, Wettbewerbsverzerrungen in jedem Fall zu vermeiden.

Beiden Aspekten, dem Austarieren unternehmerischer Freiheit mit Schutzinteressen und der Herstellung gleicher Ausgangsbedingungen für alle Wettbewerber, werden wir bei der nun folgenden Betrachtung einzelner Aspekte im KWG immer wieder begegnen. Gerade im Detail wird deutlich, wie eng rechtliche und ökonomische Regeln verzahnt sein müssen, um eine sinnvolle Handhabung zu ermöglichen.

D. Ökonomische Einzelaspekte im KWG

I. Eigenmittelausstattung

Die Vermögensgegenstände einer Bank bestehen zu einem großen Teil aus Finanzaktiva wie Krediten oder festverzinslichen Wertpapieren. Der Vorleistung der Bank steht die Zins- und Tilgungsverpflichtung des Schuldners bzw. Emittenten gegenüber. Darin steckt ein Risiko: Die Gegenpartei könnte ihren Verpflichtungen einmal nicht mehr nachkommen können. Dieses Ausfallrisiko bzw. Kredit- oder Bonitätsrisiko kann auf Bankenseite einen Wertverlust bedeuten.

Um solche Risiken zu begrenzen, kommt der Eigenkapitalausstattung der Institute – wirtschaftlich wie aufsichtlich – fundamentale Bedeutung zu. Sie bestimmt nicht zuletzt wegen der Kostenbelastung[33] durch Fremdmittel den Entscheidungs-

---

[32] Vgl. Fischer, in: Boos/Fischer/Schulte-Mattler (2004), Einf. Rdn. 14.
[33] Vgl. Boos, in: Boos/Fischer/Schulte-Mattler (2004), § 10 Rdn. 2.

spielraum der Institute. Betriebswirtschaftlich stellen Eigenmittel diejenigen Mittel dar, die einem Unternehmen unbeschadet ihres Haftungscharakters zur Verfügung stehen. Sie spielen – das gilt für Banken wie für jedes Unternehmen – eine wichtige Rolle im Wettbewerb. Für Ratingagenturen sind sie ein wichtiger Baustein bei der Beurteilung der Solidität des Instituts.

Bereits das KWG von 1961 nannte die Eigenkapitalbestimmungen das „Kernstück der Strukturnormen".[34] Zentrale Norm ist heute § 10 KWG. Kaum eine andere Vorschrift im KWG wurde in den letzten Jahren so oft und so grundsätzlich geändert[35] und kaum eine andere Norm verknüpft so grundlegend ökonomische mit bankaufsichtsrechtlichen Aspekten. Von den Ergebnissen der Studienkommission „Grundsatzfragen der Kreditwirtschaft", 1979 präsentiert, heute noch gültig ist die Feststellung, dass nur effektiv eingezahlte Elemente als Eigenkapital geeignet sind. Im Zuge der 4. KWG-Novelle fand die Unterscheidung zwischen dem dynamischen und statischen Eigenkapital bzw. Kern- und Ergänzungskapital[36] Eingang in § 10 KWG. Damit wurde nicht nur auf den engen gesellschaftsrechtlichen, sondern auch den Eigenkapitalbegriff in seinen wirtschaftlichen Ausprägungen abgestellt. Zusätzlich wurden neue Eigenkapitalkomponenten zugelassen.[37]

Die 4. KWG-Novelle strahlte auf das Handelsgesetzbuch (HGB) aus und durchbrach damit die Trennung zwischen bankaufsichts- und handelsrechtlichen Regelungen: Offenlegung (im Anhang des Jahresabschlusses) nicht realisierter Reserven bei Inanspruchnahme als haftendes KWG-Eigenkapital (§ 340c Abs. 3 HGB).[38]

Nach § 10 Abs. 1 Satz 1 KWG müssen die Institute die ihnen anvertrauten Vermögenswerte mit angemessenen Eigenmitteln absichern. Den eingegangenen Verpflichtungen muss also zu einem bestimmten Prozentsatz Eigenkapital gegenüberstehen. Anders ausgedrückt: Risiken sind mit Eigenkapital zu unterlegen. Das gelingt nur, wenn die bestehenden Risiken quantifiziert, d. h. betragsmäßig in ihrer Höhe erfasst werden können. Wann die Eigenmittel als „angemessen" gelten, ergibt sich nicht aus dem KWG, sondern beurteilt sich nach Maßgabe von Grundsatz I.[39] Er ist eine präventive, vorwiegend quantitative Aufsichtsnorm, der

---

[34] Fischer, in: Boos/Fischer/Schulte-Mattler (2004), Einf. Rdn. 12.
[35] Vgl. Boos, in: Boos/Fischer/Schulte-Mattler (2004), § 10 Rdn. 2.
[36] Kernkapital ist ohne Begrenzung bankaufsichtlich zur Unterlegung der Risiken anerkannt, Ergänzungskapital hingegen teilt sich in Ergänzungskapital erster Klasse und zweiter Klasse und ist auf 100% bzw. innerhalb der 100%-Grenze auf 50% des Kernkapitals beschränkt.
[37] Das sind insbesondere stille Neubewertungsreserven und HGB-Reserven nach § 340 f. Nachrangige Verbindlichkeiten wurden als Ergänzungskapital zugelassen. Vgl. im Einzelnen Boos, in: Boos/Fischer/Schulte-Mattler (2004), § 10 Rdn. 14. Mit der 6. KWG-Novelle kamen noch die so genannten Drittrangmittel hinzu.
[38] Vgl. Krumnow/Sprißler/Bellavite-Hövermann et al. (2004), Kommentar, § 340c HGB, Tz. 284.
[39] Vgl. u. a. Bellavite-Hövermann/Hintze/Luz/Scharpf (2001) S. 5.

als „rechtsnormkomplettierenden" Verwaltungsvorschrift[40] selbst keine Rechtsnormqualität zukommt. Auch handelt es sich nicht um Verwaltungsakte, so dass unmittelbare Rechtsfolgen wie Bußgelder oder ein Kreditverbot nicht darauf gestützt werden können. Aber wiederholte oder nicht nur geringfügige Verletzungen der hier festgelegten Grenzwerte können Zweifel an der Ordnungsmäßigkeit der internen Organisation, der Befähigung der Geschäftsleitung oder der Eigenkapitalausstattung der Bank nahe legen – mit entsprechenden Konsequenzen für das Institut.[41]

Eigenmitteln kommt – ökonomisch gesehen – eine Doppelfunktion zu: Sie fangen einerseits gegebenenfalls Verluste aufgrund der eingegangenen Risiken auf und vermeiden ein Durchschlagen auf die Einlagen. Andererseits begrenzen die Strukturnormen, die sich auf die Eigenmittel beziehen, die Übernahme von Risiken.[42] In diesem Sinne legt die Eigenkapitalausstattung zugleich den Geschäftsentfaltungsspielraum der Institute fest. Da einmal zur Risikoabdeckung eingesetzte Eigenmittelbestandteile nicht mehr für andere Geschäftszwecke zur Verfügung stehen, entsteht durch die Unterlegung eines Risikos mit Eigenmitteln eine Bindungswirkung.[43] Die Eigenmittel selbst werden als Bezugsgröße durch die Unterlegung nicht berührt.[44] Von Dritten (einschließlich den Gesellschaftern) zur Verfügung gestellte Eigenmittel können nach § 10 Abs. 1 Satz 7 KWG nur insoweit berücksichtigt werden, als sie dem Institut tatsächlich zugeflossen sind.[45]

Das Kreditwesengesetz differenziert zwischen Unterlegung einerseits und Abzug vom haftenden Eigenkapital oder von den Drittrangmitteln andererseits. Im Fall des Abzugs ändert sich die Bezugsgröße „haftendes Eigenkapital" oder „Drittrangmittel" selbst. Davon sind alle an diese Größen anknüpfenden Begrenzungen und Anzeigepflichten unmittelbar betroffen.

Die Eigenmittelbindung hängt davon ab, wie hoch die Risiken bemessen werden. Auch das bestimmt sich nach Grundsatz I und hat erhebliche ökonomische Implikationen. Banken wird inzwischen die Möglichkeit eingeräumt, interne Modelle zur Berechnung heranzuziehen und damit ihre Gestaltungsmöglichkeiten zu erweitern. Während die Standardverfahren einen Kompromiss zwischen Genauigkeit und Einfachheit der Methoden verlangen, können bei internen Risikomodellen komplexe Methoden wie die selbstständige Risikoberechnung auf Portfoliobasis zugrunde gelegt werden.

---

40 Vgl. Boos, in: Boos/Fischer/Schulte-Mattler, § 10 Rdn. 10.
41 Vgl. Schulte-Mattler, in: Boos/Fischer/Schulte-Mattler (2004), Grds. I § 1 Rdn. 5.
42 Vgl. Luz/Scharpf (1998), S. 88.
43 Vgl. Reischauer/Kleinhans (2005), 115, § 10 Rdn. 23.
44 Dies ist für eine Reihe von Vorschriften von Bedeutung, die an das haftende Eigenkapital bzw. die Eigenmittel anknüpfen, vgl. Bellavite-Hövermann/Hintze/Luz/Scharpf, (2001), S. 26.
45 Das Prinzip der effektiven Kapitalaufbringung wurde, wie oben erwähnt, 1979 von der Strukturkommission vorgeschlagen und verbietet eine Finanzierung der von Dritten zur Verfügung gestellten Eigenmittel durch das Institut selbst, vgl. Bellavite-Hövermann/Hintze/Luz/Scharpf (2001) S. 26 f.

II. Liquidität

Nach § 11 Abs. 1 Satz 1 KWG müssen Kredit- und Finanzdienstleistungsinstitute ihre Mittel so anlegen, „dass jederzeit eine ausreichende Zahlungsbereitschaft gewährleistet ist". Das ist eigentlich eine Selbstverständlichkeit: Alle Unternehmen müssen in der Lage sein, ihre Zahlungsverpflichtungen zu erfüllen. Andernfalls droht die Eröffnung eines Insolvenzverfahrens nach § 16 Insolvenzordnung (InsO). Als Gründe gelten nicht nur Zahlungsunfähigkeit (§ 17 Abs. 1, 2 InsO) oder Überschuldung (§ 19 Abs. 1, 2 InsO). Schon die drohende Zahlungsunfähigkeit kann ein Verfahren auslösen (§ 18 InsO).

Für Kreditinstitute kommt der Liquidität über die allgemeine Ultima Ratio der Insolvenzvorschriften besonderes Gewicht zu. Als finanzieller Intermediär zwischen Gläubiger und Schuldner transformieren Banken Geldbindungsfristen. Damit sind spezielle Liquiditätsrisiken verbunden, da in aller Regel ein großer Teil der Bankenaktiva in langfristigen, illiquiden Vermögensgegenständen gebunden ist, während die Verbindlichkeiten typischerweise kurzfristiger Natur sind.[46]

Außerdem arbeiten Kreditinstitute überwiegend mit fremden Mitteln und haben einen schnellen Geldumschlag, der sowohl im Aktiv- als auch im Passivgeschäft zum weitaus größten Teil fremdbestimmt ist. Eine Vertrauensstörung infolge eines bekannt gewordenen Zahlungsverzugs würde sofort einen Mittelabzug durch andere Gläubiger nach sich ziehen und damit einen sich selbst verstärkenden Prozess, im schlimmsten Fall den oft beschriebenen Run auslösen. Ausreichende Liquidität ist deshalb für die Stabilität des Finanzsektors insgesamt wichtig.[47] Der Akzent im Text von § 11 KWG liegt also auf dem Wort „jederzeit". Andere Unternehmen müssen keineswegs jederzeit liquide Mittel vorhalten, solange sie ihre Zahlungsverpflichten rechtzeitig erfüllen.[48]

Die offen formulierte Liquiditätsvorschrift nach § 11 KWG bedarf einer inhaltlichen Ausgestaltung, die in Grundsatz II konkretisiert wird. Er ist seit dem 1. Juli 2000 anzuwenden und geht von der Annahme aus, dass die Angemessenheit der Liquiditätsvorsorge eines Instituts primär von

- dem Ausmaß der zu erwartenden Zahlungsströme,
- einem hinreichenden Vorrat an hochliquiden Aktiva sowie
- den Refinanzierungslinien eines Instituts am Geldmarkt

bestimmt wird. Die zu einem Stichtag vorhandenen liquiden Aktiva (Zahlungsmittel) und Passiva und außerbilanziellen Verpflichtungen (Zahlungsverpflichtungen) sind nach ihren voraussichtlichen Restlaufzeiten in Laufzeitbänder einzu-

---

[46] Vgl. Boos, in: Boos/Fischer/Schulte-Mattler (2004), § 11 Rdn. 1.
[47] Ein über die normale Refinanzierung hinausgehender Rückgriff auf die Zentralnotenbank kommt wegen der Verpflichtung zur Mindestreservehaltung nicht in Frage. Auch vergibt die Deutsche Bundesbank keine Blankokredite zur Verbesserung einer angespannten Liquidität, vgl. Bellavite-Hövermann/Hintze/Luz/ Scharpf (2001) S. 508.
[48] Vgl. Bellavite-Hövermann/Hintze/Luz/Scharpf (2001) S. 508.

stellen (Maturity-Mismatch-Approach). Die zwischen Aktiv- und Passivkomponenten gebildeten Differenzen (Mismatches) zeigen die künftig zu erwartenden Liquiditätsrück- und -abflüsse in den betreffenden Perioden.[49] Ein Zahlungsmittelüberschuss (positiver Mismatch) liegt vor, wenn die in einer Periode eingehenden Rückflüsse größer sind als die zu leistenden Zahlungen. Im umgekehrten Fall besteht ein Refinanzierungsbedarf (negativer Mismatch). Dieser beispielsweise von der Bank of England verwendete Maturity-Mismatch-Approach soll laut Grundsatz II mit dem Stock-Approach (den beispielsweise die französische Commission Bancaire verwendet) kombiniert werden. Er bezieht geeignete börsennotierte Wertpapiere als hochliquide Zahlungsmittel mit ein.

Die Liquidität eines Instituts wird unter Normalbedingungen („going concern") als bankaufsichtlich gegeben angesehen, wenn die – vom jeweiligen Meldestichtag an gerechnet – in einem Monat zur Verfügung stehenden Zahlungsmittel die während dieses Zeitraums zu erwartenden Zahlungsabflüsse mindestens decken.

Doch auch dann bleibt ein Risiko, das es zu steuern gilt. Der Begriff des Liquiditätsrisikos wird im aufsichtsrechtlichen Umfeld zwar verwendet, jedoch nicht näher definiert. In der Bankpraxis behilft man sich mit der handelsrechtlichen Definition entsprechend DRS 5-10: Das Liquiditätsrisiko im engeren Sinn bezeichne die Gefahr, Zahlungsverpflichtungen im Zeitpunkt der Fälligkeit nicht nachkommen zu können. Liquiditätsrisiko und andere Risikoarten können sich gegenseitig beeinflussen: Marktpreisrisiken wirken sich auf die Höhe des Liquiditätsrisikos aus und auch Adressenausfallrisiken berühren die Liquidität eines Instituts. Selbst das operationelle Risiko Reputationsverlust kann Bedenken bei Investoren und anderen Banken auslösen und die Liquiditätsbeschaffung verteuern. Die Abgrenzung der einzelnen Risikoformen ist oft schwierig und wird aktuell intensiv diskutiert.

Die neuen aufsichtsrechtlichen Regeln – Basel II sowie die Mindestanforderungen an das Risikomanagement, kurz: MaRisk – erfordern eine kontinuierliche Überprüfung der Liquiditätssteuerung und -überwachung einer Bank (einschließlich Szenariobetrachtungen, Einbeziehung in die Unternehmens- und Risikostrategie sowie in das Risikotragfähigkeits- bzw. ökonomische Kapitalkonzept, regelmäßige interne und externe Berichterstattung).

Die Weiterentwicklung der Steuerung von Liquiditätsrisiken geht über diese Anforderungen hinaus, Stichworte wie statistisch-mathematische Vorhersagemodelle zur Prognose unsicherer Zahlungsströme, Liquiditätsfristentransformationsergebnis oder Liquidity at Risk gehören (noch) nicht zum aufsichtlichen Vokabular.

---

[49] Siehe zu diesen Ansätzen auch die Darstellung auf der Homepage der Deutschen Bundesbank (www.bundesbank.de).

III. Großkredite

Besondere Gefahr für die Solvenz geht von einer Konzentration der Risiken auf einen oder einige wenige Kreditnehmer aus. Um solche Klumpenrisiken auf ein tragbares Maß zu beschränken, entstanden schon in den 1930er Jahren Vorschriften. Heute sind die §§ 13, 13a bis 13d KWG relevant, während Grundsatz I auf eine generelle Begrenzung der Risiken abstellt, die ein Institut eingehen darf.

Das Adressenausfallrisiko als systematisches Risiko eines Kreditportefeuilles lässt sich durch eine Risikostreuung (Diversifikation) ausreichend begrenzen. Aber ein Ausfall eines einzelnen oder weniger Großkredite kann ein Kreditinstitut durchaus in Bedrängnis bringen. Eine Großkreditregelung wäre eigentlich nur dann erforderlich, wenn Banken nicht von sich aus gut diversifizierte Kreditportefeuilles bildeten.[50] Doch dagegen sprechen verschiedene Wirtschaftlichkeitsgesichtspunkte: Kredite können nicht einfach ersetzt werden. Die Streuung auf viele Kreditgeber verursacht hohe Informationskosten, und die Bank kann umso weniger auf den Kreditnehmer einwirken, je kleiner das Engagement ist. Die Auflösung großer Engagements könnte von anderen Banken als Signal für Probleme des Kreditnehmers interpretiert werden, so dass sie sich nicht daran beteiligen wollen. Kurzum: Großkredite zurückzuführen, verlangt Geduld und Ausdauer.

Sollte sich ein Großkreditrisiko verwirklichen, könnte sich dies fatal auf den Kreditgeber auswirken. Die Öffentlichkeit nimmt die Insolvenz eines Großkreditschuldners regelmäßig wahr und verfolgt die mit der Insolvenz verbundenen Konsequenzen für die Bank aufmerksam und kritisch. Sollten Signale auf eine Krise der Bank selbst hindeuten, kann dies schon einen Run auslösen. Daher wird aufsichtsrechtlich ein Mindestgrad an Diversifizierung verlangt. Das KWG setzt für Großkredite Obergrenzen (Risikozerfällung). Das berücksichtigt „auch den bankspezifischen trade-off zwischen den Vorteilen der Diversifikation und der Konzentration im Kreditgeschäft."[51]

IV. Risiken

Banken vermitteln als Finanzintermediäre zwischen Subjekten mit Kapitalüberschuss und Subjekten mit Kapitalbedarf. Dazu betreiben sie erstens eine „Losgrößentransformation" – sie bündeln viele kleine Sparbeträge und generieren dadurch hohe Kapitalbeträge – und zweitens eine Fristentransformation, um die

---

[50] Vgl. hier und im Folgenden Burghof/Rudolph (1996), S. 152 f.: Risikoaverse Wirtschaftssubjekte würden an einem vollkommenen Kapitalmarkt unbedingt ein gut diversifiziertes Portfolio anstreben – doch leider agieren Banken an unvollkommenen Kapitalmärkten.
[51] Burghof/Rudolph (1996), S. 153. Vgl. dort auch zu Einzelheiten der Risikobegrenzungsnormen.

unterschiedliche Laufzeitinteressen von Schuldnern und Sparern in Einklang zu bringen.

Zu diesen traditionellen Rollen der Kreditinstitute kommt seit den 1990er Jahren verstärkt die Funktion des Risikointermediärs. Banken nehmen Kunden Risiken ab, verkaufen sie teilweise an Dritte und optimieren im eigenen Portfolio gehaltene Risiken. Das gehört heute zu den Kernkompetenzen eines Kreditinstituts.[52] Das Bankgeschäft ist zu weiten Teilen als Risikomanagement zu verstehen, dem eine strategische Bedeutung zukommt[53] und das in ganz unterschiedlichem Umfang in ein regulatorisches Umfeld eingebettet ist.

Alle risikomindernden Instrumente und alle Diversifikationseffekte sind optimal auszunutzen und neue – gegebenenfalls riskantere – Geschäftsfelder zu erschließen. Unter Risikomanagement lassen sich alle aufbau- und ablauforganisatorischen Maßnahmen zusammenfassen, mit denen sich sämtliche mit der Geschäftstätigkeit einer Bank verbundenen Risiken identifizieren, bewerten, steuern und überwachen lassen (vgl. Abbildung 4). Es ist ein wesentlicher Teil der Gesamtbanksteuerung. Alle wesentlichen Bereiche und Einheiten einer Bank sind einzubeziehen, um das Verhältnis von Risiko und Ertrag zu optimieren und abschätzbare Risiken einzugehen.

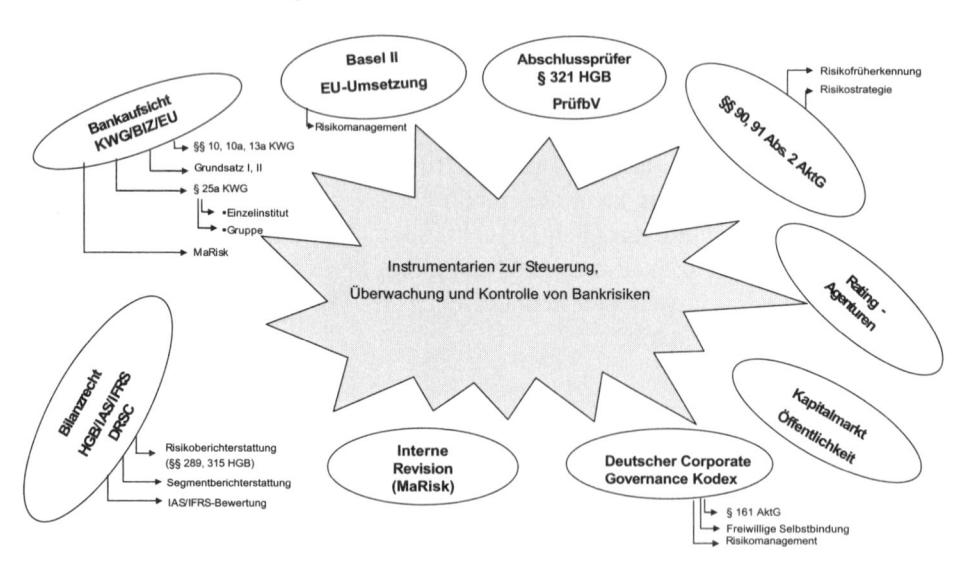

Abb. 2: Regulatorisches Umfeld

---

[52] Ein Risiko definiert sich als die Wahrscheinlichkeit eines Verlustes oder die negative Abweichung von einem erwarteten Gewinn. Vgl. auch Krumnow, in: Ballwieser/Coenenberg et al. (2002), Sp. 2047 f.

[53] Hierzu und zum Folgenden Timmermann, in: Lange/Löw (2004), S. 377, 380. Zur strategischen Bedeutung des Risikomanagements für Kreditinstitute siehe auch Krumnow, in: Johanning/Rudolph (2000), Band 2, S. 683 ff.

Kreditinstitute stehen – wie jedes wirtschaftliche Subjekt – einer Reihe allgemeiner, aber auch ganz banktypischer Risiken gegenüber[54]. Deren Beobachtung und Einschätzung übernimmt das Risikocontrolling. Es sammelt und analysiert Risiko- und Performanceinformationen und berichtet die Ergebnisse an die Geschäftsleitung.[55] Zum Risikocontrolling gehören neben der Risikoanalyse das Entwickeln adäquater, bankindividueller Vorgaben zur Risikobegrenzung.[56] Erst das ermöglicht der Geschäftsleitung Entscheidungen, die die Balance zwischen dem Nutzen von Chancen und dem Eingehen von Risiken wahren.

Fragen der Risikosteuerung zählen heute zu den meist diskutierten Themen der Bankwirtschaft, unter anderem wegen schwer nachvollziehbarer Transaktionen etwa mit Derivativen und spektakulären Ausfällen bei namhaften Adressen (Jürgen Schneider, Metallgesellschaft ...).[57] Die Risikolage einer Bank ist vielfältig und zwischen den Risikoarten bestehen Wechselwirkungen. Mit jedem Handelskontrakt ist z. B. ein Marktrisiko und zugleich ein Kreditrisiko bzw. Kontrahentenrisiko als Ausprägung des Adressenausfallrisikos verbunden.[58] Die relevanten Risiken müssen Banken kennen und steuern, aber keineswegs immer minimieren oder gar vermeiden – schließlich leben sie davon. Sie müssen nur sicherstellen, dass sie mit den eingegangenen Risiken angemessene Erträge erwirtschaften.[59]

Risikomanagement ist niemals statisch. Noch fehlen universell einsetzbare Instrumente und Vorgehensweisen. Noch lassen sich nicht alle bankbetrieblichen Risiken in einem Ursache-Wirkungs-Zusammenhang quantitativ erfassen. Das gilt besonders für Liquiditätsrisiken und operationelle Risiken. Und trotz der beeindruckenden Fortschritte bei den mathematischen Modellen darf man sich nicht täuschen: Risiken lassen sich niemals „vollauf kalkülisieren und damit vollauf entschärfen".[60] Es ist daher keine Frage, dass auch die Bankenaufsicht den Risiken intensive Aufmerksamkeit schenkt.[61]

Das Netz aufsichtsrechtlicher Rahmenbedingungen zum Risikomanagement ist dicht geknüpft. Nach § 25a Abs. 1 KWG[62] muss ein Institut über eine ordnungsgemäße Geschäftsorganisation die Einhaltung der gesetzlichen Bestimmungen gewährleisten. Das umfasst eine angemessene Strategie, die Risiken und Eigenmittel des Instituts berücksichtigt, sowie ein angemessenes internes Kon-

---

[54] Vgl. zu den banktypischen Risiken Krumnow, in: Ballwieser/Coenenberg et al. (2002), Sp. 2047 f.; Spielberg/Sommer/Dankenbring (2004), S. 323, 340, gleichlautend auch DRS 5-10 für den Risikobericht im gesetzlichen Lagebericht.
[55] Vgl. Groß/Knippschild, in: Krumnow (1996), S. 87, 88.
[56] Vgl. Berger, in: Krumnow/Metz (1987), S. 251, 253.
[57] Vgl. Groß/Knippschild, in: Krumnow (1996), S. 87, 88.
[58] Vgl. Krumnow, in: Ballwieser/Coenenberg et al (2002), Sp. 2049.
[59] Vgl. Timmermann, in: Lange/Löw (2004), S. 377, 394.
[60] Berger, in: Krumnow/Metz (1987), S. 251, 253.
[61] Vgl. Meister/Oechler, in: Krumnow (1996), S. 113, 119.
[62] § 25a Abs. 1 KWG deckt sich weitestgehend mit § 91 Abs. 2 AktG.

trollsystem nebst interner Revision. Das interne Kontrollsystem muss sich zur Steuerung und Überwachung der Risiken eignen.

Zur Konkretisierung des § 25a KWG veröffentlichte die BaFin am 20. Dezember 2005 nach fast einjähriger Entwicklung die bereits erwähnten MaRisk, um Basel II und die Capital Requirements Directive der EU umzusetzen (vgl. Abbildung 3). Sie fassen die drei bisherigen aufsichtsrechtlichen Mindestanforderungen[63] zusammen und schufen dabei für die Bankpraxis weitere Erleichterungen. In Kraft traten sie mit sofortiger Wirkung, soweit sie bisher geltende Regelwerke ablösen. Die aus Basel II bzw. der EU-Richtlinie resultierenden Anforderungen müssen erst zum 1. Januar 2007 angewendet werden.

Die MaRisk bedeuten die Abkehr von der traditionell regelbasierten, quantitativen hin zu einer prinzipienorientierten, qualitativen Aufsicht. Mit ihnen wird ein Paradigmenwechsel eingeläutet, der Form und Stil der Regulierung wie auch die bankaufsichtliche Praxis verändern wird. Die risikoorientierte und zugleich offene Grundausrichtung der MaRisk lässt genügend Raum, um institutsspezifische Gegebenheiten zu berücksichtigen. Sie enthalten zahlreiche Öffnungsklauseln, die vor allem den kleinen Kreditinstituten individuelle Lösungen ermöglichen.[64]

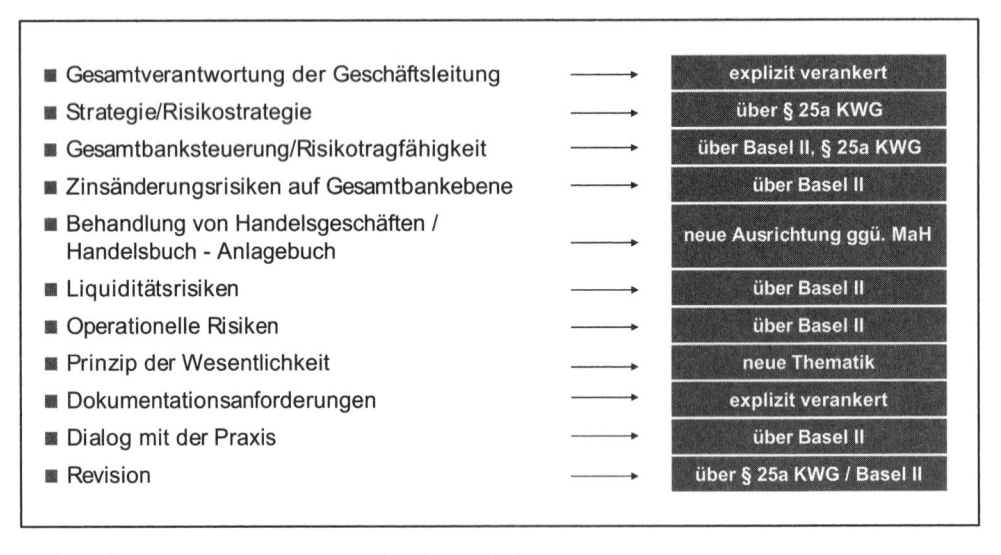

■ Gesamtverantwortung der Geschäftsleitung →	explizit verankert
■ Strategie/Risikostrategie →	über § 25a KWG
■ Gesamtbanksteuerung/Risikotragfähigkeit →	über Basel II, § 25a KWG
■ Zinsänderungsrisiken auf Gesamtbankebene →	über Basel II
■ Behandlung von Handelsgeschäften / Handelsbuch - Anlagebuch →	neue Ausrichtung ggü. MaH
■ Liquiditätsrisiken →	über Basel II
■ Operationelle Risiken →	über Basel II
■ Prinzip der Wesentlichkeit →	neue Thematik
■ Dokumentationsanforderungen →	explizit verankert
■ Dialog mit der Praxis →	über Basel II
■ Revision →	über § 25a KWG / Basel II

Abb. 3 : Wesentliche Neuerungen durch die MaRisk

Die Betonung qualitativer Elemente zeigt sich etwa bei den geforderten Risikoklassifizierungsverfahren im Kreditgeschäft – den nach Basel II geforderten

---

[63] Mindestanforderungen an das Betreiben von Handelsgeschäften der Kreditinstitute (MaH), Mindestanforderungen an das Kreditgeschäft der Kreditinstitute (MaK), Mindestanforderungen an die Ausgestaltung der Internen Revision der Kreditinstitute (MaIR).
[64] Vgl. Anschreiben der BaFin zur Veröffentlichung der MaRisk vom 20.12.2005, S. 7 f.

Ratings (vgl. Abschnitt I).[65] Es sind Kriterien festzulegen, die im Rahmen der Risikobeurteilung eine nachvollziehbare Zuweisung in eine Risikoklasse gewährleisten. Für die Bestimmung der Adressenausfallrisiken müssen neben quantitativen, soweit möglich, qualitative Kriterien maßgeblich sein, insbesondere inwieweit der Kreditnehmer in der Lage ist, künftig Erträge zu erwirtschaften, um den ausgereichten Kredit zurückzuführen (siehe BTO 1.4, Tz. 1, 3). Zudem erweitern die MaRisk das Risikothema inhaltlich um Zinsänderungsrisiken auf Gesamtbankebene, Liquiditätsrisiken sowie operationelle Risiken. Abhängig von der Geschäftstätigkeit können weitere wesentliche Risiken hinzutreten, z. B. Immobilienrisiken.

Die Einrichtung von Risikomanagement- und Frühwarnsystemen ist bereits seit dem Gesetz zur Kontrolle und Transparenz im Unternehmensbereich (KonTraG) 1998 für alle Aktiengesellschaften Pflicht. Risikomanagement ist natürlich in erster Linie eine unverzichtbare Kernkompetenz und erst in zweiter Linie eine Auflage. Ein effektiver Risikomanagementprozess verlangt konsistente Messverfahren mit einheitlichen Methoden und Systemen. Das ermöglicht eine Überwachung der Risikonahme und Begrenzung der Risikopositionen.[66] Die Verfahren müssen Interdepedenzen und Wechselbeziehungen zwischen einzelnen Risikofaktoren und verschiedenen Risikokategorien berücksichtigen.[67] Auch das Risikocontrolling sollte die Risikotragfähigkeit der Bank widerspiegeln und Korrelationseffekte zwischen den Risikoarten berücksichtigen. Bei Limitüberschreitungen müssen automatisch Maßnahmen eingeleitet werden.

Ausgehend von einer ganzheitlichen Risikobetrachtung aller wesentlichen Risikoarten und Geschäftsfelder sind in Verbindung mit der Unternehmensstrategie Risikostrategien zu entwickeln und eine angemessene Risikofrüherkennung sicherzustellen. Ausreichende Diversifizierung und aktives Portfoliomanagement helfen, Risikokonzentrationen zu vermeiden. Bei alledem darf man nie blind auf Modelle vertrauen.[68]

V. Geschäftsstrategie und Gesamtbanksteuerung

Häufiger als man glauben mag verursacht eine fehlende Strategie Unternehmenskrisen. Laut Untersuchungen sind 60% aller Insolvenzen auf „strategische Krisen" zurückzuführen: Es wurde versäumt, rechtzeitig für Erfolgsfaktoren und

---

[65] Vgl. auch Degkwitz (2006), S. 52 f.: Die Analyse der Bonität eines Kreditnehmers sei ein wesentliches Element der Risikoklassifizierung und Basis jeder Risikosteuerung.
[66] Vgl. Krumnow, in: Ballwieser/Coenenberg et al (2002), Sp. 2048.
[67] Vgl. Groß/Knippschild, in: Krumnow (1996), S. 87, 88.
[68] Vgl. zum Risikomanagement-Prozess auch Krumnow, in: Ballwieser/Coenenberg et al. (2002), Sp. 2052.

-potenziale zu sorgen und umfeldgerecht zu steuern.[69] Vor dieser Gefahr sind selbst derzeit außerordentlich erfolgreiche Unternehmen nicht gefeit.

Hier ist eine ökonomische Einsicht in die Gesetzgebung eingeflossen, denn seit dem 1. Januar 2005 müssen Institute eine Geschäftsstrategie vorlegen (§ 25a Abs. 1 S. 3 Nr. 1 KWG; zur Gruppe vgl. § 25a Abs. 1a KWG). Diese Verantwortung darf die Geschäftsleitung nicht delegieren. Sie muss die Geschäftsstrategie jährlich überprüfen und gegebenenfalls anpassen sowie dem Aufsichtsorgan des Kreditinstituts zur Kenntnis geben und mit diesem erörtern (MaRisk AT 4.2, Tz. 3).

Eine klar definierte Geschäftsstrategie beschreibt das Ziel, auf das hin sich interne Prozesse und die Infrastruktur des Unternehmens orientieren sollen. Die zunehmende Komplexität der Faktoren, an denen sich die Steuerung eines Unternehmens orientieren muss, zwingt zu einer Ausdifferenzierung der Steuerungsgrößen. Die Wichtigkeit einer Strategie zeigt auch der Blick auf die gute und verantwortungsvolle Unternehmensführung. Der Deutsche Corporate Governance Kodex (DCGK) soll mit seinen national und international anerkannten Standards das deutsche Corporate-Governance-System transparent und nachvollziehbar machen und das Vertrauen von Anlegern, Kunden, Mitarbeitern und Öffentlichkeit in die Leitung deutscher börsennotierter Unternehmen fördern. Er knüpft am Zusammenwirken von Vorstand und Aufsichtsrat an und nimmt dafür den Vorstand in die Pflicht, mit dem Aufsichtsrat die strategische Ausrichtung des Unternehmens abzustimmen und den Stand der Strategieumsetzung in regelmäßigen Abständen zu diskutieren (DCGK 3.2). Umgekehrt „soll" – das ist im DCGK der Hinweis, dass es sich um eine Empfehlung, keine Pflicht handelt – der Aufsichtsrat mit dem Vorstand regelmäßig Kontakt halten und mit ihm neben Geschäftsentwicklung und Risikomanagement auch die Strategie des Unternehmens beraten (DCGK 5.2). Der Aufsichtsrat kann – die dritte Abstufung im Kodex, mit der Anregungen gekennzeichnet werden – Sachthemen wie die Strategie des Unternehmens in einen oder mehrere Ausschüsse verweisen (DCGK 5.3.3), allerdings nur für Vorarbeiten.[70]

Die Steuerung hat sich methodisch und von den rechtlichen Rahmenbedingungen her in den letzten Jahren massiv weiterentwickelt, so dass ein risikorientiertes Gesamtbanksteuerungssystem (vgl. Abbildung 4) heute für das Management ein wesentliches Hilfsmittel sein kann.[71]

---

[69] Vgl. zum Strategieaspekt Müller (2004), S. 309 ff.
[70] Vgl. Bellavite-Hövermann/Lindner/Lüthje (2005), Rdn. 77.
[71] Vgl. hierzu und zum Folgenden insbesondere Spielberg/Sommer/Dankenbring (2004) S. 323 ff.

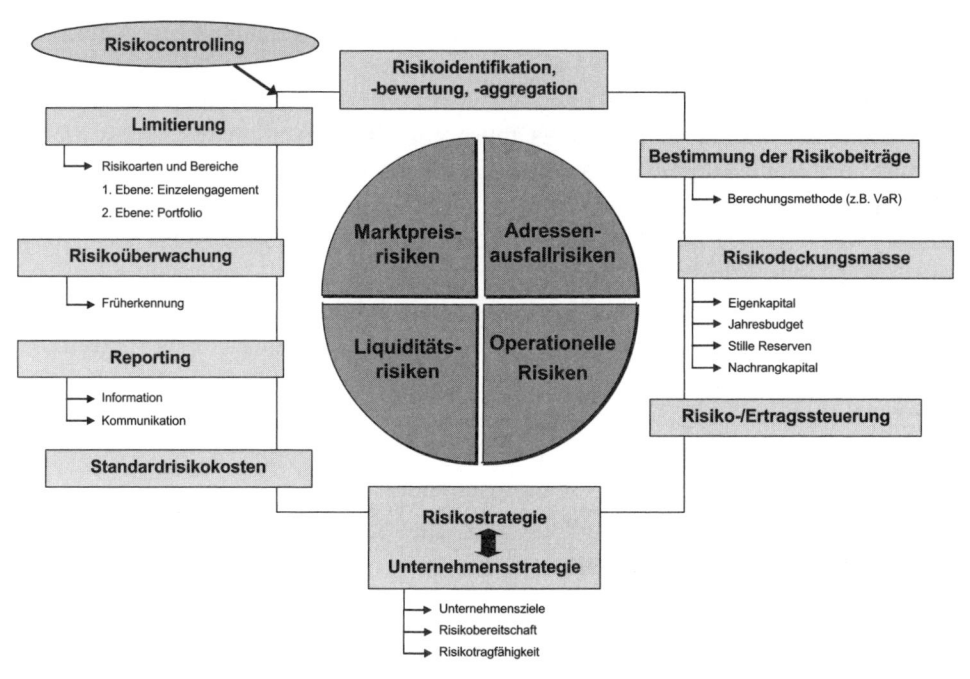

Ökonomische Erwägungen im Kreditwesengesetz 231

Abb. 4: Gesamtbank-Risikomanagementprozess (Überblick)

Der Risikowert, den das Institut im Rahmen des festgesetzten Limits gesamtbankweit nicht überschreiten darf, leitet sich aus der vorhandenen Kapitaldeckungsmasse ab, vor allem dem Eigenkapital. Nur die Kapitaldeckungsmasse kann die durch den Risikowert quantifizierten unerwarteten Verluste abfedern. Insofern schränkt die Höhe der vorhandenen Kapitaldeckungsmasse die Möglichkeiten des Instituts ein, im Rahmen des definierten Risikoappetits bzw. des festgesetzten Limits zusätzliche Risiken einzugehen.[72] Mathematisch-statistische Verfahren sind – wirtschaftlich gesehen – am Besten dazu geeignet, die Anforderungen abzubilden. Dementsprechend wird für die durch sie implizierte erforderliche Kapitaldeckungsmasse zur Abdeckung der eingegangenen Risiken darum oft auch der Begriff erforderliches „ökonomisches Kapital" herangezogen (im Vergleich zum regulatorischen oder bilanziellen Eigenkapital). Das Gegenstück zum ökonomischen Kapital stellt vor allem das regulatorische Kapital dar. Es ist die Menge von Eigenkapital bzw. Eigenmitteln (§ 10 KWG), die das Institut aufgrund aufsichtsrechtlicher Anforderungen (heutiger Grundsatz I, zukünftig Basel II) mindestens für die von ihm eingegangenen Geschäfte vorhalten muss. Insofern kann das „ökonomische Kapital" die Risiko- und Geschäftssteuerung verbinden. Jedes Institut hat sowohl aus betriebswirtschaftlichen Gründen als auch aus den aufsichtsrechtlichen Anforderungen heraus das erforderliche ökonomische Kapi-

---

[72] Vgl. Spielberg/Sommer/Dankenbring (2004), S. 323, 340.

tal zu ermitteln. In der Bankpraxis erfolgt die Steuerung dabei mehr und mehr nach Risikoarten und Segmenten (unter Darstellung des geplanten Limits und der Limitauslastung).

Das ökonomische Kapital ist als Kennziffer für unerwartete Verluste wesentliches Instrument der Risikostrategie.[73] Es muss zur Kompensation der unerwarteten Verluste der Bank vorgehalten werden. In der Praxis orientiert es sich meist am Zielrating der Bank. Eine Bank mit dem Rating A und einer einjährigen Probability of Default (PD) von 0,04% würde – wie nachfolgende Abbildung 5 beispielhaft für das Adressenausfallrisiko (Credit Risk) zeigt –, innerhalb des nächsten Jahres in 99,96% aller Fälle Verluste abfangen können.

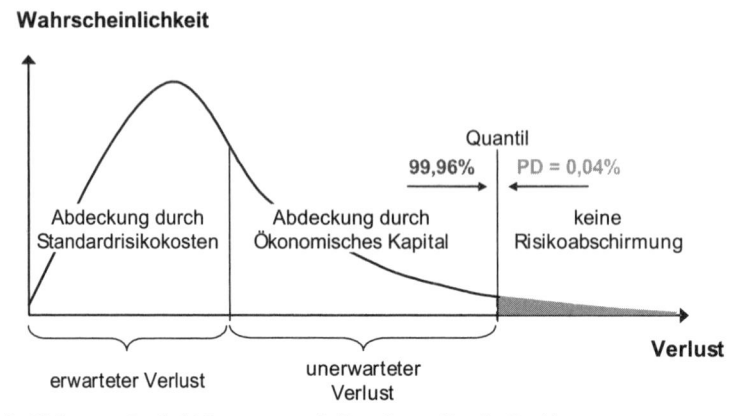

Abb. 5: Value-at-Risk (Adressenausfallrisiko – Credit Risk)

Das ökonomische Kapital sollte anhand einheitlicher, vergleichbarer Verfahren über alle relevanten Risikoarten ermittelt werden. In der Bankpraxis hat sich der Value at Risk (VaR) durchgesetzt. Er gibt den maximalen Verlust an, der mit einer gegebenen Wahrscheinlichkeit (Konfidenzniveau, z. B. 99,96%) bis zu einem gegebenen Zeithorizont (Haltedauer) nicht überschritten wird.[74]

---

[73] Im Gegensatz dazu steht der erwartete Verlust (expected loss) im Rahmen der Festlegung der Standardrisikokosten. Er ist die erwartete negative Abweichung vom risikofreien Ertrag, also kein Risiko, sondern eine Kostenkomponente, und wird nicht mit Kapital unterlegt. Stattdessen wird er in der Regel über die Standardrisikokosten im Pricing der Produkte bzw. im Rahmen der Deckungsbeitragsrechnung berücksichtigt. Der unerwartete Verlust (unexpected loss) ist die durch die mögliche Schwankungsbreite der Verluste bedingte unerwartete negative Überschreitung des erwarteten Verlustes. Er stellt das eigentliche Risiko dar und ist mit Ökonomischen Kapital zu unterlegen.

[74] Vgl. Spielberg/Sommer/Dankenbring (2004), S. 323, 330. In der Literatur wird der VaR teils unterschiedlich definiert: Ein Teil der Literatur definiert ihn als Summe aus erwartetem Verlust (EL) und unerwartetem Verlust (UL), ein anderer hingegen als unerwarteten Verlust. Noch nicht in die Praxis übertragen ist die qualitative Einbindung der Liquiditätsrisiken. Daran wird bei den Banken mit Hochdruck gearbeitet.

Der VaR für Marktpreisrisiken kann beispielsweise mit verschiedenen Verfahren berechnet werden, am häufigsten sind Varianz-Kovarianz-Ansatz, historische Simulation und Monte-Carlo-Simulation.[75] Damit lässt sich die Wertveränderung eines Portfolios bis zu dem festgelegten Zeithorizont darstellen. Das betrachtete Risiko ist der Wertverlust des Portfolios während der gewählten Haltedauer.

Bei der Anrechnung im ökonomischen Kapital wird in der Praxis für Marktpreisrisiken berücksichtigt, dass das Portfolio aktiv gesteuert werden kann. Dementsprechend werden Marktpreisrisiken häufig bei gegebenem Konfidenzniveau auf 10 Tage Haltedauer berechnet und dann mit einem Faktor auf eine effektive Haltedauer deutlich unter einem Jahr skaliert.[76] Demgegenüber liegt die Haltedauer für Adressenausfallrisiken üblicherweise bei einem Jahr.

In der Bankpraxis werden Kosten und Risiken voneinander abgegrenzt. Standardrisikokosten decken als Teil der Konditionengestaltung im Kreditprozess die Kostenkomponente einschließlich der erwarteten Verluste ab. Eine Berücksichtigung der unerwarteten Verluste, des Risikos erfolgt hier nicht. Zur Ermittlung des (unerwarteten) Adressenausfallrisikos werden auf Basis der Ausfallwahrscheinlichkeiten der einzelnen Kreditnehmer und unter Berücksichtigung der Abhängigkeiten der Kreditnehmer untereinander mit Hilfe mathematischer Verfahren konservative negative Entwicklungen aufgezeigt.

Das ökonomische Kapital ergibt sich aus der Zusammenführung des Adressenausfallrisikos mit den für die Risikoarten Marktpreisrisiko und operationelles Risiko ermittelten Risikowerten. So wird die Gesamtrisikoposition der Bank errechnet, die sie maximal eingehen könnte, und einem aus den Kapitaldeckungsmassen abgeleiteten Limit gegenübergestellt. Um dieses wiederum zu ermitteln, gibt es in der Praxis verschiedene Ansatzpunkte. Neben den auf Bilanz- und GuV-Größen aufsetzenden Nominalwertkonzepten finden auch rein marktwertbezogene Konzepte Anwendung.

E. Fazit

Das KWG spiegelt an unterschiedlichen Stellen massiv ökonomische Erwägungen. Die Beschäftigung mit diesem Gesetz offenbart über rein juristische Aspekte hinaus ganz unterschiedliche wirtschaftliche Facetten, angefangen von Eigenmitteln und Liquidität über Risikoaspekte bis hin zu Strategiefragen und Gesamt-

---

[75] Vgl. Krumnow, in: Ballwieser/Coenenberg et al (2002), Sp. 2051; vgl. auch Timmermann, in: Lange/Löw (2004), S. 377, 383.

[76] Der Faktor liegt in der Regel zwischen 3 und 4. Dies würde in der direkten Übertragung eine angerechnete effektive Haltedauer von 90 – 160 Tagen bedeuten. In der Regel wird in der täglichen Steuerung eine Haltedauer von 1 Tag und ein Konfidenzniveau von 95% zugrunde gelegt. Regulatorisch ist eine Haltedauer von 10 Tagen bei einem Konfidenzniveau von 99% vorgegeben.

banksteuerung. Es liefert unabdingbare rechtliche Rahmenbedingungen, die klare Strukturen vorgeben, innerhalb derer sich wirtschaftliches Handeln entfalten kann, ohne den unternehmerischen Entscheidungen vorzugreifen.

Aus Bankensicht muss zudem gewährleistet bleiben, dass der Wettbewerb nicht durch ungleiche Ausgangsbedingungen verzerrt wird. Die Annäherung ist innerhalb der EU über weite Strecken nicht zuletzt dank des Einsatzes der deutschen Vertreter bei den Verhandlungen bereits gelungen. Die beteiligten Staaten haben nationale Sonderwege zwar beibehalten, aber auf einer Ebene, die weitgehend vergleichbare Sicherheitsanforderungen gewährleistet. Angesichts der zunehmenden Verflechtung der großen Volkswirtschaften, der wachsenden Volatilität internationaler Kapitalströme und der immer mehr angefachten Dynamik der Finanzmärkte mussten internationale Standards etabliert werden, um weltweite Bankkrisen zu verhindern.[77] Es musste ein level-playing-field geschaffen werden, und das setzt einheitliche aufsichtsrechtliche Vorschriften voraus. Der Dreiklang „gleiches Geschäft – gleiche Risiken – gleiche Bedingungen"[78] ist damit zum fundamentalen Prinzip avanciert.

Ökonomie und Aufsichtsrecht haben sich parallel weiterentwickelt. Um das zu veranschaulichen, wurde das Risikomanagement ausführlich dargestellt, denn hier nähern sich externe und interne Anforderungen deutlich aneinander an. Gegenseitige Einflüsse sind z. B. in der Entwicklung weg von standardisierten Verfahren hin zu institutsindividuellen Gestaltungsmöglichkeiten unverkennbar. Die ökonomisch-wissenschaftliche Auseinandersetzung mit bankwirtschaftlichen Fragestellungen hat nicht allein dazu geführt, dass ökonomische Methoden und Konzepte insgesamt verfeinert wurden. Entstanden ist in einzelnen Punkten eine Vielfalt an Herangehensweisen. Das Bankaufsichtsrecht hat diese Entwicklung aufgegriffen. Statt den Instituten konkret vorzugeben, wie beispielsweise bestimmte Risiken zu definieren bzw. zu berechnen sind, vertraut das Aufsichtsrecht mehr und mehr auf die Fortschritte aus der Ökonomie.

Auch in diesem Sinne ist der Paradigmenwechsel von einer quantitativen hin zu einer qualitativen Aufsicht zu verstehen. An die Stelle enger aufsichtsrechtlicher Vorgaben treten weite institutsindividuelle Gestaltungsmöglichkeiten. Doch dieser neu gewonnenen Freiheit steht eine Verpflichtung der Institute gegenüber. Sie sind immer stärker gefordert, ihre Entscheidungsspielräume unter dem Gesichtspunkt adäquater Risikomessung und Risikobeurteilung lebendig wahrzunehmen.

---

[77] Vgl. Bellavite-Hövermann, in: Lange/Löw (2004), S. 455 m. w. N.
[78] Arnold (1991), S. 13.

Literaturverzeichnis

Arnold, W. (1991): Bankenwettbewerb und Bankenaufsicht – Perspektiven der EG-Bankrechtsharmonisierung. In: Vorträge und Berichte aus dem Europa-Institut Nr. 233, 1991.

Assmann, H.-D./Kirchner, C./Schanze, E. (Hrsg.) (1978): Ökonomische Analyse des Rechts, Kronberg/Ts. 1978.

Bartels, H. G. (1987): Die Zielsetzung von Aktiengesellschaften und daraus folgende Konsequenzen. In Bartels, H. G./Beuermann, G./Thome, R. (Hrsg.), Praxisorientierte Betriebswirtschaft, Festschrift für Adolf Angermann, Berlin 1987, S. 35 – 61.

Ballwieser, W./Coenenberg, A./v. Wysocki, K. (Hrsg.) (2002): Handwörterbuch der Rechnungslegung und Prüfung, 3. Aufl., Stuttgart 2002.

Bellavite-Hövermann Y. (2001): Die Begrenzung des Beteiligungsrisikos nach § 12 KWG. In: Finanzbetrieb 2001, S. 51 – 56.

Bellavite-Hövermann, Y. (2004): Transparenzanforderungen der Bankenaufsicht und Offenlegungspflichten nach IFRS. In: Lange, Th. A./Löw, E. (Hrsg.), Rechnungslegung, Steuerung und Aufsicht von Banken. Kapitalmarktorientierung und Internationalisierung, Wiesbaden 2004, S. 445 – 493.

Bellavite-Hövermann Y./Hintze, St./Luz, G./Scharpf, P. (2001): Handbuch Eigenmittel und Liquidität nach KWG, Stuttgart 2001.

Bellavite-Hövermann, Y./Lindner, G./Lüthje, B. (2005): Leitfaden für den Aufsichtsrat. Betriebswirtschaftliche und rechtliche Grundlagen der Aufsichtsratsarbeit, Stuttgart 2005.

Boos, K.-H./Fischer, R./Schulte-Mattler, H. (2004): Kreditwesengesetz. Kommentar zu KWG und Ausführungsvorschriften, München 2004.

Bundesministerium der Finanzen (1979): Bericht der Studienkommission „Grundsatzfragen der Kreditwirtschaft", Schriftenreihe des Bundesministeriums der Finanzen, Heft 28, Bonn 1979.

Burghof, H.-P./Rudolph, B. (1996): Bankenaufsicht. Theorie und Praxis der Regulierung, Wiesbaden 1996.

Degkwitz, J. (2006): Kreditwürdigkeitsprüfung: Mehr Selbstverantwortung der Banken. In: Die Bank, Ausgabe 02/2006, S. 52 ff.

Europäische Kommission (1999): „Finanzdienstleistungen: Umsetzung des Finanzmarktrahmens: Aktionsplan", KOM (1999) 232, 11.05.99.

Großfeld, B. (2002): Globales Rating. In: ZVglRWiss 2002, S. 387 – 403.

Hagen, J. von/Stein, J.H. von (Hrsg.) (2000): Obst/Hintner – Geld-, Bank- und Börsenwesen, 40. Aufl., Stuttgart 2000.

Hartmann-Wendels, Th./Pfingsten, A./Weber, M. (2004): Bankbetriebslehre, 3. Aufl., Berlin u. a. 2004.

Herrhausen, A. (1990): Denken Ordnen Gestalten. Reden und Aufsätze, herausgegeben von Weidemann, K., Berlin 1990.

Horsch, A./Meinhövel, H./Paul, St. (Hrsg.) (2005): Institutionenökonomie und Betriebswirtschaftslehre, München 2005.

Johanning, L./Rudolph, B. (Hrsg.) (2000): Handbuch Risikomanagement, Band 1, Risikomanagement für Markt-, Kredit- und operative Risiken; Bd. 2 Risikomanagement in Banken, Asset Management-Gesellschaften, Versicherungs- und Industrieunternehmen, Bad Soden/Ts. 2000.

Kirstein, R. (2004): Ökonomische Analyse des Rechts, German Working Papers in Law and Economics, Bd. 4, Zugriff über: www.bepress.com

Kirstein, R./Schmitchen, D. (2003): Ökonomische Analyse des Rechts; Center for the Study of Law and Economics Universität des Saarlandes; (Stand: 2003) Zugriff über http://www.uni-saarland.de/fak1/fr12/csle/

Krumnow, J. (Hrsg.) (1996): Risikosteuerung von Derivaten, Wiesbaden 1996.

Krumnow, J./Metz, M. (Hrsg.) (1987): Rechnungswesen im Dienste der Bankpolitik, Stuttgart 1987.

Krumnow, J./Sprißler, W./Bellavite-Hövermann, Y. et al (Hrsg.) (2004): Rechnungslegung der Kreditinstitute, 2. Aufl., Stuttgart, 2004.

Luz, G./Scharpf, P. (1998): Marktrisiken in der Bankenaufsicht, Stuttgart 1998.

Müller, M. (2004): Unternehmensstrategie und Rating. In: Achleitner, A.-K./Everling, O. (Hrsg.), Handbuch Ratingpraxis, Wiesbaden 2004, S. 309 – 324.

Reischauer, F./Kleinhans, J. (Hrsg.) (2005): Kreditwesengesetz (KWG). Loseblattkommentar für die Praxis nebst sonstigen bank- und sparkassenrechtlichen Aufsichtsgesetzen sowie ergänzenden Vorschriften, Berlin 2004 (Stand: 2005).

Spielberg, H./Sommer, D./Dankenbring, H. (2004): Integrierte Gesamtbanksteuerung. In: Everling, O./Goedeckemeyer, K.-H. (Hrsg.), Bankenrating. Kreditinstitute auf dem Prüfstand, Wiesbaden 2004, S. 323 – 352.

Timmermann, M. (2004): Risikocontrolling, Risikomanagement und Risikoberichterstattung von Banken.. In: Lange, Th. A./Löw, E. (Hrsg.) (2004), Rechnungslegung, Steuerung und Aufsicht von Banken. Kapitalmarktorientierung und Internationalisierung, Festschrift für Jürgen Krumnow, Wiesbaden 2004, S. 377 – 404.

Walkner, C./Raes, J.-P. (2005): Integration and consolidation in EU-banking – an unfinished business (Stand: April 2005), Zugriff über
http://europa.eu.int/comm/economy_finance/publications/economic_papers/2005/ecp226en.pdf

Ökonomische Analyse der erstmaligen Verzinsung von Steuernachforderung und -erstattungen nach § 233a AO

Stefan Dischinger[*]

A.	Übersicht	238
B.	Voraussetzung und Wirkung der erstmaligen Verzinsung von Steuernachforderungen und -erstattungen	239
	I. Zinsbegriff und systematische Einordnung	239
	II. Die Zielsetzung der Vollverzinsung	240
	III. Die Soll- und die Ist-Verzinsung	244
	IV. Die Voraussetzungen für die Festsetzung von Zinsen für Steuernachforderungen oder -erstattungen	245
	V. Die Abzugsfähigkeit der Zinsen für Steuernachforderungen und -erstattungen	249
C.	Zusammenfassung	250

---

[*] Dr. Stefan Dischinger, Selbständiger Unternehmensberater, Frankfurt am Main.

A. Übersicht

Wenn eine Vorschrift der Abgabenordnung in vergleichsweise kurzer Zeit mehrfach geändert und nachgebessert wird, dann liegt die Vermutung nahe, dass die eigentliche Zielsetzung und der Wortlaut der Vorschrift nicht zweifelsfrei übereinstimmen.
Der § 233a AO[1], der die Verzinsung von Steuernachforderungen und -guthaben regeln soll, kann dafür als Paradebeispiel dienen: Nach langjährigen Vorbereitungen wurde mit dem StReformG 1990 die Vollverzinsung von Steuernachforderungen und -erstattungen eingeführt.[2] In den nachfolgenden Jahren wurden mehrfach Korrekturen, überwiegend an Abs. 2, vorgenommen.[3] Mit dem JStG 1997 wurde dann sowohl die Bemessungsgrundlage für die Zinsberechnung korrigiert als auch die Berücksichtigung rückwirkender Ereignisse für die Zinsberechnung präzisiert, bevor mit dem StBereinG 1999 die Höchstdauer des zuvor auf 4 Jahre begrenzten Zinslaufs abgeschafft wurde.[4] Unverändert geblieben ist seit Einführung der Vollverzinsung jedoch der Zinssatz für Steuernachforderungen und -erstattungen in Höhe von monatlich 0,5 v.H., mithin 6,0 v.H. per annum,[5] obgleich die Zinsen am Kapitalmarkt in der Vergangenheit zum Teil sehr deutlich davon abwichen.
Die Verzinsung von Steuernachforderungen und -erstattungen verschaffte den Gebietskörperschaften zwischen 1997 und 2003 zusätzliche jährliche Netto-Einnahmen in Höhe von durchschnittlich rund 730 Mio. €.[6] In Relation zum Steueraufkommen der von § 233a AO erfassten Steuern, welches für 2005 rund 300 Mrd. € betrug, fallen diese allerdings kaum ins Gewicht.[7]

Der nachfolgende Beitrag beschäftigt sich mit der erstmaligen Verzinsung von Steuernachforderungen und -erstattungen. Er beschreibt zunächst die Zielsetzung der Verzinsung, anschließend die Verzinsung nach dem Soll- und dem Ist-Prinzip,

---

[1] Gemeint ist damit stets die 1977 in Kraft getretene Abgabenordnung. Im Folgenden wird auf den Zusatz „1977" verzichtet.

[2] Die Vollverzinsung wurde bereits 1961 gefordert (vgl. BT-Drucksache 4/722). Danach wurde das Thema noch einige Male aufgegriffen, aber immer wieder verschoben (vgl. u.a. BT-Drucksache 7/4292, 49 und 8/1410), bevor sie mit dem StReformG 1990 (vom 25.07.1988, BGBl. I 1093) eingeführt worden ist.

[3] Abs. 2 Satz 2 wurde geändert durch WoBauFG (vom 22.12.1989, BGBl I, 2048); Abs. 2 Satz 3 wurde zusammen mit Abs. 5 Satz 1 geändert durch StMBG (vom 21.12.1993, BGBl I, 2310); Abs. 2 Satz 3 wurde kurz darauf neu gefasst durch Art. 4 des GrenzpendlerG (vom 24.06.1994, BGBl I, 1395).

[4] Siehe dazu Art. 32 JStG 1997 (vom 20.12.1996, BGBl. I 1996, 2049) und Art. Nr. 16 StBereinG 1999 (vom 22.12.1999 BGBl. I 2619).

[5] Vgl. §238 Abs. 1 AO.

[6] Bundesministerium der Finanzen (2004), S. 19.

[7] Bundesministerium der Finanzen (2006).

bevor die Voraussetzungen für die erstmalige Verzinsung ausführlich dargelegt werden. Abschließend wird die ertragsteuerliche Behandlung der Zinsen auf ihre Zweckmäßigkeit untersucht.

B. Voraussetzung und Wirkung der erstmaligen Verzinsung von Steuernachforderungen und -erstattungen

I. Zinsbegriff und systematische Einordnung

Als laufzeitabhängiges Entgelt für den Gebrauch eines auf Zeit überlassenen oder vorenthaltenen Geldkapitals[8] gehören Zinsen im Sinne des § 233a AO zu den steuerliche Nebenleistungen (§ 3 Abs. 3 AO).[9] Sie setzen das Bestehen eines Anspruchs aus dem Steuerschuldverhältnis voraus und werden nur erhoben, soweit dies gesetzlich ausdrücklich zugelassen ist (vgl. § 233 Satz 1 AO).[10]
Von wenigen Ausnahmen abgesehen sind Zinsen zur Hauptleistung grundsätzlich akzessorisch.[11] Ist der Verzinsungstatbestand des § 233a AO erfüllt, ist die Verzinsung durchzuführen. Ein Ermessensspielraum besteht für die Verwaltung dabei nicht.[12] Zu verzinsen sind alle Steuernachforderungen und -guthaben, die sich aus der Einkommen-, Körperschaft-, Vermögen-, Umsatz- und der Gewerbesteuer ergeben, unabhängig vom Zeitpunkt der Fälligkeit ihrer Beiträge.[13]
Das Gesetz berücksichtigt dabei die Tatsache, dass die Ansprüche auf Steuern und Steuererstattungen bereits mit der Verwirklichung des Tatbestands entstehen, die Fälligkeit der Steuernachforderungen und Steuererstattungen dagegen von deren Festsetzung abhängt. Die Verzinsung von Steuernachforderungen und -erstattungen unabhängig vom Zeitpunkt der Fälligkeit ihrer Beiträge für einen Zeitraum nach der Entstehung des jeweiligen Anspruchs bis zu dessen Festsetzung bzw. Zahlung wird deshalb auch als Vollverzinsung bezeichnet.[14]
Der Zinslauf der Vollverzinsung beginnt jedoch nicht sofort mit Ablauf des Veranlagungszeitraums, sondern erst nach Ablauf einer Karenzfrist von 15 Monaten,

---

[8] BFH-Urteil vom 20.05.1987, II R 44/84, BStBl 1988 II, S. 229 mit Verweis auf Flume (1985), S. 9; Tipke/Kruse (1986), § 233 AO, Anm. 1.
[9] § 3 Abs. 3, § 37 Abs. 1 AO ; vgl. auch BFH-Urteil vom 5.06.1996 X R 234/93, BFHE 180, 240, BStBl II 1996, S. 503, m. w. N.
[10] Loose (2003), S. 377.
[11] Ausnahmen hiervon wurden im Mißbrauchsbekämpfungs- und SteuerbereinigungsG vom 21.12.1993 angeordnet.
[12] Vgl. BFH-Urteil vom 08.09.1993 I R 30/93 in BFHE 172, 304, BStBl II 1994, S. 81.
[13] Die VSt ist aufgrund eines Beschlusses des BVerfG vom 22.06.1995 (BVerfGE 93, 101, BStBl 1995 I 655) außer Kraft getreten. Sie wird deshalb im Weiteren hier auch nicht mehr berücksichtigt.
[14] Siehe dazu BT-Drucksache 8/1410, S. 4.

bei der Einkommen- und Körperschaftssteuer sogar erst nach 21 Monaten, wenn die Einkünfte aus Land- und Forstwirtschaft bei der erstmaligen Steuerfestsetzung die anderen Einkünfte überwiegen.[15] Der Zinslauf endet mit Ablauf des Tages, an dem die Steuerfestsetzung wirksam wird.[16]

Mit der Berücksichtigung einer Karenzfrist wird beabsichtigt, die Zahl der zu bearbeitenden Zinsfälle für die Verwaltung in Grenzen zu halten, weil die bis zum Ablauf des Karenzjahrs erledigten Steuerfälle frei von Zinsberechnungen bleiben.[17] Das hat einerseits zur Folge, dass für das Gros der Steuererstattungsfälle, insbes. Arbeitnehmer im Rahmen der sog. Arbeitnehmer-Veranlagungen gemäß § 46 I EStG, regelmäßig keine Zinsen gezahlt werden, und andererseits Steuernachforderungen innerhalb der Karenzfrist nicht mit Nachforderungszinsen belastet werden.[18]

II. Die Zielsetzung der Vollverzinsung

In ihrem Bericht vom 06.01.1978 über die Einführung der Vollverzinsung im Steuerrecht hat die damalige Bundesregierung die damit einhergehenden Folgen und Probleme sehr umfangreich erörtert.[19]

Weil die dort beschriebenen Gründe *gegen* die Einführung einer Vollverzinsung, insbesondere die drohende Komplizierung des Steuerrechts, den Gesetzgeber letztlich aber nicht davon abgehalten haben, die Vollverzinsung einzuführen, lohnt es sich, die letztlich dominierenden Gründe *für* die Einführung einer Vollverzinsung näher zu betrachten.

Grundsätzliches Ziel der Vollverzinsung ist es, zwischen den Steuerpflichtigen einen Ausgleich dafür zu schaffen, dass die Steuern bei den einzelnen Steuerpflichtigen, aus welchen Gründen auch immer, zu unterschiedlichen Zeitpunkten festgesetzt und fällig werden. Dadurch sollen vor allem Wettbewerbsvor- und nachteile verhindert werden, die bei den Steuerpflichtigen durch die unterschiedliche Fälligkeit der Steuern entstehen können.[20]

Dabei wird der Vorteil der verspäteten Steuerfestsetzung hauptsächlich in einem Zinsvorteil gesehen. In einigen Aufzählungspunkten des Berichts der Bundesregierung vom 06.01.1978 wird allerdings nur noch allgemein von einem Vorteil

---

[15] Vgl. § 233a Abs. 2 AO.
[16] Vgl. § 233a Abs. 2 Satz 3 AO.
[17] Siehe dazu BT Drucksache 8/1410, S. 6f. Dort war die Karenzfrist zunächst mit einem Jahr vorgesehen, wurde später im Rahmen des Gesetzgebungsverfahrens zur Einführung der Vollverzinsung jedoch auf 15 Monate ausgedehnt.
[18] Vgl. Tipke/Lang/Seer (2005), S. 915, Rz. 350.
[19] Vgl. BT-Drucksache 8/1410, S. 4. Zu den Bedenken verschiedener Wirtschaftsverbände und des Bundes der Steuerzahler siehe BT-Drucksache 11/2536, S. 22.
[20] Vgl. BT-Drucksache 11/2157, S. 194.

gesprochen.[21] Es bleibt im Weiteren aber unklar, ob damit auch ein Liquiditätsvorteil gemeint ist und ob der Zinsvorteil tatsächlich realisiert sein muss.[22]

Inwieweit auch der Nachteil auszugleichen ist, der dem Fiskus durch eine verspätete Steuerfestsetzung entsteht, lässt sich ebenfalls nicht mit Bestimmtheit sagen. So wurden in dem Bericht der Bundesregierung vom 06.01.1978[23] nur die auszugleichenden Vor- und Nachteile zwischen den einzelnen Steuerpflichtigen dargelegt, während in der späteren Begründung für § 233a AO allgemein von einem Ausgleich für die Steuerfestsetzung zu unterschiedlichen Zeitpunkten und Fälligkeiten gesprochen wird.[24] Durch die fehlende Einschränkung auf die Steuerpflichtigen könnte nach dem Wortlaut also auch der Ausgleich des Fiskus als Zielsetzung des § 233a AO in Frage kommen.

Relevant ist diese Frage vor allen Dingen dann, wenn der Vorteil des einen mit dem Nachteil des anderen nicht korrespondiert. Hat der Steuerpflichtige keinen Vorteil ziehen können, weil er den Liquiditätsvorteil nicht Ertrag bringend nutzen konnte oder wollte, so kann dem Fiskus dennoch ein Nachteil entstanden sein und vice versa. Doch selbst wenn der Steuerpflichtige aus der späteren Steuerfestsetzung einen Liquiditätsvorteil erworben hat, so muss dieser in seiner Höhe nicht zwangsläufig dem Nachteil des Fiskus entsprechen. Ein vollständiger Ausgleich der Vor- und Nachteile beider Beteiligten ist dann gar nicht möglich.

In der BT-Drucksache 11/2157, die dem Gesetzgebungsverfahren zugrunde lag, sind die Motive für die Einführung der Vollverzinsung im Vergleich zur BT-Drucksache 8/1410 nicht mehr im Detail aufgeführt worden. Es wurden dort aber auch keine weiteren Gründe hinzugefügt, weshalb davon ausgegangen werden kann, dass die in BT-Drucksache 8/1410 aufgeführten Motive den Willen des Gesetzgebers zutreffend beschreiben. Infolgedessen ist es plausibel, wenn die Rechtsprechung zum § 233a AO zur Würdigung des ordnungspolitischen Charakters dieser Vorschrift den Blick zunächst allein auf den Steuerpflichtigen gerichtet hat.

Aus dieser Sicht ist es nur konsequent, auf die Festsetzung der Zinsen zu verzichten, wenn zweifelsfrei feststeht, dass durch die verspätete Steuerfestsetzung kein Vorteil oder Nachteil entstanden sein kann.[25] Für den durch die Vorschrift

---

[21] Vgl. BT-Drucksache 8/1410, S. 4.
[22] Das lässt sich hier nicht mit Bestimmtheit sagen, weil bei den Gründen für die Einführung der Vollverzinsung einmal von „Zinsvorteilen" und ein anderes Mal von „fiktiven Zinsvorteilen" gesprochen wird; vgl. BT-Drucksache 8/1410, S. 4.
[23] Vgl. BT-Drucksache 8/1410, S. 4.
[24] Vgl. BT-Drucksache 11/2157, S. 194.
[25] Auf die Festsetzung von Zinsen ist unter diesen Umständen aus Billigkeitsgründen gem. § 227 AO zu verzichten; siehe dazu auch BFH-Urteil vom 11.07.1996 VR 18/95, BFHE 180, 524; BFH-Urteil vom 02.07.1997 IR 25/96, BFHE 183, 33.

bezweckten Ausgleich eines Vorteils ist dann kein Raum.[26] In diesen Fällen kommt ein Erlass wegen sachlicher Unbilligkeit gemäß § 227 AO in Betracht.[27] Allerdings drängt sich beim Studium mancher Urteile der Eindruck auf, dass es nicht allein auf den abstrakten Ausgleich zwischen den Steuerpflichtigen ankommt, sondern stattdessen auch die sich aus der verspäteten Steuerfestsetzung ergebenden Vor- und Nachteile des Fiskus auszugleichen sind.[28] Es muss also entweder die allgemeine fiskalische Not oder eben doch die diesbezüglich undeutliche Formulierung des Gesetzestextes gewesen sein, welche diese Zielerweiterung in die Rechtsprechung hat einfließen lassen, so dass aus der ordnungspolitisch lenkenden Hand im Laufe der Zeit immer häufiger eine direkt betroffene Partei geworden ist.

Wie der Ausgleich eines Vor- oder Nachteils erfolgen soll, um das gewünschte Ergebnis einer größeren steuerlichen Gerechtigkeit zu erreichen, ist in der BT-Drucksache 11/2157 nicht erläutert worden.[29] Im Idealfall sind die Vor- und Nachteile, die sich aus einer verspäteten Festsetzung ergeben, jedoch vollständig auszugleichen, d.h. abzuschöpfen.[30]

Voraussetzung für die Abschöpfung des erlangten Vorteils ist die zweifelsfreie Ermittlung des mit dem Liquiditätsvorteil erwirtschafteten tatsächlichen Ertrages. Dann, und nur dann, lässt sich das Ziel der vollständigen Abschöpfung eines Vor- oder Nachteils wirklich erreichen. Das würde die Finanzverwaltung allerdings in die Pflicht versetzen, die wirtschaftlichen Verhältnisse in jedem Einzelfall möglichst genau zu analysieren, um daraus den konkreten Vor- oder Nachteil aus einer verspäteten Steuerfestsetzung bestimmen zu können.

In der Einsicht, dass das aus verschiedenen Gründen von der Finanzverwaltung nicht geleistet werden kann, hat man sich auf einen auszugleichenden fiktiven Zinsvorteil von monatlich 0,5 v.H. beschränkt. Auf einen tatsächlich realisierten

---

[26] Vgl. Jaeschke (2005) § 233a AO, Rz. 2 mit Verweis auf Schleswig-Holsteinisches FG vom 19.06.2002, I 66/2000, EFG 2002, 1271.

[27] Vgl. BFH-Urteil vom 11.07.1996 V R 18/95, BFHE 180, 524, BStBl II 1997, 259.

[28] Siehe hierzu u.a. Niedersächsisches FG vom 24.04.2004, Az 2 K 651/00; BFH vom 18.05.1999, I R 60/98, BFHE 188, 542, BStBl II 1999, S. 634 und BFH-Urteil vom 02.07.1997 I R 25/96, BStBl. 1997 II, S. 714, BFH-Urteil vom 24.02.2005, V R 62/03, Deutsches Steuerrecht – Entscheidungsdienst, 43. Jg. 2005, S.16, BFH-Urteil vom 16.11.2005, X R 3/04, am 28.12.2005 veröffentlicht, bei Redaktionsschluss aber noch nicht im BStBl abgedruckt. Klar den Vorteil des Steuerpflichtigen bekräftigend jedoch BFH-Beschluss vom 30.11.2000 V B 169/00, BFH/NV 2001, 656 unter Bezugnahme auf das BFH-Urteil vom 20.01.1997 V R 28/95, BFHE 183, 353, BStBl II 1997, S. 716.

[29] Auch in dem Bericht der Bundesregierung vom 06.01.1978 (vgl. BT-Drucksache 8/1410) finden sich dazu keine konkreten Hinweise.

[30] Siehe dazu Urteil des BFH vom 08.09.1993 I R 30/93, BStBl II 1994, S. 81, 82; Beschluss des BFH vom 27.09.1994 VIII B 21/94, BFHE 175, 516, 519; Urteil des Niedersächsischen FG vom 26.07.2001, Az.: 5 K 202/01.

Zinsvorteil kommt es damit nicht mehr an.[31] Die Zinsen sind auch dann zu entrichten, wenn in concreto Liquiditätsvorteile (z.B. wegen fehlender Anlagemöglichkeiten des bereitstehenden Nachzahlungsbetrags) nicht Ertrag bringend genutzt wurden.[32]

Damit hat man sich im Interesse der Praktikabilität und der Verwaltungsvereinfachung des Problems entledigt, die verfügbaren liquiden Mittel einer einzelnen Ertragsquelle zuzuordnen, was ohnehin nur unter ganz bestimmten Voraussetzungen möglich ist.[33] Allein der Liquiditätsvorteil und der daraus abgeleitete fiktive Zinsvorteil bestimmen den abzuschöpfenden Vor- oder Nachteil. Es liegt auf der Hand, dass mit dieser Vereinfachung neue Ungerechtigkeiten hervorgerufen werden.

Systemimmanent bei der beabsichtigten Abschöpfung des Vor- oder Nachteils ist, dass die fiktiven Zinsen für den einzelnen Steuerpflichtigen weder eine Strafe noch eine Belohnung sein dürfen.[34] Folglich dürfen die Zinsen weder so hoch sein, dass Steuerpflichtige den Fiskus als Geldanlageinstitut nutzen,[35] noch dürfen sie so niedrig sein, dass der Fiskus seinen Steuerschuldnern einen zinsgünstigen Kredit zur Verfügung stellt.

Unter dieser Prämisse, dass die Zinsen die Wettbewerbsvor- und -nachteile aus einer verspäteten Steuerfestsetzung aufheben sollen, ist es nur folgerichtig, dass der Gesetzgeber die Begrenzung der Höchstdauer des Zinslaufs auf 4 Jahre, die bis zum 31.12.1999 galt, inzwischen aufgegeben hat.[36] Nunmehr sind Zinsen für den Zeitraum zwischen dem Ende der Karenzzeit und dem Ablauf des Tages zu entrichten, an dem die Steuerfestsetzung wirksam wird.[37]

Völlig konträr zu diesem Grundsatz steht der Beschluss des Gesetzgebers, für Steuererstattungen oder -nachforderungen aufgrund eines rückwirkenden Ereignisses den Zinslauf erst 15 Monate nach Ablauf desjenigen Kalenderjahres beginnen zu lassen, in dem das rückwirkende Ereignis eingetreten oder der Verlust entstanden ist.[38] Obgleich diese Änderung des § 233a AO auf

---

[31] Vgl. diverse BFH-Urteile in: BStBl II 1996, S. 53; 1996, S. 503; 1997, S. 259; 1997, S. 446; 1997, S. 714; 1998, S. 550; 2003, S. 175; 2004, S. 39.

[32] Vgl. Rüsken (2003), § 233a AO, Rz. 1 mit Verweis auf BFH-Urteil vom 20.09.1995 X R 86/94, BFHE 178, 555, BStBl II 1996, 53, 54.

[33] Zur Zurechenbarkeit zwischen einzelnen Passiv- und Aktivpositionen siehe Bartels (1994), S. 1201 ff.

[34] Vgl. z.B. u.a. BFH-Urteil vom 25.11.1997 IX R 28/96, BFHE 185,94, BStBl II 1998, S. 550.

[35] Selbst diese Missbrauchsmöglichkeit wurde in der BT-Drucksache 8/14110, S. 12, ausdrücklich erwähnt. Wörtlich heißt es dort: „Um derartige Missbrauchsfälle auszuschließen, bedürfte es weiterer, außerordentlich komplizierter Regelungen, die zu einer Quelle von Fehlern und Rechtsbehelfen werden dürfte."

[36] Vgl. Art. Nr. 16 StBereinG 1999 (vom 22.12.1999 BGBl. I, S. 2619).

[37] Siehe § 233a Abs. 2 Satz 3 AO.

[38] Die § 233a Abs. 2a und Abs. 7 AO wurden erst mit dem JStG 1997 eingeführt. Bis dahin war es völlig irrelevant, aus welchen Gründen es zu einer Steuernachforderung oder -erstattung kam.

Steuernachforderungen wie -erstattungen gleichermaßen anzuwenden ist, liegen die Vorteile der gesetzlichen Änderung hier ganz offensichtlich beim Fiskus, denn die meisten davon betroffenen Anwendungsfälle dürften auf den Rücktrag steuerlicher Verluste entfallen, die naturgemäß immer zu Steuererstattungen führen.[39]
Konsequent im Sinne der Vollverzinsung ist es indes nicht, dass der Fiskus keine Erstattungszinsen für Zeiträume zu zahlen hat, in denen der Steuerpflichtige keinen Verlust erzielt hat.[40] Gerade weil die Zinsen akzessorisch mit der Steuerschuld verknüpft sind, ist nicht ohne weiteres einsehbar, weshalb für die Rückgewährung von Steuern, aus welchen Gründen auch immer, nicht auch Zinsen für die entgangene Nutzung des Kapitals gewährt werden. Wenn die Rückzahlung von Steuern vom Gesetzgeber gewünscht ist, sollte er vor der Gewährung von Zinsen für das in der Zwischenzeit genutzte Kapital aus Gründen der Steuergerechtigkeit nicht haltmachen. Daran ändert auch die Tatsache nichts, dass der zu einem Rücktrag berechtigende Verlust erst zu einem späteren Zeitpunkt festgestellt wird.
Hier wird offenkundig, dass es dem Gesetzgeber inzwischen nicht mehr nur auf den Ausgleich von Wettbewerbsvor- und nachteilen zwischen den einzelnen Steuerpflichtigen ankommt, sondern dass er daneben auch eigene fiskalische Interessen verfolgt.

III. Die Soll- und die Ist-Verzinsung

Das Prinzip der Sollverzinsung hat nach den ursprünglichen Vorstellungen des Gesetzgebers den praktischen Vorteil, dass tatsächliche Kassenvorgänge nicht erfasst und kontrolliert werden müssen.[41] Dieser Vorteil schlägt vor allem bei der erstmaligen Festsetzung einer Steuernachforderung zu Buche. Freiwillige Zahlungen des Steuerpflichtigen haben auf die Festsetzung der Zinsen keinen Einfluss. Der Steuerpflichtige ist insoweit auf den Erlassweg verwiesen.[42]
Bei Änderungen einer Steuerfestsetzung ist dagegen für die Zinsberechnung jedes Mal das vorherige Soll zu ermitteln, denn das Prinzip der Soll-Verzinsung knüpft an die festgesetzte Steuer und nicht an die tatsächlichen Zahlungsvorgänge an. Müssen jedoch bei einer Änderung des Steuerbescheids zugunsten des Steuerpflichtigen auch die Kassenvorgänge herangezogen werden, dann fällt der Vorteil der Soll-Verzinsung kaum mehr ins Gewicht. Da in der Praxis viele Steuerbescheide, zum Teil auch mehrfach, geändert werden müssen, hält sich der Verein-

---

[39] Vgl. Loose (2003), S. 380.
[40] Vgl. Loose (2003), S. 380.
[41] Vgl. Loose (2003), S. 379.
[42] Loose (2003), S. 378.

fachungsvorteil der Sollverzinsung gegenüber der Ist-Verzinsung allein schon deshalb in Grenzen.[43]

Eine weitere Komplikation erfährt die Vollverzinsung jedoch vor allem dadurch, dass die Verzinsung von Steuererstattungen nicht auf die Sollstellung der Steuerbescheide abstellt, sondern im Gegensatz zur Verzinsung von Steuernachforderungen auf die Kassenvorgänge und damit auf eine Ist-Verzinsung. Um zu vermeiden, dass Zinsen für einen Zeitraum erstattet werden, in dem die Steuer noch gar nicht entrichtet war, werden Zinsen für Steuererstattungen gemäß § 233a Abs. 2 Satz 3 und Abs. 3 Satz 3 AO nur für den tatsächlich zu erstattenden Betrag und nur für den Zeitraum zwischen der Zahlung des zu erstattenden Betrages und der Wirksamkeit der Steuerfestsetzung vergütet. Als Konsequenz daraus müssen sämtliche Kassenvorgänge getrennt nach Steuerarten und Besteuerungszeiträume erfasst werden.

Es ist zu vermuten, dass der durch den Systemwechsel zwischen der Soll- und Ist-Verzinsung bedingte Zusatzaufwand letztlich größer ist, als wenn man auch bei der Verzinsung von Steuernachforderungen auf die Ist-Verzinsung abstellen würde und damit eine einheitliche Regelung hätte.[44]

IV. Die Voraussetzungen für die Festsetzung von Zinsen für Steuernachforderungen oder -erstattungen

Zinsen für Steuernachforderungen oder -erstattungen werden grundsätzlich nur dann festgesetzt, wenn die Festsetzung der Steuer nach Ablauf der Karenzzeit erfolgt. An diesem Grundsatz des § 233a Abs. 2 AO hat sich seit Einführung der Vollverzinsung nichts geändert.

Kaum erörtert wurde in diesem Zusammenhang bislang die Frage, inwieweit bei der erstmaligen Festsetzung einer Steuer nach § 233a Abs. 3 Satz 1 AO die Festsetzung eines Vorsolls für die Berechnung von Nachforderungszinsen entbehrlich oder im Gegenteil zwingend notwendig ist.[45] Diese Frage stellt sich insbesondere dann, wenn die Steuerpflicht nach Ablauf der Karenzzeit, z.B. im Rahmen einer Betriebsprüfung, auf weitere, von § 233a Abs. 1 AO erfasste Steuerarten ausgedehnt wird, die bis dahin von der Steuerfestsetzung ausgenommen waren. Die Finanzverwaltung nimmt zurzeit in solchen Fällen ein Vorsoll von Null an und verzinst, soweit die Karenzzeit abgelaufen ist, kurzerhand die gesamte Steuernachforderung!

---

[43] Vgl. Loose (2003), S. 379.
[44] So ein Vorschlag von Loose (2003), S.383; vgl. auch Heuermann (2004), § 233a AO, Rz. 8.
[45] Zu den wenigen, die sich dazu geäußert haben, zählt Loose, (2005), § 233a AO, Rz. 37.

Nach dem Wortlaut des Gesetzes in § 233a Abs. 3 Satz 1 AO, der die Verzinsung für eine erstmalige Steuerfestsetzung regelt,[46] ist jedoch anzunehmen, dass bei der Verzinsung auf die vor Ablauf der Karenzzeit festgesetzten Vorauszahlungen nicht verzichtet werden kann, weil sich der Zinsgegenstand durch den Unterschied zwischen der festgesetzten Steuer und einer vorher festgesetzten Steuer oder Vorauszahlung konstituiert.[47]

Die Festsetzung einer Vorauszahlung, die gemäß § 164 Abs. 1 Satz 2 AO einem Steuerbescheid unter dem Vorbehalt der Nachprüfung gleichsteht, ist ein Verwaltungsakt, der die Schriftform voraussetzt und erst durch Bekanntgabe an den Steuerpflichtigen gem. § 124 Abs. 1 Satz 1 AO wirksam wird. Die Bekanntgabe des Steuerbescheids an den Steuerpflichtigen ist dabei von elementarer Bedeutung, wie auch in einem Urteil des BFH vom 25.11.2002 bekräftigt wird.[48] Danach liegt vor der Bekanntgabe noch kein Verwaltungsakt und – wie § 155 Abs. 1 Satz 2 AO ausdrücklich festschreibt – kein Steuerbescheid vor, sondern ein bloßes Internum, das ohne weiteres aufgehoben oder geändert werden kann.[49] Die fehlende oder fehlerhafte Bekanntgabe hat zur Folge, dass der Verwaltungsakt gegenüber dem Betroffenen nicht wirksam wird und damit diesem gegenüber nicht existiert (Nichtakt). Es besteht dann keine Zahlungsverpflichtung, auch wenn nach dem Gesetz Zahlungen geschuldet werden. Ohne Zahlungsverpflichtung ist der Verzug einer Zahlung aber nicht möglich.[50]

Erst mit Erhalt eines Vorauszahlungsbescheids stehen dem Steuerpflichtigen Rechtsmittel zur Verfügung, mit denen auf eine zutreffende vorläufige Steuerfestsetzung hingewirkt werden kann.[51] Wäre der Vorauszahlungsbescheid als Grundlage für die Ermittlung des Unterschiedsbetrags entbehrlich, wäre ein Steuerpflichtiger, der einen Vorauszahlungsbescheid über 0 € erhält, in einer rechtlich besseren Position als ein anderer, dem kein Vorauszahlungsbescheid zugestellt wird. Kann das richtig sein?

Für die Verzinsung von Steuernachforderungen und -erstattungen gemäß § 233a Abs. 3 Satz 1 AO sind zudem auch nur diejenigen Vorauszahlungen zu berücksichtigen, die *bis zu Beginn des Zinslaufs* festgesetzt worden sind.[52] Bis dahin nicht festgesetzte Vorauszahlungen können nicht berücksichtigt werden. Mangels einer Rechtsvorschrift, die vorsieht, dass am Ende der Karenzzeit eine Vorauszahlung von 0 € automatisch festgesetzt wird und dann auf die Zustellung eines Vorauszahlungsbescheids verzichtet werden kann, ist deshalb davon auszugehen,

---

[46] Das ergibt sich nicht zuletzt aus dem Urteil des BFH vom 18.05.2005 VIII R 100/02, BStBl II 2005, S. 735.
[47] Vgl. Heuermann (2004), § 233a AO, Rz. 16, 25, 51.
[48] Siehe BFH-Beschluss vom 25.11.2002 (GrS 2/01) BStBl. 2003 II, S. 548.
[49] Vgl. z.B. Tipke/Lang/Seer (2005), § 21, Rz. 58, 59.
[50] Vgl. App (1998), § 37 EStG, Rz. 33.
[51] Ohne Vorauszahlungsbescheid steht dem Steuerpflichtigen nur der unsichere Antragsweg zur Verfügung.
[52] Vgl. Heuermann (2004), § 233a AO, Rz. 3, 53; Rüsken (2003), § 233a AO, Rz. 21, 25.

dass nicht festgesetzte oder nicht rechtzeitig bekannt gegebene Vorauszahlungsbescheide auch in Hinblick auf § 233a Abs. 3 AO keine Rechtswirkung entfalten können.
Diese Auslegung wird auch durch die Entstehungsgeschichte der Vorschrift bestätigt. Mit Einführung der Vollverzinsung hatte der Gesetzgeber festgelegt, dass Zinsen nur dann zu zahlen waren, wenn der nach § 233a Abs. 3 Satz 1 AO ermittelte Unterschiedsbetrag zu einer Steuernachforderung oder -erstattung führte.[53] Diese Regelung konnte allerdings dahingehend ausgelegt werden, dass die Festsetzung von Zinsen auch dann noch vermieden werden konnte, wenn die gesamte Steuernachforderung erst kurz vor Festsetzung der Steuer entrichtet wurde, so dass zum Zeitpunkt der Steuerfestsetzung keine Steuernachforderung mehr bestand. Andererseits war der volle Unterschiedsbetrag zu verzinsen, wenn eine – auch nur geringfügige – Restforderung verblieb.[54]
Aufgrund eines BFH Urteils[55], welches diese Praxis als rechtmäßig bestätigte, sah sich der Gesetzgeber veranlasst, einerseits das betreffende Urteil mit einem Nichtanwendungserlass zu versehen und andererseits eine Gesetzesänderung herbeizuführen, mit der dieses unerwünschte Ergebnis ausgeschlossen wurde. In der jetzt geltenden Fassung des § 233a Abs. 1 Satz 1 AO wird deshalb für die Verzinsung nicht mehr auf die Steuernachforderung oder -erstattung abgestellt, sondern allein auf den Unterschiedsbetrag im Sinne des § 233a Abs. 3 AO.[56] Damit hat der Gesetzgeber klargestellt, dass es ihm, zumindest bei Steuernachforderungen, allein auf das Prinzip der sog. Sollverzinsung ankommt.[57] Damit wird jedoch auch klargestellt, dass ein Vergleich zwischen einer Steuerfestsetzung und einer vorherigen Steuerfestsetzung für die Anwendung der Vorschrift unverzichtbar ist – sonst würde der Begriff *Unterschied* keinen Sinn ergeben.
So wurde schon in dem Bericht der Bundesregierung vom 06.01.1978 festgestellt, dass eine Berechnung der Festsetzungszinsen voraussetzt, dass das sog. Vorsoll (d.h. die bisher festgesetzte Steuer oder Steuervorauszahlung) für die Zinsberechnung zur Verfügung steht.[58] In ähnlicher Form ist diese Aussage auch in der BT-Drucksache 11/2157 enthalten, die dem Gesetzgebungsverfahren zur Einführung der Vollverzinsung zugrunde lag. Dort heißt es u.a.: „Den […] genannten Zinsarten ist […] gemeinsam, dass sie frühestens mit der ersten Fälligkeit der Steuer, die eine Steuerfestsetzung voraussetzt, eingreifen."[59] Noch deutlicher ist in die-

---

[53] Siehe BT-Drucksache 11/2157, S. 194ff. zum Steuerreformgesetz 1990 vom 25.07.1988, BGBl I 1988, BStBl I 1988, S. 224, 258.
[54] Vgl. BT-Drucksache 13/5952, S. 56.
[55] Siehe BFH-Urteil vom 15.03.1995 I R 56/93, BStBl II 1995, S. 490.
[56] Die Änderung wurde am 20.12.1996 mit dem JStG 1997/99/00 herbeigeführt. Siehe BGBl 1996 I, S. 2049, BStBl I 1996, S.1523.
[57] Vgl. Tipke/Lang (2005), § 21, Rz. 351.
[58] Vgl. BT-Drucksache 8/1410, Punkt 6.3., S. 6.
[59] Vgl. BT-Drucksache 11/2157, S. 194, 2. Sp. Weitere Bestätigungen hierzu finden sich u.a. bei Loose, (2005), § 233a AO, Tz. 36, 42; Sikorski (1991), S. 5.

sem Punkt das BMF-Schreiben vom 04.07.1990. „Bei der erstmaligen Steuerfestsetzung [...] ist Berechnungsgrundlage der Unterschied zwischen dem dabei festgesetzten Soll (festgesetzte Steuer abzüglich anzurechnender Steuerabzugsbeträge und anzurechnender Körperschaftssteuer) und dem Vorauszahlungssoll. Nicht festgesetzte, freiwillige Vorauszahlungen bleiben unberücksichtigt. Maßgebend sind die bei Beginn des Zinslaufs festgesetzten Vorauszahlungen."[60]

Es lassen sich auch sonst keinerlei Hinweise finden, die darauf schließen lassen, dass es der Gesetzgeber jemals beabsichtigt hat, auf ein festgesetztes Vorsoll zu verzichten. So wird beispielsweise selbst in der BT-Drucksache 11/2157, die dem Gesetzgebungsverfahren zugrunde lag, in allen 3 Beispielen zum Absatz 3 mit (festgesetzten) Vorauszahlungen gearbeitet.

Daraus kann nur die Schlussfolgerung gezogen werden, dass der Beginn der Verzinsung nicht automatisch mit Ablauf der Karenzzeit beginnt, sondern dass für die Anwendung des § 233a Abs. 3 AO die Festsetzung einer Vorauszahlung vorangegangen sein muss. Ohne diese Voraussetzung kann der aus der verspäteten Steuerfestsetzung resultierende Liquiditätsvorteil nicht abgeschöpft werden.

Aus Sicht des Steuerpflichtigen wäre es nur zu begrüßen, wenn der Beginn des Zinslaufs strikt an die Festsetzung eines Vorsolls geknüpft wäre, würde es doch die Vernachlässigung einer zeitnahen Untersuchungs- und Prüfungspflicht der Finanzbehörden bei einer Ausweitung der Steuerpflicht auf bisher nicht erfasste Steuerarten oder durch die fehlende oder nicht rechtzeitige Bekanntgabe von Vorauszahlungsbescheiden durch die Verzinsung von Steuernachforderungen nicht nachträglich noch sanktionieren.

Die Zinspflicht für Steuernachforderungen nach § 233a Abs. 3 AO könnte dann auch nicht mehr völlig unabhängig vom Verhalten des Steuerpflichtigen entstehen, denn mit Erhalt des Vorauszahlungsbescheids hätte der Steuerpflichtige zweifelsohne die Möglichkeit, auf die Korrektur einer unangemessenen Festsetzung von Vorauszahlungen hinzuwirken. Das stünde auch im Einklang mit dem Rechtsgedanken, dass eine gesetzliche Zinspflicht neben der bloßen Existenz des zu verzinsenden Anspruchs weitere Tatbestandsmerkmale voraussetzt, die der Zinsverpflichtete durch sein Verhalten beeinflussen kann.[61]

---

[60] Vgl. Schreiben des BMF vom 04.07.1990, BStBl I 1990, S. 304, Tz. 6.2.1. In ähnlicher Form auch § 233a AEAO Rz. 14 vom Januar 2005.
[61] Vgl. Haubrichs, (1973), S. 14; Heuermann (2004), § 233a AO, Rz. 5; Kruse, (1988), S. 1, 6.

V. Die Abzugsfähigkeit der Zinsen für Steuernachforderungen und -erstattungen

Zinsen für Steuernachforderungen von Personensteuern[62], die also weder Betriebsausgabe noch Werbungskosten oder Sonderausgaben sind, können die ertragssteuerliche Bemessungsgrundlage gemäß § 12 Nr. 3 EStG nicht mindern. Umgekehrt stellen Zinsen für Steuererstattungen, die im Zusammenhang mit abzugsfähigen Steuern gewährt werden, Betriebseinnahmen dar, während korrespondierende Zinseinnahmen für nicht abzugsfähige Steuern den Einkünften aus Kapitalvermögen gemäß § 20 Abs. 1 Nr. 7 EStG bzw. § 20 Abs. 3 EStG hinzuzurechnen sind.
Diesem Modell liegt die Fiktion zugrunde, dass der Steuerpflichtige für das Begleichen seiner Steuerschuld am Ende der Karenzzeit ein verzinsliches Darlehen beim Fiskus aufnimmt bzw. im Falle der Steuerrückzahlung das seit dem Ablauf der Karenzzeit gewährte Darlehen nebst Zinsen zurückerhält.
Bei Einführung der Vollverzinsung im Jahre 1990 hat der Gesetzgeber dieses Problem so gelöst, dass er Zinsen für Steuernachforderungen als Sonderausgaben (bei natürlichen Personen gem. § 10 Abs.1 Nr. 5 EStG) oder als Betriebsausgaben (bei Kapitalgesellschaften gem. § 10 Nr. 2 KStG) zugelassen hat.[63] Damit waren zum einen praktische Probleme beim Zusammentreffen von Erstattungs- und Nachforderungszinsen beseitigt, zum anderen war aber auch eine formelle Gleichbehandlung in der Verzinsung von Steuernachforderungen und -erstattungen gewährleistet.
Mit Verabschiedung des Steuerentlastungsgesetzes 1999/2000/2002 wurden jedoch § 10 Abs.1 Nr. 5 EStG und § 10 Nr. 2 KStG dahingehend geändert, dass Zinsen für Steuernachforderungen von Personensteuern seit dem 01.01.1999 nicht mehr steuermindernd als Sonderausgaben oder Betriebsausgaben geltend macht werden können.[64]
Damit hat sich der Gesetzgeber von der Gleichbehandlung von Erstattungs- und Nachforderungszinsen gelöst. Zwar sind die nominellen Zinssätze gleich geblieben. Die unterschiedliche Handhabe von Steuererstattungen und -nachforderungen macht die Regelung insgesamt aber wenig praktikabel.[65] Das gilt vor allem dann, wenn infolge verschiedener Korrekturen der Steuerbescheide Erstattungs-

---

[62] Zu den Personensteuern zählen auch Erbschafts- und Schenkungssteuer, doch werden diese nicht von § 233a AO erfasst.
[63] Gesetzesgrundlage dafür waren für Kapitalgesellschaften § 10 Nr. 2 KStG und für natürliche Personen § 10 Abs. 1 Nr. 5 EStG.
[64] Siehe Art. 1 Nr. 15 Buchstabe a) des Steuerentlastungsgesetzes 1999/2000/2002 vom 24.03.1999, BGBl I 1999, 402, BStBl I 1999, 304; Eggesiecker/Ellerbeck (2004), S. 746.
[65] Vgl. Loose (2005), § 233a AO, Tz. 47.

zinsen und Nachforderungszinsen für einen Veranlagungszeitraum zusammentreffen.[66]

Die Gesetzesänderung bedeutet aber auch eine objektive Verteuerung der Zinsen für Steuernachforderungen[67], was tendenziell dazu führen dürfte, dass diese mehr als bisher vermieden werden und stattdessen die Zinsen für Steuererstattungen zunehmen.

Zudem bestehen seit der Gesetzesänderung Zweifel an der Rechtmäßigkeit der Ungleichbehandlung von Zinsen für Steuernachforderungen und -erstattungen.[68] Insbesondere das Abzugsverbot für Schuldzinsen, die eigentlich Betriebsausgaben oder Werbungskosten sind, führt zu einer Ungleichmäßigkeit der Besteuerung. Damit verletzten die Akzessoritätsregeln das verfassungsrechtlich geschützte Nettoprinzip.[69]

Dass der Gesetzgeber trotz dieser Bedenken an der Ungleichbehandlung von Zinsen für Steuernachforderungen und -erstattungen festhält, bestärkt den in den letzten Jahren gewonnen Eindruck, dass beim § 233a AO inzwischen allein fiskalpolitische Gesichtspunkte maßgeblich sind.[70] Die ordnende Hand, die einen Ausgleich für den durch eine verspätete Steuerfestsetzung entstandenen Vor- und Nachteil zwischen den Steuerpflichtigen ausgleichen will, sucht man dabei vergebens.

C. Zusammenfassung

Selbst bei diesem relativ kleinen und überschaubaren Themengebiet der Verzinsung von Steuernachforderungen und -erstattungen ist es dem Gesetzgeber bisher trotz mehrfacher Korrekturen nicht gelungen, eine Vereinfachung des Steuerrechts zu erreichen. Man kann es dabei drehen und wenden wie man will, es kommt immer wieder das Gleiche heraus: Der gesetzlichen Regelung zur Verzinsung von Steuernachforderungen und -erstattungen fehlt es an einer klaren Zielsetzung.

Geht es darum, die aus einer verspäteten Steuerfestsetzung folgenden Wettbewerbsvor- und -nachteile auf Seiten der Steuerpflichtigen auszugleichen, dann müsste konsequenter auf die Erträge und Aufwendungen geachtet werden, die tatsächlich realisiert wurden. Eine Typisierung der Erträge und Aufwendungen ist dann wenig hilfreich.

---

[66] Vgl. Loose (2005), § 233a AO, Tz. 47. Einige Beispiele aus der Praxis beschreiben u. a. Eggesiecker/Ellerbeck (2004), S. 746 f.; Neblung (2004), S. 254.
[67] So auch Loose (2003), S. 381.
[68] Siehe dazu u.a. Eggesiecker/Ellerbeck (2004), S. 745 ff.; Söffing (2002), S. 1456 ff.
[69] Eggesiecker/Ellerbeck (2004), S. 749 mit Verweis auf BVerfGE 105, 73 ff.
[70] So z.B. Heuermann (2004), § 233a AO, Rz. 5.

Ist jedoch das Ziel, die Vor- und Nachteile seitens des Fiskus auszugleichen, dann dürfen die mit dem Liquiditätsvor- bzw. -nachteil verbundenen Erträge und Aufwendungen seitens des Steuerpflichtigen keine Rolle spielen. Dann wären allerdings auch die BFH-Urteile,[71] in denen auf die Festsetzung von Nachzahlungszinsen verzichtet wurde, weil zweifelsfrei feststand, dass aus der verspäteten Steuerzahlung kein Vorteil gezogen wurde, nicht länger haltbar.

Zu beanstanden ist auch die bisherige Praxis der Finanzverwaltung, Zinsen für Steuernachforderungen auch dann festzusetzen, wenn innerhalb der Karenzzeit keine Vorauszahlung festgesetzt wurde.

Grundsätzlich stellt sich auch die Frage, wie der Vor- und Nachteil sachgerecht zu ermitteln ist, um unabhängig vom Zeitpunkt der Steuerfestsetzung weder Strafe noch Druckmittel oder dgl. zu sein. Der bisher verwendete und von der Entwicklung am Kapitalmarkt abgekoppelte Zinssatz ist dafür ungeeignet, da er zu neuen Ungerechtigkeiten führen kann.

Die Abschaffung der Abzugsfähigkeit von Zinsen für Steuernachforderungen als Betriebs- oder Sonderausgaben hat dazu geführt, dass wegen der damit einhergehenden höheren Gesamtbelastung die Verfassungsmäßigkeit der Regelung bezweifelt wird.

Angesichts dieser Probleme wäre es eigentlich schon längst an der Zeit zu prüfen, ob die Einführung der Vollverzinsung in einem angemessenen Verhältnis zu dem mit der Vollverzinsung erzielten Erfolg steht.[72] Nicht zuletzt der derzeit mehr als 70 (!) Unterpunkte und 25 Seiten umfassende AEAO zum § 233a AO lassen erahnen, dass man von der in der BT-Drucksache 8/1410 ehemals geforderten einfachen Berechnungsmethode nach wie vor weit entfernt ist; heute vielleicht noch weiter als je zuvor.

---

[71] Vgl. BFH-Urteil vom 11.07.1996, V R 18/95, BFHE 180, 524; BFH-Urteil vom 20.01.1997, V R 28/95, BStBl II 1997, 716.
[72] Vgl. BT-Drucksache 8/1410, S.11.

Literaturverzeichnis

App, M. (1998): Kommentierung zu § 37 EStG. In: Dankmeyer, U./ Giloy, J. (Hrsg.), Kommentar zum Einkommensteuergesetz, Loseblattsammlung, 82. Lieferung, Neuwied März 1998.

Bartels H. G. (1994): Zur Zurechenbarkeit zwischen einzelnen Passiv- und Aktivpositionen. In Ballwieser, W./ Böcking, H.-J./Drukarczyk, J./ Schmidt, R. H. (Hrsg.), Bilanzrecht und Kapitalmarkt, Festschrift für Adolf Moxter, Düsseldorf 1994, S. 1201 – 1229.

Bundesministerium der Finanzen (2004): Monatsbericht April, Berlin 2004.

Bundesministerium der Finanzen (2006): Monatsbericht Februar, Berlin 2006.

Eggesiecker, F./Ellerbeck, E. (2004): Zinsen auf Steuern – Guthabenzinsen versteuern, Schuldzinsen nicht absetzen? In: BB 2004, S. 745 – 751.

Flume, W. (1985): Steuerzinsen und Körperschaftssteuer. In: DB 1985, S. 9 – 11.

Haubrichs, W. (1973): Die Problematik der Vollverzinsung, Ein Diskussionsbeitrag, Bonn 1973.

Heuermann, B. (2004): Kommentierung zu § 233a AO. In: Hübschmann, W./Hepp, E./Spitaler, A. (Hrsg.), Abgabenordnung- Finanzgerichtsordnung, Loseblattsammlung, 181. Lieferung, Juni 2004.

Jaeschke, T. (2005) in: Pump, H./Leibner, W. (Hrsg.), Kommentar zur AO, Loseblattsammlung, 53. Lieferung, Juli 2005.

Kruse, H. W. (1988): Über Vollverzinsung, in: Finanz-Rundschau 1988, S. 1 – 12.

Loose, M. (2003): Fiskalpolitisch geprägte Vollverzinsung. In: StuW 2003, S. 377 – 383.

Loose, M. (2005): Kommentierung zu § 233a AO. In: Tipke, K./Kruse, H. W. (Hrsg.), Kommentar zur AO-FG, Loseblattsammlung, 106. Lieferung, Köln, März 2005.

Neblung, S. (2004): Die einkommensteuerrechtliche Beurteilung von Zinsen nach § 233a AO bei geänderter Steuer- und Zinsfestsetzung, in: Die Steuerberaterung 2004, S. 254 – 258.

Rüsken, R. (2003): Kommentierung zu § 233a AO. In: Klein, F. (Hrsg.), Abgabenordnung, 8. Aufl., München 2003.

Sikorski, R. (1991): Verzinsung von Steuernachforderungen und Steuererstattungen. In: DStR 1991, Beiheft zu Heft 18.

Söffing, G. (2002): Verfassungsrechtliche Bedenken gegen die Nichtabziebarkeit von Nachforderungszinsen nach § 233a AO. In: BB 2002, S. 1456 – 1462.

Tipke, K./Kruse, H. W. (1986): Kommentar zur AO-FG, 12. Aufl., Köln 1986.

Tipke, K./Lang, J./Seer, R. (Hrsg.) (2005): Steuerrecht, 18. Aufl., Köln 2005.

F. Operations Research

Portefeuillebildung bei exogenen Überschüssen und deren Bewertung

Helmut Laux/Matthias M. Schabel[*]

A.	Problemstellung	256
B.	Grundmodell: Portefeuilleplanung ohne exogenes Risiko	257
	I. Modellstruktur	257
	II. Struktureigenschaften der effizienten Portefeuilles	259
	III. Auswahl und Eigenschaften des optimalen Portefeuilles	262
C.	Portefeuilleplanung bei exogenem Risiko	263
	I. Ermittlung effizienter Portefeuilles bei beschränktem Leerverkauf	263
	II. Struktureigenschaften der effizienten Portefeuilles	265
D.	Graphische Analyse der Gestalt der Effizienzkurve und des optimalen Portefeuilles	267
	I. Gestalt der Effizienzkurve ohne Leerverkauf	267
	II. Gestalt der Effizienzkurve mit Leerverkauf	271
	III. Eigenschaften des optimalen Portefeuilles	272
E.	Implikationen für die Bewertung riskanter Überschüsse	273

---

[*] Professor Dr. Dr. h.c. Helmut Laux, ehemals Inhaber der Professur für Organisation und Management, Johann Wolfgang Goethe-Universität Frankfurt am Main, Honorarprofessor, Universität Wien; Dr. Matthias Schabel, Manager, KPMG Deutsche Treuhand-Gesellschaft, Frankfurt am Main.

A. Problemstellung

Im Grundmodell der Portefeuilletheorie wird vereinfachend davon ausgegangen, dass für die Ermittlung des optimalen Portefeuilles nur die aus den Wertpapieren resultierenden Risiken relevant seien. Bei der Portefeuilleoptimierung stellt sich dann nur das Problem, die Wertpapierrisiken entsprechend der Risikoeinstellung des Investors aufeinander abzustimmen. Zusätzliche, „exogene" Risiken, die die Portefeuillestrukturen und das Optimum beeinflussen könnten, existieren also nicht. Diese Annahme liegt auch dem CAPM zugrunde, mit dem die Preisbildung auf dem Kapitalmarkt theoretisch erklärt wird und das als Basis für die Investitionsplanung, die Unternehmensbewertung sowie die wertorientierte Unternehmenssteuerung in der Praxis weite Verbreitung gefunden hat.

In der vorliegenden Arbeit gehen wir davon aus, dass der Investor zum Ende der betrachteten Periode (dem Zeitpunkt 1) einen (modell-) exogenen Überschuss $Ü_1$ erzielt, der nicht verändert werden kann bzw. soll. Insbesondere ist auch ausgeschlossen, dass er verkauft wird. Der Überschuss kann z.B. aus einem Unternehmen resultieren oder aus einem einzelnen Investitionsprojekt. In der gebotenen Kürze wird untersucht, wie das aus dem Überschuss resultierende „exogene" Risiko bei der Ermittlung eines optimalen Wertpapierportefeuilles berücksichtigt werden kann und wie es die Strukturen der effizienten Portefeuilles sowie das Optimum beeinflusst.

In Abschnitt B wird das bekannte Grundmodell der Portefeuilleplanung ohne exogenen Überschuss dargestellt. Die hierfür maßgebliche Effizienzlinie dient als „Referenzlinie" für die Beurteilung der möglichen Auswirkungen exogener Risiken. Entsprechende Analysen werden in Abschnitt C vorgenommen. Es wird gezeigt, wie das aus dem exogenen Überschuss resultierende Risiko durch Portefeuillebildung optimal gehedgt werden kann und welche Portefeuillestrukturen effizient sind. In Abschnitt D werden wichtige Grundzusammenhänge graphisch veranschaulicht. In Abschnitt E wird schließlich untersucht, wie der Wert (der subjektive Grenzpreis) des Überschusses aus Sicht des Investors ermittelt werden kann. Es wird gezeigt, wie er von seinen Determinanten abhängt, sofern er nicht bereits vorhanden ist, sondern gekauft werden kann und bei Kauf das entsprechende Risiko durch Portefeuillebildung optimal gehedgt wird. Insbesondere werden mögliche Abweichungen zwischen dem Marktwert des Überschusses und dem subjektiven Grenzpreis gezeigt. Dabei wird davon ausgegangen, dass der Überschuss durch Portefeuillebildung duplizierbar ist und somit der Marktwert des Überschusses mit dem des Duplikationsportefeuilles übereinstimmt.

Zielgröße der Modellanalyse in dieser Arbeit ist nicht – wie in der Literatur üblich – die Rendite, die der Investor auf seinen Kapitaleinsatz erzielt, sondern das Vermögen, über das er am Ende der Periode verfügt (Endvermögen) bzw. der entsprechende „Residualgewinn".[1] Die Darstellung in absoluten Größen ermöglicht (wie deutlich werden wird) eine relativ einfache Abstimmung externer Risiken mit der Portefeuilleplanung und deren Bewertung.

Die Arbeit geht davon aus, dass der Investor sich am (μ,σ)-Prinzip orientiert und damit im Grund zwei Zielgrößen für die Planung bzw. Bewertung relevant sind. Entscheidungsprobleme bei mehreren Zielgrößen finden in Forschung und Lehre von Bartels seit Jahrzehnten besondere Aufmerksamkeit.[2]

B. Grundmodell: Portefeuilleplanung ohne exogenes Risiko

I. Modellstruktur

Das Grundmodell der Portefeuilleplanung, das kein exogenes Risiko berücksichtigt, beruht auf folgenden Annahmen:[3]
1. Der risikoaverse Investor kann zum risikolosen Zinssatz r unbegrenzt Geld anlegen und aufnehmen. Außerdem kann er zu Beginn der betrachteten Periode (dem Zeitpunkt 0) *riskante* Wertpapiere der Typen 1,2,...,N erwerben, die er erst am Periodenende, dem Zeitpunkt 1, wieder verkaufen kann. Der Investor hat mit seinen Dispositionen keinen wahrgenommenen Einfluss auf die Wertpapierkurse. Mit dem Kauf und Verkauf von Wertpapieren sind keine Transaktionskosten verbunden. Alle Wertpapiere sind beliebig teilbar, so dass keine Ganzzahligkeitsbedingungen beachtet werden müssen.
2. Zum Zeitpunkt 0 hat der Investor einen bereits vorhandenen Wertpapierbestand verkauft und verfügt über das Geldvermögen V_0 ($V_0 > 0$). Er will nun einen (neuen) optimalen Bestand ermitteln. Die erworbenen Wertpapiere werden zum Zeitpunkt 1 wieder veräußert. Da mit dem Kauf und Verkauf keine Transaktionskosten verbunden sind, schränkt die Veräußerungsannahme die Allgemeinheit der Problemstellung nicht ein; veräußerte Wertpapiere können kostenlos zurückgekauft werden.

---

[1] Der Residualgewinn eines Portefeuilles bzw. einer Wertpapiereinheit gibt an, wie weit das Endvermögen gegenüber der Anlage zum risikolosen Zinssatz r steigt oder fällt, wenn dieses Portefeuille bzw. diese Wertpapiereinheit erworben wird. Sein Erwartungswert kann als Risikoprämie dafür interpretiert werden, dass das Portefeuille bzw. die Wertpapiereinheit erworben und der betreffende Kapitalbetrag nicht risikolos angelegt wird.

[2] Vgl. Bartels (1970); Bartels (1973) sowie Bartels (1994).

[3] Vgl. Markowitz (1952), S. 77-91; Markowitz (1959); Tobin (1957), S. 65-86; Sharpe (1970); Rudolph (1979), S. 1-59; Copeland/Weston (2005); Elton/Gruber (1995); Schmidt/Terberger (1996), S. 309-338; Sharpe/Alexander (1999); Franke/Hax (2004), S. 312-328; Laux (2005), S. 258-282; Laux (2006), S. 95-116.

3. Der Erwerb von Wertpapieren führt zum Zeitpunkt 0 zu Auszahlungen und zum Zeitpunkt 1 zu Einzahlungen in Form von Verkaufserlösen und Dividenden oder Zinsen. Die Anschaffungsauszahlung je Wertpapiereinheit – der Preis des Wertpapiers – ist mit Sicherheit bekannt. Die Einzahlungen zum Zeitpunkt 1 sind ungewiss.

4. Zielgröße des Investors ist das Endvermögen V_1, über das er am Ende der Planungsperiode, dem Zeitpunkt 1, verfügt.

5. Der Investor kann Wertpapiere auch leerverkaufen. Bei Leerverkauf eines Wertpapiers wird dieses zu Beginn der Periode zum Börsenkurs verkauft, jedoch erst am Ende der Periode zu dem dann geltenden Börsenkurs gekauft und an den (Termin-) Käufer geliefert. Über Geld, das dem Investor aus einem Leerverkauf zufließt, kann er unbeschränkt verfügen; er muss es zum Beispiel nicht als Sicherheit hinterlegen.

6. Der Investor verfügt außerhalb seines Wertpapierbestandes über keine riskanten Vermögenspositionen, die bei der Ermittlung des optimalen Wertpapierbestandes berücksichtigt werden müssen.

Symbole

x ≡ Geldbetrag, der im Zeitpunkt 0 zum risikolosen Zinssatz r angelegt ($x > 0$) oder geliehen wird ($x < 0$),

x_n ≡ Zahl der Wertpapiere vom Typ n ($n = 1,2,...,N$), die zum Zeitpunkt 0 gekauft ($x_n > 0$) oder leerverkauft ($x_n < 0$) werden,

WP_1 ≡ (unsichere) Einzahlung aus dem Portefeuille zum Zeitpunkt 1,

P_{0n} ≡ Preis des Wertpapiers vom Typ n zum Zeitpunkt 0,

P_{1n} (P_{1m}) ≡ Preis des Wertpapiers vom Typ n (m) zum Zeitpunkt 1 (einschließlich Dividende oder Zinsen).

Es wird davon ausgegangen, dass sich der Investor am (μ,σ)-Prinzip orientiert, wobei μ den Erwartungswert und σ (σ²) die Standardabweichung (Varianz) seines Endvermögens bezeichnet. Die Endwerte der einzelnen Wertpapiere werden nicht explizit erfasst, sondern durch Erwartungswerte, Varianzen und Kovarianzen repräsentiert.

Das Endvermögen beträgt:

(1) $$\widetilde{V}_1 = (1+r) \cdot x + \widetilde{WP}_1 = (1+r) \cdot x + \sum_{n=1}^{N} x_n \cdot \widetilde{P}_{1n}.$$

Für den Erwartungswert des Endvermögens gilt entsprechend:

(2) $$\mu \equiv E(\widetilde{V}_1) = (1+r) \cdot x + \sum_{n=1}^{N} x_n \cdot E(\widetilde{P}_{1n}).$$

Die Varianz des Endvermögens stimmt mit der Varianz des Endwertes des Portefeuilles überein. Sie errechnet sich nach der folgenden Formel:

(3) $$\sigma^2 \equiv \text{Var}(V_1) = \widetilde{\text{Var}}(WP_1) = \sum_{n=1}^{N}\sum_{m=1}^{N} x_n \cdot x_m \cdot \text{Kov}(\widetilde{P}_{1n};\widetilde{P}_{1m})$$

$$\text{mit } \text{Kov}(\widetilde{P}_{1n};\widetilde{P}_{1n}) = \text{Var}(\widetilde{P}_{1n}).$$

Für den Zeitpunkt 0 gilt die Budgetbedingung:

$$x + \sum_{n=1}^{N} x_n \cdot P_{0n} = V_0.$$

Umformung nach x und Einsetzen in (2) führt zu:

(4) $$\mu \equiv E(\widetilde{V}_1) = (1+r)\cdot V_0 + \underbrace{\sum_{n=1}^{N} x_n \cdot E[\widetilde{P}_{1n} - (1+r)\cdot P_{0n}]}_{\equiv RP}.$$

Interpretation: Wenn der Investor eine (weitere) Einheit des Wertpapiers n erwirbt, muss er die Kapitalanlage (die Kapitalaufnahme) zum Zinssatz r um die Anschaffungsauszahlung P_{0n} reduzieren (erhöhen). Sein Endvermögen ändert sich somit um den ungewissen Residualgewinn $P_{1n} - (1+r)\cdot P_{0n}$. Der Erwartungswert dieses Residualgewinns kann als *Risikoprämie* interpretiert werden, die eine Einheit des Wertpapiers n bietet. Analog gilt für die Risikoprämie des gesamten Portefeuilles:

(5) $$RP \equiv \sum_{n=1}^{N} x_n \cdot E[\widetilde{P}_{1n} - (1+r)\cdot P_{0n}].$$

Das optimale Portefeuille kann wie folgt ermittelt werden: Zunächst wird die Menge der „effizienten" Portefeuilles bestimmt und dann aus dieser Menge das optimale ausgewählt; ein ineffizientes Portefeuille kann nicht optimal sein. Ein Portefeuille ist bei Risikoaversion dann effizient, wenn *kein* anderes Portefeuille existiert, das bei gegebener Risikoprämie eine kleinere Standardabweichung aufweist oder bei gegebener Standardabweichung eine höhere Risikoprämie bietet oder bei höherer Risikoprämie zugleich eine kleinere Standardabweichung aufweist.

II. Struktureigenschaften der effizienten Portefeuilles

Man erhält ein riskantes effizientes Portefeuille, wenn in der Nebenbedingung (5) für RP ein fester Wert $RP^* > 0$ eingesetzt und unter Beachtung dieser Nebenbedingung die Varianz (3) minimiert wird. Die Nebenbedingung (5) mit $RP = RP^*$ kann wie folgt dargestellt werden:

(6) $$RP^* - \sum_{n=1}^{N} x_n \cdot [E(\widetilde{P}_{1n}) - (1+r) \cdot P_{0n}] = 0.$$

Nach dem Ansatz von Lagrange liegt der Minimalwert der Funktion (3) unter der Nebenbedingung (6) dort, wo die folgende zusammengesetzte Funktion L

(7)
$$L = \sum_{n=1}^{N} \sum_{m=1}^{N} x_n \cdot x_m \cdot Kov(\widetilde{P}_{1n}; \widetilde{P}_{1m}) - \lambda \cdot \left\{ RP^* - \sum_{n=1}^{N} [E(\widetilde{P}_{1n}) - (1+r) \cdot P_{0n}] \right\}$$

ihren Minimalwert annimmt. Die notwendigen (und hinreichenden) Bedingungen hierfür lauten:

(8) $$\frac{\partial L}{\partial x_n} = \sum_{m=1}^{N} 2 \cdot x_m \cdot Kov(\widetilde{P}_{1n}; \widetilde{P}_{1m}) - \lambda \cdot [E(\widetilde{P}_{1n}) - (1+r) \cdot P_{0n}] = 0$$

(n = 1,2,...,N)

und

(9) $$\frac{\partial L}{\partial \lambda} = RP^* - \sum_{n=1}^{N} x_n \cdot [E(\widetilde{P}_{1n}) - (1+r) \cdot P_{0n}] = 0.$$

Die Gleichung (8) stellt allgemein die gleich null gesetzte erste partielle Ableitung der Funktion (7) nach x_n dar. Da jeder Variable $x_1, x_2, ..., x_N$ eine solche Gleichung entspricht, gibt es N Gleichungen dieser Art. Der Ausdruck

$$\sum_{m=1}^{N} 2 \cdot x_m \cdot Kov(\widetilde{P}_{1n}; \widetilde{P}_{1m}) = 2 \cdot \sum_{m=1}^{N} x_m \cdot Kov(\widetilde{P}_{1n}; \widetilde{P}_{1m})$$

in (8) gibt an, wie weit die Varianz des Endwertes des Portefeuilles und mithin die des Endvermögens steigt, wenn ausgehend von dem Portefeuille $x_1, x_2, ..., x_N$ eine zusätzliche Einheit des Wertpapiers n erworben wird. Dieser Ausdruck wird als *Grenzvarianz des Portefeuilles* bezüglich des Wertpapiers n bezeichnet. Die Bedingung (9) ist die gleich null gesetzte erste partielle Ableitung von (7) nach λ; sie ist mit der Nebenbedingung (6) identisch.
(8) (mit n = 1,2,...,N) und (9) beschreiben ein Gleichungssystem mit N+1 Gleichungen und N+1 Variablen ($x_1, x_2, ..., x_N, \lambda$). Sind alle Gleichungen voneinander linear unabhängig, so existiert eine eindeutige Lösung (und davon wird im Folgenden stets ausgegangen). Sie wird mit $x_1^*, x_2^*, ..., x_N^*, \lambda^*$ bezeichnet. Hierfür muss gemäß (8) gelten:

(10) $$2 \cdot \sum_{m=1}^{N} x_m^* \cdot Kov(\widetilde{P}_{1n}; \widetilde{P}_{1m}) = \lambda^* \cdot [E(\widetilde{P}_{1n}) - (1+r) \cdot P_{0n}]$$

(n = 1,2,...,N).

Man kann ein effizientes Portefeuille auf zwei Arten ermitteln. Bei der ersten Variante setzt man in die Nebenbedingung (6) für RP einen beliebigen exogenen Wert RP* > 0 ein und minimiert die Varianz (3); λ ist hierbei als eine endogene Größe Teil des Optimierungsprogramms. Bei der zweiten Variante wird direkt auf den Optimumbedingungen aufgebaut: Für λ^* wird ein beliebiger exogener (positiver) Wert angenommen und hierfür das lineare Gleichungssystem (10) (mit N Variablen $x_1, x_2, ..., x_N$ und N Gleichungen) gelöst.

Aus (10) folgt die Effizienzbedingung:

$$(11) \qquad \frac{2 \cdot \text{Kov}(\widetilde{P}_{1n}; \widetilde{WP}_1)}{E(\widetilde{P}_{1n}) - (1+r) \cdot P_{0n}} = \lambda^* \qquad (n = 1, 2, ..., N).$$

Interpretation: $2 \cdot \text{Kov}(\widetilde{P}_{1n}; \widetilde{WP}_1^*)$ gibt an, wie sich die Varianz des Portefeuilles und mithin des Endvermögens ändert, wenn ausgehend vom *effizienten* Portefeuille $x_1^*, x_2^*, ..., x_N^*$ eine zusätzliche Einheit des Wertpapiers n erworben wird (*Grenzvarianz*). Gemäß (11) ist beim effizienten Portefeuille für jedes Wertpapier n das Verhältnis aus der Grenzvarianz und der Risikoprämie je Wertpapiereinheit gleich λ^*.

Der Lagrange-Multiplikator λ^* bringt zum Ausdruck, wie weit die Varianz des Endwertes des Portefeuilles steigt, wenn ausgehend von dem effizienten Portefeuille $x_1^*, x_2^*, ..., x_N^*$ die Risikoprämie RP um eine marginale Einheit erhöht und dabei wieder ein effizientes Portefeuille gewählt wird. λ^* ist bei dem vorliegenden Portefeuilleprogramm stets *positiv*

Aus $\lambda^* > 0$ folgt: Ist die Kovarianz zwischen P_{1n} und dem Endwert des Portefeuilles $x_1^*, x_2^*, ..., x_N^*$ *positiv*, kann das Wertpapier n nur dann mit einem positiven Bestand in diesem Portefeuille enthalten sein, wenn auch seine Risikoprämie $E(\widetilde{P}_{1n}) - (1+r) \cdot P_{0n}$ positiv ist. Die letzte Einheit des Wertpapiers n trägt dann dazu bei, dass die Varianz des Endwertes des Portefeuilles steigt; zum Ausgleich muss die Risikoprämie positiv sein. Bei *negativer* Kovarianz eines Wertpapiers n kann dieses auch dann mit einem positiven Bestand im Portefeuille $x_1^*, x_2^*, ..., x_N^*$ enthalten sein, wenn $E(\widetilde{P}_{1n}) - (1+r) \cdot P_{0n} < 0$ gilt. Die letzte Einheit des Wertpapiers n trägt dann dazu bei, dass die Varianz des Portefeuilles sinkt. Diese „Versicherungswirkung" des Wertpapiers kann die Inkaufnahme seiner negativen „Risikoprämie" rechtfertigen.

Im Rahmen des Grundmodells haben alle effizienten Portefeuilles dieselbe Struktur; sie unterscheiden sich lediglich in ihrem Umfang. Wird bei der Ermittlung eines effizienten Portefeuilles statt λ^* irgend ein exogener λ-Wert $k \cdot \lambda^*$ ($k \geq 0$) zugrunde gelegt, so erhält man auf der Basis des Gleichungssystems (10) statt $x_1^*, x_2^*, ..., x_N^*$ das effiziente Portefeuille $k \cdot x_1^*, k \cdot x_2^*, ..., k \cdot x_N^*$. Es genügt also, explizit nur ein einziges effizientes Portefeuille zu ermitteln. Alle anderen ergeben sich durch Multiplikation mit unterschiedlichen Werten von k. Die Multiplikation mit k impliziert eine Risikoprämie von $k \cdot RP^*$ und eine Standardabweichung (Varianz) in Höhe des k-fachen (des k²-fachen) der bisherigen. Daraus folgt für das Grundmodell: Die minimale Standardabweichung (die Varianz) des Endvermögens ist eine linear (quadratisch) steigenden Funktion der Risikoprämie des Portefeuilles.

III. Auswahl und Eigenschaften des optimalen Portefeuilles

Die Menge aller effizienten (μ,σ)- bzw. (μ,σ^2)-Konstellationen für das Endvermögen lässt sich graphisch mit Hilfe einer Effizienzkurve darstellen, die zeigt, welcher minimale σ- bzw. σ^2-Wert alternativen Risikoprämien $RP \geq 0$ des Portefeuilles und somit alternativen Erwartungswerten $E(\tilde{V}_1) \geq (1+r) \cdot V_0$ des Endvermögens entspricht. Die Abbildung 1 zeigt eine Effizienzkurve im (μ,σ)-Diagramm.

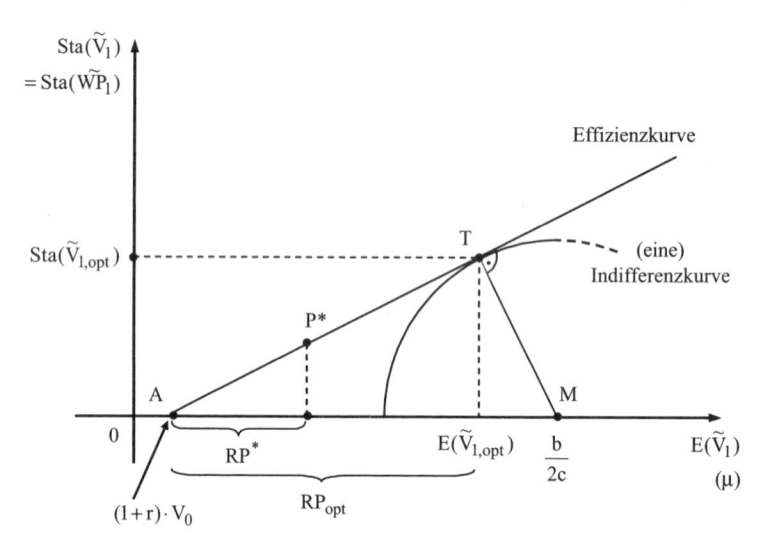

Abb. 1: Lineare Effizienzkurve im (μ,σ)-Diagramm und optimale (μ,σ)-Kombination bei quadratischer Nutzenfunktion

Die subjektive Risikoeinstellung hat zwar keinen Einfluss auf die Struktur des optimalen Portefeuilles, bestimmt aber dessen Umfang. Bei quadratischer Nutzenfunktion $U(V_1) = b \cdot V - c \cdot V^2$ und beliebiger Wahrscheinlichkeitsverteilung über das Endvermögen haben die Indifferenzkurven im (μ,σ)-Diagramm die Gestalt von konzentrischen Halbkreisen, deren Mittelpunkt M auf der Abszisse liegt und den Abszissenwert $b/2c$ aufweist. Im Bereich rechts von M verstößt das (μ,σ)-Prinzip gegen das Dominanzprinzip; eine Erhöhung von μ bei gegebenem σ führt zu einem geringeren Nutzenerwartungswert. Das optimale Portefeuille wird durch den Tangentialpunkt der Effizienzkurve mit einem dieser Halbkreise bestimmt. (Vgl. den Punkt T in Abbildung 1.) Dabei bezeichnet $E(\tilde{V}_{1,opt})$ dasjenige erwartete Endvermögen, das mit dem optimalen Portefeuille erzielt wird.

Der Umfang des optimalen Portefeuilles hängt bei gegebener Steigung der Effizienzkurve vom Vermögen V_0 und dem Quotienten b/2c ab. Wenn c. p. V_0 steigt, so verschiebt sich die Effizienzkurve bei gleicher Steigung parallel nach rechts, so dass ihr Tangentialpunkt mit einer Indifferenzkurve entlang der Strecke TM in Abbildung 1 zum Mittelpunkt M wandert, wobei die Standardabweichung sowie die Risikoprämie und mithin der Umfang des optimalen Portefeuilles immer kleiner werden. Wenn der Quotient b/2c steigt (dies bedeutet, dass die Risikoaversion des Investors abnimmt), so wandert der Tangentialpunkt der Effizienzkurve mit einer Indifferenzkurve entlang der Effizienzkurve nach rechts oben, wobei die Standardabweichung sowie die Risikoprämie und mithin der Umfang des optimalen Portefeuilles steigen.

Wir untersuchen nun, wie die Darstellungen zur Effizienzkurve und zu den Strukturen der zugrunde liegenden Portefeuilles zu modifizieren sind, wenn ein exogener Überschuss $\tilde{Ü}_1$ (z. B. aus einem Unternehmen oder einem einzelnen Investitionsprojekt oder Arbeitseinkommen[4]) gegeben ist, der zwar nicht direkt verkauft werden kann oder nicht verkauft werden soll (z. B. weil der potentielle Erlös zu niedrig ist), jedoch durch Portefeuillebildung duplizierbar ist. Dabei wird insbesondere untersucht, wie das aus $\tilde{Ü}_1$ resultierende Risiko optimal gehedgt werden kann.

C. Portefeuilleplanung bei exogenem Risiko

I. Ermittlung effizienter Portefeuilles bei beschränktem Leerverkauf

Wenn das Duplikationsportefeuille für den exogenen Überschuß $\tilde{Ü}_1$ unbeschränkt leerverkauft werden kann, ist für die Portefeuilleplanung wieder das Grundmodell maßgeblich. Da die betreffenden Papiere zurückgekauft werden können, kann ohne Einschränkung der Allgemeinheit von der Fiktion ausgegangen werden, dass der Leerverkauf vorgenommen wird. Der exogene Überschuss hat dann letztlich nur die Bedeutung, dass er das Geldvermögen beeinflusst, über das der Investor zum Zeitpunkt null verfügt.

Im Folgenden betrachten wir den komplexeren Fall, dass Wertpapiere nicht leerverkauft werden dürfen. (Analoge Überlegungen lassen sich für den Fall anstellen, dass ein Teil des Duplikationsportefeuilles leerverkauft werden kann; vgl. Abschnitt D.) Es wird gezeigt, dass bei exogenem Risiko und Unzulässigkeit (bzw. Beschränkung) von Leerverkäufen die Effizienzkurve im (μ, σ)-Diagramm nicht *linear verläuft*.

Wenn der Investor keine Wertpapiere hält, gilt $E(\tilde{V}_1) = (1+r) \cdot V_0 + E(\tilde{Ü}_1)$ und $\sigma = Sta(\tilde{Ü}_1)$. Durch Portefeuillebildung kann er nur unter der notwendigen

---

[4] Vgl. mit weiteren Nachweisen Viceira (2001), S. 433-470.

Bedingung eine Position mit kleinerer Standardabweichung erreichen, dass der Endwert des Portefeuilles negativ mit $\tilde{Ü}_1$ korreliert ist. Das setzt ohne Leerverkäufe voraus, dass zumindest ein Teil der Kovarianzen $Kov(\tilde{P}_{1n}; \tilde{Ü}_1)$ negativ ist. Sind die Risikoprämien der betreffenden Papiere negativ, so kann der Erwartungswert von $E(\tilde{V}_1)$ unter $(1+r) \cdot V_0 + E(\tilde{Ü}_1)$ sinken. Sind jedoch die Risikoprämien für alle Papiere positiv, so kann für die Ermittlung der effizienten Portefeuilles nur der Bereich $E(\tilde{V}_1) \geq (1+r) \cdot V_0 + E(\tilde{Ü}_1)$ in Betracht kommen. Im Folgenden wird davon ausgegangen, dass alle Risikoprämien positiv sind, so dass für jedes Papier der Erwartungswert der Rendite (der risikoangepasste Kapitalkostensatz) höher ist als r.

Wie noch gezeigt wird, kann aufgrund des exogenen Risikos die minimale Standardabweichung zunächst sinken, wenn ausgehend von $(1+r) \cdot V_0 + E(\tilde{Ü}_1)$ der Erwartungswert $E(\tilde{V}_1)$ sukzessive erhöht wird. Die Effizienzkurve beginnt dann erst bei jenem Wert für $E(\tilde{V}_1)$, von dem an die Standardabweichung steigt. Effiziente Portefeuilles können ermittelt werden, indem zunächst das Portefeuille mit der absolut geringsten Varianz bestimmt wird und dann nur noch für jene Erwartungswerte $E(\tilde{V}_1)$ die Portefeuilles mit der kleinsten (Varianz bzw.) Standardabweichung ermittelt werden, die höher sind als der Erwartungswert für das Portefeuille mit der absolut kleinsten Standardabweichung.

Bei der Ermittlung des einem Erwartungswert $E(V)^*$ bzw. einer Risikoprämie RP^* entsprechenden Portefeuilles mit minimaler Varianz muss der Überschuss $\tilde{Ü}_1$ nicht explizit berücksichtigt werden. Vielmehr kann an Stelle des Überschusses $\tilde{Ü}_1$ dessen Duplikationsportefeuille $\bar{x}_1, \bar{x}_2, ..., \bar{x}_N; \bar{x}$ direkt in die Portefeuilleplanung einbezogen werden. (Für $\bar{x}_n = 0$ ist das Papier n nicht im Duplikationsportefeuille enthalten, für $\bar{x}_n > 0$ mit einem positiven Bestand.) Dabei wird von der *Fiktion* ausgegangen, dass das Duplikationsportefeuille zum Marktwert veräußert und dann ein Portefeuille gebildet wird, in dem vom Wertpapier n (n = 1,2,...,N) mindestens der Bestand $\bar{x}_n$ enthalten ist; letztlich wird das Duplikationsportefeuille gar nicht leerverkauft, sondern der Überschuss $\tilde{Ü}_1$ durch das Duplikationsportefeuille ersetzt. Zu minimieren ist nun die Varianz (3) unter den Nebenbedingungen

$$(12) \qquad E(\tilde{V}_1)^* = (1+r) \cdot V_0 + \sum_{n=1}^{N} x_n \cdot [E(\tilde{P}_{1n}) - (1+r) \cdot P_{0n}]$$

und

$$(13) \qquad x_n \geq \bar{x}_n \qquad\qquad\qquad (n = 1,2,...,N)$$

Hierin gilt $\bar{x}_n = 0$, wenn das Wertpapier n nicht im Duplikationsportefeuille enthalten ist und nicht leerverkauft werden darf.

II. Struktureigenschaften der effizienten Portefeuilles

Nach dem Theorem von Kuhn und Tucker stellen die Zahlen $x_1^*, x_2^*, ..., x_N^*$ genau dann eine optimale Lösung des neuen Optimierungsprogramms dar, wenn es eine Zahl λ^* gibt und folgende Bedingungen gelten:

(14) $\quad x_n^* \geq \bar{x}_n$ und $2 \cdot \sum_{m=1}^{N} x_m^* \cdot \text{Kov}(\widetilde{P}_{1n}; \widetilde{P}_{1m}) = \lambda^* \cdot [E(\widetilde{P}_{1n}) - (1+r) \cdot P_{0n}]$

oder

(15) $\quad x_n^* = \bar{x}_n$ und $2 \cdot \sum_{m=1}^{N} x_m^* \cdot \text{Kov}(\widetilde{P}_{1n}; \widetilde{P}_{1m}) > \lambda^* \cdot [E(\widetilde{P}_{1n}) - (1+r) \cdot P_{0n}]$

und

(16) $\quad \lambda^* \gtreqless 0$ und $\sum_{m=1}^{N} x_m^* \cdot E(\widetilde{P}_{1n}) = E(\widetilde{V}_1)^*$

λ^* ist nun nicht mehr notwendigerweise positiv. λ^* gibt allgemein an, wie sich die minimale Varianz ändert, wenn ausgehend von dem Portefeuille $x_1^*, x_2^*, ..., x_N^*$ der Erwartungswert $E(\widetilde{V}_1)$ um eine marginale Einheit erhöht und dabei wieder ein Portefeuille mit minimaler Varianz bzw. Standardabweichung gebildet wird. Falls die minimale Varianz zunächst sinkt, wenn das Duplikationsportefeuille um Wertpapiere erweitert wird, ist λ^* zunächst negativ, dann gleich null und anschließend positiv. Die Varianz eines Portefeuilles, das gegenüber dem Duplikationsportefeuille zusätzliche Wertpapiere enthält, kann allerdings nur dann kleiner sein als die des Duplikationsportefeuilles, wenn der Endwert der zusätzlichen Papiere negativ mit dem Endwert des Duplikationsportefeuilles (bzw. dem Überschuss $Ü_1$) korreliert ist.

Wird ausgehend vom Portefeuille mit der absolut kleinsten Varianz der Erwartungswert $E(\widetilde{V}_1)$ (bzw. die Risikoprämie) sukzessive erhöht, so steigt die minimale Varianz; die betreffenden Portefeuilles sind effizient. Für jedes dieser Portefeuilles ist ? positiv und umso größer, je größer $E(\widetilde{V}_1)$ ist.

Wie (14) verdeutlicht, können für $\lambda^* > 0$ nur solche Papiere im effizienten Portefeuille enthalten sein, für die die Kovarianz $\text{Kov}(\widetilde{P}_{1n}; \widetilde{WP}_1^*)$ und die Risikoprämie $E(\widetilde{P}_{1n}) - (1+r) \cdot P_{0n}$ dasselbe Vorzeichen haben. Wäre für ein Papier n die Kovarianz negativ und die Risikoprämie positiv, so wäre das Portefeuille nicht effizient, da durch Aufnahme weiterer Einheiten dieses Papiers ins Portefeuille die Varianz sinken und die Risikoprämie steigen würde. Es ist auch ausgeschlossen, dass für ein Wertpapier n im effizienten Portefeuille die Kovarianz positiv und die Risikoprämie negativ ist: durch Reduktion des Bestandes an Wertpapieren n im Portefeuille könnten die Risikoprämie erhöht und die Varianz reduziert werden.

Auch für Wertpapiere, die nicht im effizienten Portefeuille enthalten sind, kann die Bedingung (14) als Gleichung erfüllt sein. Jedoch ist eher damit zu rechnen, dass für diese Papiere die linke Seite von (14) höher ist als die rechte, also

(17) $\quad 2 \cdot \text{Kov}(\widetilde{P}_{1n}; \widetilde{WP}_1^*) > \lambda^* \cdot [E(\widetilde{P}_{1n}) - (1+r) \cdot P_{0n}]$

gilt. Dies ist insbesondere dann der Fall, wenn die Grenzvarianz $\text{Kov}(\widetilde{P}_{1n}; \widetilde{WP}_1^*)$ positiv und die Risikoprämie $E(\widetilde{P}_{1n}) - (1+r) \cdot P_{0n}$ negativ oder gleich null ist. Durch Leerverkauf von Wertpapieren n könnte dann (innerhalb gewisser Grenzen) die Varianz des Portefeuilles bei steigender oder konstanter Risikoprämie reduziert werden. Der Ausdruck auf der linken Seite von (17) gibt an, wie weit die Varianz der Wertpapierportefeuilles steigen würde, wenn c. p. eine Einheit des Wertpapiers n ins Portefeuille aufgenommen würde; bei Leerverkauf würde die Varianz entsprechend sinken. Auch bei positiver Risikoprämie kann (17) erfüllt sein, wobei wiederum ein Leerverkauf des Papiers vorteilhaft wäre. Würde eine marginale Einheit leerverkauft, so würde die Risikoprämie des Portefeuilles um $E(\widetilde{P}_{1n}) - (1+r) \cdot P_{0n}$ und die Varianz um die Grenzvarianz sinken. Um die Reduktion der Risikoprämie zu kompensieren, könnte das Volumen des effizienten Portefeuilles entsprechend erhöht werden. Da λ^* angibt, wie weit bei einer Erhöhung der Risikoprämie um eine marginale Einheit die Varianz steigt, würde die Varianz insgesamt um den Betrag auf der rechten Seite steigen. Das bedeutet, dass die Umstrukturierung des Portefeuilles bei unveränderter Risikoprämie zu einer kleineren Varianz führen würde, also unabhängig von der Risikoeinstellung des Investors vorteilhaft wäre. Auch bei negativer Risikoprämie und negativer Grenzvarianz könnte ein Leerverkauf vorteilhaft sein.

Im Folgenden (insbesondere auch in Abschnitt D) gehen wir davon aus, dass in entsprechend großen effizienten Portefeuilles (wie im CAPM[5]) das Duplikationsportefeuille $\bar{x}_1, \bar{x}_2, ..., \bar{x}_N$ für den Überschuss als echte Teilmenge enthalten ist. Die betreffenden Portefeuilles bestehen aus dem Duplikationsportefeuille als Repräsentant für den Überschuss $\ddot{U}_1$ und unterschiedlichen Beständen an „ergänzenden" Wertpapieren. Für diese Portefeuilles haben die Wertpapieruntergrenzen $\bar{x}_n$ keinen Einfluss auf die Struktur. λ^* ist jeweils ebenso hoch wie ohne diese Untergrenzen.

Für kleinere Portefeuilles sind die Untergrenzen in Abhängigkeit vom angestrebten Erwartungswert $E(V_1)$ mehr oder weniger strukturbestimmend. Es gilt folgende Tendenz: Die Struktur des Portefeuilles mit minimaler Varianz (bzw. Standardabweichung) weicht am stärksten von der jener Portefeuilles ab, die ohne das exogene Risiko (also ohne $\ddot{U}_1$) effizient sind. Wird nun ausgehend vom Portefeuille mit minimaler Varianz der Erwartungswert $E(V_1)$ sukzessive erhöht und das entsprechende Portefeuille mit minimaler Varianz (bzw. Standardabweichung) bestimmt, also die effizienten Portefeuilles entsprechend erweitert, so ver-

---

[5] Vgl. Lintner (1965), S. 13-37; Mossin (1966), S. 768-783; Sharpe (1964), S. 425-442.

lieren immer mehr Untergrenzen ihren strukturbestimmenden Einfluss, so dass sich die Strukturen der effizienten Portefeuilles immer mehr der effizienten Struktur ohne das exogene Risiko annähern. Wie in Abschnitt D gezeigt wird, bewirkt dies, dass die Effizienzkurve im (μ,σ)-Diagramm konvex verläuft und sich immer mehr derjenigen linearen Effizienzkurve annähert, die ohne das exogene Risiko relevant ist, bis sie schließlich mit dieser übereinstimmt.

Die Untergrenzen $\bar{x}_1, \bar{x}_2, ..., \bar{x}_N$ (die Unzulässigkeit von Leerverkäufen) können nicht nur Rückwirkungen bezüglich der Bestände jener Papiere haben, die ansonsten leerverkauft worden wären. Für die im effizienten Portefeuille enthaltenen Papiere gilt gemäß (15), sofern die Untergrenzen einen höheren oder niedrigeren λ^*-Wert implizieren: Für die Papiere mit positiver Risikoprämie sind die (positiven) Grenzvarianzen höher oder niedriger und für die Papiere mit negativer die (negativen) Grenzvarianzen niedriger oder höher. Dabei ist zu beachten, dass für die Grenzvarianzen $2 \cdot \text{Kov}(\widetilde{P}_{1n}; \widetilde{WP}_1^*)$ nur jene Papiere relevant sind, die im effizienten Portefeuille ohne Leerverkauf enthalten sind.

D. Graphische Analyse der Gestalt der Effizienzkurve und des optimalen Portefeuilles

I. Gestalt der Effizienzkurve ohne Leerverkauf

Im Folgenden soll die Gestalt der Effizienzkurve im (μ,σ)-Diagramm und die Strukturen der zugrunde liegenden Portefeuilles für verschiedene Marktsituationen auf der Grundlage von Konvexkombinationen möglicher Portefeuilles untersucht werden. Dabei geht es nicht um deren technische Ermittlung (vgl. hierzu Abschnitt C.I), sondern um die Interpretation möglicher Verläufe.

Der Investor habe zunächst (nur) die Wahl zwischen *zwei* riskanten Portefeuilles A und B bzw. zwei Positionen $P(\mu_A; \sigma_A)$ und $P(\mu_B; \sigma_B)$, die (wie noch näher erläutert wird) beliebig miteinander *konvex* kombiniert werden können. Eine Konvexkombination zweier riskanter Positionen besteht darin, dass von beiden Positionen ein nichtnegativer Teil realisiert wird, wobei sich die beiden Teile zu *eins* addieren. Sämtliche (μ,σ)-Kombinationen liegen für Korrelationskoeffizienten unter 1 auf konvexen Kurven, die die beiden Positionen verbinden. Auch Konvexkombinationen aus „reinen" Positionen können miteinander konvex kombiniert werden. Bei Ausnutzung aller Kombinationsmöglichkeiten ergibt sich eine konvexe *„Umhüllende"*, die zeigt, welche minimale Standardabweichung für die möglichen $E(\widetilde{V}_1)$-Werte durch Konvexkombination der entsprechenden Positionen erzielbar ist.[6]

---

[6] Vgl. ausführlich Laux (2005).

Hierauf aufbauend lässt sich anschaulich die prinzipielle Gestalt der Effizienzkurve unter Berücksichtigung des Überschusses $\tilde{Ü}_1$ analysieren. Wir betrachten wieder den Fall, dass der Überschuss duplizierbar ist und entsprechend umfangreiche effiziente Portefeuilles das Duplikationsportefeuille als Teilmenge enthalten. Zunächst gehen wir davon aus, dass Leerverkäufe ausgeschlossen sind
Für die Ermittlung der Effizienzkurve sind das reine Duplikationsportefeuille (bzw. der entsprechende Überschuss $\tilde{Ü}_1$) sowie Portefeuilles relevant, die das Duplikationsportefeuille und eine Menge MZW *zusätzlicher* Wertpapiere enthalten. Dabei enthält eine Konvexkombination von Portefeuilles wiederum zwangsläufig das Duplikationsportefeuille, was deshalb von Bedeutung ist, weil das Duplikationsportefeuille oder ein Teil davon nicht leerverkauft werden dürfen. Zur Verdeutlichung werden die Portefeuilles A und B mit den Mengen MZW_A und MZW_B zusätzlicher Papiere betrachtet. Es gilt:

$$(1-z)\cdot(DP+MZW_A)+z\cdot(DP+MZW_B)=DP+(1-z)\cdot MZW_A+z\cdot MZW_B$$

Die Konvexkombination der beiden Portefeuilles besteht also aus dem Duplikationsportefeuille DP und einer Konvexkombination der beiden Mengen zusätzlicher Papiere.

Sind alle Kovarianzen $Kov(\tilde{P}_{1n};\tilde{P}_{1m})$ positiv, so ist für jedes Portefeuille, welches das Duplikationsportefeuille als echte Teilmenge enthält, die Standardabweichung des Endwertes höher als $Sta(\tilde{Ü}_1)$ und der Erwartungswert höher als $E(\tilde{Ü}_1)$. Dem reinen Duplikationsportefeuille entspricht der Punkt P in Abbildung 2. Hierin bezeichnet G_0 das Geldvermögen, über das der Investor bei Verkauf des Duplikationsportefeuilles (und der Wertpapiere, die er bereits besitzt) verfügen würde. Entsprechend stellt die gestrichelte, durch $(1+r)\cdot G_0$ verlaufende Gerade diejenige Effizienzkurve dar, die relevant wäre, wenn der Investor das Duplikationsportefeuille zum Marktwert verkaufen könnte bzw. wenn er zum Zeitpunkt 0 zusätzlich zum Geldvermögen V_0 ein sicheres Geldvermögen in Höhe des Marktwertes des Duplikationsportefeuilles hätte und $\tilde{Ü}_1$ nicht vorhanden wäre. Diese Gerade dient als „Referenzlinie" für die Analyse der Effizienzkurve mit dem nicht leerverkaufbaren Duplikationsportefeuille als Repräsentant des Überschusses $\tilde{Ü}_1$. Die Referenzlinie wird unter Berücksichtigung von Nichtnegativitätsbedingungen ermittelt, die berücksichtigen, dass keine Leerverkäufe zulässig sind.

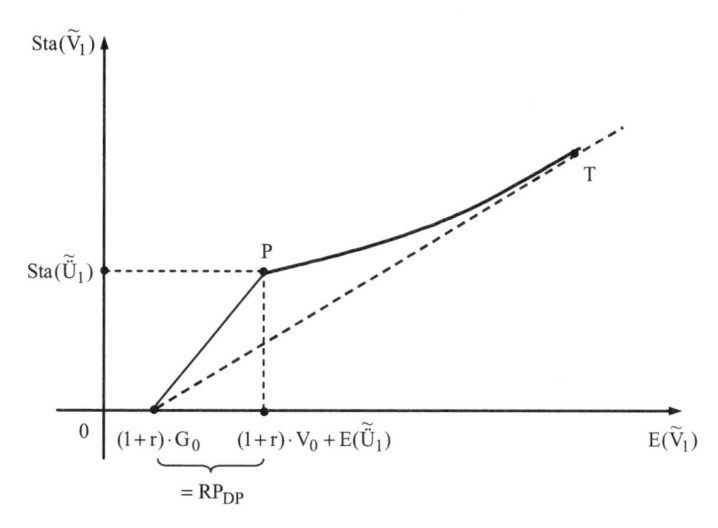

Abb. 2: *Effizienzkurve bei ausschließlich positiven Kovarianzen ohne Leerverkauf*

Hierfür gilt:

$$G_0 = V_0 + MW_{DP} = V_0 + (1+r)^{-1} \cdot [E(\tilde{Ü}_1) - RP_{DP}].$$

Und entsprechend

$$(1+r) \cdot G_0 = (1+r) \cdot V_0 + [E(\tilde{Ü}_1) - RP_{DP}]$$

bzw.

$$(1+r) \cdot G_0 + RP_{DP} = (1+r) \cdot V_0 + E(\tilde{Ü}_1).$$

Die Annahme, dass der Punkt P oberhalb der Referenzlinie liegt, impliziert, dass das Duplikationsportefeuille für sich gesehen nicht effizient ist. Wäre es effizient, so läge es auf der Referenzlinie.

Die Effizienzkurve (unter Einschluss des Duplikationsportefeuilles) kann in keinem Bereich unterhalb der Referenzlinie liegen. Sie erreicht jedoch die Referenzlinie im Punkt T. Er kennzeichnet das effiziente Portefeuille mit dem kleinsten Erwartungswert bzw. mit der kleinsten Standardabweichung, welches das Duplikationsportefeuille als echte Teilmenge enthält. Rechts vom Punkt T stimmt die Effizienzkurve mit der Referenzlinie überein. Im Bereich links von T (und rechts von P) verläuft sie oberhalb dieser Linie.

Der Punkt T liegt auf der Referenzlinie, d.h. auf derjenigen Effizienzkurve, die für den Fall relevant ist, dass das Duplikationsportefeuille für $Ü_1$ zum Marktwert leerverkauft werden kann. Beim effizienten Portefeuille für den Punkt T wird dann das Duplikationsportefeuille zum Marktwert zurückgekauft. Das effiziente „Portefeuille" T besteht also letztlich aus dem Überschuss $Ü_1$ und dem „Ergänzungsportefeuille" MZP_T. Das entsprechende Portefeuille wird auch dann realisiert, wenn ein Leerverkauf nicht möglich ist. Der Wert von $Ü_1$ resultiert daraus, dass er den Kauf seines Duplikationsportefeuilles erspart und somit die Anschaffungsauszahlung für das Portefeuille um dessen Marktwert sinkt.

Gemäß den Erläuterungen zu Konvexkombinationen verschiedener (μ,σ)-Positionen verläuft die Effizienzkurve im Bereich links von T streng konvex, wobei rechts von P die Standardabweichung stets größer sein muss als $\text{Sta}(\widetilde{Ü}_1)$. Der konvexe Verlauf impliziert:

1. Die Effizienzkurve ist im Bereich zwischen P und T (und nicht nur rechts von T) eine monoton steigende Funktion von $E(\widetilde{V}_1)$.
2. Die Steigung der Effizienzkurve ist bis zum Punkt T immer kleiner als die der Referenzlinie. Wäre sie in einem Punkt links von T größer oder gleich, so könnte sie wegen der Konvexitätseigenschaft den Punkt T niemals erreichen.

Die Tatsache, dass die Steigung der Effizienzkurve bis zum Punkt T immer kleiner ist als die der Referenzlinie, impliziert, dass der senkrechte Abstand zwischen der Effizienzkurve und der Referenzlinie und somit auch der waagrechte Abstand bis zum Punkt T immer kleiner wird. Die fehlende Leerverkaufsmöglichkeit des Duplikationsportefeuilles wirkt sich mit zunehmendem $E(\widetilde{V}_1)$ (mit zunehmendem Umfang des effizienten Portefeuilles) immer weniger restriktiv aus; die Portefeuillestruktur nähert sich immer mehr derjenigen Struktur, die der Referenzlinie entspricht (die bei Leerverkauf des Duplikationsportefeuilles relevant wäre), wobei die Risikoprämie pro Risikoeinheit immer größer wird, bis sie schließlich (im Punkt T) die des Referenzportefeuilles erreicht.

Es ist zu beachten, dass die Effizienzkurve im Bereich zwischen P und T nicht einfach aus unterschiedlichen Konvexkombinationen zwischen dem reinen Duplikationsportefeuille für den Überschuss $Ü_1$ und demjenigen effizienten Portefeuille, das dem Punkt T entspricht, hervorgeht.

Ist ein Teil der Kovarianzen $\text{Kov}(\widetilde{P}_{1n};\widetilde{P}_{1m})$ der Papiere im Duplikationsportefeuille mit anderen Papieren negativ, so kann möglicherweise die Varianz des Endvermögens und mithin die Standardabweichung $\text{Sta}(\widetilde{V}_1)$ reduziert werden, indem zusätzlich zum Duplikationsportefeuille (als Repräsentant des Überschusses $Ü_1$) weitere Papiere ins Portefeuille genommen werden. Die Kurve, die den Zusammenhang zwischen $\text{Sta}(\widetilde{V}_1)$ und der Risikoprämie (dem entsprechenden Erwartungswert $E(\widetilde{V}_1)$ zum Ausdruck bringt, sinkt dann zunächst bis zu einem Minimum M und steigt dann wieder, bis sie schließlich in einem Punkt T die Referenzlinie erreicht. Nur rechts von M ist die Effizienzkurve mit der Kurve minimaler Standardabweichungen identisch (Abbildung 3).

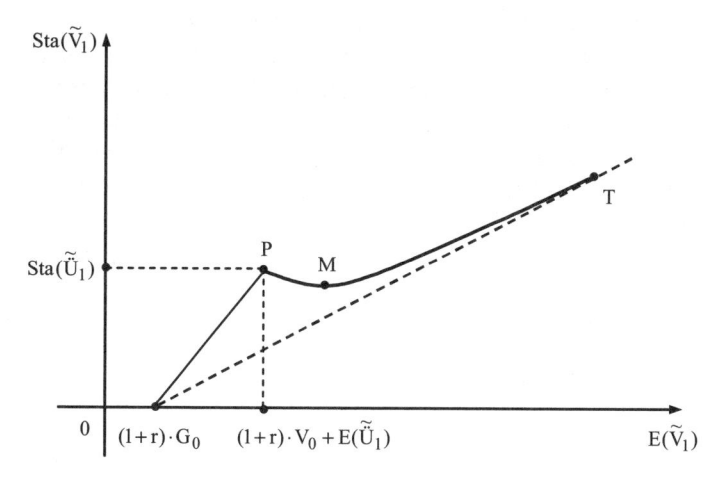

Abb. 3: Effizienzkurve bei negativen Kovarianzen ohne Leerverkauf

Es ist zu beachten, dass bei negativen Kovarianzen $\text{Kov}(\tilde{P}_{1n};\tilde{P}_{1m})$ die Referenzlinie eine geringere Steigung hat als bei ausschließlich positiven Kovarianzen. Auch die Risikoprämie RP_{DP} und die Position des Punktes T sind grundsätzlich verschieden.

Jedoch verläuft wie bei ausschließlich positiven Kovarianzen die Effizienzkurve *konvex*, wobei im Bereich zwischen M und T der senkrechte und der waagrechte Abstand zwischen der Effizienzkurve und der Referenzlinie mit steigendem Erwartungswert $E(\tilde{V}_1)$ immer kleiner werden.

Wenn ausgehend vom Punkt P der Erwartungswert $E(\tilde{V}_1)$ durch entsprechende Portefeuillebildung sukzessive erhöht wird, so steht zunächst der Gesichtspunkt der Risikominimierung im Vordergrund. Es werden vor allem solche Papiere erworben, die mit dem Überschuss $\tilde{U}_1$ (mit Papieren der Duplikationsportefeuilles) negativ korreliert sind. Mit steigendem $E(\tilde{V}_1)$ nähert sich die Struktur des Portefeuilles unter Berücksichtigung des Überschusses $\tilde{U}_1$ immer mehr der Struktur des Referenzportefeuilles, bis schließlich im Punkt T der Überschuss $\tilde{U}_1$ zuzüglich des ergänzenden Portefeuilles in dieselbe Risikoklasse fällt wie jene der Portefeuilles, die der Referenzlinie zugrunde liegen.

II. Gestalt der Effizienzkurve mit Leerverkauf

Im Folgenden betrachten wir die Möglichkeit des Leerverkaufs. Könnte das Duplikationsportefeuille in vollem Umfang leerverkauft werden, so würde – wie erläutert – die Effizienzkurve vollständig mit der Referenzlinie übereinstimmen. Kann nur ein Teil der Papiere des Duplikationsportefeuilles leerverkauft werden, so besteht nach Leerverkauf immer noch ein exogenes Risiko. Immerhin kann jedoch das Risiko reduziert werden, wobei ein Punkt P′ links unterhalb von P realisiert wird. Durch Leerverkauf unterschiedlicher Portefeuilles lassen sich verschiedene riskante Positionen erreichen, die dann untereinander sowie mit Positionen ohne Leerverkauf konvex kombiniert werden können. Hierdurch lassen sich die in den Abbildungen 2 und 3 dargestellten Effizienzkurven vor allem in der Nähe des Erwartungswertes $(1+r) \cdot V_0 + E(\tilde{U}_1)$ „verbessern". Dies verdeutlicht die Abbildung 4, wobei die fette konvexe Kurve die Effizienzkurve ohne Leerverkauf darstellt.

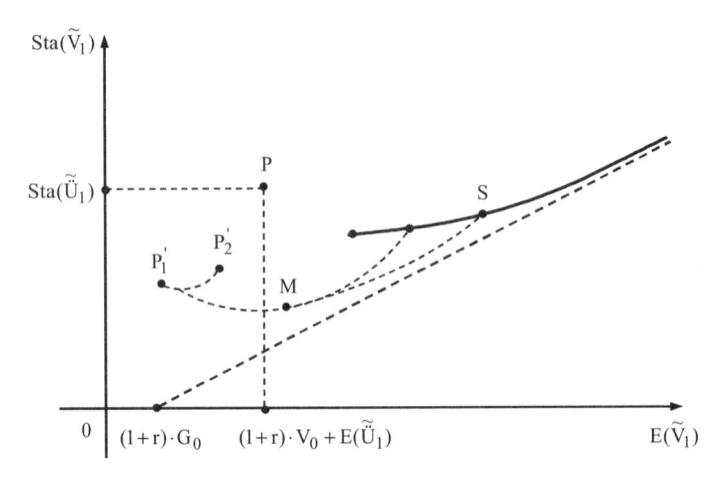

Abb. 4: Effizienzkurve mit Leerverkauf

Die Punkte P_1' und P_2' kennzeichnen zwei mögliche Positionen nach Leerverkauf. Die durch die Punkte P_1', M und S verlaufende gestrichelte Umhüllende stellt eine Verbesserungsmöglichkeit für die Effizienzkurve dar. Durch Berücksichtigung zusätzlicher Punkte P' mit anderen Leerverkäufen und erweiterten Konvexkombinationen kann eine weitere Verbesserung erzielt werden.

III. Eigenschaften des optimalen Portefeuilles

Das optimale Portefeuille wird durch den Tangentialpunkt der Effizienzkurve mit einer Indifferenzkurve bestimmt. Bei gegebenem Verlauf der Effizienzkurve ist die Risikoprämie des optimalen Portefeuilles und somit der zugehörige Erwartungswert $E(\tilde{V}_1)$ umso größer, je geringer die Risikoaversion des Investors ist, d. h., je größer der Abszissenwert $b/2c$ des Mittelpunktes M der konzentrischen Halbkreise ist, die im (μ,σ)-Diagramm seine Indifferenzkurve bestimmen. Daraus folgt in Verbindung mit den Darstellungen zu den Abbildungen 2 und 3 folgende Tendenz: Je geringer die Risikoaversion, desto mehr stimmt die Struktur des effizienten Portefeuilles einschließlich des Überschusses $\tilde{U}_1$ (bzw. des Duplikationsportefeuilles, das diesen Überschuss repräsentiert) mit der jener Portefeuilles über-

ein, die der Referenzlinie zugrunde liegen und ohne den Überschuss $\tilde{Ü}_1$ effizient sind.
Wenn die Risikoaversion so gering ist, dass die Effizienzkurve in dem Bereich rechts von T (in diesem Bereich stimmt die Effizienzkurve mit der Referenzlinie überein) eine Indifferenzkurve tangiert, dann hält der Investor letztlich dasselbe Portefeuille wie für den Fall, dass er das Duplikationsportefeuille vollständig leerverkaufen kann. Da er das Duplikationsportefeuille ohnehin zurückkaufen würde, spielt das Leerverkaufsverbot keine Rolle; er erzielt denselben Nutzenerwartungswert wie bei unbeschränkter Leerverkaufsmöglichkeit.
Ist der Entscheidungsträger entsprechend risikoavers, dann liegt der Tangentialpunkt der Effizienzkurve mit einer Indifferenzkurve oberhalb der Referenzlinie. Der Investor erzielt durch das Leerverkaufsverbot eine Nutzeneinbuße, die vor allem dann groß ist, wenn überhaupt kein Leerverkauf möglich ist und wie für die Abbildung 4 nur positive Kovarianzen $Kov(\tilde{P}_{1n};\tilde{P}_{1m})$ relevant sind. Negative Kovarianzen und Leerverkaufsmöglichkeiten können vor allem dann Vorteile mit sich bringen, wenn der Investor eine hohe Risikoaversion hat und es für ihn somit nicht optimal ist, ein Portefeuille mit hoher Risikoprämie zu realisieren.

E. Implikationen für die Bewertung riskanter Überschüsse

Die Darstellungen haben Bedeutung für die Bewertung riskanter Überschüsse als Grundlage einer Entscheidung über deren Kauf oder Verkauf. Der Wert des Überschusses hängt nämlich davon ab, wie das aus dem Überschuss resultierende Risiko durch Portefeuillebildung (und eventuell andere Maßnahmen des Risikomanagements) optimal gehedgt werden kann. Wir betrachten hier nur den potentiellen Kauf des Überschusses.
In der Ausgangssituation verfüge der Investor ausschließlich über Geldvermögen in Höhe von V_0. Er habe nun die Möglichkeit, ein Unternehmen oder ein einzelnes Investitionsprojekt mit dem Überschuss $\tilde{Ü}_1$ zu erwerben. Der subjektive Wert des Überschusses für den Investor ist derjenige Grenzpreis für die Anschaffungsauszahlung, bei der der Kauf weder vorteilhaft noch nachteilig ist. Ist der geforderte Preis niedriger (höher) als der Wert, so ist der Kauf vorteilhaft (nachteilig). Wenn der Investor den Überschuss nicht kauft, erwirbt er gemäß den Darstellungen in Abschnitt B (Grundmodell der Portefeuilleplanung ohne exogenes Risiko) ein optimales Portefeuille und erzielt damit einen bestimmten Nutzenerwartungswert. Entsprechend ist der Grenzpreis jener Preis, bei dem er bei Kauf des Überschusses in Verbindung mit einer optimalen Portefeuillebildung wiederum diesen Nutzenerwartungswert erzielt.

Kann der Investor das Duplikationsportefeuille unbeschränkt leerverkaufen, so ist unabhängig von seiner Risikoeinstellung der Grenzpreis gleich dem Marktwert des Überschusses (dem Marktwert seiner Duplikationsportefeuilles). Wenn er den Überschuss zum Marktwert kauft und zugleich das Duplikationsportefeuille zum Marktwert leerverkauft, wird die Anschaffungsauszahlung kompensiert und das Risiko eliminiert; er verfügt wieder über dasselbe Vermögen V_0 wie in der Ausgangssituation.

Ist der geforderte Preis niedriger als der Marktwert, so erzielt er mit Kauf des Überschusses und Leerverkauf seines Duplikationsportefeuilles einen sicheren Vermögenszuwachs, den er in optimaler Weise verwenden kann. Wie in Abschnitt B.III gezeigt wurde, erwirbt der Investor ein kleineres Portefeuille, wenn sein Vermögen steigt und sich somit die Effizienzkurve bei gleicher Steigung parallel nach rechts verschiebt.

Kann das Duplikationsportefeuille nicht oder nur begrenzt leerverkauft werden, so ist der subjektive Grenzpreis für den Investor grundsätzlich kleiner als der Marktwert. Wenn es für den Investor optimal ist, ohne den Überschuss ein entsprechend großes Portefeuille zu halten, in dem das Duplikationsportefeuille als Teilmenge enthalten ist, ist zwar wiederum der subjektive Grenzpreis gleich dem Marktwert des Überschusses. Wenn er diesen Überschuss zum Marktwert kauft und darauf verzichtet, das Duplikationsportefeuille zu kaufen, so erzielt er dieselbe Wahrscheinlichkeitsverteilung über das Endvermögen V_1 und entsprechend denselben Nutzenerwartungswert wie bei Verzicht auf den Kauf. Ist der Preis niedriger, so erzielt er einen Vorteil.

Jedoch wird die Voraussetzung, dass es bei Kauf des Überschusses optimal ist, auf den *Kauf* des Duplikationsportefeuilles zu verzichten, insbesondere dann nicht erfüllt sein, wenn die Standardabweichung sowie der Erwartungswert von $\tilde{Ü}_1$ und außerdem auch die Risikoaversion des Investors hoch sind.

Zur Verdeutlichung wird von der Abbildung 2 (ohne Leerverkaufsmöglichkeit und mit ausschließlich positiven Kovarianzen $Kov(\tilde{P}_{1n}; \tilde{P}_{1m})$) ausgegangen und die Darstellungen gemäß Abbildung 5 erweitert.

Wenn der Investor das Unternehmen nicht kauft, erwirbt er dasjenige Portefeuille, das dem Tangentialpunkt T_1 der gestrichelten Referenzlinie mit einer Indifferenzkurve entspricht. (Die Referenzlinie charakterisiert die Menge der Portefeuilles, die ohne den Überschuss $\tilde{Ü}_1$ effizient sind.)

Wenn er den Überschuss zum Marktwert kauft, so gelangt er ohne Portefeuillebildung zum Punkt P. Ihm entspricht eine Standardabweichung von $Sta(\tilde{Ü}_1)$ und ein Erwartungswert von $(1+r) \cdot V_0$ zuzüglich der Risikoprämie RP_{DP} des Duplikationsportefeuilles.

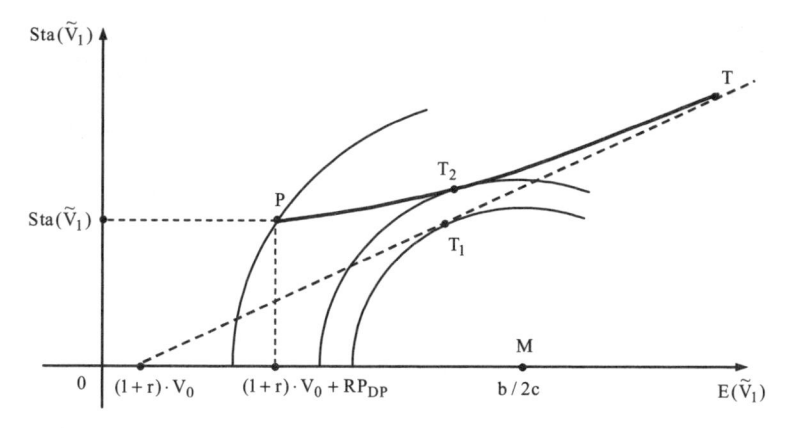

Abb. 5: Analyse des subjektiven Grenzpreises im Vergleich zum Marktwert

Für den Marktwert $M(\widetilde{Ü}_1)$ des Überschusses $\widetilde{Ü}_1$ bzw. den Marktwert MW_{DP} des Duplikationsportefeuilles gilt:

$$M(\widetilde{Ü}_1) = MW_{DP} = (1+r)^{-1} \cdot [E(\widetilde{Ü}_1) - RP_{DP}].$$

Hieraus folgt für die Risikoprämie:

$$RP_{DP} = E(\widetilde{Ü}_1) - (1+r) \cdot MW_{DP}.$$

Die Risikoprämie ist also gleich dem Erwartungswert von $\widetilde{Ü}_1$ abzüglich seines aufgezinsten Marktwerts.

Der Punkt P in Abbildung 5 liegt oberhalb der Referenzlinie. Das heißt, dass das Duplikationsportefeuille für sich gesehen eine schlechtere Struktur als jene Portefeuilles aufweist, die ohne den Überschuss $\widetilde{Ü}_1$ effizient sind. (Der Punkt P kann nicht unterhalb der Referenzlinie liegen.)

Der Punkt P liegt im Vergleich zum Punkt T_1 auf einer Indifferenzkurve mit relativ niedrigem Nutzenwert. Der Investor kann jedoch seine Position verbessern, indem er Wertpapiere erwirbt. Optimal ist bei Kauf des Unternehmens dasjenige Portefeuille, bei dem die durch den Punkt P verlaufende Effizienzkurve eine Indifferenzkurve tangiert. Auch der dem Tangentialpunkt T_2 entsprechende Nutzenerwartungswert ist kleiner als derjenige, der bei Verzicht auf den Kauf des Überschusses erzielt wird (Punkt T_1); wenn der Investor den Überschuss zum Marktwert kauft, erzielt er also auch in Verbindung mit einer optimalen Portefeuillebildung einen Nachteil.

Damit er denselben Nutzenerwartungswert erzielt, muss der Preis unter den Marktwert gesenkt werden. Man erhält den betreffenden Korrekturterm, indem man die Effizienzkurve derart parallel nach rechts verschiebt, dass sie die durch T_1 verlaufende Indifferenzkurve tangiert, und den Betrag der Verschiebung mit dem risikolosen Zinssatz diskontiert.[7] Entsprechend steigt die bei Kauf des Überschusses erzielbare Risikoprämie (der Abszissenwert des Punktes P) um den Betrag der Rechtsverschiebung.

Wie erläutert wurde, wird der waagrechte Abstand zwischen der Effizienzkurve und der Referenzkurve in Abbildung 5 mit steigendem Erwartungswert $E(\tilde{V}_1)$ immer kleiner. Dies impliziert die folgenden Tendenz: Je geringer die Risikoaversion des Investors ist, d. h. je größer der Abszissenwert $b/2c$ des Mittelpunktes M seiner Indifferenzkurven ist, desto geringer ist der Abstand zwischen den Punkten T_2 und T_1 in Abbildung 5 und desto weniger muss die Effizienzkurve parallel nach rechts verschoben werden, damit sie die durch T_1 verlaufende Indifferenzkurve tangiert, und desto geringer ist der Abschlag, der vorgenommen werden muss, um vom Marktwert auf den subjektiven Wert (oder Grenzpreis) des Überschusses zu kommen.

Dieses Ergebnis kann anschaulich interpretiert werden: Je geringer die Risikoaversion, desto geringer ist der Unterschied zwischen den optimalen Risikoklassen für das Endvermögen mit Kauf des Überschusses zum Marktwert und ohne Kauf und desto weniger muss der Marktwert nach unten korrigiert werden, um den subjektiven Grenzpreis zu erhalten.

Analog kann untersucht werden, wie der Marktwert bei negativen Kovarianzen und/oder Leerverkaufsmöglichkeiten zu korrigieren ist. Negative Kovarianzen und/oder Leerverkäufe implizieren grundsätzlich vor allem für relativ kleine Risikoprämien, dass sich die Effizienzkurve der Referenzlinie nähert, so dass der Betrag der Rechtsverschiebung und somit auch der Abschlag vom Marktwert sinkt und somit vor allem bei hoher Risikoaversion sich der subjektive Grenzpreis dem Marktwert annähert.

---

[7] Da das (μ,σ)-Prinzip bei quadratischer Nutzenfunktion gegen das Dominanzprinzip verstößt, erzielt man allerdings bei Rechtsverschiebung nicht in jedem Fall einen Tangentialpunkt. Er existiert genau dann nicht, wenn der Ordinatenwert des Punktes P höher ist als der maximale Ordinatenwert der durch T_1 verlaufenden Indifferenzkurve. Bei Normalverteilungen und exponentieller Nutzenfunktion haben die Indifferenzkurven im (μ,σ)-Diagramm durchgehend positive Steigungen, so dass stets ein Tangentialpunkt existiert.

Literaturverzeichnis

Bartels, H.G. (1970): Zwei-Ziel-Programmierung, Heidelberg 1970.
Bartels, H.G. (1973): A priori Informationen zur Linearen Programmierung – über Ecken und Hyperflächen auf Polyedern, Meisenheim 1973.
Bartels, H.G. (1994): Zur Zurechenbarkeit zwischen einzelnen Passiv- und Aktivposten bzw. zur Dekomposition optimaler Investitionsprogramme. In: Ballwieser, W./Böcking, H.-J./Drukarczyk, J./Schmidt, R.H. (Hrsg.), Bilanzrecht und Kapitalmarkt, Festschrift für Adolf Moxter. Düsseldorf 1994, S. 1201 – 1229.
Copeland, T.E./Weston, J.F./Shastri, K. (2004): Financial Theory and Corporate Policy, 4. Aufl., Boston 2004.
Elton, E.J./Gruber, M.J. (1995): Modern Portfolio Theory and Investment Analysis, 5. Aufl., New York 1995.
Franke, G./Hax, H. (2004): Finanzwirtschaft des Unternehmens und Kapitalmarkt, 5. Aufl., Heidelberg 2004.
Laux, H. (2005): Entscheidungstheorie, 6. Aufl., Berlin et al. 2005.
Laux, H. (2006): Wertorientierte Unternehmenssteuerung und Kapitalmarkt. 2. Aufl., Berlin et al. 2006.
Lintner, J. (1965): The Valuation of Risk Assets and the Selection of Risky Investment and Capital Budgets. In: Review of Economics and Statistics 1965, S. 13 – 37.
Markowitz, H.M. (1952): Portfolio Selection. In: Journal of Finance 1952, S. 77 – 91.
Markowitz, H.M. (1959): Portfolio Selection, New York 1959.
Mossin, J. (1966): Equilibrium in a Capital Asset Market. In: Econometrica 1966, S. 768 – 783.
Rudolph, B. (1979): Kapitalkosten bei unsicheren Erwartungen, Berlin 1979.
Schmidt, R.H./Terberger, E. (1996): Grundzüge der Investitions- und Finanzierungstheorie, 3. Aufl., Wiesbaden 1996.
Sharpe, W.F. (1964): Capital Asset Prices: A Theory of Market Equilibrium under Conditions of Risk. In: Journal of Finance 1964, S. 425 – 442.
Sharpe, W.F. (1970): Portfolio Theory and Capital Markets, New York 1970.
Sharpe, W. F./Alexander, G.J. (1999): Investments, 6. Aufl., New Jersey 1999.
Tobin, J. (1957): Liquidity Preferences as Behavior Towards Risk. In: Review of Economic Studies 1957, S. 65 – 86.
Viceira, L.M. (2001): Optimal Portfolio Choice for Long-Horizon Investors with Nontradable Labor Income. In: Journal of Finance 2001, S. 433 – 470.

Fuzzy-Logik-basierte Mehrzielentscheidungen

Heinrich J. Rommelfanger[*]

A.	Einleitung	280
B.	Regelbasierte Aggregation der Unterziele	285
C.	Beschreibung von verbalen Bewertungen mittels Fuzzy-Intervallen	288
D.	Der Fuzzy-Controller	292
E.	Fuzzy-Expertensystem zur Analyse der materiellen Kreditwürdigkeit im Firmenkundengeschäft	295
F.	Würdigung und Ausblick	299

---

[*] Prof. Dr. Heinrich Rommelfanger, Professur für Wirtschaftsmathematik, Fachbereich Wirtschaftswissenschaften, Johann Wolfgang Goethe-Universität, Frankfurt am Main.

A. Einleitung

Das Treffen von Entscheidungen ist eine der wichtigsten Aktivitäten jedes Menschen. Aus einer Menge von Alternativen ist die beste oder zumindest eine zufrieden stellende auszuwählen. Dabei sind bei realen Entscheidungen i. a. mehrere Ziele parallel zu berücksichtigen, von denen normalerweise einige in Konkurrenz zueinander stehen. Daher ist nicht damit zu rechnen, dass eine *perfekte Alternative* existiert, die alle Ziele simultan am besten erfüllt.

Da nur die Menge der reellen Zahlen wohlgeordnet ist, dies aber für lineare Räume höherer Ordnung nicht mehr gilt, stehen wir normalerweise vor dem schwierigen Problem, Vektoren in eine Präferenzfolge zu bringen. Formal wollen wir hier die Ergebnisse einer Alternativen a_i in Bezug auf m gegebene Ziele $Z_1, Z_2, \ldots, Z_m$ mit $(z_1(a_i), z_2(a_i), \ldots, z_m(a_i))$ bezeichnen.

Werfen wir einen kurzen Blick in die Literatur und die dort gegebenen Vorschläge zur Lösung eines Mehrzielproblems.

- Die Annahme einer *lexikographischen Ordnung* der Ziele und der damit verbundene Vorteil einer schrittweisen Abarbeitung der Ziele sind bei realen Problemen fast nie gegeben.
- Andererseits ist der in der Praxis am häufigsten zu findende Ansatz einer *gewichteten Addition der einzelnen Zielbewertungen* und die Orientierung am höchsten Gesamtzielwert nicht akzeptabel, da hier „Äpfel mit Birnen verglichen" werden.
- Eine theoretisch elegante Lösung ist die Abbildung der Ergebnisvektoren $(z_1(a_i), z_2(a_i), \ldots, z_m(a_i))$ in die Menge der reellen Zahlen. In der Praxis ist es aber so gut wie unmöglich, die richtige Nutzenfunktion u: $\{(z_1(a_i), z_2(a_i), \ldots, z_m(a_i))\} \to \mathbf{R}$ festzulegen. Die in der Literatur empfohlene Lotteriemethode oder die schrittweise Reduktion der Dimension mittels des Lauxschen Transformationsprinzips[1] werden meiner Ansicht nach zu Recht von der Praxis ignoriert.
- In der deutschsprachigen Literatur beliebt ist der *Nutzwertansatz*, der ein Mittelweg zwischen den beiden vorstehenden Verfahren darstellt. Die Einzelergebnisse werden in Einzelnutzenwerte abgebildet. Dazu sind Teilnutzenfunktionen u_k: $\{z_k(a_i)\} \to \mathbf{R}$, $k = 1, 2, \ldots, m$, nach der Lotteriemethode zu bilden. Die sich so ergebenden Teilnutzenwerte $u_k(a_i) = u_k(z_k(a_i))$ werden dann durch gewichtete Addition zum Gesamtnutzen $u(a_i) = w_1 \cdot u_1(a_i) + \ldots + w_m \cdot u_m(a_i)$ aggregiert. Abgesehen von der Frage, ob Anwender in der Lage und auch bereit sind, kardinal messbare Teilnutzenfunktionen aufzustellen, stellt sich das Problem der Bestimmung der Gewichte w_k. Da schon May[2] 1954

---

[1] Vgl. Laux (1998).
[2] Vgl. May (1954).

empirisch nachgewiesen hat, dass Menschen nicht in der Lage sind, Ausprägungen von mehr als drei Zielen widerspruchsfrei, d. h. transitiv, zu ordnen, ist es seit 20 Jahren „state of art", Ziele in Form hierarchischer Zielsysteme zu ordnen, bei denen schrittweise nur bis zu 3 Zielkriterien zu aggregieren sind. In Beispielen wird häufig das Problem der Festlegung von Teilnutzenwerten $u_k(a_i)$ umgangen, indem Risikoneutralität unterstellt und direkt mit normierten Ergebnissen gerechnet wird. Das Dilemma mit nur ordinal messbaren Zielen wird dadurch gelöst, dass nicht-metrisch skalierte Ziele solange durch Subzielsysteme beschrieben werden, bis alle Subziele metrisch messbar sind. Dennoch bleibt auch in der *Nutzwertanalyse* die Frage nach der richtigen Gewichtung bestehen, wenn auch in abgeschwächter Form.

- Eine Lösung dieses Problems verspricht Thomas L. Saaty[3] mit dem *Analytic Hierarchy Process* (AHP). Dessen Enthusiasmus wird in der Literatur nur bedingt unterstützt. Ein wesentliches Problem stellt die von Saaty entwickelte Bewertungsskala dar, die nur ordinal skaliert ist und daher eine Bildung reziproker Gewichtungsfaktoren nicht gestattet. Der Vorschlag von Saaty, den Eigenvektor zum größten Eigenwert der Paarvergleichsmatrix auch dann als Gewichtungsvektor zu wählen, wenn die Paarvergleichsmatrix als ausreichend konsistent angesehen werden kann, überzeugt ebenfalls nicht. Auch die Weiterentwicklungen *Analytic Network Process*[4] (ANP) oder *Fuzzy Analytic Hierarchy Process*[5] bieten keine bzw. nur geringe Verbesserungen.

- Die *Outranking Methoden*[6] kommen ohne den Nutzenbegriff aus und basieren auf Indifferenz-, Präferenz- und Veto-Fühlbarkeitsschranken, da es Entscheidungsträger leichter fällt, solch weichere Entscheidungsaussagen zu geben. Dennoch sind die Anforderungen an den Entscheidungsträger weiterhin hoch. Besonders schwierig dürfte für ihn die Angabe von Gewichten sein, die die relative Wichtigkeit der einzelnen Kriterien widerspiegelt. Auch ist zu bezweifeln, ob die Präferenzgrade kardinal meßbar sind, denn diese Annahme ist Voraussetzung für die Berechnung einer Konkordanz-Beziehung mittels einer gewichteten Summe. Fraglich ist ebenfalls die Festlegung einer Grenze für die Akzeptanz der Outranking-Grade.

- Der einzige Lösungsansatz für Mehrzielentscheidungen, der das Problem der Gewichtungsfaktoren nicht aufweist, ist die Suche nach einer *satisfizierenden Lösung* im Sinne von Simon[7]. Über schrittweise

---

[3] Vgl. Saaty (1980).
[4] Vgl. Saaty (1999).
[5] Vgl. Eickemeier/Rommelfanger (2002).
[6] Vgl. Brans/Vincke/Mareschal (1986); van Huylenbroeck (1995).
[7] Vgl. Simon (1955).

Anspruchniveauanpassung kann dann der Lösungsraum so lange eingeengt werden, bis nur noch eine Lösung in Betracht kommt. Abgesehen von dem Aufwand, den eine iterative Alternativensuche mit sich bringt, stellt sich hier die Frage, ob ein Entscheidungsträger in der Lage ist, eine größere Anzahl von Zielanspruchsniveaus simultan zu bewerten. Auch wird hier nur die beste Alternative ausgewählt; in vielen Entscheidungsproblemen ist aber eine Rangordnung der Alternativen gefordert.

Da in der Literatur kein voll zufrieden stellender Lösungsweg für Mehrzielentscheidungen zu finden ist, soll hier ein neuer Ansatz dargestellt werden. Er basiert wie die Nutzwertanalyse und ANP auf einem hierarchischen Zielsystem, bei dem schrittweise nur bis zu drei Zielwerte zu aggregieren sind und das soweit disaggregiert ist, dass auf der untersten Ebene alle Ziele zumindest ordinal messbar sind. Die Bewertung der einzelnen Zielwerte erfolgt mittels linguistischer Variablen. Bei der Aufstellung der Zugehörigkeitsfunktionen für die Ausprägungen dieser linguistischen Variablen sollte nicht nur das Wissen von Experten, sondern – soweit vorhanden – auch das in Datenbanken gespeicherte Wissen herangezogen werden. Dadurch bietet sich die Möglichkeit, eine Fülle von Informationen für die Entscheidungsfindung auf bequeme Weise zu aktivieren.

Die deterministischen Zielwerte werden dann gemäß der vorgegebenen linguistischen Variablen „fuzzifiziert"; dabei ist es auch möglich, dass diese Zielwerte selbst in Form von Fuzzy-Zahlen vorliegen. Die Aggregationen im hierarchischen System erfolgen mittels Expertenregeln und Fuzzy-Inferenz. Durch die Beschränkung auf nur zwei oder drei Subkriterien lässt sich sichern, dass die Regelblöcke konsistent und vollständig sind. Die schrittweise durchgeführten Verdichtungen der Bewertungen orientieren sich an der Vorgehensweise der Fuzzy Control-Anwendungen[8]. Diese Fuzzy-Logik-basierten Expertensysteme zur Steuerung technischer Abläufe haben seit 1990 ihren Siegeszug in der ganzen Welt angetreten. Es gibt keinen modernen Photoapparat oder Camcorder, der nicht mehrere Fuzzy-Steuerungen enthält. Auch Produktbeschreibungen wie „Staubsauger mit elektronischer Saugregulierung" oder „Waschmaschine mit elektronisch gesteuertem Wasserzufluss oder Waschmittelbeigabe" sind Hinweise darauf, dass diese Steuerung mittels eines Fuzzy-Expertensystems erfolgt.

Es existiert eine Fülle von Beispielen, die belegen, dass Gewichte sich mit den Zielerreichungsgraden verschieben; dies kann in Extremfällen von „dominant" bis „unbedeutend" erfolgen. Dieses Faktum wird besonders gut gestützt durch das Regeltableau zum Analysefeld „Gängigkeitsabwertungen", das der Dissertation von Müller[9] entnommen ist, vgl. Abbildung 1 und Tabelle 1. Es ist so gut wie unmöglich, diese Aggregation mit festen Gewichten zu beschreiben.

---

[8] Vgl. Kahlert (1993); Sugeno (1985); Yamakawa (1989).
[9] Vgl. Müller (1995).

Fuzzy-Logik-basierte Mehrzielentscheidungen

```
                    VORRÄTE-
                   BEWERTUNG
        ┌──────────────┼──────────────┐
   Abwertungen wegen   GÄNGIGKEITS-   Abwertungen wegen
   niedriger Wieder-   ABWERTUNGEN    niedriger Verkaufserlöse
   beschaffungskosten costs
        │              │              │
   Abwertungsquote    Bestände mit    Ersatzteilbestände
   Lagerreichweite    aktuellem Bedarf Gesamtbestand
                      Gesamtbestand
```

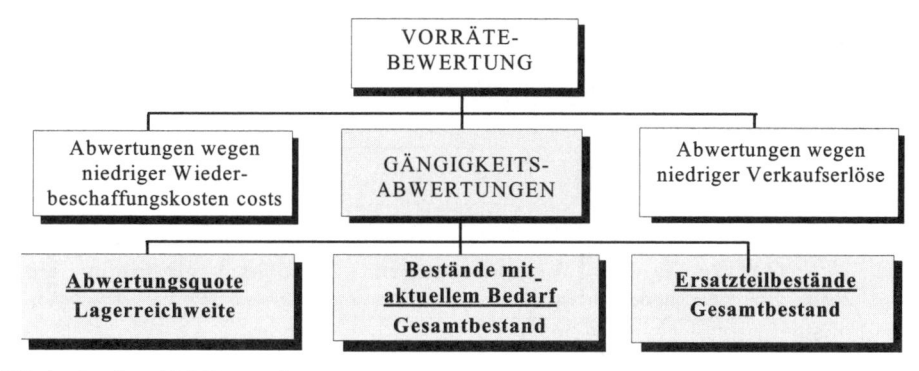

Abb.1: *Analysefeld Vorratsbewertung*

Abwertungsquote Lagerreichweite	Bestände mit aktuellem Bedarf Gesamtbestand	Ersatzteilbestand Gesamtbestand	Gängigkeits- abwertungen
niedrig	Niedrig	niedrig	schlecht
niedrig	niedrig	mittel	schlecht
niedrig	niedrig	Hoch	schlecht
niedrig	Mittel	niedrig	schlecht
niedrig	mittel	mittel	schlecht
niedrig	mittel	Hoch	mittel
niedrig	hoch	niedrig	mittel
niedrig	hoch	mittel	mittel
niedrig	hoch	Hoch	gut
mittel	niedrig	niedrig	schlecht
mittel	niedrig	mittel	mittel
mittel	niedrig	Hoch	mittel
mittel	mittel	niedrig	mittel
mittel	mittel	mittel	gut
mittel	mittel	Hoch	mittel
mittel	hoch	niedrig	gut
mittel	hoch	mittel	mittel
mittel	hoch	Hoch	schlecht
Hoch	niedrig	niedrig	mittel
hoch	niedrig	mittel	gut
hoch	niedrig	Hoch	mittel
Hoch	mittel	niedrig	gut
hoch	mittel	mittel	mittel
hoch	mittel	Hoch	schlecht
Hoch	hoch	niedrig	mittel
hoch	hoch	mittel	schlecht
hoch	hoch	Hoch	schlecht

Tab. 1: *Bewertung der Gängigkeitsabwertungen*

Ein anderes Beispiel findet man in der Dissertation von Scheffels[10]. Bei der Bewertung der Vorräte in dem Expertensystem zur Beurteilung der Vermögens-, Finanz- und Ertragslage benutzt er die Teilhierarchie in Abbildung 2 und den Regelsatz in Tabelle 2.

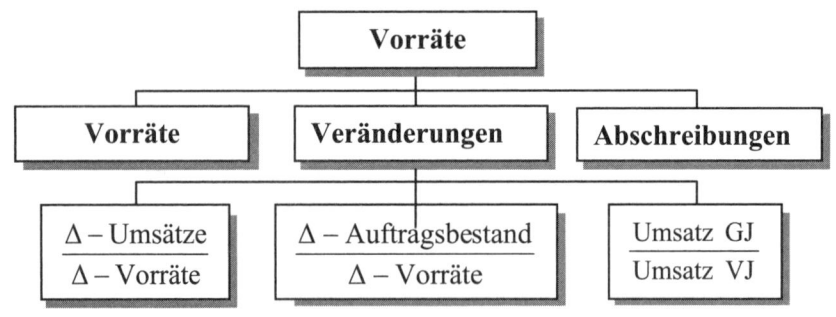

Abb. 2: Analysefeld „Vorratsbewertung"

Regel Nr.	$\dfrac{\Delta - \text{Umsätze}}{\Delta - \text{Vorräte}}$	$\dfrac{\Delta - \text{Auftragsbest.}}{\Delta - \text{Vorräte}}$	$\dfrac{\text{Umsatz GJ}}{\text{Umsatz VJ}}$	Änderung der Vorräte
1	Hoch	Hoch		Gut
2	Hoch	durchschnittlich		Gut
3	Hoch	Niedrig		Mittel
4	durchschnittlich	Hoch		Gut
5	durchschnittlich	durchschnittlich		Mittel
6	durchschnittlich	Niedrig		Schlecht
7	niedrig	Hoch		Gut
8	niedrig	durchschnittlich	hoch	Gut
9	niedrig	durchschnittlich	durchschnittlich	Mittel
10	niedrig	durchschnittlich	niedrig	Schlecht
11	niedrig	Niedrig		Schlecht

Tab. 2: Regelsatz für das Analysefeld „Vorratsbewertung"

Wie aus Tabelle 2 ersichtlich, hat die dritte Kennzahl $\dfrac{\text{Umsatz Geschäftsjahr}}{\text{Umsatz Vorjahr}}$ zumeist keinen Einfluss auf die Bewertung der Vorräte. Lediglich für den Fall, dass die Kennzahl $\dfrac{\text{Umsatz-Änderung}}{\text{Vorräte-Änderung}}$ mit „niedrig" und die Kennzahl $\dfrac{\text{Auftragsbestands-Änderung}}{\text{Vorräte-Änderung}}$ mit „durchschnittlich" bewertet wird, spielt die dritte Kennzahl eine Rolle; sie ist dann sogar dominierend.

Bei Fuzzy-Logik-basierten Mehrzielentscheidungen erfolgt die Gesamtbewertung der Alternativen in Form von Fuzzy-Größen, die im Gegensatz zur üblichen Angabe einer einzelnen Zahl noch die Bewertungen von Unterzielen erkennen lassen. Zur Auswahl der besten Alternative oder zur Einteilung in Klassen lassen

---

[10] Vgl. Scheffels (1995).

sich dann neben dem visuellen Vergleich der Fuzzy-Bewertungen auch diverse Präferenzmethoden heranziehen. Eine Abbildung in die reellen Zahlen mittels sogenannter Defuzzifikationsverfahren sollte nur dann durchgeführt werden, wenn dies gewünscht ist, da durch solche „Verdichtungen" Informationen verloren gehen. Es ist auch zu beachten, dass die bekanntesten Defuzzifikationsverfahren, z. B. das Schwerpunkts- oder das Flächenhalbierungsverfahren, eine metrisch messbare Abszissenskala voraussetzen.

B. Regelbasierte Aggregation der Unterziele

In den Tabellen 1 und 2 wird ein bedeutend flexiblerer Weg zur Aggregation von Zielbewertungen sichtbar. Hier werden die Einzelbewertungen zu einem Gesamturteil verdichtet mit Hilfe von Regeln, die Experten formuliert haben, um die Verknüpfung zu erklären. Ein weiteres Beispiel für solche Regelsätze stellt die Tabelle 3 für die Bewertung des „Eigenkapitals" dar. Es gehört zu einem Gesamtsystem zur Bewertung der materiellen Kreditwürdigkeit im Kundengeschäft, vgl. Abbildung 3, das an der Professur für Wirtschaftsmathematik 2001 aufgestellt wurde[11].

Die Analyse der materiellen Kreditwürdigkeit eines Unternehmens erfolgt, wie allgemein üblich, auf der Basis von Jahresabschlussdaten. Die Beurteilungshierarchie entspricht auf der ersten Unterebene der Forderung des § 264 (2) HGB, dass der Jahresabschluss „ein den tatsächlichen Verhältnissen entsprechendes Bild der Vermögens-, Finanz- und Ertragslage der Kapitalgesellschaft zu vermitteln" hat. Die weitere Untergliederung und die Auswahl der Kennzahlen auf der untersten Ebene erfolgt unter Zuhilfenahme von Kreditexperten. Dies hat den großen Vorteil, dass neben dem gesicherten Fachwissen auch auf spezifisches und individuelles Erfahrungswissen zurückgegriffen wird. Die Struktur der Beurteilungshierarchie ist so modelliert, dass die einzelnen Kennzahlen ihrem sachlogischen Zusammenhang entsprechend stufenweise zu einem abschließenden Gesamturteil aggregiert werden können. Damit wird bei Expertensystemen sichergestellt, dass die Merkmalsauswahl plausibel ist und ein inhaltlicher Zusammenhang zwischen den einzelnen Größen und Analysefeldern existiert. Letztlich wird so die Interpretierbarkeit und Nachvollziehbarkeit von Entscheidungen gewährleistet.

---

[11] Rommelfanger/Flach (2001).

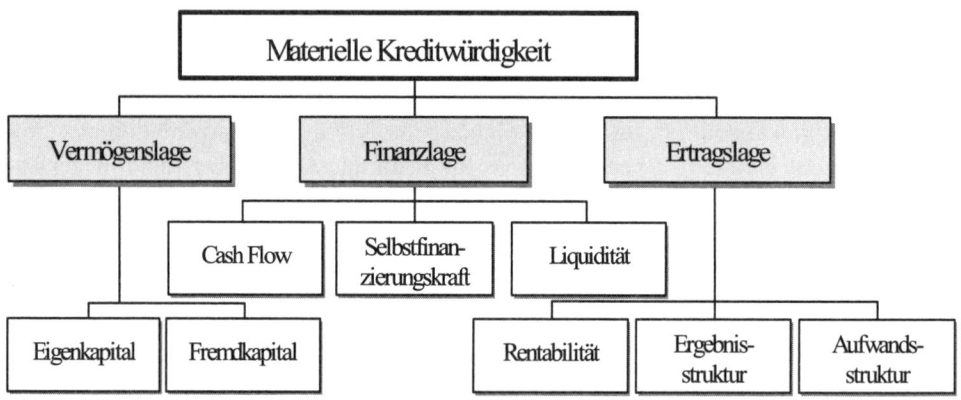

Abb. 3: Hierarchisches Bewertungssystem „Materielle Kreditwürdigkeit"

Zur Bewertung der acht Analysefelder auf der unteren Zielebene werden in einer weiteren Untergliederung zwanzig Jahresabschlusskennzahlen herangezogen. So fließen z.B. in das Analysefeld „Eigenkapital" die Beurteilungen der Kennzahlen „EK-Quote I", „EK-Quote II" und „Sachanlagendeckungsgrad" ein.

Regel	EK-Quote I	EK-Quote II	Deckungsgrad	EK
1	hoch	hoch	hoch	gut
2	hoch	hoch	mittel	gut
3	hoch	hoch	niedrig	gut
4	hoch	mittel	hoch	gut-
5	hoch	mittel	mittel	gut
6	hoch	mittel	niedrig	gut-
7	hoch	niedrig	hoch	mittel-
8	hoch	niedrig	mittel	mittel
9	hoch	niedrig	niedrig	mittel-
10	mittel	hoch	hoch	gut-
11	mittel	hoch	mittel	gut
12	mittel	hoch	niedrig	gut-
13	mittel	mittel	hoch	mittel
14	mittel	mittel	mittel	mittel+
15	mittel	mittel	niedrig	mittel
16	mittel	niedrig	hoch	schlecht
17	mittel	niedrig	mittel	schlecht+
18	mittel	niedrig	niedrig	schlecht
19	niedrig	hoch	hoch	mittel-
20	niedrig	hoch	mittel	mittel
21	niedrig	hoch	niedrig	mittel-
22	niedrig	mittel	hoch	schlecht+
23	niedrig	mittel	mittel	mittel-
24	niedrig	mittel	niedrig	schlecht+
25	niedrig	niedrig	hoch	schlecht
26	niedrig	niedrig	mittel	schlecht
27	niedrig	niedrig	niedrig	schlecht

Tab. 3: Regelsatz Eigenkapital

Eigenkapitalquote I (EK I)	
EK I < 10 %	niedrig (n) (großes Risiko)
10 % ≤ EK I < 38 %	mittel (m) (mittleres Risiko)
38 % ≤ EK I	hoch (h) (kleines Risiko)

Tab. 4: Bewertung der Eigenkapitalquote I

Eigenkapitalquote II (EK II)
EK II < 20 %
20 % ≤ EK II < 55 %
55 % ≤ EK II

Tab. 5: Bewertung der Eigenkapitalquote II

Sachanlagendeckungsgrad (SDG)	
MW < 100 %	niedrig (n) (großes Risiko)
100 % ≤ MW < 410 %	mittel (m) (mittleres Risiko)
410 % ≤ MW	hoch (h) (kleines Risiko)

Tab. 6: Bewertung des Marktwachstums

Offensichtlich liegt eine gravierende Schwäche dieser Beschreibung verbaler Bewertungen durch Intervalle darin, dass diese Intervalle zumeist relativ groß sind und daher recht unterschiedliche Firmen gleich bewertet werden, während Unternehmen, die sich nur wenig unterscheiden, unterschiedlich beurteilt werden können. Das folgende Beispiel soll diese Schwäche veranschaulichen.

	Ek-Quote I	EK-Quote II	Sachanlagendeckungsgrad
Firma A:	35 %,	50 %,	350 %
Firma B:	11 %	20 %	105 %
Firma C:	37 %,	19 %	250 %

Tab. 7: Übersicht Bewertungskriterien

Nach der Regel 14 in Tabelle 3 erhalten die Firmen A und B für das Oberziel „Eigenkapital" die gleiche Bewertung „mittel plus", obwohl die Firma A in allen drei Unterzielen deutlich besser ist als Firma B. Andererseits wird nach Regel 17 das „Eigenkapital" der Firma C mit „schlecht plus" bewertet, obwohl sie in den Kriterien „EK-Quote I" und „Sachanlagendeckungsgrad" die besten Werte aufweist und deutlich besser als Firma A abschneidet, lediglich für das Unterziel „EK-Quote II" weist Firma C eine nur geringfügig schlechtere Bewertung als Firma B auf.

Das vorstehende Beispiel verdeutlicht, dass bei der Verwendung von Bewertungsintervallen kleine Veränderungen in den Werten der Basiskennzahlen die Bewertungen der höheren Aspekte entscheidend beeinflussen können, während andererseits große Veränderungen wirkungslos bleiben, solange die Bewertungsklasse nicht verlassen wird. Erschwerend kommt hinzu, dass die Klassengrenzen mit diesem harten Trennungscharakter nicht ausreichend begründet werden können; die Einteilung wird stets zu einem hohen Grad subjektiv beeinflusst sein.

Eine „bessere" Klassifizierung ließe sich zwar erreichen, indem man die Anzahl der Intervalle vergrößert. Dies hätte aber bei einer regelbasierten Aggregation zur Folge, dass die Zahl der benötigten Verarbeitungsregeln überproportional ansteigt. Wird keine der möglichen Kombinationen ausgeschlossen, so ist die Anzahl der Regeln gleich „r^m", wenn für jedes der m Merkmale r Ausprägungen möglich sind. D. h., bei drei Kennzahlen mit jeweils 9 Ausprägungen wären $9^3 = 729$ Regeln aufzustellen. Damit steigt nicht nur der Rechenaufwand, sondern es wird auch immer unwahrscheinlicher, dass die Experten alle Regeln richtig aufstellen können und diese nicht nur in einen Basisregelsatz „einpassen".

C. Beschreibung von verbalen Bewertungen mittels Fuzzy-Intervallen

Als Ausweg aus dem Dilemma einer intervallbasierten Merkmalsbeurteilung bietet die Fuzzy-Mengen-Theorie einen überzeugenden und stringenten Ansatz zur Transformation der Kennzahlenausprägungen in linguistische Terme an. Sie ermöglicht es, Bewertungsunterschiede innerhalb einer Intervallklasse mathematisch so genau zu beschreiben, wie dies der Experte sieht und wie er es ausdrükken kann. Durch eine detaillierte Beschreibung der verbalen Bewertungsausprägungen werden auch die Aggregationsregeln für Anwender besser verständlich, denn sie erfahren, was die Experten bei den einzelnen Kriterien unter „niedrig", „mittel", „hoch" bzw. „schlecht", „mittel", „gut" verstehen. Das Bewertungsverfahren wird damit nachvollziehbar und es ist davon auszugehen, dass es bei Anwendern eine höhere Akzeptanz findet als die „black boxes", die Neuronale Netze oder komplizierte statistische Verfahren für sie darstellen.

Im Gegensatz zur klassischen Mengendefinition, bei der jedes Element entweder eindeutig in einer Menge enthalten oder nicht enthalten ist, können bei einer Fuzzy-Menge die Elemente auch nur zu einem gewissen Grad der betrachteten Menge angehören. Dieser Grad wird dann durch den Zugehörigkeitswert µ repräsentiert. Die Festlegung der Zugehörigkeitsfunktionen (ZGFen) durch den Experten oder das Expertenteam muss dabei sehr sorgfältig erfolgen, denn diese beeinflussen wesentlich den weiteren Bewertungsprozess. Auch wenn bei der Aufstellung der ZGFen die Daten vergleichbarer Unternehmen bzw. branchentypische Daten herangezogen werden, sind sie doch stark von den subjektiven Vorstellungen der Experten geprägt. Grundsätzlich kann nicht erwartet werden, dass der Verlauf der ZGFen in allen Einzelheiten richtig festgelegt wird, da zu viele Informationen über vergleichbare Firmen und die allgemeine Wirtschaftsentwicklung gesammelt und verarbeitet werden müssten. Man wird sich daher mit einfachen, standardisierten Funktionsformen begnügen müssen. In der Praxis reicht es dabei aus, mit Fuzzy-Zahlen bzw. Fuzzy-Intervallen des LR-Typs zu arbeiten[12].

Diese standardisierten Fuzzy-Größen $\tilde{M} = (m_1; m_2; \alpha; \beta)_{LR}$ haben eine ZGF der Gestalt

$$\mu_M(x) = \begin{cases} L\left(\dfrac{m_1 - x}{\alpha}\right) & \text{für } x < m_1 \quad \alpha > 0 \\ 1 & \text{für } m_1 \leq x \leq m_2 \\ R\left(\dfrac{x - m_2}{\beta}\right) & \text{für } m_2 < x \quad \beta > 0 \end{cases},$$

wobei die den Kurvenverlauf beschreibenden Referenzfunktionen L und R nicht steigende Funktionen in $[0, +\infty[$ sind mit $L(0) = R(0) = 1$.

Während es in den technischen Steuerungsalgorithmen des Fuzzy Control ausreicht, die sehr einfachen Typen der triangulären oder trapezförmigen Fuzzy-Mengen zu benutzen, die auf der Referenzfunktion $L(u) = R(u) = Max(0, 1-u)$ basieren, empfiehlt es sich, bei Bewertungs- und nicht-technischen Entscheidungssystemen mit s-förmigen Referenzfunktionen zu arbeiten, die sich an der Nutzentheorie orientieren[13]. Dennoch werden in dieser Arbeit lineare ZGFen verwendet, was jedoch ausschließlich daraus resultiert, dass einige der nachfolgenden Abbildungen einem Fuzzy-Expertensystem[14] entnommen sind, welches zur Vereinfachung der Programmierung derzeit nur lineare Funktionen zulässt.

Bei der Modellierung dieser ZGFen durch Experten sollte auch das in Datenbanken gespeicherte Wissen über vergleichbare Firmen derselben Branche und über die zu erwartende wirtschaftliche Entwicklung mit verarbeitet werden. Ein Weg, wie dies praktisch realisiert werden kann, wurde in einer empirischen Studie am Institut für Statistik und Mathematik der Universität Frankfurt am Main untersucht. Auf der Grundlage von Branchendaten aus der Unternehmensdatenbank Hoppstat wurden standardisierte Verfahren entwickelt, mit denen die ZGFen linguistischer Bewertungsvariablen in einem wissensbasierten System zur Analyse der Vermögens-, Finanz- und Ertragslage im Rahmen der Jahresabschlussprüfung modelliert werden können[15]. Es zeigte sich, dass es zur Festlegung der entscheidenden Parameter der ZGFen ausreicht, für die einzelnen Branchen das mittlere 50%-Quantil, das mittlere 25%-Quantil und manchmal zusätzlich das mittlere 12,5%-Quantil der Branchenkennzahlen zu bilden. Normalerweise genügt es, mit drei standardisierten Verfahren zu arbeiten, so dass Informationen aus Datenbanken weitgehend automatisiert genutzt werden können. Die so gebildeten

---

[12] Zur Diskussion unterschiedlicher Funktionsverläufe vgl. Rommelfanger (1994), S. 172-176.
[13] Vgl. z.B. Zimmermann (1987), S. 208-213; Zysno (1981), S. 350-375.
[14] Vgl. Rommelfanger/Flach (2002).
[15] Vgl. Scheffels (1995).

Zugehörigkeitsfunktionen für die Beurteilungsintervalle sind dann den Experten zur Begutachten vorzulegen, die natürlich Veränderungen vornehmen können.

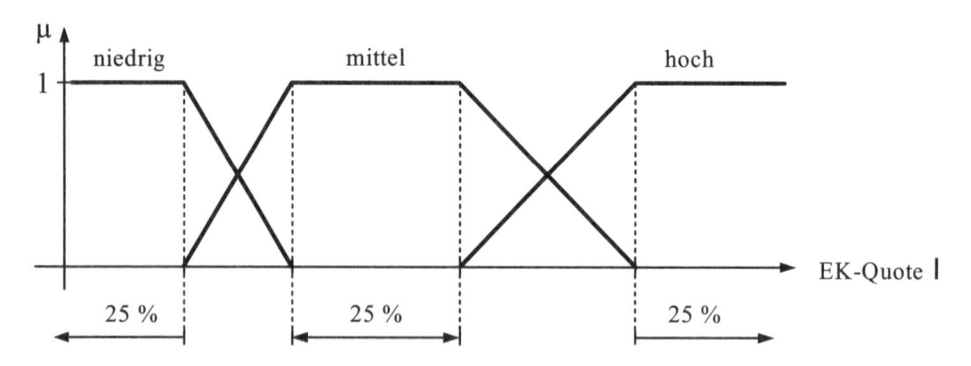

Abb. 4: Standardverfahren zur empirische Ermittlung der Ausprägungen der linguistischen Variablen „EK-Quote I"

Neben dem Standardverfahren wurden spezielle Modellierungen für „Risikoindikatoren" und „Veränderungskennzahlen" entwickelt. Als Beispiel ist in Abbildung 5 die linguistische Variable Cash Flow/Fremdkapital nach dem Verfahren für Risikoindikatoren für die Branche „Maschinenbau und Computer" dargestellt. Grundsätzlich werden die ZGFen für alle Kennzahlen zunächst nach der Standardmethode gebildet. Diese standardisierte Vorgehensweise ist jedoch nicht in allen Fällen sinnvoll. Bei Kennzahlen, die eine Aussage über den wirtschaftlichen Erfolg eines Unternehmens zulassen, z. B. Rentabilitätskennzahlen, ist neben einer relativen auch eine absolute Kennzahlenbeurteilung notwendig, in dem Sinne, dass für die Zugehörigkeit zu einer Beurteilungsklasse gewisse Mindestbedingungen erfüllt werden müssen. So kann es vorkommen, dass aufgrund einer allgemein schlechten Branchenlage mehr als 25 % der betrachteten Unternehmen bestimmte Kennzahlenausprägungen aufweisen, die absolut betrachtet als „eindeutig niedrig" zu klassifizieren ist, z. B. für eine Rentabilitätskennzahl mit negativem Wert. In diesem Fall werden die Zugehörigkeitsfunktionen für die Beurteilungsintervalle so verschoben, dass die absoluten Mindestbedingungen erfüllt sind. Durch dieses Vorgehen wird bei einem Branchenvergleich auch die wirtschaftliche Lage der Branche berücksichtigt. Daraus resultierend werden dann unter Umständen mehr als die schlechtesten 25 % der Unternehmen als „eindeutig niedrig" klassifiziert, d. h., die betrachteten Unternehmen müssen strengere Anforderungen im Vergleich zur Branche erfüllen.

In dieser Vorgehensweise ist ein weiterer entscheidender Vorteil des dargestellten Beurteilungsverfahrens zu sehen: Während viele Ansätze eine schlechte wirtschaftliche Situation der Branche erst am Ende in die Beurteilung einbeziehen, indem das Urteil abgewertet wird, berücksichtigt der vorliegende Ansatz die Branchensituation bereits auf der Ebene der Kennzahlenbewertung. Somit erfolgt keine pauschale „Bestrafung" aller Unternehmen dieser Branche, es werden lediglich härtere Anforderungen an die betrachteten Unternehmen gestellt.

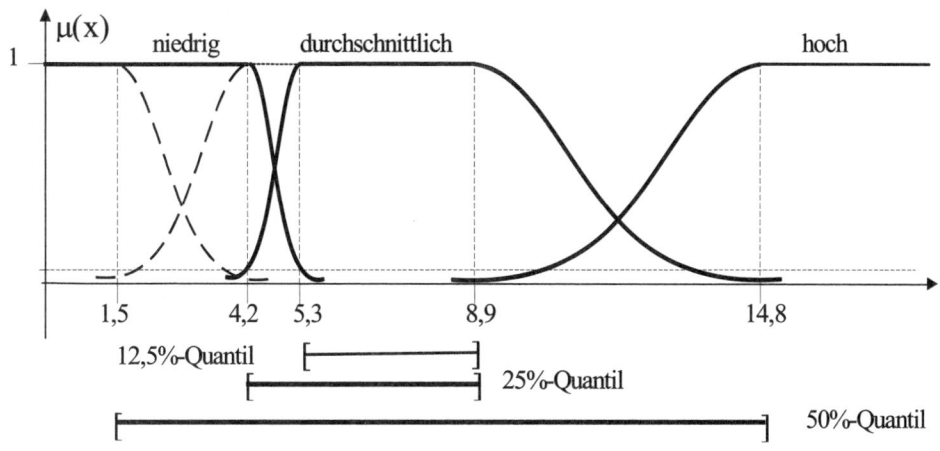

Abb. 5: Zugehörigkeitsfunktionen zur Bewertung der Kennzahl Cash Flow/Fremdkapital (nach dem Verfahren für Risikoindikatoren)

Beispielhaft werden im Folgenden die ZGFen für die Kennzahlen des Analysebereichs „Eigenkapital" dargestellt. Dabei werden zur detaillierteren Bewertung für diese Outputvariable sieben Ausprägungen unterschieden.

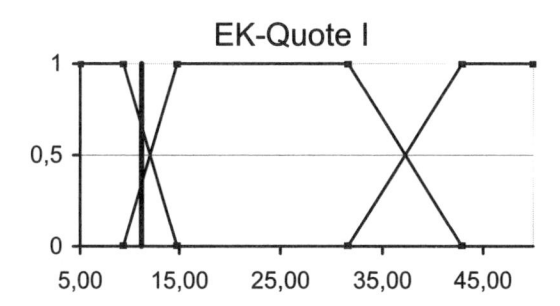

Abb. 6: Linguistische Variable „EK-QuoteI"

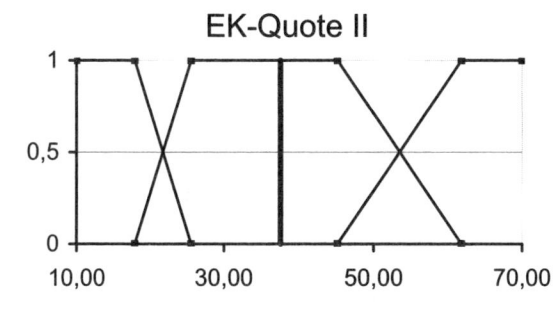

Abb.7: Linguistische Variable „EK-Quote II"

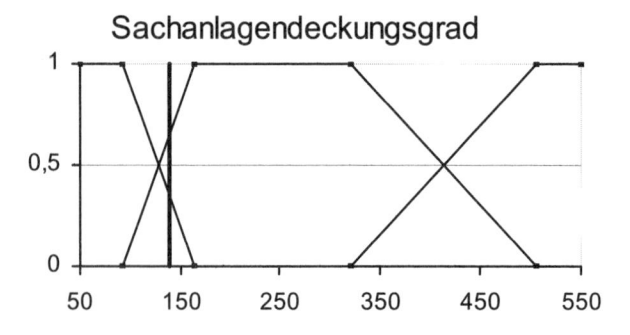

Abb. 8: Linguistische Variable „Sachanlagendeckungsgrad"

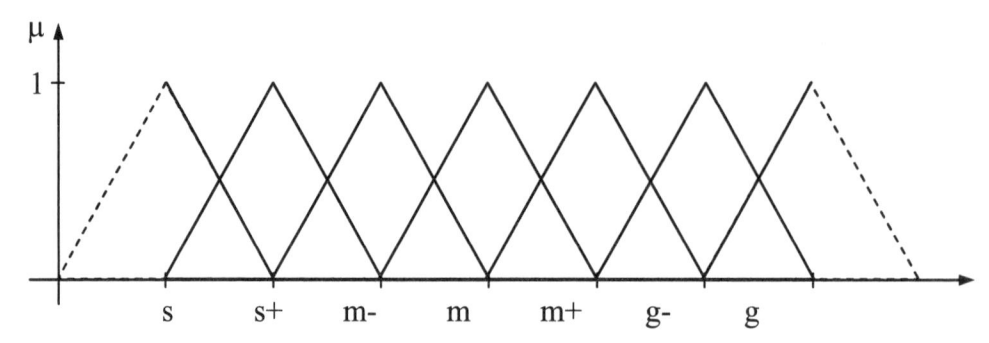

Abb. 9: Bewertung der linguistischen Variable „Eigenkapital"

D. Der Fuzzy-Controller

Die Vorgehensweise bei der Fuzzy-Logik-Bewertung konkreter Eingangswerte soll nun anhand der in Tabelle 3 dargestellten Regelbasis zur Bewertung des Absatzes erläutert werden. Dazu ist anzumerken, dass sich die Anwendung der Regeln zunächst nur auf die Fälle beschränkt, in denen alle Ausprägungen mit dem Zugehörigkeitsgrad 1 erfüllt sind. Ihnen ist nach Ansicht des Experten die in der entsprechenden Regel als „Output" genannte verbale Bewertung zuzuordnen.

Als Beispiel betrachten wir ein Unternehmen mit den Merkmalsausprägungen (EK-Quote I, EK-Quote II, Sachanlagendeckungsgrad) = (25 %, 70 %, 250 %).

Gemäß der Regel 11 in Tabelle 3 erhält dann das Oberziel „Eigenkapital" die Bewertung „gut" mit dem Zugehörigkeitsgrad 1.

Für die übrigen Fälle, in denen wenigstens eine „Input"-Kennzahl einen Zugehörigkeitswert kleiner als 1 aufweist, werden keine eigenen Regeln vom Experten formuliert. Man unterstellt aber, dass die vorliegenden Regeln auch auf benachbarte Zustände angewendet werden dürfen, allerdings mit geringerer Stringenz. Die Regeln werden damit „aufgeweicht" mit der Folge, dass nun gleichzeitig mehrere Regeln in abgeschwächter Form zum Tragen kommen dürfen. Bezeichnen wir mit DOF (*Degree of Fulfillment*) den *Grad der Übereinstimmung* mit der Zustandsbeschreibung der Regeln im Regelblock, so wollen wir den DOF definieren als das Minimum der Zugehörigkeitswerte, mit der die Kennzahlen eines konkreten Unternehmens die Zustandsbeschreibung der jeweiligen Regel erfüllen. Theoretische Überlegungen und Simulationsrechnungen legen dabei den Schluss nahe, den in Fuzzy Control-Anwendungen übliche Minimumoperator auch in nicht-technischen Anwendungen zur Berechnung des Erfüllungsgrades zu benutzen[16]. Er hat u. a. den Vorzug, dass nur wenige Regeln mit positivem DOF übrig bleiben, während bei der Verwendung von kompensatorischen Operatoren fast alle Regeln positive DOFs aufweisen, was zumeist eine „mittlere" Bewertung zur Folge hat[17].

Betrachten wir nun eine andere Firma mit den Kennzahlenausprägungen (EK-Quote I, EK-Quote II, Sachanlagendeckungsgrad) = (11,19 %; 37,58 %; 138,49 %). Gemäß der in den Abbildungen 6 bis 8 vorgenommenen Beschreibung der linguistischen Bewertungen „niedrig", „mittel" und „hoch" durch Fuzzy-Intervalle lassen sich die konkreten Eingangsgrößen beschreiben durch die nachfolgenden Vektoren, welche die Zugehörigkeit zu den Merkmalsausprägungen enthalten:

$$(\mu_{niedrig}^{EK\,I}(11,19\%),\ \mu_{mittel}^{EK\,I}(11,19\%),\ \mu_{hoch}^{EK\,I}(11,19\%)) = (0,66;\ 0;\ 0,34)$$

$$(\mu_{niedrig}^{EK\,II}(37,58\%),\ \mu_{mittel}^{EK\,II}(37,58\%),\ \mu_{hoch}^{EK\,II}(37,58\%)) = (0;\ 1;\ 0)$$

$$(\mu_{niedrig}^{SDG}(138,49\%),\ \mu_{mittel}^{SDG}(138,49\%),\ \mu_{hoch}^{SDG}(138,49\%)) = (0,36;\ 0,64;\ 0).$$

Durch dieses „Fuzzifizieren" der scharfen Eingangsgrößen wird eine Verknüpfung aufgebaut zwischen den beobachteten Werten und den linguistischen Bewertungen der Regelbasis.

Für die betrachtete Firma haben dann gemäß der Tabelle 3 die folgenden vier Regeln einen positiven DOF:

Regel	EK-Quote I	μ	EK-Quote II	μ	SADeckungsgrad	μ	EK	DOF
14	m	0,34	m	1,00	m	0,64	m	0,34
15	m	0,34	m	1,00	n	0,36	m	0,34
23	n	0,66	m	1,00	m	0,64	m-	0,64
24	n	0,66	m	1,00	n	0,36	s+	0,36

Tab. 8: Relevante Regeln zur Bewertung des Analysefelds „Eigenkapital"

---

[16] Zur Darstellung weiterer Aggregationsoperatoren vgl. Rommelfanger (1994), S. 18-33.
[17] Zu den Auswirkungen anderer Aggregationsoperatoren vgl. Baetge/Heitmann (2000), S. 337-340.

Diese vier Regeln mit positivem DOF tragen nun zur Bewertung des „Eigenkapitals" bei. Dabei werden die den einzelnen Regeln entsprechenden Bewertungen proportional zum Erfüllungsgrad „abgesenkt", vgl. Abbildung 10

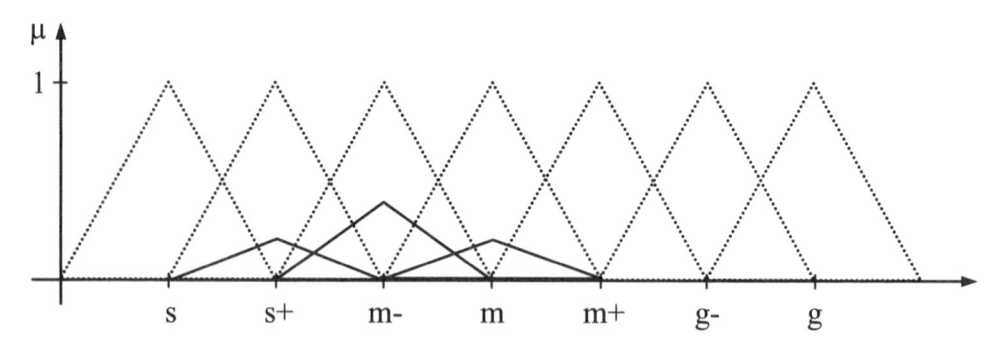

Abb. 10: Bewertung des „Eigenkapitals" bei Verwendung der Max-Prod-Inferenz

Die hier benutzte *Max-Prod-Inferenz* ist unserer Ansicht nach besser geeignet als die in Fuzzy-Control-Anwendungen zumeist benutzte *Max-Min-Inferenz*, da das dort praktizierte „Abschneiden" der Zugehörigkeitswerte, die größer als der errechnete Erfüllungsgrad sind, i. a. dazu führt, dass die Regeln mit einem mittleren DOF-Wert einen relativ zu starken Einfluss erhalten[18].

Im vorstehenden Beispiel führen die Regeln 14 und 15 zur gleichen Bewertung „mittel". Wir halten es nicht für angebracht, lediglich die Regel mit dem höchsten DOF zu wählen, d. h. Max(0,34 ; 0,34) = 0,34, wie dies bei Fuzzy-Control-Algorithmen üblich ist und damit eine der beiden Bewertungen zu ignorieren. Andererseits spricht gegen eine Addition der einzelnen DOF-Werte die theoretische Möglichkeit, hierbei DOF-Werte größer als 1 zu erhalten. Als Mittelweg, mit dem in Simulationsversuchen plausible Ergebnisse erzielt wurden, schlägt Rommelfanger[19] vor, mittels der algebraischen Summe einen Gesamterfüllungsgrad zu berechnen:

$$\text{DOF}_{\text{Gesamt}}(\text{Bewertung} *) = [1 - \prod_{\substack{\text{Regel i führt zur} \\ \text{Bewertung} *}} (1 - \text{DOF}(\text{Regel i}))].$$

Für das Beispiel ergibt sich dann für die Bewertung des Absatzes mit „mittel" der DOF-Wert $0{,}34 + 0{,}34 - 0{,}34 \times 0{,}34 = 0{,}56$, der den Sachverhalt gut widerspiegelt.

Die Fuzzy-Bewertung des Absatzes der Firma D wird dann durch die in Abbildung 11 gezeichnete Zugehörigkeitsfunktion beschrieben.

---

[18] Vgl. Rommelfanger (1994), S. 160 ff.; Scheffels (1996), S. 86 ff.
[19] Vgl. Rommelfanger (1994), S. 163-164.

μ

1

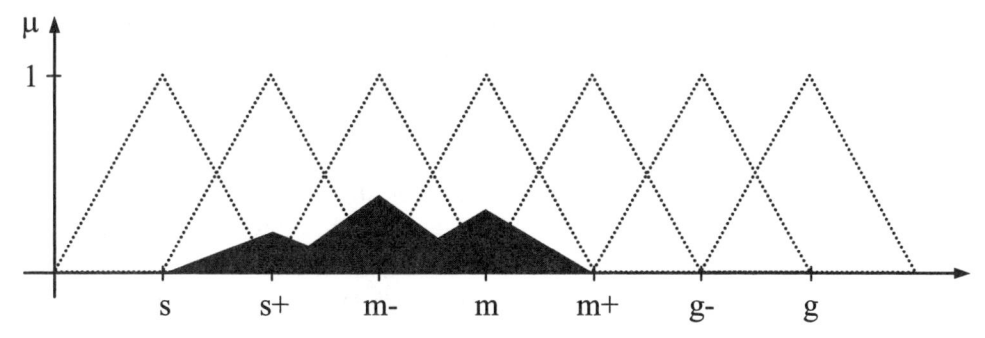

         s   s+   m-   m   m+   g-   g

Abb. 11: Bewertung des „Eigenkapitals" bei Verwendung der Max-Prod-Inferenz

Bei Bedarf kann diese Fuzzy-Bewertung zu einer reellen Zahl „verdichtet" werden. Dabei können die bei Fuzzy-Control-Anwendungen üblichen Defuzzifizierungsverfahren wie die *Schwerpunktmethode* (*Center of Gravity Method*) oder die *Flächenhalbierungsmethode* (*Center of Area Method*) benutzt werden. Dabei stellt sich aber die Frage, ob eine Kardinalskala zugrunde liegt.

In hierarchischen Zielsystemen sind aber Defuzzifizierungsschritte nicht notwendig. Im Rahmen der Regelverarbeitung ist es besser, die vorliegenden Fuzzy-Bewertungen direkt als Inputs für die nächste Aggregationsstufe zu verwenden, wobei die zugehörigen Erfüllungsgrade als Zugehörigkeitsgrade aufgefasst werden. Da die Summe der DOFs ungleich 1 sein können, empfiehlt sich eine Normierung auf 1 vorzunehmen. Werden mehr als drei Ausprägungen für die Outputvariable zugelassen, so ist vor der Aggregation auf der nächst höheren Hierarchieebene eine Verdichtung der Ausprägungen vorzunehmen[20].

Die Tatsache, dass man bei dieser Vorgehensweise ein Fuzzy-Ergebnis erhält, ist nicht als Nachteil, sondern als Vorteil anzusehen. In der Gesamt-ZGF wird visuell sichtbar, wenn unterschiedliche Bewertungen auf den unteren Ebenen vorliegen. Diese könnten dann in einer Top-Down-Betrachtung genauer analysiert werden[21].

E. Fuzzy-Expertensystem zur Analyse der materiellen Kreditwürdigkeit im Firmenkundengeschäft

Das Leistungspotential eines Fuzzy-Expertensystems lässt sich nur mit Hilfe anwenderfreundlicher Software erschließen. Dabei sollten möglichst viele Informationen auf der Monitoroberfläche selbsterklärend sein. Da die derzeit auf dem Markt erhältlichen Tools zur Erstellung von Fuzzy-Expertensystemen[22] diese

---

[20] Vgl. Rommelfanger (1998).
[21] Vgl. hierzu die genaueren Ausführungen in Abschnitt E.
[22] Eines der bekanntesten Fuzzy-Tools ist *fuzzy*TECH von Inform GmbH Aachen. Während diese Software in erster Linie zur Erstellung technischer Fuzzy-Control-Anwendungen entwickelt

letzte Eigenschaft nicht bieten und auch einige gewünschte Komponenten nicht enthalten, wurde an der Professur für Wirtschaftsmathematik eine eigene Pilotsoftware entwickelt, um die vielfältigen Möglichkeiten von Fuzzy-Expertensystemen zu illustrieren. Es handelt sich um eine Umsetzung des in Abbildung 3 dargestellten Expertensystems zur Analyse der materiellen Kreditwürdigkeit im Firmenkundengeschäft. Die Beschränkung auf die Jahresabschlussanalyse ist damit zu erklären, dass nur für diesen Teil des Credit Ratings derzeit eine durchdachte Kennzahlenhierarchie und Expertenregeln vorliegen. Der große Vorteil von Fuzzy-Systemen im Vergleich zu den mathematisch-statistischen Rating-Systemen liegt allerdings in der Möglichkeit, auch weiche Faktoren adäquat zu verarbeiten.

Für das schon in Abschnitt D betrachtete Unternehmen liefert die Jahresabschlussbilanz die in der nachfolgenden Tabelle 9 eingetragenen Kennzahlen. Diese werden dann im Fuzzy-Expertensystem stufenweise verarbeitet und führen zu dem Fuzzy-Ergebnis in Abbildung 12.

1	EK-Quote I	**11,16**
2	EK-Quote II	**60,48**
3	Sachanlagendeckungsgrad	**158,06**
4	Kurzfristige Verschuldung	**28,07**
5	Gesamtanlagendeckungsgrad	**123,39**
6	Cash Flow / Bilanzsumme	**15,83**
7	Cash Flow : (Kfr. + Mfr. FK)	**56,38**
8	Cash-Flow / Umsatz	**9,96**
9	Dynamischer Verschuldungsgrad	**6,09**
10	Liquidität II	**117,45**
11	Zielgewährung	**62,20**
12	Zielinanspruchnahme	**43,36**
13	Gesamtkapitalrentabilität	**20,32**
14	Eigenkapitalrentabilität	**240,82**
15	Umsatzrentabilität	**4,97**
16	Betriebsergebnis : Gesamtleistung	**12,59**
17	Finanzergebnis : Gesamtleistung	**-1,49**
18	a.o. Ergebnis : Gesamtleistung	**0,14**
19	Personalaufwandsquote	**36,30**
20	Pro-Kopf-Leistung	**139.933,33**

Tab. 9: Kennzahlen des betrachteten Unternehmens für das Jahr 1998

---

wurde, modelliert North derzeit eine neue Fuzzy-Shell mit dem Namen „Interactive Fuzzy", die speziell die Entwicklung von Beratungs- und Diagnosesoftware unterstützen soll, vgl. North (2005).

Materielle Kreditwürdigkeit 1998

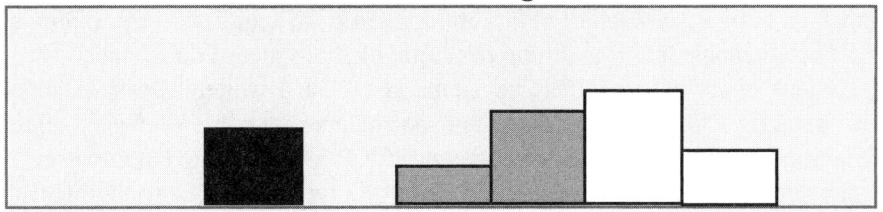

Abb. 12: *Bewertung der materiellen Kreditwürdigkeit für das Jahr 1998*

Auf der obersten Ebene werden 9 Merkmalsausprägungen unterschieden, wobei in der Software zum einfacheren Verständnis des Ergebnisses die üblichen Ampelfarben verwendet werden. Es gilt hier: *„schlecht"* (s-, s, s+) in roter Farbe (hier: schwarz)), *„mittel"* (m-, m, m+) in gelber Farbe (hier: grau) und *„gut"* (g-, g, g*) in grüner Farbe (hier: weiß). Die relative Wertigkeit der einzelnen Bewertungen wird durch die Höhe der Balken ausgedrückt, deren Gesamtsumme gleich 1 ist. Als Interpretation dieses Fuzzy-Ergebnisses liegt die Aussage nahe: „Die materielle Kreditwürdigkeit dieses Unternehmens ist mit mittel plus zu bewerten, wobei es Tendenzen zu gut gibt, aber zumindest in einem Bereich weist es ein Risiko auf".

Will man genauer wissen, warum sich dieses Ergebnis eingestellt hat, so reicht ein Blick auf die oberen Hierarchieebenen, um zu erkennen, wie die Subziele bewertet werden und wie deren Einfluss auf die Bewertungen der höheren Ziele ist.

Materielle Kreditwürdigkeit

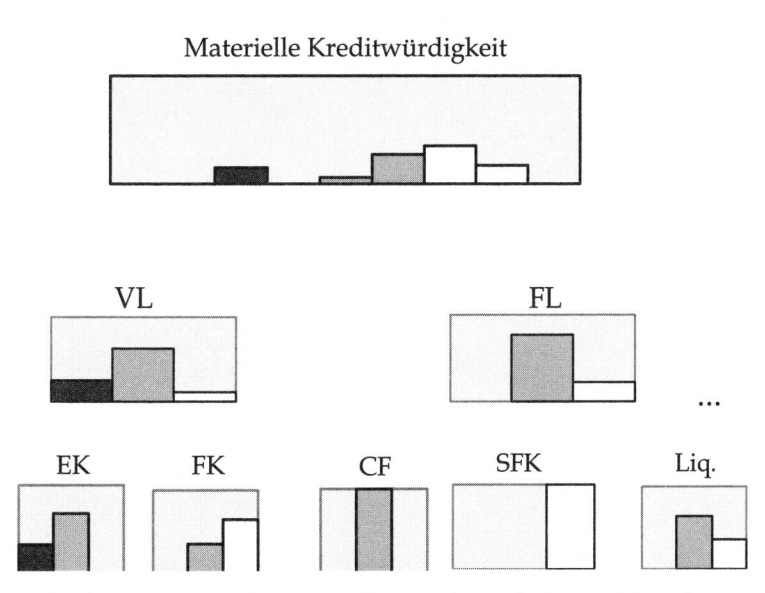

VL   FL   ...

EK   FK   CF   SFK   Liq.

Abb. 13: *Hierarchische Bewertung der materiellen Kreditwürdigkeit auf den oberen Hierarchieebenen*

Es wird unmittelbar aus Abbildung 13 ersichtlich, dass das betrachtete Unternehmen ein Problem bei der Eigenkapitalausstattung hat. Die Überprüfung der Kennzahlen zum Eigenkapital, vgl. Abbildungen 6 - 8 und Tabelle 8, zeigen auf, dass die relativ schlechte Bewertung der Eigenkapital-Quote I die Ursache ist.

Bei Existenz eines Fuzzy-Expertensystems lassen sich weitere Analysemöglichkeiten nutzen. Da bei Firmenkrediten normalerweise die Vorlage mehrerer Jahresabschlussbilanzen gefordert wird und die Bewertung der Kreditwürdigkeit automatisiert erfolgt, kann man leicht deren Entwicklung über mehrere Jahre verfolgen. Z. B. ergab sich für das hier untersuchte Unternehmen die in Abbildung 14 illustrierte stetige Verschlechterung der Kreditwürdigkeit.

Materielle Kreditwürdigkeit (1995)

Materielle Kreditwürdigkeit (1996)

Materielle Kreditwürdigkeit (1997)

Materielle Kreditwürdigkeit (1998)

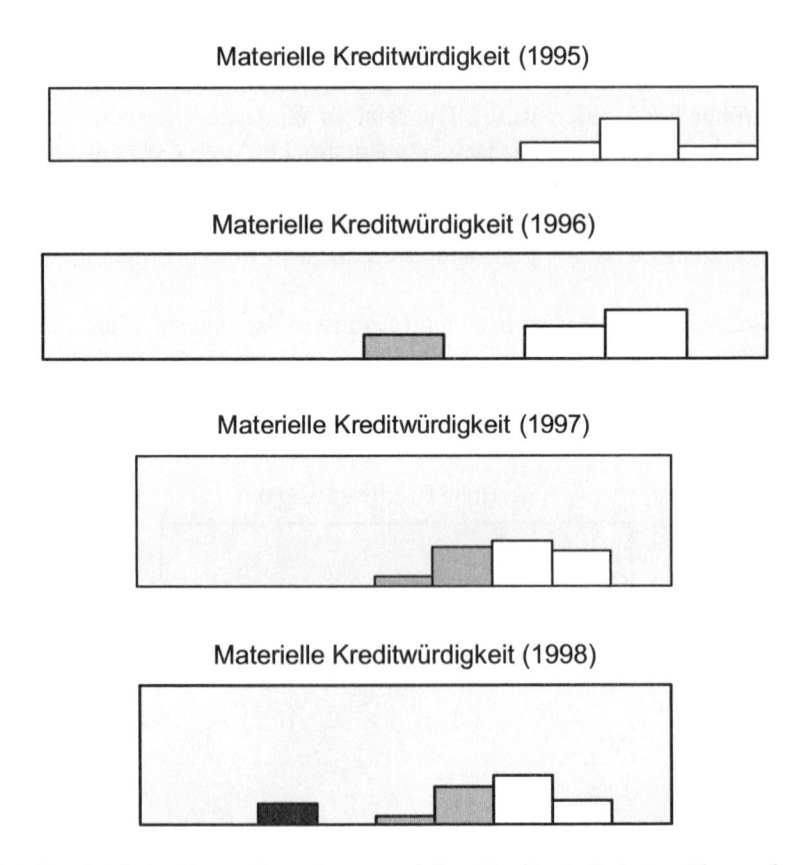

Abb. 14: Vergleich der Beurteilung der materiellen Kreditwürdigkeiten über mehrere Perioden

F. Würdigung und Ausblick

Zusammenfassend lässt sich feststellen, dass die Modellierung linguistischer Variablen mittels Fuzzy-Mengen und der Einsatz von Fuzzy-Controllern einen Weg bieten, menschliche Denkprozesse zu formalisieren und damit Expertensysteme zu konstruieren, die diesen Namen auch verdienen. Die regelbasierte Aggregation ermöglicht eine viel genauere und flexiblere Verknüpfung der Kriterienbewertungen als dies gewichtete Operatoren gestatten. Da im Wesentlichen ordinal messbare Zielgrößen ausreichen, können auch „weiche" Faktoren verarbeitet werden. Darüber hinaus ist es sogar möglich, mit vagen Inputbewertungen zu arbeiten[23].

Leider ist ein Durchsetzen dieser Fuzzy-Logik-basierten Modelle in der Praxis noch nicht im großen Rahmen erfolgt. Trotz durchweg positiver Resonanz besteht ein großes Misstrauen bei neuen Verfahren. Mittlerweile existieren u. a. Fuzzy-Expertensysteme für unterschiedliche Entscheidungsfelder: Kreditwürdigkeitsentscheidungen im Firmenkundengeschäft[24], Bewertung der Vermögens-, Finanz- und Ertragslage von Unternehmen im Rahmen der Jahresabschlussprüfung[25], Unterstützung analytischer Prüfungshandlungen von Wirtschaftsprüfern[26], Beurteilung des individuellen Ausfallrisikos bei Krediten zum Autokauf[27], Lieferantenbewertung[28], Bewertung operationaler Risken [29], Länderrisikobewertung[30], Unternehmens-bewertung[31], Strategische Frühaufklärung[32] und Berechnung des Schmerzensgeldes[33].

---

[23] Vgl. Rommelfanger (1998).
[24] Vgl. Bagus (1992).
[25] Vgl. Scheffels (1996).
[26] Vgl. Müller (1996).
[27] Vgl. Güllich (1997).
[28] Vgl. Urban (1998).
[29] Siehe z. B. TSA Standard System for Operational Risk Management von RCS AG Zürich (2001).
[30] Vgl. Heye (2001).
[31] Vgl. Leisewitz (1999).
[32] Vgl. Rauscher (2004).
[33] Vgl. http://ruessmann.jura.uni-sb.de/fuzzy.

Literaturverzeichnis

Bagus, T. (1992): Wissensbasierte Bonitätsanalyse für das Firmenkundengeschäft der Kreditinstitute, Frankfurt am Main 1992.

Brans, J.P./Vincke, Ph./Mareschal, B. (1986): How to select and how to rank projects: The PROMETHEE method. In: European Journal of Operational Research 1986, S. 228 – 238.

Eickemeier, S./Rommelfanger, H. (2001): Fuzzy utility value analysis and fuzzy analytic hierarchy process. Proceedings of Eurofuse Workshop on Preference Modeling and Applications, Granada 2001, S. 139 – 146.

Gülich, H.-P. (1997): Fuzzy-Expertensystem zur Beurteilung von Kreditverträgen für Autobanken, Wiesbaden 1997.

Heye, Ch. (2001) Anwendungsmöglichkeiten einer Fuzzy-Logic basierten Länderrisikobewertung. Diplomarbeit Universität Passau, unter http://www.diplomarbeit.de

Huylenbroeck, G. van (1995): The Conflict Analysis Method: bridging the gap between ELECTRE, PROMETHEE and ORESTE. In: European Journal of Operational Research 1995, S. 490 – 502.

Kahlert, J./Frank, H. (1993): Fuzzy-Logik und Fuzzy-Control, Braunschweig/Wiesbaden 1993.

Leisewitz, M.-C. (1999): Das Problem der Unschärfe in der Unternehmensbewertung: Ein Fuzzy-Expertensystem zur Findung des Grenzpreises bei Unternehmenskäufen. In: Göttinger Reihe - WIINF, Band 30, 1999.

Laux, H. (1998): Entscheidungstheorie – Grundlagen, 4. Aufl., Berlin/Heidelberg 1998.

May, K.O. (1954): Intransitivity, Utility and the Aggregation of Preference Pattern. In: Econometrica 22, 1954, S. 1 – 19.

Müller, C. (1996): Entwicklung eines wissensbasierten Systems zur Unterstützung der Analytischen Prüfungshandlungen im Rahmen der Jahresabschlussprüfung, Frankfurt am Main 1996.

North, R. (2005): „interactive Fuzzy": Eine Fuzzy-Expertensystem-Shell für Beratungs- und Diagnoseaufgaben. In: Rommelfanger, H. (Hrsg.): Neue Anwendungen von Fuzzy-Logik und Künstlicher Intelligenz, Aachen 2005, S. 55 – 68.

Rausche, L.H. (2004): Strategische Früherkennung, Lohmar 2004.

Rommelfanger, H. (1988): Entscheiden bei Unschärfe.- Fuzzy Decision Support-Systeme, Berlin/ Heidelberg 1988.

Rommelfanger, H. (1998): Fuzzy Logic-Based Processing of Expert Rules Used for Checking the Credit Solvency of Small Business Firms or for Supporting Analytic Procedures of Auditors. In: Ribeiro R.R./Yager R.R./ Zimmermann H.J./Kacprzyk J. (Hrsg.), Studies in Fuzziness and soft computing, Heidelberg 1998, S. 371 – 387.

Rommelfanger, H./Flach, J. (2002): Fuzzy Logik-basiertes Bonitätsrating. In: Ohler, A. (Hrsg.), Kreditrisikomanagement, Stuttgart 2002, S. 1 – 33.

Rommelfanger, H./Unterharnscheidt, D. (1988): Modelle zur Aggregation von Bonitätskriterien. In: Zeitschrift für betriebswirtschaftliche Forschung 1988, S. 471 – 503.

Saaty, Th. L. (1980): The Analytic Hierarchy Process, New York 1980.

Saaty, Th. L. (1999): Decision Making for Leaders: The Analytic Hierarchy Process for Decisions in a Complex World, Pittsburgh 1999.

Scheffels, R. (1996): Fuzzy-Logik in der Jahresabschlußprüfung. - Entwicklung eines wissensbasierten Systems zur Analyse der Vermögens-, Finanz- und Ertragslage, Wiesbaden 1996.

Simon, H.A. (1955): A Behavioral Model of Rational Choice. In: Quarterly Journal of Economics 69 (1955), S. 99 – 118.

Sugeno, M. (Hrsg.) (1985): Industrial Applications of Fuzzy Control. Amsterdam 1985.

Urban, M. (1998): Fuzzy-Konzepte für Just in Time-Produktion und -Beschaffung, Frankfurt am Main 1998.

Yager, R.R./Zadeh, L.A. (1991): An Introduction to Fuzzy Logic Applications in Intelligent Systems, Dordrecht 1991.

Yamakawa, T. (1989): Stabilization of an Inverted Pendulum by a high-speed Fuzzy Logic Controller Hardware System. In: Fuzzy Sets and Systems 32 (1989), S. 161 – 180.

Lösungsansätze für das Traveling Salesman Problem

Silvia Annette Schiemann[*]

A.	Das Traveling Salesman Problem		304
B.	Komplexität		304
C.	Arten		305
D.	Lösungsmöglichkeiten		306
	I.	Exakte Lösungsverfahren	306
		1. Lineare Programmierung	306
		2. Branch & Cut	307
		3. Branch & Bound	308
	II.	Heuristiken zum Traveling Salesman Problem	310
E.	Fazit		311

---

[*] Dr. Silvia Annette Schiemann, Business Consultant, Implementation Services, SimCorp GmbH, Bad-Homburg.

A. Das Traveling Salesman Problem

Beim Traveling Salesman Problem (TSP) handelt es sich um ein Optimierungsproblem, bei dem die Fahrtroute minimiert wird. Ein Fahrzeug bzw. ein Handlungsreisender muss bestimmte Orte oder Städte aufsuchen und sucht die kürzeste zurückzulegende Wegstrecke. Die Bezeichnungen im Deutschen sind vielfältig: Die Übersetzung ins Deutsche zum „Problem des Handlungsreisenden" ist ebenso geläufig wie die Bezeichnung „Tourenplanung" oder „Routenplanung".
Die Begriffe „Touren-" und „Routenplanung" werden allerdings auch oft verwendet, wenn mehrere oder viele Touren simultan geplant werden müssen, wie z.B. bei Transportunternehmen, bei denen viele Fahrzeuge gleichzeitig eingesetzt werden können. Oftmals kommen dann weitere Beschränkungen wie Ladekapazitäten, bestimmte Zeitfenster für Lieferungen und ähnliche Restriktionen noch hinzu. Deshalb wird das „einfache" TSP ohne diese Zusatzrestriktionen auch als „Standardproblem" der Tourenplanung bezeichnet.
Für die Problemstellung und Lösungskomplexität ist es unerheblich, ob tatsächliche Entfernungen zwischen zwei Städten oder andere Arten von Kantengewichten betrachtet werden. Bei übertragener Problemstellung können auch Kosten aller Art, wie z.B. Zeitdauer oder Umrüstkosten, minimiert werden. Vielfältige Anwendungen sind z.B. Reihenfolgeprobleme wie das Job-Shop-Scheduling mit Umrüstkosten oder andere Maschinenbelegungsprobleme, eindimensionale Verschnittprobleme wie die Minimierung des Tapetenverschnitts, Datierungsprobleme in der Archäologie, Rotierende Dienstpläne oder auch die Anwendung im Rahmen der Clusteranalyse.[1] Weiterhin können Teile der VLSI-Chip-Fabrikation[2] oder das Positionieren des Röntgenstrahls in der Röntgenkristallographie[3] als TSPs modelliert werden. Andere Anwendungsbeispiele gibt es für Warenhausbestellungen mit diversen Unterbestellungen[4] und Oberflächenbehandlungen eines Materials an verschiedenen Stellen mit verschiedenen Instrumenten[5].

B. Komplexität

Das euklidische Traveling Salesman Problem gehört zur Gruppe der NP-vollständigen Probleme.[6] Damit gibt es derzeit keinen bekannten polynomiellen Lösungsalgorithmus, und es besteht die Vermutung, dass kein polynomieller Lösungs-

---

[1] Vgl. Garfinkel (1977); Rothkopf (1966); Schmitting (2000), S. 146-151, S. 167-192.
[2] Vgl. Korte (1988).
[3] Vgl. Bland/Shallcross (1989), S. 125-128.
[4] Vgl. Chisman (1975).
[5] Vgl. Lokin (1978).
[6] Vgl. Papadimitriou (1977).

algorithmus für NP-vollständige Probleme existiert.[7] Polynomielle Algorithmen werden im Gegensatz hierzu als „gut" bezeichnet,[8] analog bezeichnet man, Probleme, die mit polynomiellen Algorithmen gelöst werden können, auch als „gut gelöst" (engl.: „well-solved").[9]

C. Arten

Es gibt symmetrische und asymmetrische TSP, TSP, bei denen die Dreiecksungleichung gilt bzw. nicht gilt, 1,2-TSP, sowie viele andere Sonderformen wie z.B. TSPs mit Manhattan-Distanz. Beim Bottleneck-TSP (engl.: Bottleneck = Flaschenhals) wird z.B. nicht die gesamte zurückgelegte Entfernung minimiert, sondern die maximale Einzelentfernung.

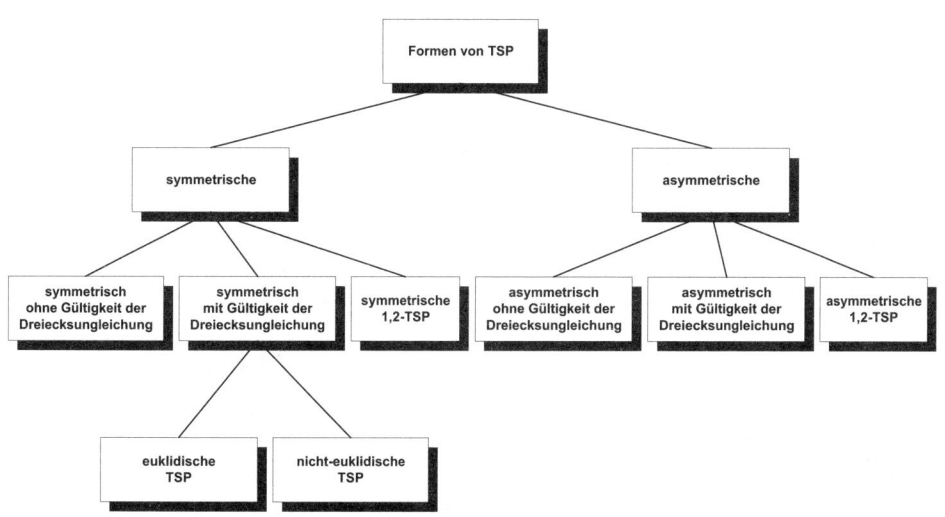

Abb. 1: Formen des Traveling Salesman Problems

Einige besondere Spezialfälle des TSP sind in polynomieller Zeit lösbar,[10] so z.B. TSPs aus oberen Dreiecksmatrizen[11]. Das konstante TSP, bei dem alle Hamilton-Zyklen die gleiche Länge haben, ist einfach zu lösen, indem man irgendeine beliebige Tour findet. Das TSP mit zirkulierender Entfernungsmatrix kann ebenso leicht über die Nächste-Nachbarn-Methode gelöst werden.

---

[7] Vgl. Cook (1971); Crescenzi/Kann (1998); Garey/Johnson (1979), S. 13 ff.; Karp (1972), S. 85-103.
[8] Vgl. Edmonds (1965).
[9] Vgl. Garey/Johnson (1979), S. 8.
[10] Vgl. Burkard et al. (1995); Burkard et al. (1998); Burkard et al. (1999); Gilmore et al. (1985).
[11] Vgl. Gilmore et al. (1985), S. 89, S. 95-98.

Bei vielen asymmetrischen TSPs verursachen nur einzelne Kanten die Asymmetrie. Diese können nach einer Umwandlung auch als symmetrische TSPs gelöst werden.[12]

D. Lösungsmöglichkeiten

Neben den exakten Lösungsverfahren wie lineare Programmierung, Branch & Cut oder Branch & Bound existiert eine Vielzahl an Heuristiken, darunter Nächste-Nachbarn Methoden, Genetische Algorithmen oder Simulated Annealing[13]. Im Gegensatz zu exakten Lösungsverfahren garantieren Heuristiken allerdings nicht das Erreichen der Optimallösung.

I. Exakte Lösungsverfahren

1. Lineare Programmierung

Mittels LP-Formulierung wird ein Lösungsraum als Lösungspolyeder beschrieben, bei dem alle Lösungen des zu Grunde liegenden Optimierungsproblems auf den Ecken des Polyeders liegen. Kombinatorische Elemente wie Ganzzahligkeitsbedingungen sind in der Regel sehr aufwändig als Restriktionen zu formulieren. Sofern der Lösungspolyeder exakt beschrieben werden kann, sind Ganzzahligkeitsbedingungen überflüssig, da der Polyeder allein durch seine Hyperflächen – auch „Facetten" genannt – hinreichend beschrieben wird.[14] Dann kann mittels einer linearen Zielfunktion über einem konvexen Beschränkungsgebiet – dem TS-Polytop – innerhalb des Bereichs der „konvexen Optimierung" das globale Optimum gesucht werden. Viele Autoren[15] beschäftigten sich eingehend mit der Oberflächenstruktur der konvexen Hülle aus Touren des n-Städte TSP, bei dem jede Tour einen Eckpunkt des TS-Polytops bildet. Zur vollständigen Beschreibung eines TS-Polytops wird nach der minimalen Anzahl Facetten-definierender Restriktionen gesucht, um Redundanzen zu vermeiden.

Das asymmetrische TS-Polytop ist im Assignment-Polytop (Polyeder des Assignment- oder auch Zuordnungsproblems) enthalten und hat die Dimension

$$n^2 - 3n + 1 = n(n-3) + 1.^{16}$$

---

[12] Vgl. Jonker/Volgenant (1983), S. 161-163.
[13] Vgl. Wendt (1995).
[14] Vgl. Bellmore/Nemhauser (1988).
[15] Vgl. Balinski/Gomory (1964); Chvátal (1973); Dantzig et al. (1954); Edmonds (1965); Grötschel/Padberg (1977); Grötschel/Padberg (1979a); Heller (1953), S. 551 ff.; Heller (1956); Kuhn (1955); Norman (1955), S. 559.
[16] Vgl. Grötschel/Padberg (1977), S. 34.

Die Dimension des symmetrischen TS-Polytops ist mit

$$\frac{n(n-1)}{2} - n = \tfrac{1}{2}\, n\,(n-3)$$

erheblich kleiner.[17] Weitere Eigenschaften des Lösungspolyeders sind bekannt: Über maximal zwei Kanten gelangt man von jeder Ecke des Polytops zu jeder beliebigen anderen Ecke des Polytops, viele Ecken sind direkt benachbart, alle anderen sind spätestens mittels Umweg über eine andere Ecke zu erreichen.[18] In der Literatur wird vom Diameter zwei des Polytops gesprochen. Damit fällt das TSP in die gleiche Klasse kombinatorischer Optimierungsprobleme, in der viele polynomiell lösbare Probleme wie das Assignmentproblem liegen.[19]
Obwohl diese Eigenschaften den Anschein erwecken, dass TSPs mit linearer Programmierung generell zu lösen seien, ergeben sich bereits hier einige Schwierigkeiten. Für kleineren Städteumfang konnte die Anzahl der benötigten Restriktionen zur Beschreibung der entsprechenden TS-Polytope für symmetrische TSPs bereits gefunden werden: Für n = 7 benötigt man 3.437 Ungleichungen[20], bei n = 8 bereits 194.187 Ungleichungen[21], für n = 9 schon 42.104.442 Restriktionen, und für n = 10 wird die benötigte Anzahl bei 51.043.900.86[22] vermutet. Für asymmetrische TSPs ist es ungleich aufwendiger, das TS-Polytop vollständig zu beschreiben: Hier werden nach Bartels/Bartels schon bei nur fünf Städten 390 Restriktionen[23] benötigt.
Diese Ergebnisse zeigen, dass es schon bei relativ kleinen Traveling Salesman Problemen zu solch einer Flut an notwendigen Restriktionen kommt, dass die TSPs allein mit Hilfe der Polyedertheorie durch Aufstellung aller den Lösungspolyeder beschränkenden Restriktionen nicht lösbar sind, da schon z.B. bei $n = 50$ bisher nicht alle Restriktionen bekannt sind und – falls sie bekannt wären – trotz immer leistungsfähiger Computer und Speicherplatten enorme Performance- und Speicherprobleme bei herkömmlichen Rechnern mit sich bringen.

2. Branch & Cut

Die Probleme bei der Implementierung mit linearer Programmierung führten dazu, dass man davon abging, stets alle für den Lösungspolyeder notwendigen Restriktionen aufstellen zu wollen, um vielmehr problemspezifisch nach verletzten Restriktionen zu suchen, nachdem ein minimaler Simplex-Ansatz aus den

---

[17] Vgl. Grötschel/Padberg (1979a), S. 273.
[18] Vgl. Padberg/Rao (1974).
[19] Vgl. Padberg/Rao (1974), S. 32.
[20] Vgl. Boyd/Cunningham (1991).
[21] Vgl. Christof et al. (1991).
[22] Vgl. Christof (1997); Christof/Reinelt (1997).
[23] Vgl. Bartels/Bartels (1989).

Matching-Restriktionen gelöst worden war. Diese verletzten Restriktionen können dann schrittweise hinzugefügt werden. Der Grundgedanke hierbei ist, dass zwar für die Erstellung des Lösungspolyeders alle facettendefinierenden Restriktionen benötigt werden, aber nicht unbedingt für den Lösungsvorgang einer näher bestimmten Instanz des Problems. Sobald das Ergebnis dieses reduzierten Linearen Programmierungs-Ansatzes eine Tour ergibt, ist die Instanz gelöst.

Mit dieser Methode konnte bereits 1954 mit einer ausgewählten Anzahl an Restriktionen die Optimalität einer Tour durch 49 Städte nachgewiesen werden.[24] Ebenso wurde gezeigt, dass zum Nachweis der Optimalität einer Tour nur ein kleiner Teil der Polytop-charakterisierenden Restriktionen herangezogen werden muss.[25] Im Laufe der Zeit sind mehr und mehr immer komplexere Ungleichungen beschrieben worden, welche Facetten des TS-Polytops bilden, und diese können Schritt für Schritt eingebunden werden.[26]

Damit wird die Bezeichnung „Branch & Cut" für das Auffinden und schrittweise Hinzufügen verletzter Schnittebenerestriktionen verwendet. Mit jeder Neuberechnung des ergänzten linearen Programms werden immer bessere (d.h. höhere) untere Schranken für die TS-Tour gefunden. Sobald die nicht explizit formulierten Ganzzahligkeitsbedingungen erfüllt sind, ist die Optimaltour gefunden. Die neu hinzugefügten Restriktionen stellen die Schnittebenen oder auch „Cuts" dar. Sobald die Ganzzahligkeitsbedingung eingehalten wurde, ist die Optimaltour gefunden und die Instanz gelöst. Es handelt sich praktisch um sukzessiv aufgestellte lineare Programme, bei denen sich das Auffinden verletzter Restriktionen als die größte Herausforderung darstellt.[27]

3. Branch & Bound

Mit Branch & Bound-Verfahren wird eine verkürzte, implizite vollständige Enumeration durchgeführt.[28] Die intelligente Aufteilung des Problems in Unterprobleme (Branches oder „Äste") stellt dabei sicher, dass der gesamte Suchraum berücksichtigt wird. Sukzessive können nun immer mehr „Äste" bearbeitet oder

---

[24] Vgl. Dantzig et al. (1954).
[25] Vgl. Hong (1971).
[26] Vgl. Boyd/Cunningham (1991); Bazaraa/Shetty (1979); Boyd et al. (1995); Chvátal (1973); Cornuéjols et al. (1985); Edmonds (1965); Fleischmann (1985); Fleischmann (1988); Grötschel/Holland (1991), S. 145 ff.; Grötschel/Padberg (1979a); Grötschel/Padberg (1979b); Grötschel/Padberg (1985); Grötschel/Pulleyblank (1986); Melamed et al. (1989a); Melamed et al. (1989b); Naddef (1990); Naddef (1992); Naddef/Pochet (2001); Naddef/Rinaldi (1991); Naddef/Rinaldi (1992); Jünger et al. (1995).
[27] Vgl. zu Branch & Cut z.B. Carr (1995), Fleischer/Tardos (1997), Naddef/Thienel (1999), Naddef/Thienel (2001).
[28] Vgl. Dantzig et al. (1954); Dantzig et al. (1959).

auch von einer eingehenden Untersuchung ausgeschlossen werden, falls sicher ist, dass sie das Optimum nicht enthalten können.[29]

Da es sich beim TSP um ein Minimierungsproblem handelt, wird beim „Bounden" jeweils eine untere Schranke für die in diesem Ast erreichbare beste Lösung gefunden. Man ist bei einem „Blatt" angelangt, wenn man eine zulässige Lösung (eine Tour) erreicht, die nicht unbedingt optimal sein muss. Jede zulässige Lösung bildet gleichzeitig eine obere Schranke für das Gesamtoptimierungsproblem. Sollte die untere Schranke eines Astes größer oder gleich der bisher besten gefundenen zulässigen Lösung sein, so braucht dieser Ast im weiteren Verlauf nicht mehr berücksichtigt werden. Er kann „abgeschnitten" werden, denn die bereits gefundene Lösung ist besser als alle in diesem Ast erreichbaren Lösungen – oder zumindest gleich gut.

Für ein Branch & Bound-Verfahren ist – neben einem intelligenten Aufteilungsalgorithmus für das Branchen – grundsätzlich jede Art der Ermittlung einer unteren Schranke für das TSP zum Bounden möglich. Die Qualität des Branch & Bound-Algorithmus hängt jedoch direkt mit der Güte der Berechnung der unteren Schranke zusammen: Je näher die Relaxation an die Problemlösung herankommt, umso weniger Verzweigungen werden benötigt.

Eine untere Schranke für das TSP, mit der frühzeitig viele Autoren verschiedene Branch & Bound-Verfahren vorgeschlagen haben, ist das Assignmentproblem, welches in $O(n^3)$ gelöst werden kann,[30] bzw. eine Relaxation des Assignment-Problems.[31] Auch minimal spannende 1-Bäume, basierend auf minimal spannenden Bäumen (MSTs, hierfür sind viele poynomielle Algorithmen verfügbar[32]), oder eine Abwandlung davon wurden vielfach als untere Schranke in Branch & Bound-Verfahren eingesetzt, sowohl als Breiten- als auch als Tiefensuche.[33] Für asymmetrische TSP wurden 1-Bäume in leichter Abwandlung verwendet,[34] diese Verwendung der „1-Arborescences" war im asymmetrischen TSP-Fall aber der Verwendung von Assignment-Problemen als untere Schranke unterlegen.[35]

---

[29] Vgl. Land/Doig (1960).
[30] Vgl. Carpaneto et al. (1988).
[31] Vgl. Balas/Christofides (1981); Bellmore/Malone (1971); Carpaneto et al. (1995); Carpaneto/Toth (1980); Eastman (1958); Garfinkel (1973); Little et al. (1963); Miller/Pekny (1989); Miller/Pekny (1991); Pekny/Miller (1992); Murty (1968); Shapiro (1966); Smith et al. (1977).
[32] Vgl. Edmonds (1967); Tarjan (1977); Yoeng-Jin/Tseng-Hong (1965). Tarjan stellt einen Algorithmus zum Auffinden maximaler Arborescences dar, welche in seinem Artikel "optimum branchings" genannt werden. Durch einfache Umformungen können mit diesem Algorithmus auch minimale Arborescences gefunden werden. Vgl. auch Fischetti/Toth (1987).
[33] Vgl. Christofides (1970); Gavish/Srikanth (1983); Gavish/Srikanth (1986); Hansen/Krarup (1974); Held/Karp (1970); Held/Karp (1971); Smith/Thompson (1977); sowie Volgenant/Jonker (1982).
[34] Vgl. Fischetti/Toth (1992); Smith (1975).
[35] Vgl. Balas/Toth (1985); Smith (1975).

Neben der Verzweigung in jeweils zwei Teilprobleme gibt es auch effiziente Aufteilungsalgorithmen in mehr als zwei Unterprobleme.[36]

Die Wahl der unteren Schranke ist neben der Anzahl der Nachfolgeknoten ein weiterer großer Unterscheidungspunkt der einzelnen Branch & Bound-Verfahren. Manche Autoren sind hier der Ansicht, dass lieber eine schwächere untere Schranke – wie z.B. der minimal spannende Baum – gewählt werden sollte, welche sehr schnell berechnet werden kann, als in den einzelnen Knoten rechenintensive Verfahren einzusetzen, welche schärfere untere Schranken bringen. Sie nehmen dafür in Kauf, dass der Branch & Bound-Baum aus mehr Knoten bestehen wird. Hier sind die vielen Verzweigungen Grund für lange Rechenzeiten. Wählt man hingegen bessere untere Schranken, so muss mehr Rechenzeit in jedes einzelne Bounding gesteckt werden, was zumeist durch einen schlankeren Branch & Bound-Baum belohnt wird. Diese Abwägung wird für jedes Verfahren erneut und individuell getroffen, inwieweit es sinnvoll ist, bessere untere Schranken zu finden oder auch nicht.

Ein weiterer grundlegender Unterschied ist die Art der Weiterverzweigung, und zwar in der Reihenfolge, welcher Ast, bzw. Knoten, da die unteren Spitzen der einzelnen Äste als Knoten bezeichnet werden, zuerst berücksichtigt wird. Wird – da es sich bei TSP um ein Minimierungsproblem handelt – jeweils der Ast mit der niedrigsten unteren Schranke zuerst weiter verzweigt, so handelt es sich um die „Best first"-Strategie, welche in manchen Schriften auch mit „Lowest first" bezeichnet wird, da es sich um den jeweils niedrigsten Wert handelt.

Bei der „Breitensuche" wird der aufzustellende Baum in allen bestehenden Ästen gleich oder annähernd gleich verzweigt, bei der „Tiefensuche" wird ein einmal ausgesuchter Ast erst bis zu einem Blatt hin weiter verästelt, bevor ein anderer Ast weiterbetrachtet wird.[37]

II. Heuristiken zum Traveling Salesman Problem

Als Heuristik (*von griechisch: ευρεκα, „ich habe es gefunden!"*) bezeichnet man einen Algorithmus, der zu einem gegebenen Problem eine gute, aber nicht unbedingt auch die optimale Lösung findet.

Unter den vielen für das Traveling Salesman Problem relevanten Arten von Heuristiken sollen hier nur einige tourbildende Verfahren beispielhaft herausgegriffen werden: Verschiedene Nächste-Nachbarn-Verfahren und Insertion-Algorithmen.[38] Viele andere Verfahren wie Simulated Annealing oder Genetische Algorithmen können ebenfalls auf TSPs angewandt werden.

---

[36] Vgl. Carpaneto/Toth (1980).
[37] Zusammenfassungen über Branch & Bound-Verfahren geben auf dem jeweiligen Stand Balas/Toth (1985); Eiselt/Sandblom (2000), S. 205-228; Escher (1973); Hinrichsen (1975).
[38] Vgl. Borgwardt (2001), S. 279 ff.

Nächste-Nachbarn- und Insertion-Verfahren können in der Regel sehr schön graphisch veranschaulicht werden: Bei den Nächste-Nachbarn-Verfahren wird als Ausgangspunkt eine Stadt gewählt, und sukzessive werden nach festgelegten Regeln weitere Städte hinzugefügt, bis eine Tour entstanden ist. Die Länge der Tour ist dabei auch von der Wahl des Startpunktes (der Ausgangsstadt) abhängig. Bei den Insertion-Algorithmen beginnt man mit einer Start-Tour aus drei Städten. Das Ergebnis ist ebenfalls von der Anfangstour abhängig.

Die Regeln hierzu sehen für Nächste-Nachbarn z.B. wie folgt aus: Suche zur neu hinzugefügten Stadt die nächstgelegene noch nicht hinzugefügte Stadt und füge sie zur bisherigen Tour hinzu. Wiederhole dies, bis alle Städte hinzugefügt wurden. Verbinde zum Schluß die zuletzt hinzugefügte Stadt mir der Ausgangsstadt.

In einem Vergleich verschiedener Nächste-Nachbarn und Insertion-Algorithmen, bestehend aus Nächste-Nachbarn, Doppelseitig nächste Nachbarn, Nearest Addition, Nearest Insert, Cheapest Insert, Farthest Insert und Minimum Spanning Tree-Heuristiken, angewandt auf Standard-Traveling Salesman Probleme der TSP-LIB[39], schnitt Farthest Insert am besten ab und erreichte Tourlängen, die 1,6 % bis 14,1 % über den Längen der jeweiligen Optimaltour lagen. In der Regel konnten mit diesen recht einfachen Verfahren bereits Touren gefunden werden, die nicht mehr als 30 % länger als die Optimaltour waren.[40]

E. Fazit

Es gibt fast unzählige Verfahren, sich der Lösung eines Traveling Salesman Problems zu nähern. Für einige besondere Instanzen wurden mit teilweise sehr hohem Aufwand die Optimallösungen berechnet, und gleichzeitig konnte deren Optimalität gezeigt werden. Oftmals können jedoch auch einfache Heuristiken mit geringem Aufwand eine gute Abschätzung für die minimale Tourlänge liefern.

Das Traveling Salesman Problem gehört als NP-vollständiges Problem zu der komplexesten Problemgruppe. Deshalb sollte man vor dem Lösungsvorhaben einer Traveling Salesman Instanz prüfen, welcher Aufwand hierfür gerechtfertigt ist.

Allerdings konnte bisher nicht bewiesen werden, dass $P \neq NP$ gilt. Wer das Gegenteil beweisen möchte, benötigt nur einen polynomiellen Lösungsalgorithmus für das Traveling Salesman Problem allgemein.

---

[39] Vgl. Reinelt (1991).
[40] Vgl. Schiemann (2005).

Literaturverzeichnis

Balas, E./Christofides, N. (1981): A restricted lagrangean approach to the traveling salesman problem. In: Mathematical Programming 1981, S. 19 – 46.

Balas, E./Toth, P. (1985): Branch and bound methods. In: Lawler, E.L./Lenstra, J.K./ Rinnooy Kan, A.H.G./Shmoys, D.B. (Hrsg.), The Traveling Salesman Problem, Chichester 1985, S. 361-401.

Balinski, M.L./Gomory, R.E. (1964): A primal method for the assignment and transportation problems. In: Management Science 1964, S. 578 – 593.

Bartels, H.G./Bartels, S.G. (1989): The Facets of the Asymmetric 5-City Traveling Salesman Polytope, ZOR, Zeitschrift für Operations Research. In: Methods and Models of Operations Research 1989, S. 193 – 197.

Bazaraa, M./Shetty, C.M. (1979): Nonlinear Programming: Theory and Algorithms, New York 1979.

Bellmore, M./Malone, J.C. (1971): Pathology of traveling-salesman subtour-elimination algorithms. In: Operations Research 1971, S. 278 – 307.

Bellmore, M./Nemhauser, G.L. (1968): The Traveling Salesman Problem: A Survey. In: Operations Research 1968, S. 538 – 558.

Bland, R.G./Shallcross, D.F. (1989): Large traveling salesman problems arising from experiments in X-ray crystallographie: A preliminary report on computation. In: Operations Research Letters 1989, S. 125 – 128.

Borgwardt, K.H. (2001): Optimierung, Operations Research, Spieltheorie: Mathematische Grundlagen, Basel, Boston, Berlin 2001.

Boyd, S.C./Cunningham, W.H. (1991): Small travelling salesman polytopes. In: Mathematics of Operations Research 1991, S. 259 – 271.

Boyd, S.C./Cunningham, W.H./Queyranne, M./Wang, Y. (1995): Ladders for Traveling Salesmen, SIAM. In: Journal on Optimization 1995, S. 408 – 420.

Burkard, R.E./Deineko, V.G./Dal R.v./van der Veen, J.A.A./Woeginger, G.J. (1995): Well-Solvable Special Cases of the TSP: A Survey, Bericht Nr. 52 – Dezember 1995, Technische Universität Graz 1995.

Burkard, R.E./Deineko, V.G./Woeginger, G.J. (1998): Erratum: The Travelling Salesman and the PQ-Tree. In: Mathematics of Operations Research 1998, S. 262 – 272.

Burkard, R.E./Deineko, V.G./Woeginger, G.J. (1999): The Travelling Salesman Problem on Permuted Monge Matrices. In: Journal of Combinatorial Optimization 1999, S. 333 – 350.

Carpaneto, G./Dell'Amico, M./Toth, P. (1995): Exact solutions of large-scale asymmetric traveling salesman problems, In: ACM Transactions on Mathematical Software 1995, S. 394 – 409.

Carpaneto, G./Martello, S./Toth, P. (1988): Algorithms and Codes for the Assignment Problem. In: Simeone, B./Toth, P./Gallo, G./Maffioli, F./Pallottino, S. (Hrsg.), FORTRAN Codes for Network Optimization, Annals of Operations Research 1988, S. 193 – 223.

Carpaneto, G./Toth, P. (1980): Some new branching and bounding criteria for the asymmetric travelling salesman problem. In: Management Science 1980, S. 736 – 743.

Carr, R.D. (1995): Separating clique tree and bipartition inequalities in polynomial time. In: Balas, E./Clausen, J. (Hrsg.), Integer programming and combinatorial optimization, 4th International IPCO Conference, Lecture Notes in Computer Science, Vol. 920, Berlin 1995, S. 40-49.

Chisman, J.A. (1975): The clustered traveling salesman problem. In: Computers and Operations Research 1975, S. 115 – 119.

Christof, T./Jünger, M./Reinelt, G. (1991): A complete description of the traveling salesman polytope on 8 nodes. In: Operations Research Letters 1991, S. 497 – 500.

Christof, T./Reinelt, G. (1997): Efficient Parallel Facet Enumeration for 0/1-Polytopes, Preprint, Universität Heidelberg 1997.

Christof, T. (1997): Low-Dimensional 0/1-Polytopes and Branch-and-Cut in Combinatorial Optimization, Diss. Heidelberg 1997.

Christofides, N./Balas, E. (1981): A restricted lagrangean approach to the traveling salesman problem. In: Mathematical Programming 1981, S. 19 – 46.

Christofides, N. (1970): The shortest Hamilton chain of a graph, SIAM. In: Journal on Applied Mathematics 1970, S. 686 – 696.

Chvátal, V. (1973): Edmonds Polytopes and Weakly Hamiltonian Graphs. In: Mathematical Programming 1973, S. 29-40.

Cook, S.A. (1971): The complexity of theorem-proving procedures. In: Proceedings of the 3rd Annual ACM Symposium on Theory of Computing, Association for Computing Machinery, New York, S. 151 – 158.

Cornuéjols, G./Fonlupt, J./Naddef, D. (1985): The Traveling Salesman Problem on a Graph and Some Related Integer Polyhedra. In: Mathematical Programming 1985, S. 1 – 27.

Crescenzi, P./Kann, V. (1998): A compendium of NP optimization problems, http://www.nada.kth.se/theory/compendium, abgerufen 1999.

Dantzig, G.B./Fulkerson, D.R./Johnson, S.M. (1954): Solution of a Large-Scale Traveling-Salesman Problem. In: Journal of the Operations Research Society of America 1954, S. 393 – 410.

Dantzig, G.B./Fulkerson, D.R./Johnson, S.M. (1959): On a Linear-Programming, Combinatorial Approach to the Traveling-Salesman Problem. In: Operations Research 1959, S. 58 – 66.

Eastman, W.L. (1958): Linear programming with pattern constraints, Cambridge 1958.

Edmonds, J. (1965a): Maximum Matching and a Polyhedron with 0,1-Vertices. In: Journal of Research of the National Bureau of Standards 1965– B, S. 125 – 130.

Edmonds, J. (1965b): Paths, Trees, and Flowers. In: Canadian Journal of Mathematics 1965, S. 449 – 467.

Edmonds, J. (1967): Optimum Branchings. In: Journal of Research of the National Bureau of Standards 1967– B, S. 233 – 240.

Eiselt, H.A./Sandblom, C.-L.(2000): Integer Programming and Network Models, Berlin, 2000.

Escher, G. (1973): Branch and Bound: Eine Einführung, und: Das Handelsreisenden-Problem. In: Weinberg, F. (Hrsg.), Branch and Bound: Eine Einführung, Lecture Notes in Economics and Mathematical Systems, Berlin 1973, S. 1-19 und S. 20-32.

Fischetti, M./Toth, P. (1992): An additive bounding procedure for the asymmetric travelling salesman problem. In: Mathematical Programming 1992, S. 173 – 197.

Fischetti, M./Toth, P. (1987): An efficient approach for the min-sum arborescence problem, Technical Report OR/87/6, DEIS, University of Bologna, Bologna 1987.

Fleischer, L./Tardos, E. (1997): Separating maximally violated comb inequalities in planar graphs. In: Technical Report TR1150, Cornell University 1997.

Fleischmann, B. (1985): A cutting plane procedure for the travelling salesman problem on road networks. In: European Journal of Operational Research 1985, S. 307 – 317.

Fleischmann, B. (1988): A new class of cutting planes for the symmetric traveling salesman problem. In: Mathematical Programming 1988, Series A, S. 225 – 246.

Garey, M.R./Johnson, D.S. (1979): Computers and Intractability, A Guide to the Theory of NP-Completeness, San Francisco 1979.

Garfinkel, R.S: (1973): On partitioning the feasible set in a branch-and-bound algorithm for the asymmetric traveling-salesman problem. In: Operations Research 1973, S. 340 – 343.

Garfinkel, R.S. (1977): Minimizing Wallpaper Waste, Part 1: A Class of Traveling Salesman Problems. In: Operations Research 1977, S. 741 – 751.

Garfinkel, R.S. (1985): Motivation and modeling. In: Lawler, E.L./Lenstra, J.K./ Rinnooy Kan, A.H.G./Shmoys, D.B. (Hrsg.), The Traveling Salesman Problem, Chichester 1985, S. 17 – 36.

Gavish, B./Srikanth, K.N. (1983): Efficient branch and bound code for solving large scale traveling salesman problems to optimality. In: Working Paper QM8329, University Rocherster 1983.

Gavish, B./Srikanth, K.N. (1986): An optimal solution method for large-scale multiple traveling salesman problems. In: Operations Research 1986, S. 698 – 717.

Gilmore, P.C./Lawler, E.L./Shmoys, D.B. (1985): Well-solved special cases. In: Lawler, E.L./Lenstra, J.K./Rinnooy Kan, A.H.G./Shmoys, D.B. (Hrsg.): The Traveling Salesman Problem, , Chichester 1985, S. 87 – 143.

Gomory, R.E. (1964): The travelling salesman problem, Proceedings of the IBM Scientific Computing Symposium on Combinatorial Problems, IBM Data Processing Division, White Plains 1964.

Grötschel, M./Holland, O. (1991): Solution of large-scale symmetric travelling salesman problems. In: Mathematical Programming 1991, S. 141 – 202.

Grötschel, M./Padberg, M.W. (1977): Lineare Charakterisierungen von Travelling Salesman Problemen. In: Zeitschrift für Operations Research 1977, S. 33 – 64.

Grötschel, M./Padberg, M.W. (1979a): On the symmetric travelling salesman problem I: Inequalities. In: Mathematical Programming 1979, S. 265 – 280.

Grötschel, M./Padberg, M.W. (1979b): On the symmetric traveling salesman problem II: Lifting theorems and facets. In: Mathematical Programming 1979, S. 281 – 302.

Grötschel, M./Padberg, M.W. (1985): Polyhedral Theory, Chapter 8. In: Lawler, E./Lenstra, J./Rinnooy Kan, A./Shmoys, D. (Hrsg.), The traveling salesman problem, Chichester 1985.

Grötschel, M./Pulleyblank, W.R. (1986): Clique Tree Inequalities and the Symmetric Travelling Salesman Problem. In: Mathematics of Operations Research 1986, S. 537 – 569.

Hansen, K.H./Krarup, J. (1974): Improvements of the Held-Karp algorithm for the symmetric traveling-salesman problem, In: Mathematical Programming 1974, S. 87 – 96.

Held, M./Karp, R.M. (1970): The Traveling-Salesman Problem and Minimum Spanning Trees. In: Operations Research 1970, S. 1138 – 1162.

Held, M./Karp, R.M. (1971): The Traveling-Salesman Problem and Minimum Spanning Trees: Part II. In: Mathematical Programming 1971, S. 6 – 25.
Heller, I. (1953): On the problem of shortest paths between points, I und II (Abstract). In: Bulletin of the American Mathematical Society 1953, S. 551 – 552.
Heller, I. (1956): Neighbor relations on the convex of cyclic permutations, In: Pacific Journal of Mathematics 1956, S. 467 – 477.
Hinrichsen, J. (1975): Branch- and Bound-Verfahren zur Lösung des Rundreiseproblems, Göttingen 1975.
Hong, S. (1971): A Linear Programming Approach for the Travelling-Salesman Problem, Baltimore 1971.
Jonker, R./Volgenant, T. (1983): Transforming asymmetric into symmetric Traveling Salesman Problems. In: Operations Research Letters 1983, S. 161 – 163.
Jünger, M./Reinelt, G./Rinaldi, G. (1995): The Traveling Salesman Problem, Chapter 4. In: Ball, M.O./Magnati, T.L./Monma, C.L./Nemhauser, G.L. (Hrsg.), Network Models, Handbooks in Operations Research and Management Science, Vol. 7, Amsterdam 1995, S. 225 – 330.
Karp, R.M. (1972): Reducibility among combinatorial problems. In: Miller, R.E./Thatcher, J.W. (Hrsg.), Complexity of Computer Computations, Plenum Press, New York 1972, S. 85 – 103.
Korte, B. (1988): Applications of combinatorial optimization, 13th International Mathematical Programming Symposium, Tokyo 1988.
Kuhn, H.W: (1955): The Hungarian method for the assignment problem. In: Naval Research Logistics Quarterly 1955, Vol. 2, S. 83 – 97.
Kuhn, H.W: (1955): On certain convex polyhedra (Abstract). In: Bulletin of the American Mathematical Society 1955, Vol. 61, S. 557 – 558.
Land, A.H./Doig, A.G. (1960): An automatic method of solving discrete programming problems. In: Econometrica 1960, Vol. 28, No. 3, S. 497 – 520.
Little, J.D.C./Murty, K.G./Sweeney, D.W./Karel,, C. (1963): An algorithm for the travelling salesmn problem. In: Operations Research 1963, Vol. 11, S. 972 – 989.
Lokin, F.C.J. (1978): Procedures for travelling salesman problems with additional constraints. In: European Journal of Operational Research 1978, Vol. 3, S. 135 – 141.
Melamed, I.I./Sergeev, S.I./Sigal, I.Kh. (1989a): The Traveling Salesman Problem: I. Theoretical Issues. In: Automation and Remote Control USSR 1990, S. 1147-1173 [Übersetzung aus: Avtomatika I Telemekhanika, Vol. 50, No. 9 (1989), S. 3 – 33].
Melamed, I.I./Sergeev, S.I./Sigal, I.Kh. (1989b): The Traveling Salesman Problem: II. In: Exact Methods, Automation and Remote Control USSR 1990, S. 1303 – 1324 [Übersetzung aus: Avtomatika I Telemekhanika, Vol. 50, No. 10 (1989), S. 3 – 29].
Miller, D.L./Pekny, J.F. (1989): Results from a parallel branch and bound algorithm for the asymmetric traveling salesman problem. In: Operations Research Letters 1989, S. 129 – 135.
Miller, D.L./Pekny, J.F. (1991): Exact Solution of Large Asymmetric Traveling Salesman Problems. In: Science 1991, S. 754 – 762.
Murty, K.G. (1968): An algorithm for ranking all the assignments in order of increasing cost. In: Operations Research 1968, S. 682 – 687.

Naddef, D. (1990): Handles and teeth in the symmetric traveling salesman polytope, S. 61-74. In: Cook, W./Seymour, P.D. (Hrsg.), Polyhedral Combinatorics, DIMACS Series in Discrete Mathematics and Theoretical Computer Science, AMS and ACM, Vol. 1, 1990, Proceedings of a DIMACS Workshop, 12-16. Juni 1989, Morristown 1990.

Naddef, D. (1992): The binested inequalities for the symmetric traveling salesman polytope. In: Mathematics of Operations Research 1992, S. 882 – 900.

Naddef, D./Rinaldi, G. (1991): The symmetric traveling salesman polytope and its graphical relaxation: Composition of valid inequalities. In: Mathematical Programming 1991, S. 359 – 400.

Naddef, D./Pochet, Y. (2001): The symmetric traveling salesman polytope revisited. In: Mathematics of Operations Research 2001, S. 700 – 722.

Naddef, D./Rinaldi, G. (1992): The crown inequalities for the symmetric traveling salesman polytope. In: Mathematics of Operations Research 1922, S. 308 – 326.

Naddef, D./Thienel, S. (1999): Efficient Separation Routines for the Symmetric Traveling Salesman Problem I: General Tools and Comb Separation. In: Report, Institut für Informatik, Universität zu Köln, September 1999.

Naddef, D./Thienel, S. (2001): Efficient Separation Routines for the Symmetric Traveling Salesman Problem II: Separating multi Handle Inequalities. In: Report, Institut für Informatik, Universität zu Köln, Januar 2001.

Norman, R.Z. (1955): On the convex polyhedra of the symmetric travelling salesman problem (abstract). In: Bulletin of the American Mathematical Society 1955, S. 559.

Padberg, M.W./Rao, M.R. (1974): The travelling salesman problem and a class of Polyhedra of diameter two. In: Mathematical Programming 1974, S. 32 – 45.

Papadimitriou, C.H. (1977): The Euclidean Traveling Salesman Problem is NP-Complete. In: Theoretical Computer Science 1977, S. 237 – 244.

Pekny, J.F./Miller, D.L. (1992): A parallel branch-and-bound algorithm for solving large asymmetric traveling salesman problems. In: Mathematical Programming 1992, Ser. A, Vol. 55, S. 17 – 33.

Reinelt, G. (1991): TSPLIB – A Traveling Salesman Problem Library. In: ORSA Journal on Computing 1991, S. 376 – 384.

Rothkopf, M. (1966): The traveling salesman problem: On the reduction of certain large problems to smaller ones. In: Operations Research 1966, Vol. 14, S. 532 – 533.

Schiemann, S.A. (2005): Lösungsverfahren für das 2-Dimensionale, Euklidische Traveling Salesman Problem unter besonderer Berücksichtigung der Delaunay-Triangulation, Berlin 2005.

Schmitting, W. (2000): Das Traveling-Salesman-Problem – Anwendungen und heuristische Nutzung von Voronoi-/Delaunay-Strukturen zur Lösung euklidischer, zweidimensionaler Traveling-Salesman-Probleme, Münster 2000.

Shapiro, D.M. (1966): Algorithms for the solution of the optimal cost and bottleneck traveling salesman problems, Washington University, St. Louis 1966.

Smith, T.H.C. (1975): A LIFO Implicit Enumeration Algorithm for the Asymmetric Traveling Salesman Problem Using a One-Arborescence Relaxation, Pittsburgh 1975.

Smith, T.H.C./Srinivasan, V./Thompson, G.L. (1977): Computational Performance of Three Subtour Elimination Algorithms for Solving Asymmetric Traveling Salesman Problems. In: Annals of Discrete Mathematics 1977, Vol. 1, S. 495 – 506.

Smith, T.H.C./Thompson, G.L. (1977): A LIFO Implicit Enumeration Search Algorithm for the Symmetric Traveling Salesman Problem Using Held and Karp's 1-Tree Relaxations. In: Annals of Discrete Mathematics 1977, Vol. 1, S. 479 – 493.

Tarjan, R.E. (1977): Finding Optimum Branchings. In: Networks 1977, Vol. 7, S. 25 – 35.

Volgenant, T./Jonker, R. (1982): A branch and bound algorithm for the symmetric traveling salesman problem based on the 1-tree relaxation. In: European Journal of Operational Research 1982, Vol. 9, No. 1, S. 83 – 89.

Wendt, O. (1995): Tourenplanung durch Einsatz naturanaloger Verfahren, Wiesbaden 1995.

Yoeng-Jin, C./Tseng-Hong, L. (1965): On the shortest arborescence of a directed graph. In: Scientia Sinica 1965, S. 1396 – 1400.

Maximaler Durchsatz in Kapazitätsnetzen bei Möglichkeit alternativer Fertigungsfolgen
Ein Lösungsansatz mittels eines auf Polynome erweiterten Simplex-Verfahrens

Robert Winter[*]

A.	Hintergrund	320
B.	Einführung	320
	I. Problemstellung	320
	II. Formalisierung des Optimierungsproblems	321
	III. Anwendungsbeispiel	322
C.	Lösung des Problems mit einem konventionellen Simplexansatz	324
	I. Bildungsgesetze für die disjunktive Normalform	325
	II. Lösung des Beispielproblems mit einem konventionellen Simplexansatz	328
D.	Lösung des Problems mit einem alternativen Simplexansatz	332
	I. Iterationen für Tableaus, deren Koeffizienten Polynome sind	334
	II. Lösung des Beispielproblems mit dem alternativen Simplexansatz	338
E.	Zusammenfassung	341

---

[*] Prof. Dr. Robert Winter, Direktor des Instituts für Wirtschaftsinformatik und des Executive MBA in Business Engineering, Universität St. Gallen.

A. Hintergrund

Diese Arbeit wurde durch zwei Erfahrungen inspiriert: Einerseits weckte der Besuch der Vorlesungen „Unternehmensforschung I bis III" bei Herrn Kollegen Bartels beim Autor starkes Interesse an der mathematischen Optimierung, das u. a. in einer von Herrn Kollegen Bartels betreuten Diplomarbeit zur Anlageoptimierung des Privathaushalts resultierte. Andererseits war die frühe Phase des Promotionsverfahrens des Autors durch Probleme der Produktionsplanung und Methoden im Umfeld unscharfer Mengen und formaler Logik geprägt. Aus der Kombination dieser Eindrücke entstand die Idee zu diesem Beitrag bereits im Frühsommer 1986. Allerdings war der Ansatz, das Simplex-Verfahren auf Polynome zu erweitern, offensichtlich soweit ‚out-of-the-box', dass verschiedene Diskussionen mit Operations Research-Kollegen über seine Sinnhaftigkeit fruchtlos verliefen. Die Festschrift zur Emeritierung von Herrn Kollegen Bartels bietet eine schöne Möglichkeit, das Konzept nach zehn Jahren endlich zur Diskussion zu stellen.

B. Einführung

I. Problemstellung

Die Berechnung des maximalen Durchsatzes in einem Netz von Bearbeitungsvorgängen, in dem aufgrund des Vorhandenseins von alternativ verwendbaren Vorprodukten bzw. alternativ zu nutzenden Kapazitäten viele verschiedene Fertigungsfolgen möglich sind, ist nicht ohne weiteres möglich. Die Bedarfe eines Produktionsprogramms für eine bestimmte Kapazität werden dann nämlich nicht mehr wie z. B. bei der mehrstufigen Materialbedarfsauflösung durch Produktionsprogramm, Stückliste, Lagerbestand und Losbildungsalgorithmus eindeutig impliziert, sondern richten sich vielmehr nach der Art und Weise, wie die Mehrzweckmaschine(n) eingesetzt werden, d. h. zur Herstellung welches (Vor-) Produkts bzw. welcher (Vor-)Produkte ihre Kapazität verwendet wird. Zur Maximierung des Durchsatzes müssten deshalb gleichzeitig Kapazitätsaufteilung und Produktionsprogramm optimiert werden. Da es zwischen beiden Gruppen von Variablen aber aufgrund der gemeinsamen Kapazitätsrestriktionen enge Wechselwirkungen gibt, kommen zunächst zwei grundsätzliche Vorgehensweisen zur Durchsatzmaximierung in Frage:

1. Erst nach der Entscheidung über die Aufteilung der Kapazität aller Mehrzweckmaschinen (d. h. über die Verteilung knapper Vorprodukte auf mehrere Bedarfsverursacher) lassen sich alternative Bearbeitungsfolgen in eindeutige Bearbeitungsfolgen (mit entsprechend modifizierter Kapazität) umwandeln, so dass der maximale Durchsatz mit konventionellen Methoden (z. B. lineare Programmierung) optimiert werden kann. Ein Nachteil dieser

Vorgehensweise ist jedoch, dass die feste Aufteilung der Kapazität a priori (vor der Durchsatzoptimierung) erfolgt und dass deshalb im Allgemeinen diese Aufteilung global suboptimal ist.
2. Erst nach der Entscheidung über das Wunsch-Produktionsprogramm lassen sich die verschiedenen Alternativen der Aufteilung der Kapazität der Mehrzweckmaschinen bewerten und damit optimieren. Im Ergebnis liegt eine Kapazitätsaufteilung vor, die die Realisierung des Wunschprogramms optimal erfüllt. Ein Nachteil auch dieser Vorgehensweise ist es natürlich, dass die feste Strukturierung des Wunschprogramms a priori (vor der Kapazitätsaufteilung) erfolgt und dass deshalb im Allgemeinen diese Strukturierung global suboptimal ist.

Auch für die abwechselnde, iterative Anwendung beider Verfahren (Aufteilungsoptimierung für Initial-Programmvorschlag, optimale Programmanpassung für diese Aufteilung, optimale Aufteilungsanpassung für angepasstes Programm usw.) darf erwartet werden, dass ebenfalls global suboptimale Ergebnisse ermittelt werden, da schon in den ersten Schritten Freiheitsgrade verloren gehen, die in späteren Schritten für Optimierungsmöglichkeiten nicht mehr zur Verfügung stehen.

Das Problem der Durchsatzmaximierung in Netzen von Bearbeitungsvorgängen, in denen alternative Fertigungsfolgen möglich sind, kann nur durch ein simultan arbeitendes Verfahren global optimal gelöst werden. Durch dieses Verfahren müssten sowohl Kapazitätsaufteilungen optimiert werden wie auch das durchsatzmaximale Produktionsprogramm ermittelt werden. Die Flexibilität der Bearbeitungsfolgen darf dabei nicht durch vorzeitige oder unbegründete Kapazitätsaufteilungen eingeschränkt werden. Ebenso darf die Flexibilität der Programmzusammensetzung nicht durch vorzeitige oder unbegründete Programmfestlegungen eingeschränkt werden. Im Folgenden wird versucht, das Problem durch simultane Optimierung global optimal zu lösen, wobei zur numerischen Lösung zwei alternative Verfahren vorgestellt und verglichen werden.

II. Formalisierung des Optimierungsproblems

Zunächst werden für die formale Darstellung des Planungsproblems geeignete Hilfsmittel definiert.

Der Normalfall des nicht-alternativen Verbrauchs verschiedener Zwischenprodukte (X, Y, ...) zur Herstellung eines (Zwischen-)Produkts Z wird als Konjunktion der Materialbedarfe dargestellt. Dabei werden die (Zwischen-)Produkte selbst durch Grossbuchstaben und die Anzahl jeweils in den Produktionsprozess eingehender Zwischenprodukte mit entsprechenden Kleinbuchstaben notiert:

$$Z = \wedge (X\,x,\, Y\,y,\, \ldots)$$

Grafisch wird diese Beziehung folgendermaßen dargestellt:

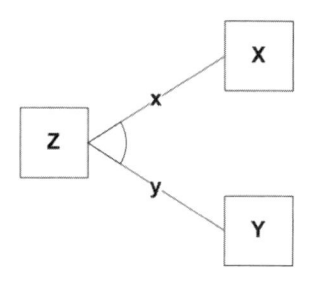

Der Sonderfall des alternativen Verbrauchs verschiedener Zwischenprodukte (B, C, ...) zur Herstellung eines (Zwischen-)Produkts A wird als Disjunktion der Materialbedarfe dargestellt:

$$A = \vee (B\ b, C\ c, ...)$$

Grafisch wird diese Beziehung folgendermaßen dargestellt:

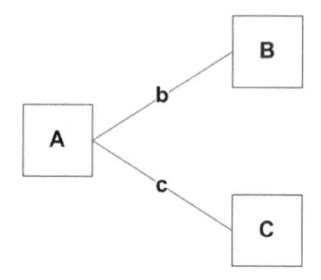

III. Anwendungsbeispiel

Ein Produktionsprogramm A bestehe in der Produktion von 1 Mengeneinheit (ME) B und 2 ME C. Die Ausbringung des Produktionsprogramms ist zu maximieren.
1 ME B kann alternativ aus 3 ME D, 1 ME E oder 2 ME F hergestellt werden. 1 ME C benötigt zur Herstellung 2 ME E, 1 ME G und 2 ME H. D ist ein Kaufteil. Um 1 ME E herzustellen, werden 3 ME I, 1 ME J und 2 ME K benötigt. Da E sowohl in B einfließen kann wie auch für die Herstellung von C benötigt wird, muss die Kapazität der Maschine, auf der E hergestellt wird, auf die Herstellung von B und C aufgeteilt werden. F ist ein Kaufteil. Die Herstellung von 1 ME G benötigt alternativ 1 ME J oder 2 ME K. Um 1 ME H herzustellen, wird entweder 1 ME L oder werden 3 ME M benötigt. I ist ein Kaufteil. Die Herstellung von 1 ME J verschlingt 2 ME N und 1 ME O. Da J sowohl in G einfließen kann wie auch für die Herstellung von E benötigt wird, muss die Kapazität der Maschine, auf der J hergestellt wird, auf die Herstellung von G und E aufgeteilt werden. 1 ME K wird aus 3 ME O und 2 ME P hergestellt. Da K sowohl in G einfließen

kann wie auch für die Herstellung von E benötigt wird, muss die Kapazität der Maschine, auf der K hergestellt wird, auf die Herstellung von G und E aufgeteilt werden. L, M, N, O und P sind Kaufteile. Eventuelle Kaufbeschränkungen (Rahmenverträge) für O wirken sich dabei derart aus, dass die verfügbare Menge von O auf die Herstellung von J und von K aufgeteilt werden muss.

Folgende Kapazitätsgrenzen (in diesem Fall Bestandsmengen für Kaufteile) seien relevant:

$$D \leq 200$$
$$F \leq 200$$
$$I \leq 2100$$
$$L \leq 1000$$
$$M \leq 2500$$
$$N \leq 5000$$
$$O \leq 6000$$
$$P \leq 3500$$

Das Beispiel kann folgendermaßen formalisiert werden:

$$A = \wedge(B\ 1, C\ 2)$$
$$B = \vee(D\ 3, E\ 1, F\ 2)$$
$$C = \wedge(E\ 2, G\ 1, H\ 2)$$
$$E = \wedge(I\ 3, J\ 1, K\ 2)$$
$$G = \vee(J\ 1, K\ 2)$$
$$H = \vee(L\ 1, M\ 3)$$
$$J = \wedge(N\ 2, O\ 1)$$
$$K = \wedge(O\ 3, P\ 2)$$

Grafisch lässt sich dieses Beispiel folgendermaßen darstellen:

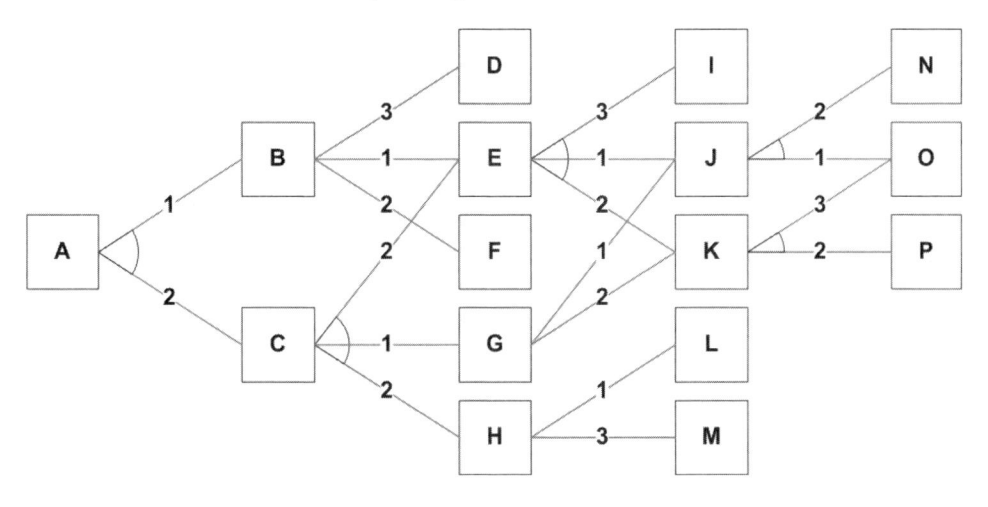

Als Parameter für die Komplexität des Planungsproblems kommen in Betracht:

Δ Zahl der Kapazitätsrestriktionen ($\lambda = 1, ..., \Delta$)

Ψ Zahl der Produkte und Zwischenprodukte, die alternativ gefertigt werden können ($\Psi = 1, ..., \Psi$)

Ω_ψ Zahl der alternativen Zwischenprodukte und Kaufteile des Ψ-ten alternativ herstellbaren Produkts bzw. Zwischenprodukts

Für das Beispiel lauten diese Parameter:

$$\Delta = 8$$
$$\Psi = 3$$
$$\Omega_1 = 3$$
$$\Omega_2 = 2$$
$$\Omega_3 = 2$$

C. Lösung des Problems mit einem konventionellen Simplexansatz

Das Problem der simultanen Optimierung von Kapazitätsaufteilungen und Programmstruktur kann offensichtlich als lineares Problem formuliert werden, wenn jede mögliche Fertigungsalternative als Strukturvariable betrachtet wird und wenn alle Kapazitätsgrenzen (und damit implizit auch die Kapazitätsaufteilungen) als Restriktionen interpretiert werden. Um die Strukturvariablen zu erzeugen, müssen alle denkbaren Fertigungsfolgen zunächst ermittelt werden – sie liegen bisher ja nur implizit vor. Dazu müssen die verschiedenen Konjunktionen und Disjunktionen, die die Struktur des Planungsproblems ausmachen, in eine einzige Disjunktion umgewandelt werden. Diese Disjunktion stellt die Menge aller möglichen alternativen Wege dar, das Produktprogramm zu fertigen, d. h. die Menge aller möglichen Mengen von Wegen durch das Netz. Jede Fertigungsalternative besteht nämlich aus einer Menge von Konjunktionen, d. h. der Menge der mit der entsprechenden Alternative verbundenen Kapazitäts- und Kaufteilbedarfe. Das Ergebnis dieser Enumeration wird auch als disjunktive Normalform bezeichnet. Der Zielterm ist also:

$$A = \vee(\wedge(Z\,z,\,Y\,y,\,...),\,\wedge(X\,x,\,W\,w,\,...),\,\wedge(...),\,\wedge(...),\,...)$$

Die derart ermittelten Fertigungsalternativen für ein beliebiges Produktionsprogramm bilden die Strukturvariablen x_i des Simplex-Tableaus. Für jede von irgendeiner Alternative genutzte Kapazität (bzw. für jedes benötigte Kaufteil) b_a ergibt sich eine Nebenbedingung der Form

$\sum a_{ai} x_i \leq b_a$

und damit eine Schlupfvariable.

I. Bildungsgesetze für die disjunktive Normalform

Die folgenden Bildungsgesetze lassen sich aus einfacher Aussagenlogik ableiten. Unter Erhaltung des Aussagegehalts werden Terme manipuliert, wobei immer eine Disjunktion entsteht. Analoge Bildungsgesetze lassen sich auch für die konjunktive Normalform formulieren. Aus den oben genannten Gründen wird jedoch die disjunktive Normalform gesucht.

Bildungsgesetz 1: Die Verknüpfung zweier Disjunktionen ergibt eine zusammengefasste Disjunktion

$$Z = \vee(M\ m, \ldots, N\ n, P\ p)$$
$$P = \vee(X\ x, \ldots, Y\ y)$$

$$\Rightarrow Z = \vee(M\ m, \ldots, N\ n, X\ px, \ldots, Y\ py)$$

Grafische Darstellung des Bildungsgesetzes 1:

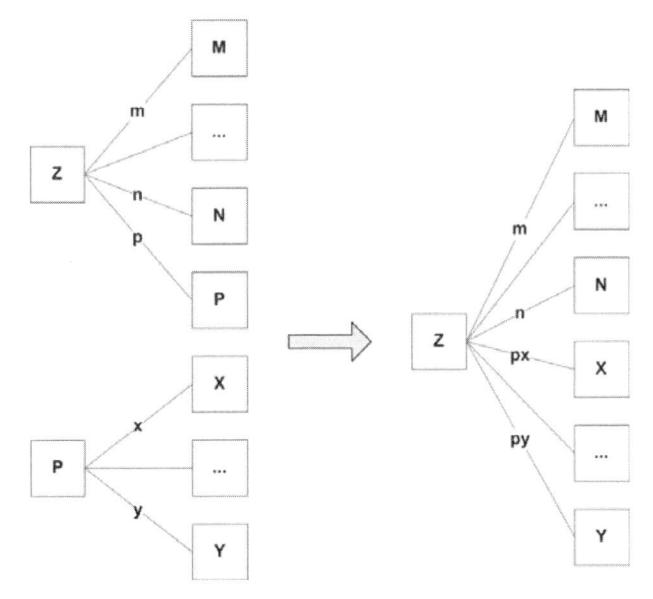

Bildungsgesetz 2: Die Verknüpfung einer Disjunktion mit einer Konjunktion ergibt eine Disjunktion mit einem konjunktiven Element

$$Z = \vee(M\ m, \ldots, N\ n, P\ p)$$
$$P = \wedge(X\ x, \ldots, Y\ y)$$

$$\Rightarrow Z = \vee(M\ m, \ldots, N\ n, \wedge(X\ px, \ldots, Y\ py))$$

Grafische Darstellung des Bildungsgesetzes 2:

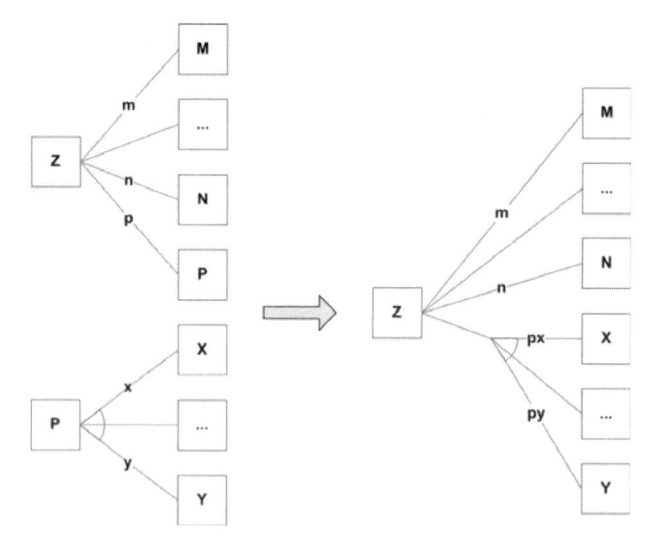

Bildungsgesetz 3: Die Verknüpfung zweier Konjunktionen ergibt eine zusammengefasste Konjunktion

$$Z = \wedge(M\ m, \ldots, N\ n, P\ p)$$
$$P = \wedge(X\ x, \ldots, Y\ y)$$

$$\Rightarrow Z = \wedge(M\ m, \ldots, N\ n, X\ px, \ldots, Y\ py)$$

Grafische Darstellung des Bildungsgesetzes 3:

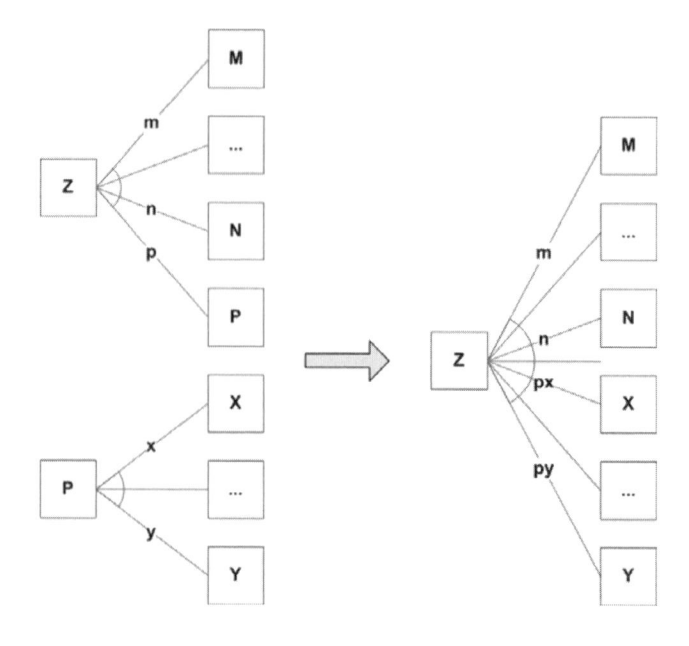

Bildungsgesetz 4: Die Verknüpfung einer Konjunktion mit einer Disjunktion ergibt eine Disjunktion mit einer Menge konjunktiver Elemente

$$Z = \wedge(M\,m, \ldots, N\,n, P\,p)$$
$$P = \vee(X\,x, \ldots, Y\,y)$$

$$\Rightarrow Z = \vee(\wedge(M\,m, \ldots, N\,n, X\,x), \ldots, \wedge(M\,m, \ldots, N\,n, Y\,y))$$

Grafische Darstellung des Bildungsgesetzes 4:

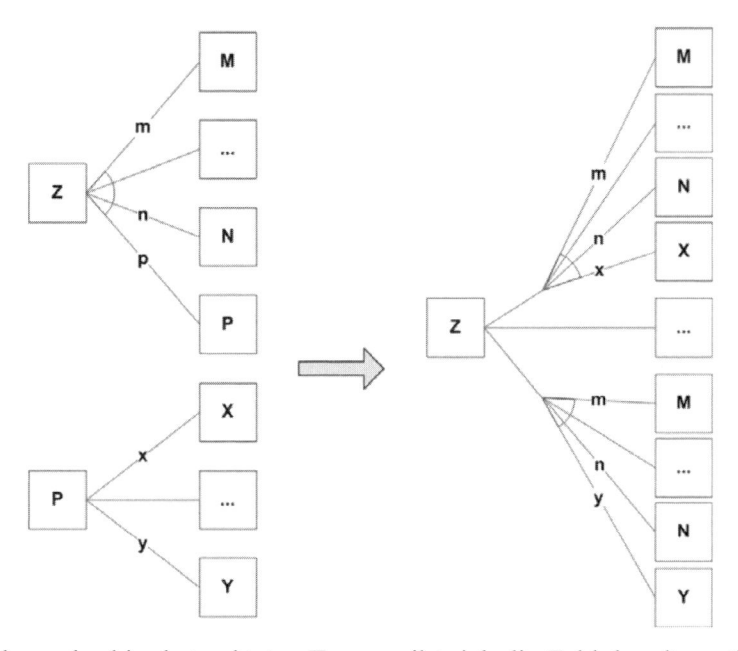

Für Probleme des hier betrachteten Typs ergibt sich die Zahl der alternativen Fertigungsmöglichkeiten aufgrund der enumerativen Wirkung des vierten Bildungsgesetzes als

$$\prod_{\psi=1}^{\Psi} \Omega_\psi$$

Als Zahl der Koeffizienten des Simplextableaus ergibt sich damit

$$\Lambda^2 + \Lambda \prod_{\psi=1}^{\Psi} \Omega_\psi$$

Für das verkürzte Tableau reduziert sich die Zahl der Koeffizienten auf

$$\Lambda \prod_{\psi=1}^{\Psi} \Omega_\psi$$

Da ΠQ_ψ für große Λ extreme Werte erreicht, ist der konventionelle Simplexansatz zur Lösung der hier betrachteten Problemkategorie bei Problemen realitätsnaher Dimensionierung völlig ungeeignet. Für das Beispielproblem mit den Parametern $\Lambda = 8$, $\Psi = 3$, $\Omega_1 = 3$, $\Omega_2 = 2$ und $\Omega_3 = 2$ ergeben sich folgende Werte:

Zahl der Strukturvariablen = 3*2*2 = 12
Zahl der Restriktionen = 8
Zahl der Schlupfvariablen = 8
Zahl der Tableauvariablen (langes Tableau) = 8^2 + 8*12 = 160
Zahl der Tableauvariablen (kurzes Tableau) = 8*12 = 96

Für ein Problem mit realitätsnäheren Parametern $\Lambda = 200$, $\Psi = 30$ und

$$\frac{\sum_{\psi=1}^{\Psi} \Omega_\psi}{\Psi} = 2{,}8$$

ergäben sich folgende Werte:

Zahl der Strukturvariablen = $2{,}8^{30} \approx 26*10^{12}$
Zahl der Restriktionen = 200
Zahl der Schlupfvariablen = 200
Zahl der Tableauvariablen (langes Tableau) = 200^2 + 200*26*10^{12} $\approx$ 5.2*10^{15}
Zahl der Tableauvariablen (kurzes Tableau) = 200*26*10^{12} = 5.2*10^{15}

II. Lösung des Beispielproblems mit einem konventionellen Simplexansatz

Für das Beispielproblem ergeben sich die folgenden Konjunktionen und Disjunktionen (vor der Normalisierung, siehe Abschnitt B.III):

A = $\wedge$ (B 1, C 2)
B = $\vee$ (D 3, E 1, F 2)
C = $\wedge$ (E 2, G 1, H 2)
E = $\wedge$ (I 3, J 1, K 2)
G = $\vee$ (J 1, K 2)
H = $\vee$ (L 1, M 3)
J = $\wedge$ (N 2, O 1)
K = $\wedge$ (O 3, P 2)

Umformungen der Konjunktionen und Disjunktionen in disjunktive Normalform:

1. A verknüpft mit B (4. Bildungsgesetz)

    $A = \vee(\wedge(C\,2, D\,3), \wedge(C\,2, E\,1), \wedge(C\,2, F\,2))$

2. (A,B) verknüpft mit C (3. Bildungsgesetz)

    $A = \vee(\wedge(D\,3, E\,4, G\,2, H\,4), \wedge(E\,5, G\,2, H\,4), \wedge(E\,4, F\,2, G\,2, H\,4))$

3. (A,B,C) verknüpft mit E (3. Bildungsgesetz)

    $A = \vee(\wedge(D\,3, G\,2, H\,4, I\,12, J\,4, K\,8), \wedge(G\,2, H\,4, I\,15, J\,5, K\,10),$
    $\wedge(F\,2, G\,2, H\,4, I\,12, J\,4, K\,8))$

4. (A,B,C,E) verknüpft mit G (4. Bildungsgesetz)

    $A = \vee(\vee(\wedge(D\,3, H\,4, I\,12, J\,6, K\,8), \wedge(D\,3, H\,4, I\,12, J\,4, K\,12)),$
    $\vee(\wedge(H\,4, I\,15, J\,7, K\,10), \wedge(H\,4, I\,15, J\,5, K\,14)),$
    $\vee(\wedge(F\,2, H\,4, I\,12, J\,6, K\,8), \wedge(F\,2, H\,4, I\,12, J\,4, K\,12)))$

5. (A,B,C,E,G) umgeformt (1. Bildungsgesetz)

    $A = \vee(\wedge(D\,3, H\,4, I\,12, J\,6, K\,8),$
    $\wedge(D\,3, H\,4, I\,12, J\,4, K\,12),$
    $\wedge(H\,4, I\,15, J\,7, K\,10),$
    $\wedge(H\,4, I\,15, J\,5, K\,14),$
    $\wedge(F\,2, H\,4, I\,12, J\,6, K\,8),$
    $\wedge(F\,2, H\,4, I\,12, J\,4, K\,12))$

6. (A,B,C,E,G) verknüpft mit H (4. Bildungsgesetz)

    $A = \vee(\vee(\wedge(D\,3, I\,12, J\,6, K\,8, L\,4), \wedge(D\,3, I\,12, J\,6, K\,8, M\,12)),$
    $\vee(\wedge(D\,3, I\,12, J\,4, K\,12, L\,4), \wedge(D\,3, I\,12, J\,4, K\,12, M\,12)),$
    $\vee(\wedge(I\,15, J\,7, K\,10, L\,4), \wedge(I\,15, J\,7, K\,10, M\,12)),$
    $\vee(\wedge(I\,15, J\,5, K\,14, L\,4), \wedge(I\,15, J\,5, K\,14, M\,12)),$
    $\vee(\wedge(F\,2, I\,12, J\,6, K\,8, L\,4), \wedge(F\,2, I\,12, J\,6, K\,8, M\,12)),$
    $\vee(\wedge(F\,2, I\,12, J\,4, K\,12, L\,4), \wedge(F\,2, I\,12, J\,4, K\,12, M\,12)))$

7. (A,B,C,E,G,H) umgeformt (1. Bildungsgesetz)

$A = \vee(\wedge(D\,3, I\,12, J\,6, K\,8, L\,4),$
$\wedge(D\,3, I\,12, J\,6, K\,8, M\,12),$
$\wedge(D\,3, I\,12, J\,4, K\,12, L\,4),$
$\wedge(D\,3, I\,12, J\,4, K\,12, M\,12),$
$\wedge(I\,15, J\,7, K\,10, L\,4),$
$\wedge(I\,15, J\,7, K\,10, M\,12),$
$\wedge(I\,15, J\,5, K\,14, L\,4),$
$\wedge(I\,15, J\,5, K\,14, M\,12),$
$\wedge(F\,2, I\,12, J\,6, K\,8, L\,4),$
$\wedge(F\,2, I\,12, J\,6, K\,8, M\,12),$
$\wedge(F\,2, I\,12, J\,4, K\,12, L\,4),$
$\wedge(F\,2, I\,12, J\,4, K\,12, M\,12))$

8. (A,B,C,E,G,H) verknüpft mit J (3. Bildungsgesetz)

$A = \vee(\wedge(D\,3, I\,12, K\,8, L\,4, N\,12, O\,6),$
$\wedge(D\,3, I\,12, K\,8, M\,12, N\,12, O\,6),$
$\wedge(D\,3, I\,12, K\,12, L\,4, N\,8, O\,4),$
$\wedge(D\,3, I\,12, K\,12, M\,12, N\,8, O\,4),$
$\wedge(I\,15, K\,10, L\,4, N\,14, O\,7),$
$\wedge(I\,15, K\,10, M\,12, N\,14, O\,7),$
$\wedge(I\,15, K\,14, L\,4, N\,10, O\,5),$
$\wedge(I\,15, K\,14, M\,12, N\,10, O\,5),$
$\wedge(F\,2, I\,12, K\,8, L\,4, N\,12, O\,6),$
$\wedge(F\,2, I\,12, K\,8, M\,12, N\,12, O\,6),$
$\wedge(F\,2, I\,12, K\,12, L\,4, N\,8, O\,4),$
$\wedge(F\,2, I\,12, K\,12, M\,12, N\,8, O\,4))$

9. (A,B,C,E,G,H,J) verknüpft mit K (3. Bildungsgesetz)

$A = \vee(\wedge(D\,3, I\,12, L\,4, N\,12, O\,30, P\,16),$
$\wedge(D\,3, I\,12, M\,12, N\,12, O\,30, P\,16),$
$\wedge(D\,3, I\,12, L\,4, N\,8, O\,40, P\,24),$
$\wedge(D\,3, I\,12, M\,12, N\,8, O\,40, P\,24),$
$\wedge(I\,15, L\,4, N\,14, O\,37, P\,20),$
$\wedge(I\,15, M\,12, N\,14, O\,37, P\,20),$
$\wedge(I\,15, L\,4, N\,10, O\,47, P\,28),$
$\wedge(I\,15, M\,12, N\,10, O\,47, P\,28),$
$\wedge(F\,2, I\,12, L\,4, N\,12, O\,30, P\,16),$
$\wedge(F\,2, I\,12, M\,12, N\,12, O\,30, P\,16),$
$\wedge(F\,2, I\,12, L\,4, N\,8, O\,40, P\,24),$
$\wedge(F\,2, I\,12, M\,12, N\,8, O\,40, P\,24))$

Der 9. Schritt erzeugt die disjunktive Normalform. Daraus ergibt sich das folgende Restriktionstableau:

	x_1	x_2	x_3	x_4	x_5	x_6	x_7	x_8	x_9	x_{10}	x_{11}	x_{12}	
D:	3	3	3	3									≤ 200
F:									2	2	2	2	≤ 200
I:	12	12	12	12	15	15	15	15	12	12	12	12	≤ 2100
L:	4		4		4		4		4		4		≤ 1000
M:		12		12		12		12		12		12	≤ 2500
N:	12	12	8	8	14	14	10	10	12	12	8	8	≤ 5000
O:	30	30	40	40	37	37	47	47	30	30	40	40	≤ 6000
P:	16	16	24	24	20	20	28	28	16	16	24	24	≤ 3500

Als Optimallösung des Problems ergibt sich nach fünf Iterationen der Zielwert

$$A = 173{,}33$$

bei folgender Kapazitätsnutzung:

Kapazität	Nutzung absolut	Nichtnutzung absolut	Nutzung pro ME von A	Schattenpreis
D	200,00	0,00	1,154	0,067
F	200,00	0,00	1,154	0,100
I	2100,00	0,00	12,115	0,067
L	693,33	306,67	4,000	0
M	0,00	2500,00	0	0
N	2093,33	2906,67	12,077	0
O	5246,67	753,33	30,269	0
P	2800,00	700,00	16,154	0
Summe	13333,33	7166,67		

Im Optimum werden die mehrfach verwendbaren Kapazitäten/Vorprodukte folgendermaßen aufgeteilt:

E : 6,67 (1%) für B und 693,33 (99%) für C

J : 700 (67%) für E und 346,67 (33%) für G

K : 1400 (100%) für E und 0 (0%) für G

O : 1046,67 (20%) für J und 4200 (80%) für L

D. Lösung des Problems mit einem alternativen Simplexansatz

Ziel dieses Beitrags ist es, für Probleme dieser Art auch bei realitätsnaher Dimensionierung die Tableaugröße überschaubar zu halten und damit das Problem numerisch lösbar zu machen.

Ein Weg, das Tableau kompakt zu halten, besteht darin, dass die Fertigungsalternativen nicht explizit in Form je einer enumerierten Strukturvariable pro möglicher Alternative abgebildet werden, sondern dass man sie implizit repräsentiert, d.h. in Form je einer Strukturvariable pro Kapazitätsaufteilung. Dazu ist es notwendig, Kapazitätsaufteilungen, d.h. die Verwendung mehrfach nutzbarer Vorprodukte, durch Variablen zu erfassen. Der Kapazitätsanteil, zu dem das δ-te Vorprodukt des ψ-ten alternativ herstellbaren Produkts bzw. Zwischenprodukts in den Produktionsprozess eingeht, wird als $\pi_{\psi\delta}$ bezeichnet. Dabei gilt

$$\sum_{\delta=1}^{Q_\psi} \pi_{\psi\delta} = 1 \quad \forall \psi$$

$$0 \leq \pi_{\psi\delta} \leq 1 \quad \forall \psi \quad \forall \delta$$

In der formalen Darstellung des Optimierungsproblems bedeutet dies, dass jede Disjunktion (Alternativen-Repräsentation) durch eine Konjunktion zu ersetzen ist, z. B. die Disjunktion

$$Z = \vee (M\ m, N\ n, \ldots, P\ p)$$

durch die entsprechende Konjunktion

$$Z = \wedge (M\ m\pi_{\psi 1}, N\ n\pi_{\psi 2}, \ldots, P\ p\pi_{\psi Q_\psi}) \quad \forall \psi$$

Werden alle Ψ Disjunktionen auf diese Weise durch Einführung von Aufteilungsvariablen $\pi_{\psi\delta}$ in Konjunktionen umgewandelt, entsteht aufgrund der Bildungsgesetze eine konjunktive Normalform. Da sich die tatsächlichen Vorprodukt-, Teile- und Kapazitätsbedarfe zum Zeitpunkt der Einplanung für ein Programm von z. B. z Mengeneinheiten des Produktes Z durch Multiplikation mit z ergeben, liegen als Kapazitätsrestriktionen Ungleichungen der Aufteilungsvariablen $\pi_{\psi\delta}$, der Bedarfskoeffizienten und des Programmumfangs z vor. Für das Beispiel ergeben sich als Restriktionen

$$zm\pi_{\psi 1} + zn\pi_{\psi 2} + \ldots + zp\pi_{\psi Q_\psi} \leq b_\psi \quad \forall \psi$$

Da sowohl z wie auch $\pi_{\psi\delta}$ Entscheidungsvariablen darstellen, sind diese Restriktionen bezüglich der Entscheidungsvariablen nichtlinear. In Tableauform ergäbe sich für alle ψ folgende Problemformulierung:

$\pi_{\psi 1}$	$\pi_{\psi 2}$	$\pi_{\psi 3}$	
zm-zp	zn-zp	0	$\leq b_\psi$-zp

Ganz generell ergibt sich die Zahl der Strukturvariablen bei Λ restriktiven Kapazitäten als

$$\sum_{\psi=1}^{\Psi}(\Omega_\psi - 1)$$

Dieser Term lässt sich vereinfachen zu

$$\sum_{\psi=1}^{\Psi}\Omega_\psi - \Psi$$

Die Zahl der Tableau-Koeffizienten im langen Tableau ergibt sich aus der mit der Zahl der Restriktionen (Λ) multiplizierten Summe der Strukturvariablen (siehe oben) und der Schlupfvariablen (Λ):

$$\Lambda * \sum_{\psi=1}^{\Psi}(\Omega_\psi - 1) + \Lambda^2$$

Für das kurze Tableau ergibt sich die Zahl der Tableau-Koeffizienten zu

$$\Lambda * \sum_{\psi=1}^{\Psi}(\Omega_\psi - 1)$$

Dieser Term erreicht selbst für große Probleme keine extremen Werte. Für das Beispielproblem mit den Parametern $\Lambda = 8$, $\Psi = 3$, $\Omega_1 = 3$, $\Omega_2 = 2$ und $\Omega_3 = 2$ ergeben sich folgende Werte:

> Zahl der Strukturvariablen = $(3 + 2 + 2) - 3 = 4$
> Zahl der Restriktionen = 8
> Zahl der Schlupfvariablen = 8
> Zahl der Tableauvariablen (langes Tableau) = $8*4 + 8^2 = 96$
> Zahl der Tableauvariablen (kurzes Tableau) = $8*4 = 32$

Selbst für das Problem mit realitätsnäheren Parametern $\Lambda = 200$, $\Psi = 30$ und

$$\frac{\sum_{\psi=1}^{\Psi}\Omega_\psi}{\Psi} = 2,8$$

ergäben sich die folgenden Werte:

Zahl der Strukturvariablen = (2,8*30) – 30 = 54
Zahl der Restriktionen = 30
Zahl der Schlupfvariablen = 30
Zahl der Tableauvariablen (langes Tableau) = 30*54 + 30^2 = 2520
Zahl der Tableauvariablen (kurzes Tableau) = 30*54 = 1620

Der Vergleich mit den Tableauumfängen der konventionellen Simplexmethode zeigt, dass selbst für konventionell unlösbare Probleme vergleichsweise winzige Tableaus entstehen. Der Nachteil dieser Tableaus besteht offensichtlich aber darin, nichtlineare Restriktionen zu enthalten und deshalb mit dem konventionellen Simplexansatz nicht rechenbar zu sein. Im Folgenden wird deshalb ein alternatives Simplexverfahren vorgeschlagen, mit dessen Hilfe Restriktionen des hier vorliegenden Typs verarbeitet werden können, so dass damit ein entsprechendes Tableau optimiert werden kann.

I. Iterationen für Tableaus, deren Koeffizienten Polynome sind

Weiter oben wurde die effizientere, aber nichtlineare Problembeschreibung in Tableauform für alle ψ wie folgt dargestellt:

$\pi_{\psi 1}$	$\pi_{\psi 2}$	$\pi_{\psi 3}$	
zm-zp	zn-zp	0	$\leq b_\psi$-zp

Offensichtlich handelt es sich bei den nichtlinearen Restriktionen um Ausdrücke, deren Koeffizienten und rechte Seiten sämtlich Polynome der Form

$$r z^{-1} + s z^0 + t z^1$$

auf der Basis des Programmumfangs z handelt. Aus Vereinfachungsgründen sollen im Folgenden derartige Polynome durch die Kurzdarstellung

$$r|s|t$$

In dieser Form dargestellt, würde das obige Tableau für alle ψ hinsichtlich des Programmumfangs z folgendermaßen aussehen:

$\pi_{\psi 1}$	$\pi_{\psi 2}$	...	
0|0|m-p	0|0|n-p	...	$\leq$ 0|b_ψ|-p

Wenn die Koeffizienten und rechten Seiten des Tableaus sämtlich Polynome hinsichtlich z sind, bietet sich an, die Umrechnungsregeln der Simplex-Iteration auf Polynome zu erweitern, um derartige Tableaus rechnen zu können. Dabei ist allerdings sicherzustellen, dass die Iteration eine abgeschlossene Operation ist

d. h. dass durch die Iteration keine Polynome entstehen, die der vereinbarten Struktur ($r\,z^{-1} + s\,z^{0} + t\,z^{1}$) nicht entsprechen.

Bei der Definition von Tableau-Umrechnungsregeln ist zu unterscheiden, ob das Pivot-Polynom die Form n|0|0 oder die Form 0|n|m hat (andere Formen kommen als Pivot-Polynom nicht in Frage).

Folgende allgemeine Umrechnungsregeln sind für Pivot-Polynome der Form **0|n|m** gültig:

Regel 1a: Umrechnung des Pivot-Polynoms

$$0\,|\,n\,|\,m \Rightarrow 0\,|\,1\,|\,0$$

Regel 2a: Umrechnung aller Nicht-Pivot-Polynome in der Pivotzeile

$$a\,|\,b\,|\,c \Rightarrow (bm - cn)/m^2 \,|\, c/m \,|\, 0$$

Regel 3a: Umrechnung aller Nicht-Pivot-Polynome in der Pivotspalte

$$d\,|\,e\,|\,f \Rightarrow 0\,|\,0\,|\,0$$

Regel 4a: Umrechnung aller Polynome außerhalb von Pivotzeile und Pivotspalte

$$g\,|\,h\,|\,i \Rightarrow g - (cdmm + bemm + afmm - cemn - bfmn + cfnn)/m3\,|$$
$$h - (cem + bfm - cfn)/m^2\,|$$
$$i - cf/m$$

Diese Umrechnungen führen ausschließlich zu Polynomen der vereinbarten Struktur, wenn für alle Polynome außerhalb der Pivotspalte die folgenden Bedingungen erfüllt sind:

Bei Umrechnung eines beliebigen Polynoms g|h|i außerhalb Pivotzeile und -spalte muss gelten:

Bedingung 1a:

$$0 = afm^4 - bdm^3n - aem^3n + cdm^2n^2 + bem^2n^2 + bfm^2n^2 - cemn^3 - bfmn^3 + cen^4$$

Bedingung 2a:

$$0 = bdm^3 + aem^3 - cdm^2n - bem^2n - afm^2n + cemn^2 + bfmn^2 - cfmn^3$$

Bei Umrechnung eines beliebigen Polynoms a|b|c der Pivotzeile (außer dem Pivot-Polynom) muss gelten:

Bedingung 3a:

$0 = bm^2n^2 - am^3n - cmn^3$

Bedingung 4:

$0 = am^3 - bm^2n + cmn^2$

Folgende allgemeine Umrechnungsregeln sind für Pivot-Polynome der Form **n|0|0** gültig:

Regel 1b: Umrechnung des Pivot-Polynoms

$n|0|0 \Rightarrow 0|1|0$

Regel 2b: Umrechnung aller Nicht-Pivot-Polynome in der Pivotzeile

$a|b|c \Rightarrow 0|a/n|b/n$

Regel 3b: Umrechnung aller Nicht-Pivot-Polynome in der Pivotspalte

$d|e|f \Rightarrow 0|0|0$

Regel 4b: Umrechnung aller Polynome außerhalb von Pivotzeile und Pivotspalte

$g|h|i \Rightarrow g - ad/n \mid h - (bd + ae)/n \mid i - (cd + be + af)/n$

Diese Umrechnungen führen ausschließlich zu Polynomen der vereinbarten Struktur, wenn für alle Polynome außerhalb der Pivotspalte die folgenden Bedingungen erfüllt sind:
Bei Umrechnung eines beliebigen Polynoms $g|h|i$ außerhalb Pivotzeile und -spalte muss gelten:

Bedingung 1b:

$0 = cf$

Bedingung 2b:

$0 = ce + bf$

Bei Umrechnung eines beliebigen Polynoms $a|b|c$ der Pivotzeile (außer dem Pivot-Polynom) muss gelten:

Bedingung 3b:

$0 = c$

Tableaus für Polynome lassen sich nicht auf konventionelle Weise unmittelbar interpretieren. Jedes durch die oben definierten Regeln entstandene Tableau lässt sich jedoch nach bestimmten Regeln mittelbar interpretieren. Das Hauptziel, nämlich die Maximierung von z unter Beachtung der Kapazitätsrestriktionen, lässt sich nicht als Zielzeile formulieren, da dadurch die "Linearität" der durch die Polynome gebildeten Nebenbedingungen aufgehoben würde. Vielmehr kann der aktuelle Zielwert (Interpretation) sowie die Pivotzeile für die nächste Iteration (Auswahlregel) anhand der rechten Seite bestimmt werden. Das gesamte Tableau ist nämlich nur dann zulässig, wenn die Polynome der rechten Seite für sämtliche Variablen der Basis größer als 0 sind, gleichzeitig aber auch kleiner als die jeweiligen Obergrenzen dieser Variablen sind.

Allgemein lassen sich auf der Grundlage eines Polynoms $r\,|\,s\,|\,t$ die Ober- und Untergrenzen für z zur Sicherung der Zulässigkeit folgendermaßen berechnen:

r	s	t	Beschränkungen für z
$\neg\,0$	> Untergrenze	$= 0$	$z \geq -r/(s-\text{Untergrenze})$
$\neg\,0$	< Untergrenze	$= 0$	$z \leq -r/(s-\text{Untergrenze})$
$\neg\,0$	> Obergrenze	$= 0$	$z \leq -r/(s-\text{Obergrenze})$
$\neg\,0$	< Obergrenze	$= 0$	$z \geq -r/(s-\text{Obergrenze})$
$= 0$	beliebig	< 0	$z \leq (\text{Untergrenze}-s)/t$, $z \geq (\text{Obergrenze}-s)/t$
$= 0$	beliebig	> 0	$z \leq (\text{Obergrenze}-s)/t$, $z \geq (\text{Untergrenze}-s)/t$

Die Zulässigkeit des Tableaus ist gewährleistet, wenn z zwischen der höchsten Untergrenze und der niedrigsten Obergrenze liegt. Zur Maximierung von z ist die Zeile mit der niedrigsten Obergrenze auszuwählen. Innerhalb dieser Zeile ist dann ein zulässiges Pivot-Polynom auszuwählen. Vor der Umrechnung des Tableaus muss die Zulässigkeit der Umrechnung mittels der oben genannten Regeln überprüft werden. Das Optimum ist erreicht, wenn sich kein zulässiges Pivotelement in der ausgewählten Zeile finden lässt.

Die durch das Rechnen mit Polynomen induzierte „dritte Dimension" des Tableaus wirkt sich natürlich auf die Zahl der zu verwaltenden (und umzurechnenden) Koeffizienten aus. Während die Zahl der Struktur- und Schlupfvariablen konstant bleibt, erhöht sich die Gesamtzahl der Koeffizienten auf

$$3 * \Lambda * \sum_{\psi=1}^{\Psi}(\Omega_\psi - 1) + 3 * \Lambda^2$$

Für das kurze Tableau ergibt sich als Zahl der Tableau-Koeffizienten

$$3 * \Lambda * \sum_{\psi=1}^{\Psi}(\Omega_\psi - 1)$$

Die Zahl der Koeffizienten steigt damit im langen Tableau von 96 auf 288 und im kurzen Tableau von 32 auf 96. Für das realitätsnäher dimensionierte Problem ergäben sich im langen Tableau 7560 statt 2520 Koeffizienten und im kurzen Tableau 4860 statt 1620 Koeffizienten. Gegenüber dem Vergleichswert von ca. 5.200.000.000.000.000 für die konventionelle Simplexmethode sind diese Zahlen aber verschwindend klein.

II. Lösung des Beispielproblems mit dem alternativen Simplexansatz

Bei impliziter Formalisierung der Fertigungsalternativen unter Benutzung von Strukturvariablen für die Kapazitätsaufteilung $\pi_{\psi\delta}$ ergeben sich für das Beispielproblem vor der Normalisierung die folgenden Konjunktionen und Disjunktionen:

$$\begin{aligned}
A &= \wedge(B\,1,\,C\,2) \\
B &= \wedge(D\,3*\pi_{11},\,E\,1*\pi_{12},\,F\,2*(1-\pi_{11}-\pi_{12})) \\
C &= \wedge(E\,2,\,G\,1,\,H\,2) \\
E &= \wedge(I\,3,\,J\,1,\,K\,2) \\
G &= \wedge(J\,1*\pi_{21},\,K\,2*(1-\pi_{21})) \\
H &= \wedge(L\,1*\pi_{31},\,M\,3*(1-\pi_{31})) \\
J &= \wedge(N\,2,\,O\,1) \\
K &= \wedge(O\,3,\,P\,2)
\end{aligned}$$

Die siebenmalige Anwendung des 3. Bildungsgesetzes erzeugt die folgende konjunktive Normalform:

$$\begin{aligned}
A = \wedge(&D\,3*\pi_{11}, \\
&F\,2-2*\pi_{11}-2*\pi_{12}, \\
&I\,12+3*\pi_{12}, \\
&L\,4*\pi_{31}, \\
&M\,12-12*\pi_{31}, \\
&N\,8+2*\pi_{12}+4*\pi_{21}, \\
&O\,40+7*\pi_{12}-10*\pi_{21}, \\
&P\,24+4*\pi_{12}-8*\pi_{21})
\end{aligned}$$

Daraus ergibt sich das folgende Restriktionstableau (in konventioneller Darstellung):

π_{11}	π_{12}	Π_{21}	Π_{31}	
3A				≤ 200
-2A	-2A			≤ 200-2A
	3A			≤ 2100-12A
		4A		≤ 1000
		-12A		≤ 2500-12A
	2A	4A		≤ 5000-8A
	7A	-10A		≤ 6000-40A
	4A	-8A		≤ 3500-24A

In Polynom-Darstellung hat dieses Restriktionstableau das folgende Aussehen:

π_{11}	π_{12}	Π_{21}	Π_{31}	
0|0|3				≤ 0|200|0
0|0|-2	0|0|-2			≤ 0|200|-2
	0|0|3			≤ 0|2100|-12
		0|0|4		≤ 0|1000|0
		0|0|-12		≤ 0|2500|-12
	0|0|2	0|0|4		≤ 0|5000|-8
	0|0|7	0|0|-10		≤ 0|6000|-40
	0|0|4	0|0|-8		≤ 0|3500|-24

Das Iterationsprotokoll der Optimierung mit der auf Polynome erweiterten Simplex-Methode ergibt sich wie folgt:

Iteration	Größte Untergrenze	Kleinste Obergrenze
Ausgangslösung	0	100
1	100	145,83
2	143,83	162,5
3	152,08	162,5
4	162,5	166,67
5	166,67	173,33

Nach ebenfalls fünf Iterationen ergibt sich der Zielwert $A = 173{,}33$ bei folgender Kapazitätsnutzung:

Kapazität	Nutzung absolut	Nichtnutzung absolut	Nutzung pro ME von A
D	200,00	0,00	1,155
F	200,00	0,00	1,155
I	2100,00	0,00	12,115
L	0,00	1000,00	0
M	2080,00	420,00	12,000
N	1792,00	3208,00	10,330
O	5997,33	2,67	34,600
P	3400,80	99,20	19,620
Summe	15770,13	4729,87	

Die Strukturvariablen für die Kapazitätsaufteilung haben im Optimum die folgenden Werte:

$\pi_{11} = 0{,}385$

$\pi_{12} = 0{,}05$

$\pi_{21} = 0{,}565$

$\pi_{31} = 0$

Im Optimum werden die mehrfach verwendbaren Kapazitäten/Vorprodukte folgendermaßen aufgeteilt:

E: 6,67 (1%) für B und 693,33 (99%) für C
J: 700 (78%) für E und 196 (22%) für G
K: 1400 (82%) für J und 300,4 (18%) für G
O: 896 (15%) für J und 5101,33 (85%) für K

Im Vergleich mit der Optimallösung der konventionellen Simplexmethode fällt auf, dass mit der alternativen Methode 2436.8 (18%) mehr Kapazitäten (in diesem Fall: Kaufteile) zur Erreichung des gleichen Ergebnisses verbraucht werden. Im Wesentlichen ist diese Erhöhung darauf zurückzuführen, dass in der alternativen Optimallösung M und nicht L verbraucht wird. M und L können alternativ zur Herstellung von H benutzt werden; M geht allerdings in der dreifachen Menge von L in H ein. Die Aufteilung der mehrfach verwendbaren Kapazitäten/Vorprodukte ist für E identisch. Während die Bedarfsmenge für E identisch bleibt, wird die höhere Bedarfsmenge von G in der Alternativlösung sowohl von J wie auch von K bereitgestellt (konventionelle Lösung: allein durch J). Dadurch sinkt der Bedarf für J und, als Konsequenz, auch der J-Anteil bei der O-Kapazitätsaufteilung.

E. Zusammenfassung

In diesem Beitrag wurde festgestellt, dass bei Vorhandensein von Fertigungsalternativen traditionelle, lineare Optimierungsansätze durch die Vielzahl der abzubildenden Variablen sehr schnell zu nicht mehr lösbaren Problemstellungen führen. Deshalb wurde vorgeschlagen, Fertigungsalternativen in Form von Kapazitätsaufteilungsvariablen abzubilden. Dies führt zu massiv kleineren Problemformulierungen, jedoch durch das Zusammenspiel von (variabler) Kapazitätsaufteilung und (zu maximierendem, d.h. variablem) Produktionsprogramm auch zur Nichtlinearität der Problemformulierung. Allerdings kann die Nichtlinearität in Form von Polynomen bezüglich des Produktionsprogramms erfasst werden, und die Rechenregeln des Simplex-Algorithmus können für Polynome generalisiert werden. Dadurch besteht theoretisch die Möglichkeit, das Problem dennoch effizient lösen zu können.

Für die systematische Problemformulierung in disjunktiver Normalform (für die klassische lineare Optimierung) und in konjunktiver Normalform (für die alternative Lösung) wurden Bildungsregeln vorgestellt. Außerdem wurden Rechenregeln für die Simplex-Iteration mit Polynomen sowie Bedingungen formuliert, unter denen die Rechnungen im definierten Polynombereich bleiben.

Für ein Beispielproblem konnte in gleich vielen Iterationen der gleiche Optimalwert berechnet werden, wenn auch mit einer leicht abweichenden Lösung. Dabei zeigte sich, dass alle Polynomrechnungen innerhalb des definierten Bereichs blieben, d.h. alle formulierten Bedingungen erfüllt wurden. Im Vergleich zur konventionellen Simplexmethode kommt der alternative Lösungsvorschlag mit weitaus kleineren Matrizen aus. Der konventionelle Simplex-Ansatz führt dabei jedoch zu einer kleineren Zahl von Kapazitätsengpässen. Wenn z. B. eine Fertigungsalternative den Kapazitätsverhältnissen sehr gut angepasst ist, alle anderen jedoch den kleinsten Engpass unwirtschaftlicher nutzen, wird oft nur diese eine Variable in der Lösung sein und deshalb nur eine Engpasskapazität entstehen. Der alternative Simplex-Ansatz muss jedoch in der gleichen Situation im Allgemeinen mehrere Substitutionsvariablen in die Lösung nehmen (um auf diese Weise implizit die genannte Alternative zu erzeugen), erzeugt aber durch jede entsprechende Iteration einen Kapazitätsengpass. Es entstehen also durch diesen Ansatz mehr Kapazitätsengpässe bei gleichzeitiger Konzentration der Leerkapazität auf wenige Kapazitäten.

Der hier vorgestellte Ansatz hat nicht nur diesen Nachteil, sondern erfordert aufwendigere Tableau-Umrechnungen, eine komplexere Auswahl des Pivot-Polynoms und aufwendigere Tableau-Interpretation. Dies alles erscheint jedoch nachrangig, wenn man berücksichtigt, dass die konventionelle Vorgehensweise nicht mehr auf Probleme halbwegs realitätsnaher Dimensionierung angewandt werden kann. Für Probleme mit z.B. 200 Restriktionen und 30 Fertigungsalternativen ist der hier vorgestellte Ansatz noch problemlos rechenbar.

Dabei muss jedoch auf eine wichtige Einschränkung der Anwendbarkeit auch des hier vorgestellten Ansatzes hingewiesen werden: Mehrere Disjunktionen, die nicht aufeinander folgen, sind für die vorgestellte Methode uneingeschränkt verarbeitbar (siehe Beispiel). Sobald Folgen von Disjunktionen in Fertigungsfolgen zugelassen werden, kann es unter Umständen aber nicht möglich sein, eine konjunktive Normalform zu bilden, deren Umformung zu Polynomen der hier benutzen Form führt. Da die genauen Bedingungen, die zu dieser Einschränkung führen, analytisch noch nicht ermittelt worden sind, steht die Anwendbarkeit des hier vorgestellten Ansatzes auf solche komplexen Fertigungsfolgen noch in Frage. Daneben könnte die Erfüllung aller Bedingungen bei Polynomumrechnungen nur zufällig im hier gerechneten Beispiel gegeben sein. Auch hier müssten weitergehende Analysen und eine Vielzahl von Anwendungen klären, ob und, wenn ja, unter welchen Umständen diese Regeln verletzt werden.

G. Hochschulentwicklung und -politik

Die Zukunft privater Hochschulen

Werner Meißner[*]

---

[*] Prof. Dr. Werner Meißner, Präsident der accadis Hochschule Bad Homburg.

In der Vergangenheit hatten private Hochschulen eine große Zukunft. Zumindest wurde sie ihnen vorhergesagt. Dabei fehlte nie der Hinweis auf die bedeutende Rolle privater Institutionen in den USA. Merkwürdig aber, dass es über viele Jahre in Deutschland lediglich zwei nennenswerte Privathochschulen gab, eine in Witten-Herdecke und eine in Oestrich-Winkel. Sie blühten in der Provinz, und sie bekamen Zuspruch und Ermunterung von vielen Seiten. Daneben gab es immer schon private kirchliche Hochschulen, aber wie privat ist eine Institution, für die der Staat das Geld einzieht?

Erst in den 90er Jahren zeigte sich das Wachstum privater Anbieter auf dem Feld der tertiären Bildung. Es entstanden 21 neue Privathochschulen, nach 2001 noch einmal so viele. Heute gibt es etwa 100 staatlich anerkannte, vorläufig anerkannte oder genehmigte Privathochschulen, die Hälfte von ihnen hat einen kirchlichen Träger.

15 Institute dürfen sich Wissenschaftliche Hochschulen nennen, der Rest hat den Status von Fachhochschulen. Etwa zwei Prozent der rund zwei Millionen Studierenden finden sich heute an Privathochschulen. Die Rechts-, Wirtschafts- und Sozialwissenschaften stellen mit 70 % den größten Fächeranteil, 15 % die Mathematik und Naturwissenschaften, 10 % die Ingenieurfächer, der Rest betrifft vor allem Kunst und Medizin.

Der Staatseinfluss in diesem privaten Sektor ist weiterhin groß, der Name „Hochschule" ist geschützt, es bedarf der staatlichen Genehmigung oder Anerkennung durch die zuständigen Ministerien des Sitzlandes. Regional gesehen finden wir Kirchliche Hochschulen vor allem in Bayern, Privathochschulen im engeren Sinne vor allem in Baden-Württemberg und in Nordrhein-Westfalen, also in Bundesländern mit einem großen staatlichen Hochschulsektor. In den neuen Bundesländern spielen Privathochschulen keine große Rolle.

Neben den Wissenschaftlichen Hochschulen und den Fachhochschulen werden die Berufsakademien immer wichtiger. Diese Entwicklung begann in Baden-Württemberg, wird aber in anderen Bundesländern, so auch in Hessen, von der Politik gefördert. Durch die Entscheidung der Kultusminister-Konferenz, dass Berufsakademien akkreditiert werden sollen und dann auch den Bachelor-Abschluss vergeben können, sind diese näher an den Hochschulsektor herangerückt.

Erwähnen muss man einige Sonderentwicklungen bei Privathochschulen:
- Zunehmend zeigen sich ausländische Anbieter auf dem deutschen Bildungsmarkt (Beispiele sind die University of Hertfordshire mit ihrer Cologne Business School oder die Hogeschool Zeeland, die mit der Fachhochschule für Ökonomie und Management einen MBA in Deutschland anbietet).
- Public Private Partnership führt zu Ausgründungen aus staatlichen Hochschulen (Beipiele sind die Duke Goethe Business School der Goethe-Universität in Frankfurt oder das Northern Institute of Technology der TU Hamburg-Harburg).

- Sodann sind die „Firmenuniversitäten" zu nennen (z.B. die der Deutschen Telekom, von Volkswagen, Bayer und Bertelsmann).

Die Größe der 54 Privathochschulen liegt zwischen höchstens 300 Studierenden (21 Hochschulen), 301-600 (12), 601-1000 (8), 1001-2000 (7), 2001-3000 (3) und mehr als 3000 Studierenden (3 Hochschulen), wobei es sich bei den letzten beiden Größenklassen um Fernhochschulen handelt. Von der Gesamtgröße des privaten Hochschulsektors und von der Größe der einzelnen Institutionen her gesehen handelt es sich doch eher um vergleichsweise übersichtliche Dimensionen.

Will man etwas über die Zukunft privater Hochschulen sagen so müssen die jeweiligen Vorteile der privaten und der staatlichen Hochschulen in den Blick genommen werden. Dem privaten Sektor wird dabei gerne attestiert, dass er bei der Profilbildung, der Studentenorientierung, bei der Auswahl der Studierenden, beim Fundraising und der Alumni-Arbeit, beim Marketing und auch beim Erfolg seiner Absolventen auf dem Arbeitsmarkt vergleichsweise gut abschneidet. Auch die Tatsache, dass hier in der Regel Studiengebühren fällig werden, die weit über jenen liegen, die für den staatlichen Sektor diskutiert werden, wird von vielen Beobachtern durchaus als ein Vorteil sowohl für die Institutionen als auch für die Studierenden (wenn auch vielleicht nicht immer für deren Eltern) angesehen. Schließlich sind die Verwaltungsabläufe in diesen - vergleichsweise kleinen - Institutionen geschmeidiger und die Reaktionsmöglichkeiten auf neue Entwicklungen am Bildungs- und Arbeitsmarkt besser.

Der staatliche Sektor ist Teil einer gewachsenen und etablierten Bildungskultur, die Verbindung von Forschung und Lehre gilt als tragend und als unabdingbar, in diesem Sektor wird der wissenschaftliche Nachwuchs erzeugt, er verfügt über eine gesicherte (wenn auch häufig nicht ausreichende) Finanzierung, und die Lehrenden haben in der Regel (Beamte oder nicht) eine beruhigende Zukunftsperspektive. Trotz aller Bemühungen um Profilbildung (häufig auch als „Profilschärfung" angepriesen) ist das Forschungs- und Ausbildungsangebot deutlich breiter und an den einzelnen Institutionen immer noch vielfältig. Um Studenten brauchen sich staatliche Hochschulen bisher nicht zu sorgen, sie sind reichlich da und kommen, wurden bisher von Studiengebühren nicht abgeschreckt und konnten sich im Zweifel auf die Dortmunder Allokations-Agentur (ZVS) verlassen.

Wohlgemerkt: Diese Unterschiede, diese sektorspezifischen Vor- und Nachteile galten bisher. Aber die Dinge ändern sich schnell, das Reformtempo im staatlichen Hochschulsektor ist beachtlich. Es gibt wohl keinen anderen gesellschaftlichen Bereich, der sich in den letzten zwei Jahrzehnten ähnlich tiefgreifend verändert hat. Und die Unterschiede verschwimmen weiter: Die staatlichen Hochschulen bekommen mehr und mehr Autonomie, die Ländergesetze und deren Reformen wetteifern um die schnellste Angleichung der Führungs- und Entscheidungsstrukturen des Hochschulsektors an die Vorbilder im Bereich der Unternehmensführung, Bezeichnungen aus dem Aktiengesetz gehen Bildungspolitikern inzwischen leicht über die Zunge.

Studiengebühren auch im staatlichen Sektor sind eine sichere Sache. Es geht nicht mehr um das Ob, sondern nur noch um das Wie, Wann und Wo. Und die Möglichkeit, sich die Studenten – oder doch einen wachsenden Anteil von ihnen – selbst auszusuchen, ist eröffnet.

Die Unterschiede verschwimmen also. Was bedeutet das für die Zukunft der Privathochschulen? Wird der dynamisierte staatliche Hochschulsektor überhaupt noch Möglichkeiten lassen? Versuchen wir, nüchtern zu analysieren:

- Die Anzahl der Studierenden wird – nach Berechnungen der Kultusminister-Konferenz – in den nächsten Jahren auf 2,5 bis 2,7 Millionen ansteigen. Der Übergang von 13 auf 12 Schuljahre macht diese Prognose sehr wahrscheinlich, weil dann zwei Jahrgänge auf einmal an die Hochschulen kommen. Das wird Folgen für das Betreuungsverhältnis, für die Lehre und für die Ausbildungssituation haben. Im Augenblick sieht es so aus, als wenn die Bemühungen um Forschungsexzellenz und die Konzentration auf die Verbesserung der Forschungsbedingungen, so notwendig sie – auch im internationalen Kontext – sind, die Bedingungen für Lehre und Ausbildung weiter verschlechtern werden. Das ist die Chance für Privathochschulen, die doch in der Regel eher lehrorientiert als forschungsorientiert sind.
- Die Durchschnittgröße der privaten Hochschulen liegt bei 850 Studierenden. Die Quote der Studienabbrecher ist vergleichsweise klein. Die Studienzeiten sind kürzer. Auch das kann sich im Zuge der Durchsetzung des Bologna-Prozesses mit seinem zweistufigen System der Studienabschlüsse (B. A. und M. A.) ändern, zumindest ist es bildungspolitisch gewollt. Aber auf längere Sicht werden Privathochschulen hier gut im Rennen bleiben.
- Die Bäume werden aber nicht in den Himmel wachsen. Die Marktkraft privater Hochschulen ist begrenzt. Sie alle arbeiten zum großen Teil mit Lehrkräften aus dem staatlichen Sektor. Das ist in Ordnung, forschungsbasierte Lehre ist wichtig. Aber auch Augenmaß ist hier geboten. Die staatlichen Genehmigungen und die Vorgaben der institutionellen Akkreditierung privater Hochschulen durch den Wissenschaftsrat setzen ohnehin feste Grenzen.
- Der Sektor der privaten Hochschulen ist ziemlich heterogen. Ihr Nischencharakter wird hier besonders deutlich. Deswegen sind Beweglichkeit und Positionierung (die „Aufstellung") lebenswichtig, eben auch die Marktnähe.
- Die Internationalisierung ist an Privathochschulen stärker ausgeprägt. Das liegt sicher auch an der höheren Zahlungsfähigkeit der Studierenden, ihrer Eltern oder Erbtanten. Immerhin gibt es hier einen Wettbewerbsvorteil, der immer wichtiger wird.

- Privathochschulen sind sehr flexibel in ihrer Finanzierung. Nach Angaben des Centrums für Hochschulentwicklung (CHE) der Bertelsmann-Stiftung decken Studiengebühren von 7 % bis 100 % der Kosten dieser Institutionen. Hier liegt ein weites Feld von Gestaltungsmöglichkeiten.
- Privathochschulen werden ihre Rolle im differenzierten Sektor der tertiären Bildung spielen. Dabei ist nicht zu übersehen, dass die Bedingungen für staatliche Hochschulen privater werden, Unterschiede werden schwächer, der Wettbewerb wird stärker. Es wird sicher auch weiter Marktaustritte geben, nett gesagt.

Fazit

In das deutsche Hochschulsystem ist Bewegung gekommen. Bis vor wenigen Jahren war es geprägt durch Universitäten und Fachhochschulen, die überwiegend durch die Bundesländer getragen wurden. Inzwischen hat die Gesetzgebung des Bundes und der Länder Raum geschaffen für zahlreiche private Gründungsinitiativen, die nun ein wichtiges Element der Reform des tertiären Bildungssektors sind. Tatsächlich ist es heute schon schwierig, sich in dem Angebot privater Hochschulinstitutionen zurechtzufinden. Die Gefahr ist nicht auszuschließen, dass dort manches übereilt geschieht, dass Konzepte und Qualität nicht den hohen Ansprüchen genügen, welche die Gesellschaft und - vor allem – diejenigen haben müssen, die sich für ihre Ausbildung solchen Hochschulen anvertrauen. Wer für seine Hochschulbildung selbst bezahlen muss, der wird besonders genau hinsehen, wird hohe Erwartungen haben und wird schließlich auch einen Gegenwert für sein Geld fordern. Diese Art von Qualitätskontrolle wird, neben den Akkreditierungen und staatlichen Genehmigungen und Anerkennungen, ein wichtiger Garant für die Zukunft privater Hochschulen sein.

Finanzierung der staatlichen Hochschulen in Hessen

Monika Rudolf*

A.	Konzept der staatlichen Hochschulsteuerung in Hessen	352
B.	Das Modell der leistungsbezogenen Mittelzuweisung für die hessischen Hochschulen	354
	I. Das Grundbudget	354
	II. Das Erfolgsbudget	356
	III. Sondertatbestände	358
	IV. Innovationsbudget	359
	V. Kappungsgrenze und Strukturausgleich	360
C.	Conclusio	362

---

* Dipl.-Kfr. Monika Rudolf, Freiberufliche Unternehmensberaterin, Bad Homburg.

A. Konzept der staatlichen Hochschulsteuerung in Hessen

Mit dem Landeshaushalt 2003 wurde in Hessen eine umfassende leistungsbezogene Mittelzuweisung für die Hochschulen des Landes eingeführt. Mit diesem neuen System der Hochschulfinanzierung erfolgte ein grundlegender Wandel staatlicher Hochschulsteuerung. An die Stelle der bisherigen Input-Finanzierung mittels Detailsteuerung und vom Land festgelegter Vorgaben, trat eine Output-Finanzierung, bei der anstelle von kameralistischen Einzeltiteln nunmehr mit dem Land vereinbarte und von den Hochschulen erbrachte Leistungen und Erfolge honoriert wurden.[1]

Die Einführung einer leistungsbezogenen Mittelzuweisung für die Hochschulen war dabei eingebunden in einen ganzheitlichen Ansatz eines neuen Systems der Hochschulsteuerung in Hessen, dem sog. Hochschul-Programmhaushalt. Die Einführung des Programmhaushalts wiederum war Teil der Ende der 90er Jahre begonnenen Verwaltungsreform in Hessen. Ziel der Verwaltungsreform war und ist es u. a., unter Anwendung eines auf das öffentliche Haushaltswesen angepassten betriebswirtschaftlichen Instrumentariums den Staat handlungsfähiger zu machen, zugleich Autonomiespielräume der Akteure im staatlichen Handeln zu verstärken und mehr Effektivität und Effizienz im Einsatz öffentlicher Mittel zu bewirken.[2]

Im Rahmen der neuen Hochschulsteuerung in Hessen wurden als wichtigste Steuerungsinstrumente eingeführt:

- Ein Hochschulpakt, der als Leistung des Landes vor allem die dem Hochschulbereich zur Verfügung gestellten Budgetmittel regelt,
- Globalbudgets auf Basis einer leistungsbezogenen Mittelzuweisung (LOMZ),
- der Abschluss von Zielvereinbarungen zwischen Land und Hochschulen,
- eine Kosten-Leistungs-Rechnung nach dem doppischen System.

Während der Hochschulpakt 2002 abgeschlossen und die Zielvereinbarungen sowie die leistungebezogene Mittelzuweisung 2003 vereinbart bzw. eingeführt wurden, standen die ersten (belastbaren) Daten zur Kosten-Leistung-Rechnung erst für den Haushalt 2005 zur Verfügung, so dass in den ersten Jahren der LOMZ normativ festgelegte Preise, sog. Kostennormwerte (KNW) verwendet wurden.

Der Hochschulpakt[3] als „Rahmenzielvereinbarung zur Sicherung der Leistungskraft der Hochschulen" regelt einerseits die Leistungen des Landes, so beispielsweise

---

[1] Vgl. Leszczensky (2003), S. 6.
[2] Vgl. Weber (2002a), S. 1.
[3] Vgl. HMWK (2002).

- die Festschreibung des Budgetvolumens für die Hochschulen insgesamt,
- die Befreiung der Hochschulen von weiteren Konsolidierungsbeiträgen,
- die jährliche Erhöhung der Zuschüsse für Sach- und Investitionsausgaben der Hochschulen und
- den Aufbau eines Innovationsbudgets, mit dessen Hilfe profilierende Entwicklungsvorhaben und Schwerpunktsetzungen an den Hochschulen finanziert werden.

Auf der anderen Seite sind im Hochschulpakt die Leistungen der Hochschulen festgelegt. Dazu zählen u.a.
- die Verpflichtung Studierende entsprechend der jeweiligen Leistungszahl (ggf. bis zu 5% mehr) auszubilden,
- die tatsächlichen Studienzeiten auf das Niveau der Regelstudienzeit zu verkürzen,
- eine abgestimmte landesweite Entwicklungsplanung zur Schwerpunktbildung zu erarbeiten und
- durch Einführung einer landesweit abgestimmten internen Evaluation und Leistungskontrolle die Qualität von Forschung und Lehre zu überprüfen.

Der Hochschulpakt garantierte damit die für die Implementierung einer leistungsbezogenen Budgetierung wichtigen Faktoren wie stabile Rahmenbedingungen für die künftigen Planungen der Hochschulen und Transparenz des Systems.[4]

Ebenfalls im Hochschulpakt festgelegt wurde die Einführung von bilateralen Zielvereinbarungen, die Budgetierung der Hochschulmittel nach dem Programmhaushalt mit der konkreten Ausgestaltung des entsprechenden Modells (LOMZ) sowie der Aufbau eines Innovationsbudget zur Finanzierung profilierender Entwicklungsvorhaben und Schwerpunktsetzungen an den Hochschulen.

Während die Zielvereinbarungen vorrangig Art und Umfang (nicht aber den Weg, wie sie erreicht werden) der Leistungen der einzelnen Hochschulen regelte, ging es bei der LOMZ um die Verteilung des zur Verfügung stehenden Budgets auf die verschiedenen Hochschulen des Landes. Die Mittelvergabe sollte dabei im Rahmen des Neuen Steuerungsmodells Funktionen erfüllen wie einerseits das Setzen von wettbewerblichen Anreizen und die Sicherstellung von Innovationsfähigkeit. Andererseits mussten trotz der Flexibilität des Modells Stabilität und Planbarkeit der Ausgabentätigkeit für die Hochschulen hinreichend gewährleistet sein.[5]

Die im Rahmen der LOMZ verwendeten Indikatoren sollten steuerungszielbezogene Anreize setzten, d.h., der Budgetumfang einer Hochschule sollte vom Erreichen der durch die Indikatoren beschriebenen Leistungen und Erfolge abhängen. Ebenso sollte die Finanzierung angemessen in Relation zum Ausmaß der übernommenen Aufgaben und erbrachten Leistungen erfolgen.[6]

---

[4] Vgl. Hirschfeld (2004), S. 46 f.
[5] Vgl. Ziegele (2001), S. 8 f.
[6] Vgl. Hirschfeld (2004), S. 47.

B. Das Modell der leistungsbezogenen Mittelzuweisung für die hessischen Hochschulen

Im Rahmen der neuen Hochschulsteuerung in Hessen wurde mit dem Landeshaushalt 2003 an den Hochschulen eine leistungsbezogene Mittelzuweisung eingeführt. Das dabei gewählte Budgetierungsmodell wurde, zum Teil modifiziert, auch für die Haushalte 2004 und 2005 eingesetzt.[7]
Als Grundprinzipien galten für das Budgetierungssystem im hessischen Hochschulbereich
- die Einheit von Forschung und Lehre,
- der Grundsatz eines Budgets für alle Hochschulen, das nach für alle Hochschularten in gleicher Weise gültigen Kriterien leistungsbezogen aufgeteilt wird (sog. Ein-Topf-Modell),
- ein hoher Erfolgsanteil an den Budgetmitteln, der 15% - 20% der gesamten Budgetmittel umfassen soll und
- eine Budgetierung der Hochschulen durch Multiplikation aller Hochschulleistungen (Menge) mit einem „Preis" (Grundbudget) oder einer „Prämie" (Erfolgsbudget).

Um eine Differenzierung in der Mittelzuweisung gewährleisten zu können, gliederte sich das Gesamtbudget der Hochschulen in die drei Komponenten Grundbudget, Erfolgsbudget und Sondertatbestände.
Der hessische Hochschulprogrammhaushalt im Jahre 2003 umfasste nach den Festlegungen im Landeshaushaltsplan in die Größenordnungen Grundbudget ca. 80%, Erfolgsbudget ca. 15% und Sondertatbestände ca. 5%. Hinzu kamen Mittel für das Innovationsbudget, die unter Einschluss schon bisher zentral veranschlagter Mittel für Maßnahmen der Forschungsförderung pro Jahr ca. 20 Mio. € umfassten, von denen ca. 15 Mio. € bis 2005, abgesichert durch den Hochschulpakt (s. o.), pro Jahr zusätzlich bereitgestellt wurden.

I. Das Grundbudget

Das Grundbudget mit einem Umfang von ca. 80% des den Hochschulen zur Verfügung stehenden Gesamtbudgets dient der Sicherung der Grundfunktionen in Forschung und Lehre.
Die Abbildung von Lehr- und Forschungsleistungen im Grundbudget erfolgte durch einen einzigen Parameter, nämlich „Studierenden-Sollzahl in der Regelstu-

---

[7] Die Beschreibung des hessischen Budgetierungsmodells in Abschnitt B erfolgt in Anlehnung an den noch unveröffentlichten Bericht der Verfasserin im Rahmen der begleitenden Evaluation in Hessen. Weitere Quellen sind Weber (2002a und b); Wüstemann (2002a und b); Brixner (2002a und b); Ziegele (2002) sowie verschiedene Seiten im Internet von HMWK, HIS und CHE.

dienzeit nach Fächerclustern", für die jeweils ein Kostennormwert (Clusterpreis) festgelegt wurde. Für 2003 und 2004 wurde der Kostennormwert normativ festgelegt, für 2005 anhand der tatsächlichen Kostenstrukturen der Hochschulen überprüft und angepasst. Die Budgetierung erfolgte leistungsbezogen nach dem Prinzip „Menge" mal „Preis".

- „Menge":
  Für die Berechnung des Grundbudgets wurde der Parameter Anzahl der Studierenden in der Regelstudienzeit zugrundegelegt. Verwendet wurden sog. „Soll-Zahlen", die zwischen jeweiliger Hochschule und dem Wissenschaftsministerium vereinbarte Leistungsverpflichtung der Hochschule über die Zahl der auszubildenden Studierenden in der Regelstudienzeit darstellen. Die Soll-Zahlen orientierten sich dabei jeweils an dem Prognosewert, der die voraussichtliche Entwicklung der Studierendenzahlen, bezogen auf das zu Beginn des jeweiligen Haushaltsjahres laufende Wintersemester wiedergibt (also für das Haushaltsjahr 2003 die zu erwartenden Studierendenzahlen des Wintersemesters 2002/2003). Dieser Prognosewert wiederum wurde auf Basis der Ist-Zahlen der immatrikulierten Studierenden des vorangegangenen Wintersemesters (im obigen Beispiel die Ist-Zahlen des Wintersemesters 2001/2002) und einer Prognose zu den Studienanfängerzahlen der dazwischen liegenden Studienjahre (hier 2002 und 2003) ermittelt.
  Für die Berechnung des Grundbudgets der Haushalte 2003 und 2004 wurden zur Vereinfachung pauschale Regelstudienzeiten zugrunde gelegt (8 resp. 12 Fachsemester an Universitäten, 6 Fachsemester an Fachhochschulen). Für den Haushalt 2005 wurden die exakten Regelstudienzeiten verwendet, da auch die Preise an die Realität angepasst wurden.
- „Preis":
  Da für Hochschulleistungen im allgemeinen und insbesondere für den Parameter „Zahl der Studierenden in der Regelstudienzeit" des Grundbudgets keine Preise vorliegen, wie sie sich bei Produkten ergeben, die über einen Markt ausgetauscht werden, wurden die „Kosten pro Studierenden" als Preis verwendet. Die ersten (belastbaren) Daten zur Kosten-Leistung-Rechnung standen aber erst für den Haushalt 2005 zur Verfügung, so dass für die Jahre 2003 und 2004 die Preise normativ, als sog. Kostennormwerte (KNW) festgelegt wurden. In 2005 erfolgte dann eine Überprüfung und Anpassung der Kostennormwerte anhand der Ergebnisse der Kosten-Leistung-Rechnung.

Der Kostennormwert umfasste die Kosten der Ausbildung eines Studienanfängers einschließlich der mit ihr verbundenen Forschungsgrundausstattung. Über einen transparenten Mechanismus wurden die Kosten für wissenschaftliches Personal je Studierendem, die Kosten für nichtwissenschaftliches Personal je Studierendem, die Sachkosten für Grundausstattung, Forschung und Lehre je Studierendem und sonstige Kosten je Studierendem (das sind z.B. Kosten der Krankenversorgung im Fach Medizin) zum Kostennormwert zusammengefasst.

Um den jeweils unterschiedlichen finanziellen Aufwand der einzelnen Fachdisziplinen adäquat abzubilden, wurden verschiedene Fächergruppen, sog. Cluster, gebildet, die hinsichtlich der allgemeinen Lehrnachfrage (ausgedrückt im Curricularnormwert), der Personalstruktur, des Flächenbedarfs sowie der erforderlichen Sach- und Investitionsmittel vergleichbar sind. Für jedes Cluster wurde ein spezieller Clusterpreis als Kostennormwert analytisch abgeleitet; dabei wurde grundsätzlich nach den Hochschultypen (Universitäten, Fachhochschulen, Kunsthochschulen) differenziert, um den spezifischen Strukturbedingungen der Hochschultypen gerecht zu werden. So wurden insbesondere bei den Universitäten die besonderen Funktionen in der Forschung sowie bei der Heranbildung des wissenschaftlichen Nachwuchses berücksichtigt, indem vor allem die Ausstattungsrelation Professuren zu wissenschaftlichen Mitarbeitern, die Ausstattung mit nichtwissenschaftlichem Personal sowie die Hauptnutzflächen im Sinne des Prinzips „Einheit von Forschung und Lehre" festgelegt wurden.

Alle Gemeinkosten einer Hochschule wurden in den einzelnen Kostenfaktoren berücksichtigt und nicht gesondert ausgewiesen. Abschreibungen (AfA) waren ebenfalls im Clusterpreis berücksichtigt, wurden jedoch wegen der noch nicht abgeschlossenen Bewertung des Anlagevermögens der einzelnen Hochschulen bis einschließlich des Haushaltes 2005 in ihren konkreten Auswirkungen auf die einzelnen Hochschulen neutralisiert.

II. Das Erfolgsbudget

Das Erfolgsbudget mit einem Umfang von ca. 15% des insgesamt den Hochschulen zur Verfügung stehenden Budgets sollte den Hochschulen Anreize bieten, Leistungen besonderer Qualität zu erbringen und diese Qualität nach Möglichkeit zu steigern. Es regte damit die Profilbildung und die Entwicklung von Schwerpunkten an. Das Erfolgsbudget diente neben der Förderung des Leistungsaspekts vor allem einer Stärkung des Wettbewerbs der Hochschulen untereinander.

Insgesamt 14 Parameter bestimmten das Erfolgsbudget. Die Parameter waren thematisch unterteilt in die Aufgabenbereiche der Hochschulen: Forschungsleistung, Wissenschaftlicher Nachwuchs sowie Ausbildungserfolg und Internationalität. Die Parameter sollten alle Kernaufgaben der Hochschulen abdecken und zusätzlich besondere Akzente zu Gunsten der Förderung der Frauen in der Wissenschaft und der Internationalisierung des hessischen Hochschulwesens setzen.

Der Bereich Wissens- und Technologietransfer wurde nicht explizit als Parameter berücksichtigt. Wissens- und Technologietransfer soll die Verbindung und den

Austausch von Leistungen zwischen der Hochschule und der Wirtschaft fördern.[8] Die Leistungen sind dabei stark projektbezogen und häufig auch stark standortbezogen, so dass ein Wettbewerb auf diesem Gebiet zwischen den Hochschulen i. d. R. nicht stattfindet und auch nicht unbedingt gewollt sein kann.

Für den Bereich Forschungsleistung wurden 2003 die folgenden beiden Parameter verwendet:
- Drittmittelvolumen (das arithmetische Mittel des Drittmittelvolumens der Jahre 2000, 2001 und 2002),
- DFG-Forschergruppen, Sonderforschungsbereiche, DFG-Forscherzentren (das arithmetische Mittel der Zahl der Sonderforschungsbereiche, DFG-Forschergruppen und Forscherzentren der Jahre 2001, 2002 und 2003).

Für den Bereich Wissenschaftlicher Nachwuchs wurden die folgenden Parameter verwendet:
- Promotionen und Habilitationen ohne Medizin (das arithmetische Mittel der Zahl der Promotionen und Habilitationen ohne Medizin der Prüfungsjahre 2001, 2002 und 2003),
- Promotionen in der Medizin (das arithmetische Mittel der Zahl der Promotionen in der Medizin der Prüfungsjahre 2001, 2002 und 2003),
- Promotionen von Frauen in den Natur- und Ingenieurwissenschaften (das arithmetische Mittel der Zahl der Promotionen von Frauen in den Natur- und Ingenieurwissenschaften der Prüfungsjahre 2001, 2002 und 2003),
- Graduiertenkollegs (das arithmetische Mittel der Zahl der Graduiertenkollegs der Jahre 2001, 2002 und 2003),
- Berufungen von Frauen in den Buchwissenschaften (das arithmetische Mittel der Zahl der Berufungen von Frauen in den Buchwissenschaften der Jahre 2001, 2002 und 2003),
- Berufungen von Frauen in den Natur- und Ingenieurwissenschaften (das arithmetische Mittel der Zahl der Berufungen von Frauen in den experimentellen Wissenschaften der Jahre 2001, 2002 und 2003).

Durch unterschiedliche Prämierung der Promotionen und Habilitationen von Männern und Frauen sowie durch unterschiedliche Prämierung der Promotionen in der Medizin von Männern und Frauen kommen im Bereich des Wissenschaftlichen Nachwuchses insgesamt acht verschiedene Parameter zum Einsatz.

Für den Bereich Ausbildungserfolg und Internationalität wurden die folgenden Parameter verwendet:
- Absolventen (das arithmetische Mittel der Zahl der Absolventen der Prüfungsjahre 2001, 2002 und 2003),
- Absolventinnen (das arithmetische Mittel der Zahl der Absolventinnen der Prüfungsjahre 2001, 2002 und 2003),

---

[8] Vgl. Hirschfeld (2004), S. 75.

- Absolventinnen und Absolventen in der Regelstudienzeit zuzüglich zwei Semester (das arithmetische Mittel der Zahl der Absolventinnen und Absolventen in der Regelstudienzeit zuzüglich zwei Semester der Prüfungsjahre 2001, 2002 und 2003),
- Bildungsausländer in der Regelstudienzeit (das arithmetische Mittel der Zahl der Bildungsausländerinnen und Bildungsausländer in der Regelstudienzeit der Wintersemester der Jahre 2001, 2002 und 2003).

Das Erfolgsbudget folgte keinem Kostenansatz, sondern beruhte auf einem Prämiensystem, mit dessen Hilfe die Leistungen der Hochschulen durch gesetzte Prämien honoriert wurden. Die Höhe der jeweiligen Prämie wurde dabei gemäß der politischen Zielsetzungen vom Wissenschaftsministerium bestimmt.

Die für den Landeshaushalt 2003 zugrunde gelegten Prämienhöhen wurden auch für die Landeshaushalte 2004 und 2005 stabil gehaltenen. Für die Parameter wurden die Daten entsprechend für das jeweils folgende Haushaltsjahr aktualisiert.

Gemäß den Leistungen der Hochschulen wurde das Erfolgsbudget in den Jahren 2003 bis 2005 zu 62 - 64% über den Bereich Forschung, 18 - 20% über den Bereich Wissenschaftlicher Nachwuchs und rd. 19% über den Bereich Ausbildung / Internationalität verteilt. Die Parameter und Prämien galten dabei für alle Hochschultypen gleich, es erfolgte keine Differenzierung nach Universitäten, Fachhochschulen oder Kunsthochschulen.

Die Chancen der einzelnen Hochschultypen, zusätzliche Mittel über das Erfolgsbudget einzuwerben, waren dabei unterschiedlich. Durch die in Abhängigkeit der gesetzten Prämienhöhen starke Betonung der Parameter des Bereichs Forschungsleistung sowie die im Wesentlichen den Universitäten vorbehaltenen Parameter des Bereichs Wissenschaftlicher Nachwuchs, erreichten die Universitäten grundsätzlich einen wesentlich höheren Anteil des Erfolgbudgets am Gesamtbudget als etwa die Fachhochschulen. Dieses Ergebnis trug den unterschiedlichen Aufgaben der Hochschularten, wie sie insbesondere bei den genannten Parametern zum Ausdruck kamen, Rechnung und schuf auch einen gewissen Ausgleich zur Abbildung der Hochschulleistung anhand nur eines Parameters im Grundbudget. Durch die Beibehaltung des „Ein-Topf-Modell" blieben auch erhebliche Mittelverschiebungen zwischen den Hochschultypen möglich. Unbefriedigend war jedoch die Abbildung der Leistungen der Kunsthochschulen. Einen für sie angemessenen Parameter für das Erfolgsbudget gab es in den Haushaltsjahren 2003 bis 2005 nicht.

III. Sondertatbestände

Während die Budgetierung des Grundbudgets und des Erfolgsbudgets an messbare Leistungen geknüpft war und damit dem Ziel einer ergebnisorientierten Mittelzuweisung entsprachen, handelte es sich bei der Finanzierung der sog.

„Sondertatbestände" um einen diskretionären Budgetierungsbestandteil, der ca. 5% des insgesamt den Hochschulen zur Verfügung stehenden Budgets ausmachte. Sondertatbestände lagen dann vor, wenn eine Hochschule zusätzliche kostenwirksame Aufgaben im Landesinteresse wahrnahm, die nicht oder nicht angemessen über die leistungsbezogene Mittelzuweisung (LOMZ) abgegolten wurde oder wenn finanzielle Ausgleichsregelungen zur Vermeidung von Wettbewerbsverzerrungen zwischen Hochschulen aufgrund von besonderen hochschulspezifischen Sachverhalten erforderlich waren. Besondere Belastungen, die alle Hochschulen in ähnlicher Weise betrafen, waren i.d.R. nicht als Sondertatbestand zu berücksichtigen.

Insgesamt wurden rund 20 Sondertatbestände in Abstimmung mit den Hochschulen individuell vereinbart. Die „Anerkennung" eines Sondertatbestands bedeutete dabei nicht in jedem Fall eine „Dauerfinanzierung"; falls es realistischer Weise gelingen konnte, den Sondertatbestand als solchen abzuschaffen oder andere Finanzierungsquellen zu erschließen (Veräußerung, Outsourcing, Übernahme der Finanzierung durch andere Träger), war dies vorrangig durchzuführen.

Einige wenige Sondertatbestände lagen an mehreren Hochschulen vor (hochschulübergreifend), die Mehrzahl der Sondertatbestände betraf aber jeweils nur eine einzige Hochschule (hochschulspezifisch).

Neben individuell vereinbarten Positionen gab es auch allgemeine Sondertatbestände, die i.d.R. alle Hochschulen betrafen, aber nicht in die leistungsbezogenen Budgetierungskomponenten integriert werden konnten. Sie fielen zumeist nur für ein Haushaltsjahr an.

Beispiele für Sondertatbestände:
- Der Betrieb von Studienkollegs,
- die gleichzeitige Wahrnehmung der Aufgaben einer Landesbibliothek durch eine Universitätsbibliothek,
- besondere Belastungen durch Botanische Gärten,
- landwirtschaftliche Versuchsgüter,
- besondere regionale und überregionale Leistungen,
- von den Hochschulen betriebene Museen und Sammlungen.

IV. Innovationsbudget

Das Innovationsbudget hatte eine ähnliche Zielsetzung wie das Erfolgsbudget, basierte in seiner Finanzierung aber nicht auf messbaren Parametern und Vergangenheitsdaten, sondern unterstützte die Verwirklichung evaluierter Zukunftsprojekte. Das Innovationsbudget ergänzte die parameterbasierten Modellkomponenten Grundbudget und Erfolgsbudget als diskretionäre Finanzierungskomponente, so dass auch für komplexe Beurteilungen im Modell Spielraum blieb.[9] Gefördert wurden über das Innovationsbudget insbesondere bedeutsame Entwicklungs- und Profilierungsprojekte in Forschung und Lehre sowie strukturelle Maßnahmen zur Schwerpunktbildung der jeweiligen Hochschule. Mithin all jene Vorhaben, die eine innere Erneuerung und laufende Verbesserung der Hochschulprozesse bewirkten.[10] Hierzu zählten bspw. auch die Einführung neuer Studiengänge, deren Kosten die Hochschule vom ersten Tag an tragen muss, deren Studierendenzahlen aber erst in späteren Jahren Umfänge erreichen, die eine Refinanzierung ermöglichten.

Die Mittel des Innovationsbudgets wurden auf der Basis des Hochschulpakts (s.o.) den Hochschulen auf Antrag hin zusätzlich zugewiesen und durch bereits vorhandene zentrale Mittel des Ministeriums verstärkt. Soweit erforderlich, und dies war bei größeren Entwicklungsvorhaben der Fall, wurden Projekte des Innovationsbudgets von unabhängigen wissenschaftlichen Sachverständigen begutachtet.

Gefördert wurden über das Innovationsbudget eine Vielzahl von ganz unterschiedlichen Projekten an allen hessischen Universitäten und Fachhochschulen, wie z.B.:

- Ein Biomolekularzentrum,
- der Aufbau einer Einheit zur Entwicklung und Nutzung von e-learning-Modulen und e-learning-Studiengängenan,
- ein Innovationsprogramm Forschungsstruktur,
- ein Forschungszentrum Computational Engineering,
- Die Einrichtung eines beim Fachbereich Maschinenbau angesiedelten Centrums für Berufsintegriertes und Berufsbegleitendes Studieren,
- ein Forschungsschwerpunkt Hybridbiomaterialien,
- ein Projekt zur Verbesserung der Qualität der Lehre mit Schwerpunkt Lehramt.

V. Kappungsgrenze und Strukturausgleich

Starke Veränderungen der Finanzierungssituation einzelner Hochschulen bei der Einführung von parameterbezogenen Budgetierungsverfahren sollte vermieden werden.[11]

Zur Dämpfung von Risiken der Umverteilung wurden daher bei der Einführung des hessischen Modells in 2003 Übergangskriterien vereinbart.

---

[9] Vgl. Hirschfeld (2004), S. 48 f.
[10] Vgl. Ziegele (2003), S. 7.
[11] Vgl. Ziegele (2001), S. 13.

Aufgrund der Einführung der leistungsorientierten Mittelzuweisung konnte es zu Abweichungen von der vorherigen Budgethöhe nach unten kommen, die, würden sie „abrupt" umgesetzt, die betroffenen Hochschulen in objektive Schwierigkeiten brächten. Da die Personalkosten (welche durch gesicherte öffentliche Arbeitsplätze nicht rasch reduzierbar waren) den Hauptanteil der Hochschulbudgets umfassten (ca. 80% der Gesamtmittel ohne Berücksichtigung von Sonderfinanzierungen und Großinvestitionen) und auch die Sachkosten, etwa durch die Gebäudebewirtschaftung usw., zum weitaus überwiegenden Teil fest gebunden waren, konnte die Einführung des neuen Budgetierungssystems nur mit bestimmten Budgetgarantien realistisch und in den Hochschulen zumutbar umgesetzt werden. Dies bedeutete konkret, dass bei Abweichungen nach unten den betroffenen Hochschulen bestimmte Garantien gegeben wurden dergestalt, dass die volle Wirkung der neuen Budgetierung erst in Stufen über mehrere Jahre hinweg vollzogen wurde.

Für die Implementierung der neuen Budgetierung war deshalb im Hochschulpakt ein prozentualer Höchstsatz nach unten, die sog. Kappung, festgelegt. Der Hochschulpakt[12] führt dazu unter Ziffer 4.2 aus: „Ergeben sich aus den im Programmhaushalt maßgebenden Leistungsparametern für das Grund- und Erfolgsbudget der Hochschulen negative Abweichungen gegenüber dem Haushalts-Soll des Jahres 2002, werden sie während einer Übergangszeit von 5 Jahren nur bis zu einer Abweichung von bis zu 1 Prozent im Haushalt des Folgejahres berücksichtigt". Tatsächlich wurde in der Umsetzung das Verlustniveau in den Haushaltsjahren 2003 bis 2005 auf 0% angehoben, so dass das System dahingehend Planungssicherheit schuf, dass es den Hochschulen ein per Leistungsparameter verteiltes Mindestbudget (Grund- und Erfolgsbudget) in Höhe des Vorjahresniveau garantierte. Daraus folgte allerdings auch, dass diejenigen Hochschulen, die nach der neuen Budgetierung Anspruch auf deutlich erhöhte Finanzmittel des Landes hatten, in Solidarität mit den negativ betroffenen Hochschulen sich mit niedrigeren Steigerungsraten nach Maßgabe des vom Hochschulpakt festgelegten Gesamtbudgets begnügen mussten. Der Anreiz zur Mehrleistung wurde abgeschwächt. Die Abweichungen wurden demnach zwischen den Hochschulen ausgeglichen.

Während die Kappung also den möglichen Verlust einer Hochschule im Vergleich zum Vorjahr faktisch bei 0% kappte, erfolgte im Rahmen des Strukturausgleichs die Anpassung des durch Multiplikation von Leistungsmengen und KNW resp. Prämien ermittelten Budgetbedarfs der Hochschulen an den insgesamt den Hochschulen zur Verfügung stehenden Budgetbetrag. War also der berechnete Budgetbedarf größer als das zur Verfügung stehende Budget, wurde über einen Kürzungsalgorithmus der Zugewinn der Hochschulen solange vermindert, bis die zur Verfügung stehende Budgethöhe erreicht wurde. Dadurch erfolgte eine Abschwächung des Anreizes zur Mehrleistung, da Hochschulen mit hohem Zuge-

---

[12] Vgl. HMWK (2002).

winn auch höher am Sparbeitrag beteiligt wurden, während Hochschulen, die schon durch das System der Kappung aus dem Verlustbereich herausgeholt wurden, ganz vom Sparbeitrag ausgenommen waren.

C. Conclusio

In vielen Bundesländern wurde die Hochschulfinanzierung schrittweise reformiert. So wurde bspw. in Nordrhein-Westfalen nur eine Umverteilung eines Teils der Mittel für Lehre und Forschung nach bestimmten Leistungs- und Erfolgskriterien unter den Landesuniversitäten in Gang gesetzt und auch das Fach Medizin dabei nicht berücksichtigt.[13] Dagegen gelang in Hessen der „große Wurf"; eine Veränderung des Gesamtsteuerungsmodells unter Einbeziehung aller Landeshochschulen.[14]

Das 2003 eingeführte hessische Budgetierungsmodell setzte als „Totalmodell" auf eine vollständige Globalisierung,[15] d.h. der jeweiligen Hochschule wurde lediglich die Höhe ihres Budgets vorgegeben, über die Verwendung der Mittel wurde vollständig innerhalb der Hochschule entschieden. Zusätzlich stand mit der Gestaltung des hessischen Budgetierungsmodells als „Ein-Topf-Modell" der Wettbewerb aller Landeshochschulen miteinander im Vordergrund.

Vom verstärkten Wettbewerb versprach man sich eine höhere Leistungsfähigkeit der Hochschulen. Angesichts der angespannten Haushaltslage des Landes bestand die Herausforderung für die Hochschulen allerdings weniger im Ergreifen der „Chance Wettbewerb", als vielmehr im Versuch, angesichts des „Risikos weiterer Unterfinanzierung" das gegenwärtige Leistungsniveau zu sichern.[16]

Letztlich werden erfolgsorientierte Mittelvergabe und Leistungskontrolle sicher nicht alle Effizienzprobleme im Hochschulbereich lösen können. Sie sind jedoch ein wichtiger und wirksamer Schritt in die richtige Richtung von mehr Effizienz und Transparenz.

---

[13] Vgl. Fandel (2003), S. 34 f.
[14] Vgl. Ziegele (2002).
[15] Vgl. Hirschfeld (2004), S. 45.
[16] Vgl. Hirschfeld (2004), S. 149, Hirschfeld beschreibt damit den Zustand des gesamten deutschen Hochschulsystems, dies gilt ebenso für Hessen.

Literaturverzeichnis

Brixner, H. C. (2002a): Krämer in den Tempeln der Wissenschaft – Controlling als Instrument der neuen Steuerung, Referat im Rahmen der Fachtagung „Der hessische Hochschulprogrammhaushalt" am 27.11.2002 in Frankfurt/Main.

Brixner, H. C. (2002b): Krämer in den Tempeln der Wissenschaft – Controlling als Instrument der neuen Steuerung, Folien zum Referat im Rahmen der Fachtagung „Der hessische Hochschulprogrammhaushalt" am 27.11.2002 in Frankfurt/Main.

Fandel, Günter (2003): Zur Leistung nordrhein-westfälischer Universitäten. In: Backes-Gellner, U./Schmidtke, C.(Hrsg.): Hochschulökonomie – Analysen interner Steuerungsprobleme und gesamtwirtschaftlicher Effekte, Schriften des Vereins für Socialpolitik Bd. 296, Berlin 2003.

Hirschfeld, O. (2004): zu Aspekten der Koordination im deutschen Hochschulsystem: Wettbewerb, Markt und Indikatorbasierte Mittelverteilung. Diss. Leipzig 2004.

HMWK (2002): Rahmenzielvereinbarung zur Sicherung der Leistungskraft der Hochschulen in den Jahren 2002 bis 2005 (Hochschulpakt), Wiesbaden 2002.

Leszczensky, M. (2003): Paradigmenwechsel in der Hochschulfinanzierung, in Hochschul-Informations-System (HIS): Kurzinformation A1/2003, Hannover 2003.

Weber, H. (2002a): „Leistung: Verhandlungssache? Zielvereinbarungen und Globalbudget", Referat im Rahmen der Fachtagung „Der hessische Hochschulprogrammhaushalt" am 27.11.2002 in Frankfurt/Main.

Weber, H. (2002b): „Leistung: Verhandlungssache? Zielvereinbarungen und Globalbudget", Folien zum Referat im Rahmen der Fachtagung „Der hessische Hochschulprogrammhaushalt" am 27.11.2002 in Frankfurt/Main.

Wüstemann, G. (2002a): Akademische Planwirtschaft? Leistungsbezogene Mittelzuweisung im Hochschul-Programmhaushalt, Referat im Rahmen der Fachtagung „Der hessische Hochschulprogrammhaushalt" am 27.11.2002 in Frankfurt/Main.

Wüstemann, G. (2002b): Akademische Planwirtschaft? Leistungsbezogene Mittelzuweisung im Hochschul-Programmhaushalt, Folien zum Referat im Rahmen der Fachtagung „Der hessische Hochschulprogrammhaushalt" am 27.11.2002 in Frankfurt/Main.

Ziegele, F. (2001): Grundlagen und Merkmale eines neuen Modells der staatlichen Mittelvergabe in Hamburg, Centrum für Hochschulentwicklung (CHE), Gütersloh 2001.

Ziegele, F. (2002): Wo steht Hessen im bundesweiten Vergleich? Konzeptionen der Hochschulfinanzierung in Deutschland, Folien zum Referat im Rahmen der Fachtagung „Der hessische Hochschulprogrammhaushalt" am 27.11.2002 in Frankfurt/Main.

Ziegele, F. (2003): Grundüberlegungen zur Neugestaltung der staatlichen Steuerung der Universität des Saarlandes, Centrum für Hochschulentwicklung (CHE), Arbeitspapiere Nr.48, Gütersloh 2003.